Informatik aktuell

Herausgeber: W. Brauer
im Auftrag der Gesellschaft für Informatik (GI)

Springer
Berlin
Heidelberg
New York
Barcelona
Budapest
Hongkong
London
Mailand
Paris
Santa Clara
Singapur
Tokio

Helmut Krcmar Henrik Lewe
Gerhard Schwabe (Hrsg.)

Herausforderung Telekooperation

Einsatzerfahrungen und Lösungsansätze für ökonomische und ökologische, technische und soziale Fragen unserer Gesellschaft

Fachtagung
Deutsche Computer Supported
Cooperative Work 1996
DCSCW '96
Stuttgart-Hohenheim, 30.09.-02.10.1996

Herausgeber

Helmut Krcmar
Henrik Lewe
Gerhard Schwabe
Lehrstuhl für Wirtschaftsinformatik (510 H)
Universität Hohenheim
D-70593 Stuttgart

Die Deutsche Bibliothek - CIP-Einheitsaufnahme

Herausforderung Telekooperation : Einsatzerfahrungen und Lösungsansätze für ökonomische und ökologische, technische und soziale Fragen unserer Gesellschaft / Fachtagung Deutsche Computer Supported Cooperative Work 1996, DCSCW '96, Stuttgart-Hohenheim, 30.09.1996 - 02.10.1996. Helmut Krcmar ... (Hrsg.). GI. - Berlin ; Heidelberg ; New York ; Barcelona ; Budapest ; Hongkong ; London ; Mailand ; Paris ; Santa Clara ; Singapur ; Tokio : Springer, 1996
(Informatik aktuell)
ISBN-13:978-3-540-61644-3 e-ISBN-13:978-3-642-80296-6
DOI: 10.1007/978-3-642-80296-6
NE: Krcmar, Helmut [Hrsg.]; Fachtagung Deutsche Computer Supported Cooperative Work <3, 1996, Stuttgart>; Gesellschaft für Informatik

CR Subject Classification (1996): H.4.3, H.4.1, H.5.3

ISBN-13:978-3-540-61644-3

Satz: Reproduktionsfertige Vorlage vom Autor/Herausgeber

SPIN: 10517415 33/3142-543210 – Gedruckt auf säurefreiem Papier

Vorwort

Ziel des Computer Supported Cooperative Work ist es, die Zusammenarbeit von Menschen durch den Einsatz von Informations- und Kommunikationstechnologien zu verbessern, d.h. produktiver, flexibler, ökologischer, humaner und sozialer zu gestalten. Computer Supported Cooperative Work hat in den letzten Jahren eine steigende Aufmerksamkeit im wissenschaftlichen und gesellschaftlichen Bereich erfahren. Zunehmend werden auch kommerzielle CSCW-Produkte am Markt angeboten.

Telekooperation als wesentliches Teilgebiet von CSCW wird heute vielfach als zentrale Antwort auf grundlegende Herausforderungen in Wirtschaft, Ökologie und Gesellschaft gesehen. So hat die Festlegung von Berlin als Bundeshauptstadt und die daraus folgende telekooperativ unterstützte Verteilung von Regierungsaktivitäten auf die zwei Standorte Berlin und Bonn in jüngster Zeit viel Aufmerksamkeit auf sich gezogen. Fragestellungen der verteilten Arbeit sind auch schon seit jeher für Unternehmen und Privatpersonen von hoher wirtschaftlicher Bedeutung.

Unter Telekooperation wird die mit Computern unterstützte räumlich verteilte Zusammenarbeit von Personen und Organisationen verstanden. Sie erfordert organisatorische, technische und soziale Konzepte. Darüber hinaus muß Klarheit über die Gestaltungspotentiale und die wirtschaftlichen, ökologischen, sozialen, organisatorischen und psychologischen Konsequenzen der Telekooperation herrschen.

Telekooperation ist beileibe kein neues Thema, das erst seit einigen Wochen Aufmerksamkeit erfährt. Nachdem 'Telearbeit' in den siebziger und achtziger Jahren zuerst auf großes Interesse gestoßen war, erlebt das Thema derzeit eine neue Renaissance. Es findet jedoch heute Aufmerksamkeit nicht mehr nur aus einfachen Beweggründen wie weniger Commuting oder Faszination der technischen Möglichkeiten. Heute wird Telekooperation auch als neue Möglichkeit betrachtet, Unternehmen zu organisieren: Sie ist eine Chance unter Nutzung der heute als technologische Selbstverständlichkeiten betrachteten Angebote von Internet und Groupware; sie ist eine Chance unter Betrachtung der Anforderungen des nachhaltigen Wirtschaftens, und sie ist zugleich eine Chance zur Gestaltung von Arbeitsplätzen und der gewerkschaftlichen Regelung. Die Vermeidung des Wortes Risiko im Tagungstitel soll andeuten, aus welcher Grundhaltung wir inzwischen Telekooperation betrachten: als eine organisatorisch ernstzunehmende und technologisch mögliche Gestaltungsoption.

Die dritte deutsche Konferenz zur computerunterstützten Zusammenarbeit D-CSCW '96 (**D**eutsche **C**omputer **S**upported **C**ooperative **W**ork) wurde deshalb dem Thema 'Herausforderung Telekooperation' gewidmet. Die Tagung

- stellt den Stand der Telekooperationsforschung dar,
- diskutiert Ansätze und Erfahrungen im praktischen Einsatz von Methoden und Systemen
- und gibt Anregungen für notwendige Forschungs-, Organisations- und Systementwicklungsarbeiten.

Die Tagung setzte sich zum Ziel, verschiedene Forscher-, Entwickler- und Anwendergruppen zusammenzubringen und ein Diskussionsforum zu eröffnen. Die vorliegenden 18 Beiträge wurden aus 37 Einreichungen nach Begutachtung durch je mindestens drei Mitglieder ausgewählt. Sie sind um die Themen Telekooperation in der öffentlichen Verwaltung, neue Konzepte zur Gestaltung der Zusammenarbeit, Evaluation von CSCW-Systemen, Anwendungsbeispiele und -erfahrungen, CSCW-Werkzeuge und Unterstützung von Geschäftsprozessen gruppiert.

Die Verteilung der Bundeshauptstadt auf Bonn und Berlin hat dem Thema *Telekooperation in der öffentlichen Verwaltung* neue Impulse gegeben. So berichten zwei Beiträge über Konzepte und Erfahrungen bei der Unterstützung der verteilten Zusammenarbeit von Bundesbehörden im Rahmen des Polikom-Forschungsprogramms. Ein dritter Beitrag zeigt, wie mit einem Diffusionsmodell der Bedarf für Telekooperation in der öffentlichen Verwaltung abgeschätzt werden kann.

Um Telekooperation in der Praxis erfolgreich einzuführen, werden *neue Konzepte zur Gestaltung der Zusammenarbeit* benötigt. Als ein solches Konzept werden 'gemeinsame Arbeitsbereiche' für die eher unstrukturierte Zusammenarbeit und 'Prozeßmuster' zur Koordination der Zusammenarbeit vorgestellt. Weiterhin wird eine Methode zur Gestaltung der Zusammenarbeit behandelt.

Die *Evaluation von CSCW-Systemen* ermöglicht es Forschung und Praxis, aus den Anwendungserfahrungen zu lernen. Ein Beitrag zeigt, welche Konsequenzen die Nutzung (oder Nichtnutzung) von moderner Telekooperationstechnologie für das Kommunikationsverhalten von Top-Managern hat, ein weiterer schätzt die ökologischen Chancen und Risiken der Reorganisation von verteilten Geschäftsprozessen ab. Die Erfahrungen beim Einsatz von CSCW-Werkzeugen für Forscher und Manager in europaweiten Telekommunikationsprojekten sind Thema eines weiteren Beitrags.

Es werden in drei Beiträgen *Anwendungsbeispiele und -erfahrungen* beschrieben: Sie gehen auf die Fernberatung in der Lebensmittelindustrie, die Anwendung von IBIS und den Einsatz des WWW in Softwareentwicklungsprojekten ein.

Die Entwicklung von *CSCW-Werkzeugen* stellt eine besondere Herausforderung für den Softwareingenieur dar. Ein Beitrag zeigt, wie mit einem optimistischen Ansatz die Antwortzeit für das gemeinsame Bearbeiten von Textdokumenten sehr kurz gehalten werden kann. Ein weiterer Beitrag beschreibt Werkzeuge in einer CORBA-basierten Umgebung. Die Integration von CSCW-Anwendungen ist das Thema eines dritten Beitrags.

Die klassische *Unterstützung von Geschäftsprozessen* umfaßt die strukturierte Vorgangsbearbeitung in einem Unternehmen. Die Leistungsfähigkeit der Systeme wird in drei Dimensionen erweitert: Es wird gezeigt, wie mit semistrukturierten Vorgängen umgegangen werden kann, wie organisationsübergreifende Vorgänge behandelt werden können und wie durch Einbeziehung von Multimediakonferenzsystemen Workflowsysteme insgesamt flexibler werden können.

Den Teilnehmern der Tagung danke ich im Namen des Programmkomitees und der Veranstalter herzlich für ihr Erscheinen und ihre Diskussionsbereitschaft. Weiterhin gilt mein Dank den Autoren und Referenten für ihr Engagement und ihre konstruktiven Beiträge. Für die Vorbereitung der Tagungsunterlagen gebührt besonders Rainer Wegrath und Carsten Rüger Dank. Meinen beiden Mitherausgebern Dr. Henrik Lewe und Dr. Gerhard Schwabe danke ich für die Unterstützung bei der Organisation der Tagung. Abschließend danke ich den folgenden Kolleginnen und Kollegen des Programmkomitees für Ihre Mitarbeit und Unterstützung bei der Planung und Durchführung der D-CSCW '96:

Prof. Dr. Bauknecht, Zürich
Prof. Dr. Ehrenberg, Leipzig
Dr. Ewers, DeTeBerkom, Berlin
Prof. Dr. Glatthaar, IBM, Heidelberg
Prof. Dr. Gunzenhäuser, Stuttgart
Prof. Dr. Hasenkamp, Marburg
Prof. Dr. Herrmann, Dortmund
Prof. Dr. König, Frankfurt
Prof. Dr. Nastansky, Paderborn
Prof. Dr. Oberquelle, Hamburg
Dr. Piepenburg, Softlab, München
Frau Pankoke-Babatz, GMD, Bonn
Prof. Dr. Dr. h.c. Reichwald, München
Dr. Schweitzer, Siemens, Saarbrücken
Dr. Dr. Streitz, GMD-IPSI, Darmstadt
Prof. Dr. Wagner, Wien
Prof. Dr. Züllighoven, Hamburg

Stuttgart, im September 1996

Prof. Dr. Helmut Krcmar

Inhaltsverzeichnis

Teil I
Telekooperation in der öffentlichen Verwaltung

Ludwin Fuchs, Markus Sohlenkamp, Andreas Genau, Helge Kahler, Andreas Pfeifer, Volker Wulf
Transparenz in kooperativen Prozessen: Der Ereignisdienst in POLITeam 3

Martin Bever, Udo Bär, Dietrich Seibt, Lothar Schmitt, Erich Neuhold, Thomas Knopik, Heino Kaack, Andreas Engel
POLIWORK - Telekooperation und Dokumentenverwaltung am persönlichen Arbeitsplatz 17

Werner Brettreich-Teichmann, Karin Gräslund, Helmut Krcmar
Szenariobasierte Bedarfsschätzung für Telekooperation in der öffentlichen Verwaltung – Entwicklung von Handlungsschwerpunkten für Anwender und Anbieter 35

Teil II
Neue Konzepte zur Gestaltung der Zusammenarbeit

Uta Pankoke-Babatz, Anja Syri
Gemeinsame Arbeitsbereiche: Eine neue Form der Telekooperation? 51

Gerhard Schwabe, Helmut Krcmar
Der Needs Driven Approach - Eine Methode zur bedarfsgerechten Gestaltung von Telekooperation 69

Guido Gryczan, Martina Wulf, Heinz Züllighoven
Prozeßmuster für die situierte Koordination kooperativer Arbeit 89

Teil III
Evaluation von CSCW-Systemen

Ralf Reichwald, Robert Goecke, Kathrin Möslein
Telekooperation im Top-Management – Das Telekommunikations-Paradoxon 107

Andreas Böhm, Wolfgang Oberndorfer, Roland Schmitz, Stefan Uellner
CSCW - Werkzeuge für Forscher und Manager in europaweiten Telekommunikationsprojekten 123

Uwe Schneidewind, Elgar Fleisch
Ökologische Chancen und Risiken der Reorganisation von verteilten Geschäftsprozessen durch Telekooperation 139

Teil IV
Anwendungsbeispiele und -erfahrungen

Andreas Barth, Michael Bottlinger, Peter Jensch
Fernberatung in der Lebensmittelindustrie über ISDN 157

Severin Isenmann, Wolf D. Reuter
Ist IBIS in der Praxis anwendbar? – einige Erfahrungen und Folgerungen..... 173

Yvonne Dittrich, Joachim Heybrock, Stefan Knickel, Annika Löffler, Peter von Savigny
Einsatz des World Wide Web zur Unterstützung asynchroner Zusammenarbeit in Softwareentwicklungsprojekten 189

Teil V
CSCW-Werkzeuge

Matthias Ressel, Andreas Mailänder
Entwurf eines Gruppeneditors: Erfahrungen mit einem optimistischen Ansatz 207

Uwe von Lukas, Ute Dietrich
CSCW in einer CORBA-basierten CA-Umgebung 225

Walter Augsburger, Heiko Ludwig, Klaus Schwab, Marcus Wittke
Integration von CSCW-Anwendungen zur Unterstützung von Telekooperationen 243

Teil VI
Unterstützung von Geschäftsprozessen

Wolfgang Deiters, Thomas Herrmann, Thorsten Löffeler, Rüdiger Striemer
Identifikation, Klassifikation und Unterstützung semi-strukturierter Prozesse in prozeßorientierten Telekooperationssystemen... 261

Gerold Riempp, Ludwig Nastansky
Workflow Management between distributed organizations - the Wide Area GroupFlow Approach.. 275

Georg Schneider, Astrid Scheller-Houy, Jean Schweitzer
Vom Workflow-Management-System zur Vorgangsbearbeitungsplattform mit integrierter Telekooperation 293

Personenverzeichnis...307

TEIL I

TELEKOOPERATION IN DER ÖFFENTLICHEN VERWALTUNG

Transparenz in kooperativen Prozessen: Der Ereignisdienst in POLITeam

Ludwin Fuchs, Markus Sohlenkamp, Andreas Genau,
Helge Kahler, Andreas Pfeifer, Volker Wulf

1 Einleitung
2 Empirische Ergebnisse
3 Rechtliche Rahmenbedingungen
4 Architektur des Ereignisdienstes
  4.1 Automatische Benachrichtigung und Interesse
  4.2 Vertraulichkeit
  4.3 Ereignishistorie
  4.4 Konfliktregelung
  4.5 Globale Konfigurationsmöglichkeiten
  4.6 Die Benutzerschnittstelle
5 Zusammenfassung
6 Literatur

Kurzfassung

Transparenz über die Aktivitäten anderer Nutzer ist entscheidend für einen erfolgreichen Einsatz von kooperationsunterstützenden Systemen. Beim Entwurf transparenzfördernder Systeme sind neben den funktionalen Anforderungen auch soziale, rechtliche und organisatorische Fragestellungen zu berücksichtigen. Die vorliegende Arbeit beschreibt, ausgehend von Erfahrungen beim Einsatz des POLITeam-Systems, einen umfassenden Lösungsansatz, basierend auf einem Architekturmodell, das diese verschiedenen Faktoren integriert.

1 Einleitung

Die an dieser Stelle vorgestellten Konzepte wurden im Rahmen des Projektes POLITeam (Klöckner et al., 1995) erarbeitet. Als eines von vier Projekten der Förderinitiative POLIKOM zur Unterstützung zukünftig verteilter Regierungsarbeit zwischen Bonn und Berlin (Hoschka et al., 1993) entwickelt POLITeam Lösungen für asynchrone kooperative Prozesse in der öffentlichen Verwaltung. Hierzu findet ein evolutionärer Designansatz in enger Zusammenarbeit mit ausgewählten Benutzergruppen Anwendung. Diese bestehen neben anderen aus Mitarbeitern eines Bundesministeriums. Die nachfolgend beschriebenen Ergebnisse basieren in erster Linie auf diesem Anwendungsfeld.

Das Basissystem für die Lösungen in POLITeam ist das kommerziell verfügbare Groupware-System LinkWorks von Digital, welches sukzessive an Benutzeranforderungen angepaßt und um funktionale Komponenten erweitert wird. Die Vorgehensweise orientiert sich neben wissenschaftlichen Erkenntnissen und Fragestellungen an Erfahrungen und konkreten Arbeitsanforderungen aus der Praxis.

Das Anwendungsfeld im Ministerium besteht zur Zeit aus einem Referat und dem zentralen Schreibdienst. Der Schwerpunkt der Arbeit im Referat liegt in der gemeinsamen Erstellung von Dokumenten, z. B. Redevorlagen, und der Bearbeitung von strukturierten Vorgängen, wie z. B. Haushaltsprüfungen. Gegenwärtig wird die Installationsbasis referatsübergreifend erweitert, wobei verstärkt auch die Leitungsebene einbezogen wird.

Die vorliegende Arbeit beschäftigt sich mit dem Ereignisdienst, der Komponente von POLITeam, die wechselseitige Transparenz der Aktionen der verschiedenen Benutzer ermöglicht.

In der Literatur ist die Relevanz wechselseitiger Transparenz für die Effektivität kooperativen Handelns wiederholt herausgearbeitet worden. So stellen Dourish und Bellotti (1992) anhand der Beobachtung gemeinsamer Dokumentenerstellung in räumlich verteilten Kleingruppen fest, daß Transparenz zu einem besseren Verständnis der Aktivitäten Anderer führt und damit eine notwendige Voraussetzung zur Bildung eines Kontextes für die eigenen Handlungen ist. Zu ähnlichen Ergebnissen kommen Heath und Luff (1991) aufgrund einer Untersuchung der Kooperation von Beschäftigten bei der gemeinsamen Steuerung und Überwachung des Bahnbetriebs der Londoner Untergrundbahn.

Während diese Studien die synchrone Kooperation an einer stark interdependentes Handeln erfordernden Aufgabe betrachten, hat Bowers (1994) die Bedeutung von Transparenz bei asynchroner Kooperation anhand der Nutzung von Groupware in einer britischen Regierungsagentur untersucht. Mangelnde Transparenz stellte sich dabei als einer der Hauptgründe für die geringe Akzeptanz des kooperationsunterstützenden Systems in der untersuchten Organisation heraus.

Transparenz der Handlungen anderer Benutzer ist demnach eine notwendige Eigenschaft kooperationsunterstützender Systeme. Sie birgt andererseits die Gefahr, sensitive Daten sichtbar zu machen und dadurch Möglichkeiten zur Überwachung und Kontrolle von Benutzern zu schaffen (Wulf und Hartmann, 1994). Diese Ambivalenz von Transparenz erfordert daher beim Design von Groupware-Systemen die Berücksichtigung von Privatheit (Bellotti und Sellen, 1993; Clement und Wagner, 1995).

In dieser Arbeit behandeln wir Transparenz wie folgt. Zunächst werden aus rechtlichen Rahmenbedingungen und empirischen Resultaten Anforderungen an transparenzfördernde Funktionen abgeleitet. Daran anschließend wird das Architekturmodell des Ereignisdienstes in POLITeam vorgestellt. Dieses Modell bildet die Grundlage der Implementierung des Ereignisdienstes für die nächste POLITeam-Version im Designzyklus. Im zweiten Teil der Arbeit werden die Elemente des Modells im einzelnen diskutiert.

2 Empirische Ergebnisse

Im folgenden Abschnitt werden die wichtigsten Anforderungen an den Ereignisdienst präsentiert. Diese Anforderungen ergeben sich aus einer Reihe von Interviews mit den Anwendern, die vor der ersten Systeminstallation geführt wurden, sowie aus begleitenden Workshops nach der Systeminstallation. Darüber hinaus finden regelmäßige Besuche durch Benutzerbetreuer bei den Anwendern statt, die ebenfalls eine wichtige Quelle von Designanforderungen sind.

Bei Befragungen ist zu beachten, daß Benutzer dazu neigen, die Funktionalität zu fordern, die ihnen aus existierenden Arbeitsabläufen bereits bekannt ist, da sie das Potential, das eine Computerunterstützung bietet, oft nicht einschätzen können. Aus diesem Grund wurden den Benutzern in POLITeam Prototypen der zu entwickelnden Funktionalität zur Verfügung gestellt. Die Resultate können unter den folgenden Stichpunkten zusammengefaßt werden:

Berücksichtigung von persönlicher Arbeitspraxis und individuellem Interesse. Die Vorstellungen über den Leistungsumfang des Ereignisdienstes unterscheiden sich erwartungsgemäß stark nach den konkreten Tätigkeiten, die von den Anwendern ausgeführt werden. Automatische Benachrichtigung, z. B. über relevante Aktionen anderer Benutzer, werden dort erwünscht, wo die Arbeitsstruktur nicht strikt vorgegeben ist. So wünschten sich die Mitarbeiter, die an der Vorbereitung einer Ministerrede beteiligt waren, daß Änderungen an gemeinsam bearbeiteten Dokumenten automatisch angezeigt werden. In anderen Arbeitsbereichen wird diese Frage eher als unwichtig, manchmal sogar als störend bewertet: *"Alles, was ich für meine Arbeit wissen muß, ist in meiner Laufmappe enthalten"*. Allen Antworten in unseren Interviews war der Bedarf gemein, über Ereignisse benachrichtigt zu werden, die im Zusammenhang mit der gegenwärtig ausgeführten Tätigkeit stehen, z. B. Änderungen an Dokumenten, die zu einer aktuellen Laufmappe gehören. Die Mitglieder des Schreibdienstes wollten nur über Änderungen und neue Arbeit benachrichtigt werden, wenn sie gerade für das zugehörige Referat arbeiteten.

Bereitstellung von Möglichkeiten zur Priorisierung und Fokussierung. Auch der Detaillierungsgrad der gewünschten Information variiert je nach Arbeitsaufgabe. Von besonderer Wichtigkeit im Ministerium ist die Frage der rechtlichen Nachvollziehbarkeit. Die Sichtbarkeit der verschiedenen Signaturen, Anmerkungen und Empfänger wurde von den meisten Personen, die mit formalen Vorgängen beschäftigt sind, als wichtig bezeichnet. Die Wichtigkeit eingehender Post (bzw. hier E-Mail) wird durch die Befragten in der Regel von der Rolle des Senders abhängig gemacht, d.h. es wurde eine automatische Priorisierung nach dem Absender gewünscht.

Integration synchroner und asynchroner Benachrichtigungen. Ebenfalls von großer Wichtigkeit ist die technische Nachvollziehbarkeit. Da ein Großteil der Koordination mit POLITeam in den Referaten über gemeinsam genutzte Ordner stattfindet, beklagten viele Benutzer, daß sie nach längerer Abwesenheit nicht nachvollziehen konnten, was in der Zwischenzeit geschehen war, und wünschten sich einen "Historiendienst", der ihnen in solchen Situationen einen Überblick verschaffen könnte.

Bereitstellung von Öffentlichkeit und Wahrung der Privatsphäre. Während einerseits die Sichtbarkeit von Aktionen anderer Benutzer durchaus positiv bewertet wird, wurden in den Diskussionen auch kritische Stimmen laut. Eine typische Aussage ist: *"Die Laufmappen auf meinem Schreibtisch gehen nur mich etwas an".* Auch einfache Funktionalität, wie das Kenntlichmachen der Eingaben einzelner Nutzer durch die Vergabe fester Farben beim gemeinsamen Bearbeiten von Dokumenten, wurde vereinzelt als unerwünschte Möglichkeit zur Kontrolle angesehen. Einige Personen äußerten, sie seien über diese Art von Funktionalität nicht besorgt, solange sie hilfreich für die Zusammenarbeit unter den Kollegen sei. Ein Benutzer wollte am liebsten darüber bestimmen können, welche seiner Aktionen sichtbar sein sollen, zumindest jedoch einfache Kontrollmöglichkeiten haben: *"Ich möchte wenigstens darüber informiert werden, wenn jemand mich beobachtet".*

Wichtiges durch bekannte Metaphern präsentieren. Von der Benutzungsoberfläche wurde erwartet, daß sie möglichst existierende Kontexthinweise erhalten und darstellen sollte. So sollte etwa in Anlehnung an die Farbgebung der im Ministerium verwendeten physikalischen Laufmappen eine als wichtig klassifizierte elektronische Laufmappe durch ein rotes Icon symbolisiert werden.

3 Rechtliche Rahmenbedingungen

Ereignisdienste erzeugen, speichern und verteilen notwendigerweise Informationen über Änderungen an Objekten in einem kooperationsunterstützenden System. Damit Transparenz in einem kooperativen Prozeß wirkungsvoll unterstützen werden kann, ist es erforderlich, daß Angaben z. B. über Zeitpunkt und Urheber einer Änderung Bestandteil dieser Informationen sind. Diese Art von Information muß als sensitiv eingeschätzt werden, weil sie prinzipiell als Grundlage für Leistungs- und Verhaltenskontrolle durch Dritte genutzt werden kann. Die Gestaltung von Ereignisdiensten wirft daher in besonderem Maße rechtliche und organisatorische Fragestellungen auf. Im folgenden werden die wichtigsten bei der Gestaltung von POLITeam berücksichtigten Regelungen genannt.

Datenschutzgesetze: Zunächst ist in Deutschland, wie auch in vielen anderen Ländern, durch eine umfassende Datenschutzgesetzgebung geregelt, welche personenbezogenen Daten von wem in welcher Form und zu welchen Zwecken gespeichert werden dürfen, und welche Informations- und Eingriffsrechte dem Betroffenen über diese Speicherung zustehen (Hammer et al., 1993). Dabei ist die Zweckgebundenheit der Datenerhebung und Speicherung von besonderem Interesse für Ereignisdienste. In POLITeam legen wir Wert darauf, daß diese Zweckgebundenheit nicht allein durch organisatorische Vereinbarung, sondern darüber hinaus durch technische Mittel sichergestellt wird.

Informationelle Selbstbestimmung: Im Jahre 1983 hat das Bundesverfassungsgericht in seiner Entscheidung zum Volkszählungsgesetz das Recht auf 'informationelle Selbstbestimmung' aus Artikel 2 des Grundgesetzes abgeleitet. Knapp zusammengefaßt besagt dieses Recht, daß der Einzelne wissen und bestimmen können muß, wem welche persönlichen Daten zugänglich gemacht werden. Auch wenn dieses Recht durch Regelungen für die betrieblichen Abläufe im Verhältnis zwischen Arbeitgeber und Arbeitnehmer spezifiziert und eingeschränkt werden kann, so bleibt es eine wichtige Leitlinie für die Gestaltung kooperationsunterstützender Systeme (Hammer et al., 1993). Dies gilt insbesondere dort, wo Mitarbeiter aufgrund ihrer Arbeitsaufgabe quasi-private Bereiche, wie etwa den eigenen Schreibtisch, haben, wie es für das Anwendungsgebiet von POLITeam typisch ist.

Beteiligungsrechte: Daneben muß die Gestaltung eines Ereignisdienstes die Möglichkeit bieten, die im Betriebsverfassungsgesetz und in den Personalvertretungsgesetzen kodifizierten Mitbestimmungsrechte der Betriebs- und Personalräte zu verwirklichen. Anwendungen, die zur technisch unterstützten Leistungs- und Verhaltenskontrolle genutzt werden können, unterliegen weitreichenden Mitbestimmungspflichten (Hammer et al., 1993). Es muß z. B. sichergestellt werden können, daß bestimmte Aktionen von Benutzern in keinem Fall Gegenstand des Ereignisdienstes werden, bzw. von bestimmten Benutzern oder Benutzergruppen nicht wahrnehmbar sind.

Organisatorische Richtlinien: Während die bisher besprochenen Bestimmungen Hinweise und Einschränkungen zur Gestaltung von Ereignisdiensten beinhalten, ergeben sich spezifische Probleme aus den Regelungen, die im Anwendungsfeld von POLITeam zur Geltung kommen. So sind in der öffentlichen Verwaltung durch die Gemeinsame Geschäftsordnung der Bundesministerien (GGO) die Vorgänge zwar detailliert geregelt (Mambrey und Robinson, 1994). Elektronische Medien werden dort aber bisher nicht behandelt. POLITeam verfolgt die Strategie, die Regelungen der GGO im elektronischen System analog anzuwenden.

4 Architektur des Ereignisdienstes

In den vorangegangenen Abschnitten wurde dargelegt, daß das Design der Mechanismen für den Ereignisdienst in POLITeam von verschiedenen Einflußgrößen bestimmt wird (Abb. 1). Zusammengefaßt sind dies die aus der täglichen Arbeit gewonnenen Benutzeranforderungen der Pilotanwender und die rechtlichen und organisatorischen Regelungen der Arbeitsumgebung. Die Erfüllbarkeit der verschiedenen Anforderungen wird durch die technischen Gegebenheiten des gewählten Basissystems eingegrenzt.

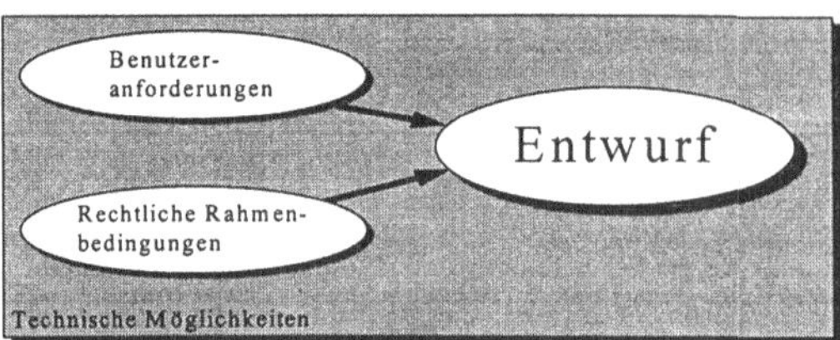

Abb. 1: Entwurfskriterien

Im Einzelnen haben wir die folgenden Anforderungen an das Design identifiziert:

- Die Mechanismen müssen auf den individuellen Interessen der Benutzer basieren und nicht auf festen Systemeinstellungen. Es ist daher wichtig, daß Benutzer das System an ihre Anforderungen anpassen können. Insbesondere ist die individuelle Arbeitssituation eines Benutzers für die Benachrichtigungen über das Eintreten interessanter Ereignisse zu berücksichtigen.

- Es müssen synchrone und asynchrone Informationen integriert werden. Benutzer sollten unmittelbar über Ereignisse informiert werden, die in der gegenwärtigen Situation wichtig sind. Analog müssen Benutzer über Änderungen seit dem letzten Zugriff innerhalb eines Arbeitskontextes automatisch informiert werden. Daneben müssen asynchrone Informationen auf explizite Anfrage der Benutzer hin verfügbar gemacht werden.

- Das System sollte Möglichkeiten zur Verhandlung über und zur Lösung von Konflikten eröffnen. Die Benutzer benötigen flexible Mechanismen, mit denen sie Kontrolle Anderer über sich verhindern können. Diese Schutzmechanismen führen jedoch ihrerseits zu Konflikten im kooperativen Prozeß, deren Auflösung durch das System unterstützt werden kann.

- Es muß die Möglichkeit geben, in einer Organisation gültige Normen hinsichtlich des Umgangs mit Transparenz - z. B. also die Ergebnisse von Betriebsvereinbarungen - durch Konfiguration des Ereignisdienstes abzubilden.

- Die Benutzerschnittstelle sollte Muster und Metaphern benutzen, die den Benutzern aus anderen Kontexten bereits geläufig sind. Periphere Wahrnehmung und verschiedene Ebenen an Dringlichkeit sind jeweils unter Verwendung angemessener Techniken zur Schnittstellengestaltung zu implementieren.

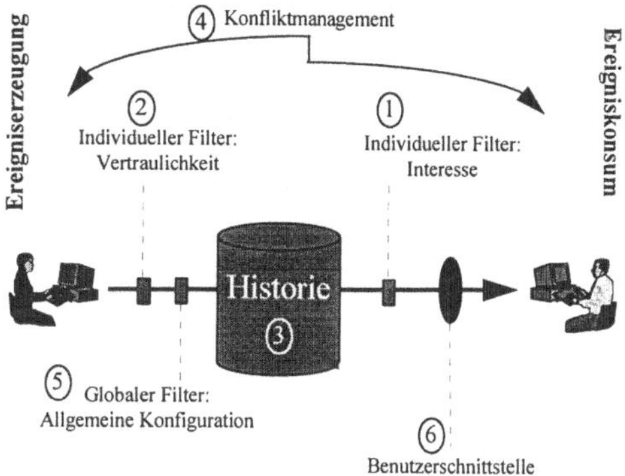

Abb. 2: Architekturmodell

Für POLITeam wurde das in Abbildung 2 dargestellte Architekturmodell erarbeitet, das die genannten Anforderungen erfüllt. Der Ereignisdienst ist als Informationspipeline angelegt. Ereignisinformation wird generiert und nachfolgend an andere Benutzer verteilt. Auf dem Weg vom Erzeuger zum Konsumenten wird die Information nach verschiedenen Kriterien gefiltert. Das System besteht aus sechs Hauptbestandteilen (die Numerierung entspricht der in Abb. 2 verwendeten):

1. Benachrichtigungen werden gemäß der Anforderungen der Benutzer und ihrer aktuellen Arbeitssituation verfügbar gemacht. Dies wird durch einen individuellen Filter für eingehende Ereignisse auf der Konsumentenseite der Informationskette geleistet.

2. Auf der Produzentenseite können Benutzer bestimmen, über welche ihrer Aktionen Ereignisse bzw. Benachrichtigungen erzeugt werden sollen. Diese Einschränkungen im Informationsfluß schlagen sich in einem individuellen Filter für ausgehende Ereignisse nieder.

3. Benutzer müssen in die Lage versetzt werden, mit der Historie des Systems zu interagieren. Das System muß daher Ereignisse persistent speichern.

4. Individuelle Festlegungen können zu Konflikten zwischen verschiedenen Teilnehmern an dem kooperativen Prozeß führen. Daher ist ein die Informationskette überspannender Mechanismus zur Konfliktlösung Bestandteil des Systems.

5. Zusätzlich ist ein globaler Filter vorgesehen, der die Konfigurierbarkeit des Ereignisdienstes gemäß der gesetzlichen und organisatorischen Regelungen garantiert.

6. Die Benachrichtigungen müssen auf der Konsumentenseite durch geeignete Visualisierungstechniken präsentiert werden.

Die einzelnen Komponenten werden nachfolgend eingehender betrachtet.

4.1 Automatische Benachrichtigung und Interesse

In POLITeam können Benutzer ihr Interesse an Ereignissen durch Interessensbeschreibungen formulieren, die sämtliche Eigenschaften der automatischen Benachrichtigung festlegen (Fuchs et. al., 1995). Eine Interessensbeschreibung kann für Ereignisse eines einzelnen Objekts oder einer ganzen Klasse von Objekten definiert werden und besteht aus den folgenden Komponenten:

- *Die Ereignisbeschreibung* legt fest, über welche Ereignisse der Benutzer informiert werden möchte. Dazu kann der Benutzer aus einer Liste von möglichen Ereignissen diejenigen auswählen, die ihn interessieren.

- *Der Benachrichtigungskontext* definiert, in welcher Arbeitssituation diese Ereignisse vom System gemeldet werden sollen. Dazu können unterschiedliche Arbeitskontexte ausgewählt werden, in die Objekte eingebettet sein können. Ein bestimmter Arbeitskontext eines Objekts umfaßt dabei i. a. auch mehrere andere Objekte, z. B. alle Objekte in einer Laufmappe. Die Benachrichtigung erfolgt erst zu dem Zeitpunkt, an dem der Benutzer auf eines dieser Objekte zugreift.

- *Die Benachrichtigungsintensität* legt fest, in welcher Form der Benutzer in dieser Arbeitssituation über die Ereignisse benachrichtigt werden will. Hier kann zwischen verschiedenen Intensitätsstufen ausgewählt werden, die durch unterschiedliche Formen der Benachrichtigung an der Benutzerschnittstelle berücksichtigt werden.

Die Verknüpfung von Interessenspezifikationen mit Arbeitskontexten erfüllt damit die Forderung nach der Berücksichtigung der individuellen Arbeitspraxis der Benutzer. Benutzer erhalten genau dann Benachrichtigungen über neue Ereignisse, wenn dies im Kontext der gegenwärtigen Arbeit relevant ist. Damit wird eine wichtige Voraussetzung zur Vermeidung von Informationsüberladung erfüllt.

Die objektorientierte Modellierung der Ereignisverteilung gewährleistet einerseits die praktische Verwendbarkeit des Ereignisdienstes, da Interesse flexibel für ganze Klassen von Objekten für die gängigen Arbeitssituationen festgelegt werden kann. Nur wenn sich der Benutzer in besonderer Weise für ein Objekt - jenseits der üblichen Arbeitspraxis - interessiert, muß er dieses Interesse explizit festlegen. Andererseits liefert die objektorientierte Modellierung die notwendige Offenheit, die vorhanden sein muß, wenn das System erweiter- und modifizierbar sein soll.

4.2 Vertraulichkeit

So wie Benutzer ihr Interesse an Ereignissen anmelden können, so sollen sie auch in die Lage versetzt werden, die Erzeugung und Verteilung von Benachrichtigungen, die an von ihnen ausgelöste Ereignisse geknüpft sind, einzuschränken. Dazu definieren Benutzer analog zu den Interessensbeschreibungen Vertraulichkeitsbeschreibungen, die aus den Elementen Ereignisbeschreibung, Benachrichtigungskontext und *Vertraulichkeitsintensität* bestehen. Ereignisbeschreibung und Benachrichtigungskontext werden wie im vorangegangen Abschnitt beschrieben gebildet.

Das Gegenstück zur Benachrichtigungsintensität bildet die Vertraulichkeitsintensität. Diese legt fest, wie stark das Interesse eines Benutzers ist, bestimmte Ereignisse unzugänglich zu machen. So kann ein Benutzer festlegen, daß ein Ereignis in einem Benachrichtigungskontext überhaupt nicht verfügbar gemacht wird, daß er selbst eine Benachrichtigung erhält, wenn jemand eine Benachrichtigung anfordert, oder daß Dritte, wie zum Beispiel Vorgesetzte oder Personalvertreter, in einem solchen Fall eine Benachrichtigung erhalten oder ihre Zustimmung erteilen müssen. Weitere Vertraulichkeitsintensitäten lassen sich leicht in das Modell einführen.

Die analoge Definition der Modelle zur Definition von Interesse und Vertraulichkeit hat den Vorteil, daß die Benutzer beide Konzepte weitgehend gleich behandeln können und insbesondere auch die Schnittstelle zur Spezifikation der jeweiligen Beschreibung weitgehend identisch sein kann.

Für die Aufrechterhaltung der Effizienz des kooperativen Prozesses ist in den meisten Anwendungsfeldern darauf zu achten, daß eher die Definition von relativ offenen Vertraulichkeitsbeschreibungen durch die Benutzerschnittstelle gefördert wird. POLITeam ist in dieser Hinsicht so gestaltet, daß die Benutzer zur Etablierung von Vertraulichkeit einen gewissen Aufwand treiben müssen, während die Voreinstellungen bei jeder im Prozeß der Spezifikation einer Vertraulichkeitsbeschreibung zu treffenden Entscheidung die Freigabe von Informationen begünstigen.

4.3 Ereignishistorie

Eine der Hauptaufgaben von POLITeam ist die technische Unterstützung asynchroner Kooperation. Diese stellt besondere Anforderungen an den Ereignisdienst, da vergangene Ereignisse in geeigneter Form verfügbar gemacht werden müssen. Dieser Historiendienst realisiert eine Reihe von elementaren Funktionen:

- *Nachvollziehbarkeit*: Die Historie erlaubt die juristische Nachvollziehbarkeit von bestimmten Aktionen. Dies ist im ministeriellen Arbeitskontext von entscheidender Bedeutung, damit Verantwortlichkeiten nachträglich belegt werden können.
- *Überblick*: Benutzer können schnell überschauen, wo wann welche Aktivitäten stattgefunden haben.
- *Wiedereinstieg*: Benutzer sind i. a. nicht immer an ihrem Arbeitsplatz erreichbar. Daher erhalten Benutzer, die einige Zeit nicht an einem kooperativen Prozeß teilgenommen haben, über den Historiendienst einen Überblick über das Geschehen während ihrer Abwesenheit. Dadurch wird der Wiedereinstieg in den Kooperationsprozess erleichtert.
- *Auflösung von Versionskonflikten*: Individuelle Änderungen einzelner Nutzer werden festgehalten, um im Falle konfligierender Aktionen zu entscheiden, welche Änderungen übernommen werden sollen und welche u. U. durch das System in eine neue Version übertragen werden.

Das Hauptproblem bei der Umsetzung des Historiendienstes liegt in der bedarfsgerechten Aufbereitung der anfallenden Daten. Hierfür werden spezielle Visualisierungstechniken genutzt, die den Historiendienst in die Arbeitsumgebung integrieren (Genau und Kramer, 1995). Darüber hinaus wird die Aggregation und Überlagerung von Ereignissen unterstützt, da normalerweise nicht alle Informationen, die durch den Historiendienst verfügbar sind, für die Nutzer von Interesse sind. Dazu können Ereignisse vermischt und irrelevante Ereignisse gelöscht werden. Zusätzlich besteht die Möglichkeit, Ereignisfolgen zu restrukturieren, um spezielle Aspekte, wie z. B. alle Ereignisse eines Nutzers, zu visualisieren.

4.4 Konfliktregelung

Konflikte entstehen in kooperativen Prozessen auf vielfältige Weise. In POLITeam werden die sich daraus ergebenden Anforderungen durch die Implementierung von technischen Mechanismen berücksichtigt, die die im Anwendungsfeld vorherrschenden Formen der Konfliktregelung unterstützen. Solche Mechanismen können im Hinblick darauf klassifiziert werden, ob sie die konfliktauslösenden Handlungen eines Nutzers sichtbar machen, den davon Betroffenen ein Einspruchsrecht bieten oder einen Kanal zur Kommunikation zwischen den Beteiligten bereitstellen (Wulf, 1996, 66f). An dieser Stelle beschränken wir uns auf Konflikte, die im Zusammenhang mit dem Ereignisdienst entstehen können.

Solche Konflikte entstehen z. B. dadurch, daß Benutzer einander widersprechende Interessens- und Vertraulichkeitsbeschreibungen formulieren. Da diese Beschreibungen aus einander entsprechenden Teilen bestehen, lassen sie sich in einfacher Weise automatisch abgleichen. Wird dabei ein Konflikt erkannt, so wird er zunächst dem Benutzer präsentiert, der gerade eine Beschreibung spezifiziert, die im Widerspruch zu einer schon existierenden Beschreibung steht. Er hat dann die Möglichkeit, seine Beschreibung so anzupassen, daß der Konflikt aufgelöst wird, oder er kann in einen eventuell vom System unterstützten Dialog mit dem Benutzer eintreten, der die konfligierende Beschreibung spezifiziert hat (Pfeifer und Wulf, 1995).

Eine andere Klasse von Konflikten entsteht dadurch, daß Benutzer in der Interaktion mit der Historie durch allgemein formulierte Abfragen Ereignisse anfordern, deren Vertraulichkeitsintensität im gegenwärtigen Bearbeitungskontext zu hoch ist, und die ihm daher nicht unmittelbar zugänglich gemacht werden dürfen. Auch hier lassen sich in einfacher Weise mit dem Erzeuger des Ereignisses oder mit Dritten, deren eventuelle Genehmigung ausreichend ist, Verhandlungsprozesse initiieren.

4.5 Globale Konfigurationsmöglichkeiten

Die technischen Aspekte der globalen Konfiguration des Ereignisdienstes betreffen die Festlegung konkreter funktionaler Eigenschaften für die einzelnen Ereignistypen, wie z. B. Persistenz. Das eigentliche Problem ist allerdings organisatorischer Natur: die Frage, ob bestimmte Merkmale des Ereignisdienstes eher die Kooperation fördern oder zur Leistungs- und Verhaltenskontrolle beitragen, hängt stark von den Besonderheiten des jeweiligen Anwendungsfeldes ab. Deshalb sollte die Festlegung, ob bestimmte Transparenzinformationen erzeugt werden sollen und wenn ja, mit welcher Vertrauensintensität sie vom Ereignisdienst zu behandeln ist, nicht starr implementiert werden, sondern im Anwendungsfeld bestimmt werden (Pfeifer und Lehner, 1996). Dies kann entweder vor oder während der Nutzung erfolgen. Diesbezügliche Festlegungen sind insbesondere dann im Rahmen von Betriebsvereinbarungen während der Konfiguration zu treffen, wenn auf Grund der im Anwendungsfeld bestehenden Machtverhältnisse bestimmte Nutzergruppen vor anderen zu schützen sind (Wulf, 1996a).

4.6 Die Benutzerschnittstelle

POLITeam erweitert die konventionelle Schreibtischmetapher. Neben den üblicherweise vorhandenen Objekten werden spezielle, kooperationsunterstützende Werkzeuge bereitgestellt. Dies sind unter anderem gemeinsame Arbeitsbereiche, elektronische Laufmappen sowie Darstellungen der Benutzer (in Form von entsprechenden Icons). Besondere Aufmerksamkeit wurde darauf gelegt, Metaphern aus der Arbeitsumgebung der Anwender zu verwenden. So werden etwa verschiedene Farben für die Darstellung der elektronischen Laufmappen in Abhängigkeit von ihrer Dringlichkeit verwendet, analog zu ihren realen Entsprechungen.

Um die Dynamik eines Kooperationsprozesses darstellen zu können, müssen Zustandsübergänge in geeigneter Form visualisiert werden (Sohlenkamp und Chwelos, 1994). Der Hauptzweck dabei ist es, Benutzer in der Koordination ihrer Arbeit zu unterstützen, ohne sie mehr als unbedingt notwendig von ihren eigentlichen Aufgaben abzulenken. Daher ist es wichtig, Information einerseits möglichst unaufdringlich darzustellen, andererseits aber ein abgestuftes Instrumentarium von Darstellungsmöglichkeiten bereitzustellen. Dies ermöglicht es Benutzern, wichtige Ereignisse in jedem Fall wahrzunehmen, während weniger wichtige peripher beobachtet werden können. Welche Benachrichtigungstechnik jeweils zum Einsatz kommt, richtet sich nach dem aktuellen Arbeits- und Anwendungskontext des Benutzers, also nach der Benachrichtigungsintensität in der Interessensbeschreibung.

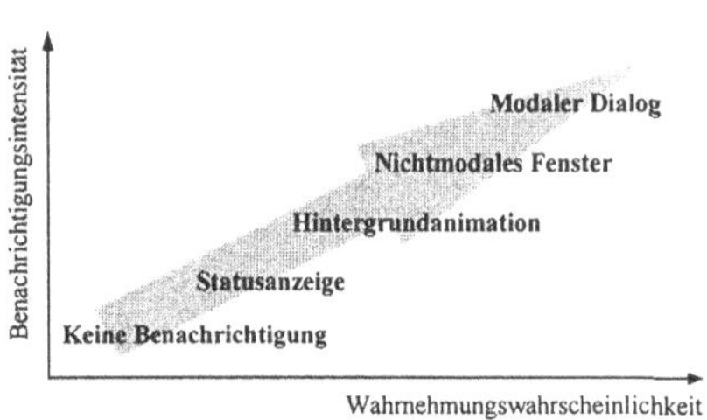

Abb. 3: Benachrichtigungsformen von POLITeam

Abb. 3 zeigt die verschiedenen von POLITeam verwendeten Mechanismen. Die Möglichkeiten reichen von der vollständigen Unterdrückung der Benachrichtigung bis zur modalen Dialogbox, die das Ereignis textuell beschreibt und vom Benutzer über einen Mausklick quittiert werden muß. Zwischen diesen beiden Extremen liegen verschiedene andere Ansätze, wie z. B. Icons, die ihre Farbe je nach Status ändern, Ereignisanimation oder nicht-modale Fenster, die die Ereignisse beschreiben. Allgemein gilt, daß aufdringlichere Formen der Ereignisbenachrichtigung zwar die Chance der Wahrnehmung erhöhen, andererseits aber auch deutlich stärker ablenkend wirken.

5 Zusammenfassung

POLITeam verfolgt das Ziel, die zwischen Bonn und Berlin verteilte Regierung durch die Entwicklung neuartiger Telekooperationstechniken zu unterstützen. Einer der Forschungsschwerpunkte des Projekts ist die Entwicklung eines Ereignisdienstes, der Benutzern die Informationen zur Verfügung stellt, die effiziente Kooperation ermöglichen. Dabei werden eine Reihe von wesentlichen Einflußgrößen berücksichtigt: gesetzliche Regelungen, soziale Fragen sowie empirisch ermittelte Anforderungen.

In dieser Arbeit haben wir, ausgehend von der Beschreibung der einzelnen Designfaktoren, die allgemeine Architektur des POLITeam-Ereignisdienstes beschrieben. Benutzer können ihr Interesse an bestimmten Ereignissen und das gewünschte Maß an Vertraulichkeit in Abhängigkeit vom jeweiligen Arbeitskontext definieren. Besondere Aufmerksamkeit wird der asynchronen Kooperation über einen Historiendienst gewidmet. Verschiedene Schnittstellentechniken werden eingesetzt, um unterschiedlichen Anforderungen gerecht zu werden. Der inhärente Antagonismus zwischen Wahrung der Privatsphäre einerseits und dem Informationsbedarf andererseits wird durch integrierte Mechanismen zur Konfliktregelung berücksichtigt.

6 Literatur

Bellotti, V. und Sellen, A. Design for Privacy in Ubiquitous Computing Environments. In *Proceedings of the ECSCW '93* (Mailand, September 1993), Kluwer, pp. 77-92.

Bowers, J. The Work to Make a Network Work: Studying CSCW in Action. In *Proceedings of the CSCW'94* (Chapel Hill, NC, Oktober 1994), ACM Press, pp. 287-298.

Dourish, P. und Bellotti, V. Awareness and Coordination in Shared Workspaces. In *Proceedings of the CSCW'92* (Toronto, Canada, Oktober 1992), ACM/SIGCHI, NY, 1992, pp. 25-38.

Fuchs, L., Pankoke-Babatz, U. und Prinz, W. Supporting Cooperative Awareness with Local Event Mechanisms: The GroupDesk System. In *Proceedings of ECSCW'95*. (Stockholm, September 1995), Kluwer, Dordrecht, pp. 247-262.

Clement, A. und Wagner, I. Fragmented Exchange: Disarticulation and the Need for Regionalized Communication Spaces. In *Proceedings of ECSCW'95* (Stockholm, September 1995), Kluwer, Dordrecht, pp. 33-49.

Genau, A. und Kramer, A. 1995. Translucent History. In *Conference Companion of CHI'95* (Denver, Colorado), ACM/SIGCHI, pp. 250-251.

Hammer, V., Pordesch, U., Roßnagel, A. Betriebliche Telefon- und ISDN-Anlagen rechtsgemäß gestalten, Springer, Berlin, 1993.

Heath, C. und Luff, P. Collaborative Activity and Technological Design: Task Coordination in London Underground Control Rooms. In *Proceedings of the Third European Conference on Computer Supported Cooperative Work - ECSCW '93* (Amsterdam, September 1991), Kluwer, Dordrecht, , pp. 65-80.

Hoschka, P.,Butscher, B. und Streitz, N. Telecooperation and Telepresence: Technical challenges of a government distributed between Bonn and Berlin. In *Informatization and the Public Sector*, 1993. 2(4): pp. 269-299.

Klöckner, K., Mambrey, P., Sohlenkamp, M., Prinz, W., Fuchs, L., Kolvenbach, S., Pankoke-Babatz, U. und Syri, A. POLITeam - Bridging the Gap between Bonn and Berlin for and with the Users. In *Proceedings of ECSCW'95* (Stockholm, September 1995), Kluwer, Dordrecht, pp. 17-31.

Mambrey, P. und Robinson, M. “The Non-Existing Nothing” - Privacy in a strict, formal bureaucracy: A challenge for CSCW! In Clement, Suchman, Wagner (eds.): *Critical Considerations in the Creation and Control of Personal/Collective Communications Spaces* (Chapel Hill, NC, 1994), pp. 101 - 114.

Pfeifer, A. und Lehner, K. Konfiguration des Informationsmanagements in Groupware. In *Tagungsband zum Workshop CSCW in Organisationen*, (Technologiezentrum der deutschen Telekom AG, Darmstadt, 1996), pp. 77-84.

Pfeifer, A. und Wulf, V. Negotiability as a strategy for conflict management. In *Proceedings of the Conference on Concurrent/Simultaneous Engineering Frameworks and Applications* (Lissabon, April 1995), pp.333-343.

Sohlenkamp, M. und Chwelos, G. Integrating Communication, Cooperation and Awareness: The DIVA Virtual Office Environment. In *Proceedings of CSCW'94* (Chapel Hill, NC, Oktober 1994), pp. 331-343.

Wulf, V. Konfliktmanagement bei Groupware. Dissertation am Fachbereich Informatik der Universität Dortmund, 1996.

Wulf, V. Auf dem Weg zum gläsernen Telefonisten? -Betriebliche Fallstudie zum Einsatz computer-integrierter Telefonie. In *Datenschutz und Datensicherheit*, 1996a.

POLIWORK - Telekooperation und Dokumentenverwaltung am persönlichen Arbeitsplatz

Martin Bever, Udo Bär, Dietrich Seibt, Lothar Schmitt, Erich Neuhold, Thomas Knopik, Heino Kaack, Andreas Engel

1 Einleitung
2 Projekt POLIWORK
 2.1 Projektziel
 2.2 Pilotanwender
 2.3 Vorgehensweise im Projekt
3 Anwendungsszenarien
4 Anwendungslösung
5 Einbezug neuer technologischer Entwicklungen
6 Evaluation
 6.1 Benutzerevaluation
 6.2 Empfehlungen aus organisatorischer Sicht
7 Status und weiteres Vorgehen
8 Literatur

Zusammenfassung

Telekooperationslösungen zur Unterstützung dislozierter Anwendungen stellen nicht nur an die Integration von existierenden Anwendungen und Telediensten erhebliche Anforderungen, sondern werfen auch eine Reihe von neuen Fragestellungen auf: Wie müssen neue Technikpotentiale (z.B. Multimedia und neue Netzinfrastrukturen) ausgeschöpft werden, um Effizienzsteigerung und Qualitätsverbesserung bei der arbeitsteiligen Aufgabenerledigung zu erzielen? Welche Auswirkungen hat der Technikeinsatz auf die jeweilige Organisation beziehungsweise die bestehenden Arbeitsabläufe? Wie können die mit dem Einsatz unterschiedlicher Werkzeuge verbundenen Medienbrüche vermieden und eine durchgängige Bearbeitung von Dokumenten erreicht werden?

Anhand des Pilotprojekts POLIWORK[1] werden in diesem Beitrag erste Ergebnisse und Erfahrungen beim Einsatz neuartiger Telekooperationslösungen dargestellt und es wird auf die verschiedenen Fragestellungen der Anwendungsforschung eingegangen. Insbesondere werden neue Kooperationsformen vorgestellt und gezeigt, wie hieraus konkrete Anforderungsszenarien abgeleitet wurden. Darauf aufbauend werden verschiedene Lösungsbausteine für ein durchgängiges, elektronisches Dokumentenmanagement und für die Durchführung von Abstimmungsprozessen, wie sie in anwenderspezifischen Ausprägungen im realen Einsatz vor Ort bei den verschiedenen Anwendergruppen eingesetzt werden, vorgestellt. Außerdem werden die Evaluationsergebnisse hinsichtlich Relevanz und Einsetzbarkeit dargestellt. Besonderer Wert wird darauf gelegt, die Wechselwirkungen zwischen informationstechnischen Anwendungssystemen, Organisationsformen und Verwaltungsabläufen zu beleuchten.

---

[1]Das Projekt POLIWORK wird im Rahmen der Forschungsprogramms POLIKOM durch das BMBF gefördert.

1 Einleitung

Der Beschluß des Deutschen Bundestages vom 20. Juni 1991, den Regierungssitz von Bonn nach Berlin zu verlagern, warf Fragen nach einer Kommunikations- und Informationsinfrastruktur besonders für die Übergangszeiten auf. Die Komplexität der damit verbundenen Problemstellungen führte zur Auflage eines Forschungsprogramms durch das BMBF mit dem Ziel, die Erforschung und Erprobung von Telekooperationslösungen unter Einbezug betroffener Anwender aus der öffentlichen Verwaltung zu verfolgen. Neben dem Projekt POLIWORK wurden drei weitere Projekte aufgesetzt: POLIFLOW, POLITEAM und POLIVEST. In allen vier Projekten werden im Rahmen von Pilotenversuchen neue Arbeitsformen in der Verwaltung probt, die sich durch den Einsatz innovativer Anwendungslösungen sinnvoll unterstützen lassen.

Die in den Projekten zum Einsatz kommenden Systeme zur Unterstützung der synchronen Telekooperation, der Dokumentenverwaltung und der Vorgangsbearbeitung werden in der Literatur nicht selten unter dem Begriff „Groupware" zusammengefaßt. Groupware-Systeme, oft synonym mit CSCW bezeichnet, sind computer-basierte Systeme, die Gruppen bei der Erledigung einer gemeinsamen Aufgabe oder zur Erreichung eines gemeinsamen Ziels unterstützen sollen. Meist stellen solche Systeme Schnittstellen zur Unterstützung einer gemeinsamen Arbeitsumgebung zur Verfügung [Ell 91] [Ros 95]. Ein prominentes Beispiel ist Teleunterricht mittels MBONE (Multicast BackbONE), einem virtuellen Backbone für IP-Multicast im Internet [Mac 94].

Die Vielfalt existierender Systeme und die teils sehr unterschiedlichen Ansätze, wie z.B. synchrone oder asynchrone Gruppenarbeit haben in den letzten Jahren zu unterschiedlichen Taxonomien und Klassifikationen von CSCW-Systemen geführt. Die Klassifikation von CSCW-Systemen gemäß des Raum-Zeit Paradigmas [Joh 88], die Taxonomie auf Anwendungsebene [Ben 94] oder die Einteilung in Hinblick auf Koordinations- und Verteilungsvarianten [Rüd 92] geben die wichtigsten Klassen von Systemen wieder. Dienste und Plattformen zur Unterstützung von CSCW-Systemen werden u.a. in [May 94] [Gre 93] [Cri 96] [Ren 96] vorgestellt. [Cro 91] [Vin 92] beschreiben Ansätze zur Modellierung von CSCW-Systemen.

Der Einsatz von CSCW-Lösungen zur Unterstützung synchroner und asynchroner Gruppenarbeit erfordert sehr häufig die Integration mit anderen Anwendungen, wie z.B. Workflowsysteme zur Steuerung von Informationsflüssen oder Dokumentenmanagementsysteme für den Zugriff auf elektronische Dokumente [Abb 94]. Jedes dieser Anwendungssysteme stellt meist eine bereits existierende Anwendung dar, die auch außerhalb von Gruppenarbeit betrieben werden. Hinzu kommt, daß die üblichen Teledienste, z.B. Telefon oder Fax eine eigene Gruppe von Systemen zur Unterstützung von Gruppenarbeit - besonders bei räumlicher Dislozierung - darstellen, die in der Regel isoliert von allen anderen Anwendungsbausteinen betrieben werden. Ein weiteres Problem stellt die Tatsache dar, daß die heute verfügbaren CSCW-Systeme auf elektronische Dokumente ausgerichtet sind und der in vielen Anwendungen geforderten Koexistenz von Papier mit elektronischen Dokumenten nicht Rechnung tragen.

Eine zentrale Anforderung an zukünftige integrierte CSCW-Systeme ist deshalb die Bereitstellung geeigneter Anwendungsinfrastrukturen zur Unterstützung von Gruppenarbeit bei räumlicher Dislozierung und team-orientierter Projektarbeit. Solche Anwendungsinfrastrukturen erlauben den Zugriff auf und die Nutzung von gemeinsamen Dokumentenbeständen an beliebigen Orten und unterstützen die unterschiedlichsten Formen von Abstimmungsvorgängen, die Erstellung von Berichten und Stellungnahmen, sowie den Einbezug von Experten und Beratern. Ziel ist eine flexible Anpassung an unterschiedliche Aufgabenstellungen, so daß in Abhängigkeit von der jeweiligen Problemstellung Aktivitäten zur richtigen Zeit, mit den dafür erforderlichen Personen und den notwendigen Dokumenten adäquat durchgeführt werden können.

Wegen ihrer Komplexität lassen sich innovative Telekooperationsanwendungen auf der Basis geeigneter Anwendungsinfrastrukturen nicht ohne frühzeitigen Einbezug von Anwendern, Planern, Benutzern, Mitbestimmungsgremien und Betreibern realisieren. Die adäquate Ausschöpfung vorhandener Technikpotentiale erfordert meist umfangreiche Pilotierungen und Evaluationen zusammen mit Anwendern, den zukünftigen Benutzern und Betreibern von Telekooperationslösungen.

Im Projekt POLIWORK wurde dieser Ansatz bei der Erforschung und Erprobung neuer Telekooperationsanwendungen verfolgt. Nachfolgend berichten wir über die dabei gewonnenen Ergebnisse und Erfahrungen. Dazu werden in Kapitel 2 die Projektziele, die Pilotanwender sowie die Vorgehensweise in POLIWORK vorgestellt. In Kapitel 3 werden die Anwendungsszenarien im Detail behandelt. Darauf aufbauend stellen wir in Kapitel 4 die im Projekt eingesetzten Lösungskomponenten vor. Der Einbezug der jeweils aktuellsten technologischen Entwicklungen in die POLIWORK-Lösungen wird in Kapitel 5 beschrieben. Kapitel 6 und Kapitel 7 erläutern die Evaluationsergebnisse aus Benutzer- beziehungsweise organisatorischer Sicht.

2 Projekt POLIWORK

2.1 Projektziel

Das vom BMBF geförderte Erprobungsprojekt *POLIWORK - Telekooperation und Dokumentenverwaltung am persönlichen Arbeitsplatz* hat sich den elektronischen Arbeitsplatz mit

Anwendungen zur Unterstützung synchroner Telekooperation, einer durchgängigen Dokumentenverwaltung und -bearbeitung sowie der Integration mit existierenden Anwendungen zum Ziel gesetzt. Im technischen Bereich zielt das Projekt auf innovative Anwendungslösungen für die orts- und zeitunabhängige Zusammenarbeit in räumlich verteilten Organisationen. Alle Personen, die in einer Arbeitsgruppe zusammenarbeiten, können von ihrem PC aus Ideen und Informationen austauschen und ihre Arbeitsprozesse abstimmen. Sowohl strukturierte und geplante als auch spontan initiierte Arbeitsabläufe werden unterstützt. Die Dokumente können bei Bedarf gemeinsam und zeitgleich in einem Abstimmungsprozeß oder auch individuell und zeitversetzt bearbeitet werden.

Eine technische Nachbildung existierender Verwaltungsabläufe (Substitution) ist allerdings in vielen Fällen nicht adäquat. Neue, durch innovative Techniken unterstützte Arbeitsformen sind oft effizienter, sind jedoch auch mit Veränderungen der existierenden Organisationsstrukturen verbunden. Im Rahmen des Projekts werden die Implikationen von neuen Lösungen und Möglichkeiten zur Modifikation behördlicher Vorschriften, etwa der Gemeinsamen Geschäftsordnung der Bundesministerien (GGO), evaluiert. Ein maßgebliches Ergebnis des Projekts werden daher auch Vorschläge hinsichtlich der für den sinnvollen Technikeinsatz erforderlichen organisatorischen Maßnahmen sein. Nicht zuletzt deshalb werden in POLIWORK bei der Erarbeitung und Erprobung der Lösungen neben einer Reihe von Pilotanwendern von Anbeginn auch Planer, Betreiber, Mitbestimmungsgremien und Entscheider intensiv in die Diskussion um geeignete Anwendungslösungen einbezogen.

2.2 Pilotanwender

Mehrere Anwenderorganisationen aus Bundesministerien, der Bundestagsverwaltung und Landesministerien haben sich bereit erklärt, die im Projekt konzipierten Lösungen im Zuge ihrer täglichen Arbeit zu erproben. Eine Anwendergruppe besteht aus der Koordinierungs- und Beratungsstelle der Bundesregierung für Informationstechnik in der Bundesverwaltung (KBSt) und den für Organisations- und IT-Fragen zuständigen Stellen im Wirtschafts- und im Verteidigungsministerium. Zusammen mit Vertretern der übrigen Ministerien haben diese Stellen die Aufgabe, die IT-bezogenen Planungen zum Informationsverbund Berlin-Bonn ministeriumsübergreifend abzustimmen. Sie sind hier mit einem hohen Abstimmungsbedarf konfrontiert, der selbst schon bei der heutigen Verteilung der Ministerien über mehrere Bonner Stadtteile nur durch Technikeinsatz effizient zu bewältigen ist.

Das Sekretariat des Bundestagsausschusses BFTA (Bildung, Wissenschaft und Technikfolgenabschätzung) ist vor allem verantwortlich für die Planung und Durchführung der Ausschußsitzungen. Die Abstimmung von Beratungsplänen, Tagesordnungen und Protokollen mit dem Referat für Kabinetts- und Parlamentsangelegenheiten im BMBF ist hier Gegenstand der Pilotversuche.

Das Land Nordrhein-Westfalen verfolgt mit seinem Ministerium für Schule und Weiterbildung als Piloten bereits seit einigen Jahren konsequent das Ziel, das in den Ministerien registrierte Schriftgut elektronisch zu verwalten. Der Bereich Dokumentenmanagement ist daher auch das Arbeitsgebiet, worauf sich die Zusammenarbeit zwischen dem Anwender und dem Projekt hier konzentriert.

Vorgehensweise im Projekt

Die prinzipielle Vorgehensweise orientiert sich an einem Phasenmodell, welches Szenarienanalyse, IT-Realisierung, Pilotierung und Evaluation umfaßt (Abbildung 1). Unterschiedliche, bei den Anwenderorganisationen auftretende Kooperationsformen werden zunächst als "Szenenbilder" beschrieben, deren Gemeinsamkeiten herausgearbeitet, und letztlich als konkrete Anforderungsszenarien formuliert. Diese Vorgehensweise stellt die Nachprüfbarkeit der Anforderungsdefinition sowohl für die Anwender als auch für die Systementwickler sicher.

Die auf der Grundlage der Analyseergebnisse zusammengestellten technischen Lösungen werden vor Ort in den Anwenderorganisationen installiert und zusammen mit den Anwendern auf ihre Praxistauglichkeit hin evaluiert.

Abbildung 1: Vorgehenszyklus im Projekt POLIWORK

Die gewonnenen Erkenntnisse - Verbesserungen und wünschenswerte funktionale Erweiterungen - bilden die Ausgangsbasis für die Weiterentwicklung der Anwendungslösungen. Der beschriebene Zyklus wird im Verlauf des Projekts in jeder der Anwendergruppen mehrmals durchlaufen und führt so zu immer adäquateren Lösungen. Flankierend beteiligt sich das Projekt an der Mitarbeit in ministeriumsübergreifenden Koordinations- und Entscheidungsgremien (z.B. IMKA, KoopA, IMA).

3 Anwendungsszenarien

Verwaltungshandeln vollzieht sich im Rahmen eines organisatorischen Regelwerks, das für jede Aufgabe einen bestimmten Geschäftsgang vorschreibt. Der organisatorisch-technische Lösungsansatz in POLIWORK geht deshalb von der – im Projekt bestätigten – Erkenntnis aus, daß eine nachhaltige Unterstützung der Aufgabenerledigung in der öffentlichen Verwaltung an der durchgängigen Unterstützung des Geschäftsgangs orientiert sein muß [Rei 92].

Konstitutiv für den Geschäftsgang in der öffentlichen Verwaltung ist die Niederschrift aller wesentlichen Sachverhalte auf Schriftgut (hier Dokumente genannt) und die Ordnung der Dokumente in Akten ('Der Stand einer Sache muß jederzeit aus den Akten vollständig ersichtlich sein.'[GGO]). Der Lösungsansatz des POLIWORK-Projekts liegt daher in der alle Phasen des Geschäftsgangs umfassenden Unterstützung der Dokumentenverwaltung und Dokumentenbearbeitung unter Einschluß des die Dokumentenbearbeitung begleitenden Kommunikations- und Kooperationsprozesses.

Ein Geschäftsgang kann - unter dem Gesichtspunkt der Kooperation - in sechs Szenarien beschrieben werden, die jeweils eine typische Kooperationsform betreffen. Die folgende Kurzbeschreibung skizziert die jeweils typischen Tätigkeiten und benennt die zentralen Anforderungen an entsprechende Komponenten der Anwendungslösung:

- das Erstellen und Revidieren von Entwürfen (Szenario: kooperative Textbearbeitung),
- das inhaltliche Abstimmen von Entwürfen (Szenario: bi- und multilaterale Kooperation),
- das Planen von Abstimmungsprozessen (Szenario: Terminvorbereitung und Protokollierung)
- das Weiterleiten im Geschäftsgang und die Zuweisung von Dokumenten zur Bearbeitung (Szenario: dokumentenbasierte Steuerung von Arbeitsprozessen)
- die Dokumentation der Beteiligung (Szenario: verbindliche Dokumentation)
- das Registrieren und Archivieren von Dokumenten (Szenario: Schriftgutmanagement).

3.1.1 Kooperative Textbearbeitung

Im Szenario Kooperative Texterstellung geht es um die Zusammenarbeit von mehreren Verwaltungsmitarbeitern bei der Erstellung und Bearbeitung von Texten. Dies geschieht zum Teil in asynchroner und synchroner Kooperation. Zu ihrer Unterstützung bedarf es Anwendungslösungen zur Annotation von Texten, zur Versionsverwaltung, Synopsenbildung und Anlagenverwaltung, etc.

3.1.2 Bi- und multilaterale Kooperation

Das Bearbeiten von Geschäftsvorfällen ist ein kooperativer Prozeß, der die Abstimmung zwischen Bearbeitern und Vorgesetzten, zwischen der federführenden Stelle und den mitzeichnenden Stellen und zwischen Bearbeitern und Assistenzkräften erfordert. Die Abstimmungsformen unterscheiden sich danach, ob sie mündlich oder schriftlich, räumlich verteilt oder an einem Ort sowie synchron oder asynchron stattfinden. Das Szenario bi- und multilaterale Kooperation definiert die spezifischen Anforderungen der Unterstützung von Abstimmungsprozessen.

3.1.3 Abstimmungsplanung

Die bi- und multilaterale Kooperation kann verschiedene Formen annehmen, doch allen gemeinsam ist, daß immer dann, wenn mehrere Partner miteinander kooperieren wollen, die Kooperation geplant werden muß. So muß beispielsweise zusätzlich der Zeitpunkt des gemeinsamen Arbeitens bestimmt werden, gegebenenfalls müssen Informationen ausgetauscht werden, um eine gemeinsame Informationsbasis zu schaffen. Die Ergebnisse einer gemeinsamen Arbeitssitzung müssen protokolliert und in die individuelle Arbeitsumgebung zurückgeführt werden. Das Szenario Abstimmungsplanung definiert die Anforderungen an eine Arbeitsumgebung, mit der Kooperationsprozesse geplant werden können.

3.1.4 Dokumentenbasierte Vorgangssteuerung

Das Szenario dokumentenbasierte Vorgangssteuerung beschreibt die zentralen Anforderungen an die Steuerung von Arbeitsprozessen durch Arbeitsanweisungen, die auf bzw. zu den Dokumenten angebracht werden, auf die sie sich beziehen. Gerade in der überwiegend planenden Ministerialverwaltung wird ein Höchstmaß an Flexibilität in der Weiterleitung von Dokumenten vom Arbeitsplatz aus gefordert (vgl. [Eng 95], S. 123).

3.1.5 Verbindliche Dokumentation

Eng verknüpft mit den Fragen der Vorgangssteuerung und des Vollzugs von Abstimmungsprozessen ist die der Dokumentation von Bearbeitungsprozessen, die im Szenario verbindliche Dokumentation behandelt wird. Sicherheit und Nachvollziehbarkeit der Informationsverarbeitung sind zu garantieren, indem Informationen, Informationsverarbeitungshandlungen, Informationsträger und vor allem die informationsverarbeitenden Personen identifiziert und authentisiert werden können.

3.1.6 Schriftgutmanagement

Das Szenario Schriftgutmanagement beschreibt das Registrieren, Ordnen, Wiederfinden, Bereitstellen, Aufbewahren und Archivieren von Dokumenten. Da wegen der notwendigen Anpassung an die Kommunikationsformen externer Partner und aus Gründen der Nachvollziehbarkeit des Verwaltungshandelns auf lange Sicht von der Koexistenz von Schriftgut in papiergebundener und elektronischer Form ausgegangen werden muß, ist ein vom Informationsträger unabhängiges, integriertes Ordnungs- und Recherchesystem für die Verwaltung von Dokumenten bereitzustellen. Darüber hinaus sind im Vergleich zu herkömmlichen Registrierhilfen und Recherchemitteln erweiterte Möglichkeiten der informationstechnisch unterstützten Dokumentensuche anzubieten (Volltextretrieval).

4 Anwendungslösung

Die Architektur der POLIWORK-Lösung besteht im wesentlichen aus Komponenten für die Funktionsklassen: Registratur / Archive, Gruppenablagen (Dokumentenverwaltung), Kooperative Dokumentenbearbeitung (Application Sharing, Annotationswerkzeug), Scannen von Papiervorlagen, PC-Telefonkonferenzen, Videokonferenzen und Elektronische Post. Die Telekooperationslösung beinhaltet insgesamt wesentliche Neuerungen in den Bereichen Konferenzsysteme, Integration von PC-Telefonkonferenzen sowie durchgängige Dokumentenablage, -archivierung und -bearbeitung.

4.1.1 Registratur/Archive

Die Schriftgutverwaltung ermöglicht das Erfassen, Pflegen, Verwalten und die Recherche von Vorgängen und Dokumenten. Mit den beiden Ebenen "Dokumente" und "Vorgänge" wird das Schriftgut als einzelnes Schriftstück (Dokument) und als Verwaltungssachverhalt - alle Schriftstücke, die zu einem solchen gehören - (Vorgang) abgebildet. Die Suche nach Vorgängen und Dokumenten, die bestimmte Merkmale und Eigenschaften haben, wird von einem in das Schriftgutverwaltungssystem integrierten Retrievalsystem unterstützt. Dabei wird unterschieden zwischen Wertsuche (Attributsuche), Volltextsuche in Attributen und Volltextsuche im Inhalt elektronisch erfaßter Dokumente, wobei die verschiedenen Suchanfragen flexibel zu komplexen Suchbedingungen kombiniert werden können.

4.1.2 Gruppenablage

Grundlage der Ablagen und des Archivs ist ein gemeinsames Objektmodell, das den nahtlosen Austausch von Objekten zwischen den verschiedenen Ablagen und Archiven gewährleistet. Die Gruppenablage dient als globaler Dokumentenspeicher für ein Team von Mitarbeitern, in den die Dokumente, Zustands- und Teilnehmerbeschreibungen abgelegt werden, und auf den die Mitglieder von ihrem Rechner aus zugreifen können. Gruppenablagen können dynamisch erzeugt werden und mit bestimmten Eigenschaften, z.B. Zugriffsberechtigungen oder Benachrichtigungsregeln versehen werden. Dem Anwender wird innerhalb seiner Gruppenablage ein hierarchisch strukturierter Dokumentenspeicher angeboten, in dem er Dokumente nach Akten und Mappen sortiert ablegen und durch Navigations- und Recherche-Werkzeuge unterstützt wieder auf sie zugreifen kann. Abhängig von den gewählten Benachrichtigungsregeln werden die Mitglieder bei bestimmten Ereignissen automatisch informiert, z.B. bei Verfügbarkeit einer neuen Dokumentenversion.

4.1.3 Cross Platform Application Sharing

In Abhängigkeit des Dokumentenformats werden bei der gemeinsame Bearbeitung von Dokumenten Texteditoren, Graphikwerkzeuge, Tabellenkalkulationsprogramme etc. benutzt. Hierbei werden die für den Einbenutzerbetrieb entwickelten Anwendungen nun mit Hilfe einer Komponente zur gemeinsamen Nutzung einer Anwendung (Application Sharing) auf die Arbeitsplatzstationen der Konferenzteilnehmer verteilt, um eine gemeinsame Bedienung zu ermöglichen. Die zu verteilende Anwendung muß selbst nicht konferenzfähig sein, d.h. sie muß nicht für die Benutzung in einer Konferenz entwickelt worden sein. Dadurch kann jede beliebige Anwendung verwendet werden. Heute verfügbare Application Sharing Komponenten sind in den meisten Fällen auf eine konkrete Betriebssystemplattform zugeschnitten und daher in einer heterogenen Rechnerumgebung nur bedingt einsetzbar. Im Rahmen des Projektes wurde daher eine existierende Application Sharing Komponente so modifiziert, daß sie unterschiedliche Plattformen (Windows, OS/2) unterstützt [Rie 95].

4.1.4 Kooperatives Dokumenten-Annotationswerkzeug

Eine weitere Form der gemeinsamen Dokumentenbearbeitung stellt das Annotieren nicht veränderlicher Hintergrunddokumente dar. Das Dokument selbst wird hier, anders als beim Application Sharing, nicht modifiziert. Um der ausgeprägten Dokumentenorientierung im Projekt besser gerecht zu werden, wurde ein Werkzeug entwickelt, welches das gemeinsame Betrachten und Annotieren von Dokumenten im PostScript-Format ermöglicht. Im einzelnen werden Funktionen zum Laden von Dokumenten, zum seitenweisen Blättern in Dokumenten und zum gemeinsamen Anbringen bzw. Modifizieren von Annotationen bereitgestellt. Es wird darüber hinaus zwischen privaten, d.h. nur für den Annotierenden sichtbaren, und öffentlichen, d.h. für alle sichtbaren Annotationen unterschieden.

.1.5 Mehrpunktfähige Telefonkonferenzanwendung

ßei der Telefonkonferenzanwendung wird die Sprachkommunikation unter Verwendung eines öffentlichen) Telefondienstes und der typischerweise beim Anwender existierenden 'elefoninfrastuktur realisiert. Dabei wird der Zugang zum Telefonnetz und der hierzu orhandene Telefonapparat zur Sprachkommunikation genutzt. Als Vorteil dieser Lösung nüssen die eingesetzten Arbeitsplatzrechner nicht mit zusätzlicher Multimedia-Hardware ausestattet werden, sofern sie nicht auch die Video-Kommunikation unterstützen sollen.

)ie Lösung unterstützt die Sprachkommunikation durch den automatischen Auf- und Abbau on Telefonkonferenzverbindungen und die dynamische Erweiterung bzw. Reduzierung von 'erbindungen parallel zur Teilnahme von Benutzern einer Datenkonferenz. Dabei wird auf ie Adreßinformation der Konferenzverwaltung zurückgegriffen, die unter anderem auch in er Gruppenablage zum Einsatz kommt.

; Einbezug neuer technologischer Entwicklungen

ßei der Einführung neuer Technologien in ein Anwendungsumfeld muß sichergestellt werden, aß die weitere Entwicklung dieser Technologien berücksichtigt und gemäß den Anwenungserfordernissen möglichst intensiv ausgeschöpft wird. Die in der Pilotierung gewonnenen :rfahrungen mit forschungsnahen Prototypen können Eingang in neue Produktgenerationen inden. In der ersten Phase von POLIWORK wurden schwerpunktmäßig neue technologische :ntwicklungen im Bereich des Dokumentenmanagements berücksichtigt.

\usgangspunkt war die Entwicklung eines objektorientierten Aktenmodells für die verschieenen Ablageformen (z.B. persönliche Ablage, Konferenzablage, Gruppenablage) und das \rchiv. Hierbei werden Datentypen wie Akte, Mappe, Dokument, Dokumentteil, Aktenplan,)rganisationseinheiten und Arbeitsgruppen als Klassen mit Attributen, Methoden und Beiehungen spezifiziert. Darüber hinaus wurde ein Konfigurationskonzept entwickelt, das eine lexible Anpassung des Aktenmodells an unterschiedliche Anforderungen der Anwendungsruppen und an zeitlich sich verändernde Randbedingungen ermöglicht.

'arallel dazu wurden Fragestellungen im Bereich der zusammengesetzten Dokumente angeangen. Ein unmittelbares Ergebnis davon ist, daß bereits jetzt OpenDoc-Dokumente im PO-.IWORK-Objektmodell berücksichtigt sind, so daß eine (zukünftige) Abbildung strukturierer POLIWORK-Dokumente auf OpenDoc wesentlich vereinfacht wird. Ebenfalls im)bjektmodell spezifiziert wurde ein Hypertext-Konzept, bestehend aus Dokument-Knoten ınd Verweisen zwischen den Knoten. Hypertext bzw. Hypermedia kann bereits jetzt im ›ehördlichen Umfeld eingesetzt werden, da mit Hilfe dieser Technik existierende Bezüge :wischen Dokumenten (z.B. Anschreiben - Antwort) erfaßt und anschließend visualisiert werden können. Die Strukturierung komplexer Datenbestände und das Bearbeiten solcher Dokumente wird dadurch wesentlich erleichtert.

Ein weiterer Themenbereich ist das Retrieval von Dokumenten, das neben Funktionen von Information-Retrieval-Systemen (u.a. Volltextsuche, Ranking von Ergebnissen) auch Funktionen von Datenbankmanagementsystemen, z.B. für strukturorientierte Anfragen (Größe und Autoren von Dokumenten, Datum von Änderungen) umfaßt. Die Retrieval-Komponente beeinflußt viele weitere Komponenten des POLIWORK-Systems, z.B. die persistente Speicherung von Dokumenten.

6 Evaluation

6.1 Benutzerevaluation

6.1.1 Vorgehen und Anwenderkreis

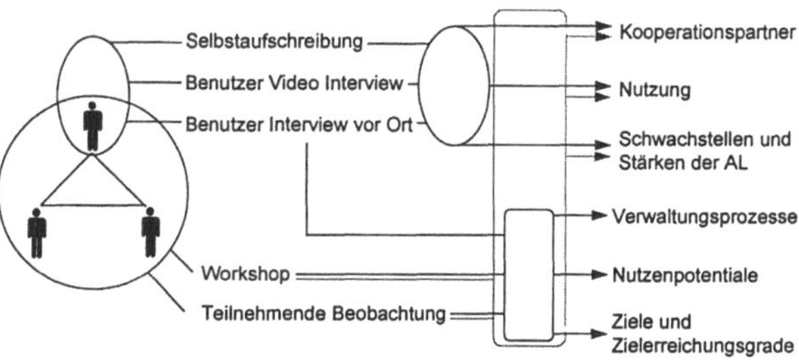

Abbildung 2: Vorgehen

Um in einem komplexen Anwendungsfeld zu einem möglichst umfassenden Einblick in die Nutzung der POLIWORK-Lösung zu gelangen, wurde ein Ansatz in der Evaluation gewählt, der verschiedene Methoden integriert (siehe Abbildung 2). Neben Workshops und Interviews mit Anwendergruppen wurden Einzelinterviews vor Ort und in Videokonferenzen mit den Benutzern durchgeführt. Darüber hinaus wurde auf mit den einzelnen Pilotanwendern abgestimmte Selbstaufschreibungen zurückgegriffen.

Primäres Ziel der Evaluation ist es, die die zu unterstützenden Verwaltungsprozesse konstituierenden Kooperationsprozesse und Kooperationsbeziehungen zu erfassen. Die Ziele der eingebundenen Kooperationspartner müssen herausgearbeitet werden und es ist fortlaufend zu prüfen, in welchem Maß die eingesetzte Anwendungslösung diesen Zielen dient (Zielerreichungsgrade), siehe Abbildung 3.

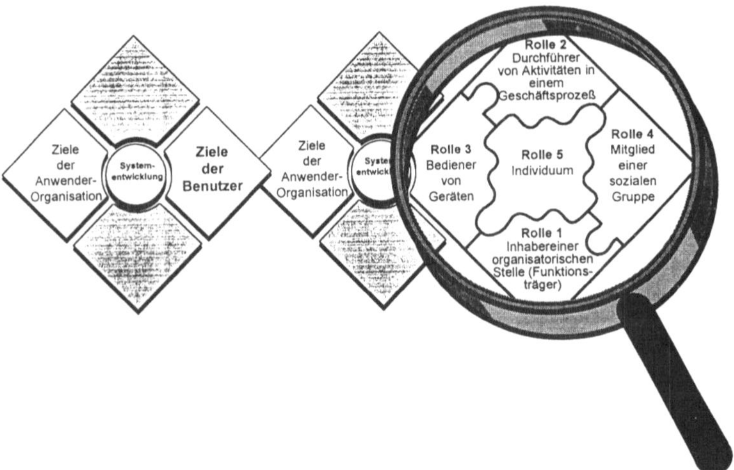

Abbildung 3: Evaluation der Benutzerziele

Eine besondere Situation stellt es dar, daß die Mehrzahl der bisher im Projekt eingebundenen Pilotanwender eine „Doppelrolle" besitzt. Zum einen handelt es sich bei den eingebundenen Pilotanwendern um Benutzer in einer spezifischen Anwendungssituation, zum anderen um Experten, die für potentielle Benutzer Lösungen zur IT-Unterstützung mitgestalten, zumindest jedoch bewerten sollen (Abbildung 4).

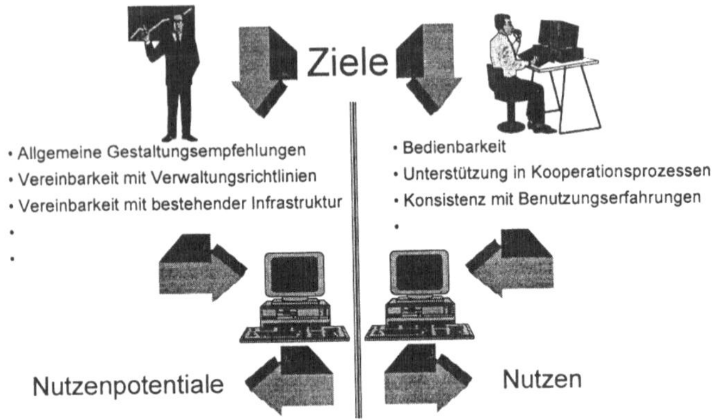

Abbildung 4: Doppelrolle : Gestalter - Benutzer

6.1.2 Nutzung und Nutzen der POLIWORK-Lösung

Die Evaluation der Nutzung der POLIWORK-Lösung bisher führte im wesentlichen zu folgenden beispielhaft hervorgehobenen Ergebnissen:

- Nach Auffassung bzw. in der Wahrnehmung der Pilotanwender hat die Nutzung der POLIWORK-Lösung weniger Einfluß auf die Kommunikationshäufigkeit als vielmehr auf die Intensität der Kommunikation.
- Für den persönlichen Austausch zwischen Mitarbeitern in Bonn und Berlin und damit verbundenen Reisen wird der POLIWORK-Lösung eine echte Substitutionswirkung zugesprochen. Kooperationsprozesse, die vor Einführung der POLIWORK-Lösung des persönlichen Zusammentreffens bedurft hätten, können erfolgreich unter Nutzung der POLIWORK-Lösung abgewickelt werden.
- Der stärkste Nutzen aus der Anwendung der POLIWORK-Lösung resultiert allerdings nicht aus der Substitution der fernmündlichen oder persönlichen Kommunikation. Das zentrale Nutzenargument aus Sicht der Pilotanwender ist, daß eine neue Qualität oder Form effektiver Zusammenarbeit möglich wird, die bisher nicht existiert hat. Vom Arbeitsplatz, bei Zugriff auf alle hier verfügbaren Ressourcen, ist eine Zusammenarbeit mit einem entfernten Kooperationspartner möglich, die sonst nur in persönlichem Zusammentreffen zu erreichen ist. Dies hat zur Folge, das ad hoc Probleme bearbeitet werden können, die vorher einer gemeinsamen Bearbeitung nicht zugänglich waren.
- Räumlich von der Arbeitsgruppe getrennte Mitarbeiter können über Videokonferenzen in Abteilungsbesprechungen eingebunden werden. Auf diese Weise wird der soziale Kontakt in der Gruppe durch die POLIWORK-Lösung verbessert.

6.1.3 Evaluation der Funktionalität der POLIWORK-Lösung

6.1.3.1 Videokonferenz

Generell scheint noch eine gewisse Befangenheit gegenüber einem neuen Kommunikationsmedium vorzuherrschen, das mehr Information über den entfernten Kooperationspartner liefert und den Kooperationspartnern visuell den Zugang zum Arbeitsbereich des anderen eröffnet. Aus der Erfahrung mit der ersten Anwendungslösung heraus, sehen die Pilotanwender ein erweitertes Unterstützungspotential vor allem in der Verfügbarkeit eines videounterstützten Teamarbeitsplatzes. Bei Abstimmungsgesprächen handelt es sich nämlich weniger um interagierende Individuen als um interagierende Kleingruppen.

6.1.3.2 Gemeinsame Dokumentenbearbeitung

Die Application-Sharing Komponente wird vom Gros der Pilotanwendern als nützlichste Komponente der ersten Anwendungslösung bezeichnet. Eine wichtige Anforderung an eine erweiterte Application Sharing-Umgebung bzw. ein erweitertes Chalkboard wäre allerdings die Entkopplung der Bereiche eines Dokuments, die von den Kooperationspartnern eingesehen werden können. Es wird zwar für bestimmte Anwendungssituationen als sinnvoll erachtet, daß Kooperationspartner auf den gleichen Dokumentenausschnitt zugreifen bzw. den gleichen Dokumentenausschnitt einsehen. Neben dieser Situation wird die, wo die Kooperationspartner zwar das gleiche Dokument allerdings unterschiedliche Passagen bearbeiten bzw. einsehen, als zumindest gleichrangig bezeichnet.

Generell wird von Experten die Einbindung gewohnter Editoren in die Sharing-Umgebung zur gemeinsamen Bearbeitung von Dokumenten aufgrund der Vertrautheit mit deren Bedienung vorgezogen. Novizen (Benutzer, die keine oder nur geringe Erfahrung in der Nutzung des PCs haben) scheinen eher das Chalkboard zu präferieren.

6.1.3.3 Gruppen- und Konferenzablage

Die von der Gruppen- und Konferenzablage bereitgestellte Funktionalität wurde in ihrem Nutzen sehr hoch bewertet, da sie ein wichtiges Instrument darstellt um dynamisch Teams zusammenzustellen, die jeweils an einem gemeinsamen Projekt arbeiten. Die Möglichkeit der Definition von Rollen, Zugriffsrechten Verantwortlichkeiten und Benachrichtigungsregeln ist hierbei ein wichtiges Hilfsmittel zur Koordination der Gruppenmitglieder.

6.1.3.4 Konferenzmanagement

Die Integration der einzelnen Komponenten in die Anwendungslösung wird als sehr gut bezeichnet. Eine Verbesserung wird dahingehend angefragt, daß einzelne Funktionalitäten direkt aus bestimmten Anwendungen heraus verfügbar wären. Hierbei liegt der Fokus darauf, daß die Umgebung, die im stand-alone-Betrieb vorherrschend ist, mit der Umgebung in der Kooperation identisch sein sollte. Es wurde eine eindeutige Präferenz zugunsten eines restriktiveren Konferenzmanagements geäußert. Die Zugriffsrechte sollten so lange bei einem Akteur verbleiben, bis dieser die Zugriffsrechte aktiv abgibt. Darüber hinaus sollten die Zugriffsrechte deutlicher ausgewiesen sein.

6.1.3.5 Ausbau der Anwendungslösung

Aus der Erfahrung mit der ersten Anwendungslösung heraus, sehen die Pilotanwender ein erweitertes Unterstützungspotential vor allem in der Verfügbarkeit eines videounterstützten Teamarbeitsplatzes. Eine weitere wichtige Erweiterung wird darin gesehen, die synchrone Kooperation durch eine reine Audiokonferenz zu unterstützen.

Die Funktionen der Lösung sollten aus der Umgebung, die im stand-alone-Betrieb vorherrschend ist bzw. direkt aus bestimmten Anwendungen heraus, zugänglich sein.

Annotationen müssen auch in einer persönlichen nicht allen Konferenzteilnehmern zugänglichen Kopie des bearbeiteten Dokuments eingetragen werden können. Hier präferieren die Pilotanwender derzeit die persönliche Papiervorlage. Die Möglichkeit, eine persönliche elektronische Vorlage zu annotieren, wird von den Pilotanwendern insofern als unsicher erlebt, als sie befürchten, daß durch System- oder Bedienungsfehler persönliche Annotationen in der elektronischen Vorlage unbeabsichtigt den Konferenzteilnehmern zugänglich werden. Wesentlich ist, daß Anmerkungen den Kooperationspartnern nicht oder wenn dann nur gewollt sichtbar werden.

6.2 Empfehlungen aus organisatorischer Sicht

Die Einführung von Telekooperationslösungen und die durchgängige Unterstützung der Dokumentenverwaltung führen zu einem tiefgreifenden Wandel der bisher praktizierten Arbeitsweise. Dieser Änderungsprozeß ist nur mit entsprechender organisatorischer Unterstützung erfolgreich zu bewältigen. Er betrifft vor allem die Bereiche (vgl. [Kaa 95], S. 89):

- *Qualifizierungsbedarf* : Der Qualifizierungsbedarf wird angesichts des fundamentalen Wandels der Arbeitsweise wesentlich steigen. Qualifikationskonzepte werden wesentlich differenzierter und umfangreicher werden müssen. Hier sind zum Teil völlig neue Formen zu erproben, die auch umfangreiche Freistellungen bzw. Arbeitsentlastungen erfordern werden.

- *Beteiligung der Führungsebene :* Führungskräfte sind von der Einführung des elektronischen Arbeitsplatzes selbst betroffen. Sie benötigen auf ihre Aufgaben zugeschnittene, spezielle Anwendungslösungen. Sie sind darüber hinaus gefordert, organisatorische Barrieren zu beseitigen, die den geplanten Innovationen im Wege stehen. Dies betrifft Entscheidungen bzgl. der notwendigen Investitionen in Hard- und Software, in qualifiziertes Personal zur Bedienung aber auch zur Administration der zu betreibenden komplexen Anwendungslösungen und zur Anwendung bestehender Organisationsregeln. Zur Erprobung neuer Arbeitsformen sind möglicherweise bestehende Regelungen in Form von Experimentierklauseln (auf Zeit) auszusetzen.

- *Schrittweises Vorgehen und Auswahl geeigneter Anwendungsfelder:* Schon allein der finanzielle Aufwand für die technischen Voraussetzungen aber auch die planerischen, organisatorischen und personellen Rahmenbedingungen zwingen jede Behörde, den Prozeß der flächendeckenden Einführung des elektronischen Arbeitsplatzes schrittweise zu planen. Der Auswahl geeigneter Einsatzfelder unter den Gesichtspunkten der Intensität von Kommunikations- und Kooperationsbeziehungen bzw. des Leidensdrucks aufgrund von Defiziten der traditionellen Arbeitsweise kommt daher eine entscheidende Rolle zu. Für die Einübung der neuen Arbeitsweise ist die Notwendigkeit der häufigen Nutzung neuer Anwendungslösungen gerade in der Startphase entscheidend.

- *Kultivierung des Neben- und Miteinanders unterschiedlicher Arbeitsformen:* Die Langfristigkeit des Wandels zur Dominanz des elektronischen Arbeitsplatzes macht die Organisation des Neben- und Miteinanders unterschiedlicher Arbeitsformen zur zentralen Aufgabe der IT-Planung und Verwaltungsorganisation. Sie muß als Daueraufgabe verstanden und in höchstem Maße kultiviert werden.

Die aus Befragungen bei den Anwendern resultierenden Empfehlungen aus organisatorischer Sicht verdeutlichen, daß der zeitliche Rahmen für die flächendeckende Einführung des elektronischen Arbeitsplatzes eher lang- als mittelfristig anzusetzen ist. Die Ursache hierfür liegt dabei weniger im informationstechnischen Angebot als vielmehr in der organisatorischen Machbarkeit des Wandels.

7 Status und weiteres Vorgehen

In der zweiten Projektphase wird POLIWORK die Pilotversuche auf der Grundlage der aus der Evaluation gewonnenen Erkenntnisse erweitern. Die laufenden Pilotversuche werden weiterhin evaluiert, und zwar sowohl aus organisatorischer Sicht als auch aus Benutzersicht. Der Erprobungszyklus ist bei den verschiedenen Anwenderkreisen unterschiedlich weit fortgeschritten, so daß die Evaluation zeitversetzt durchgeführt werden kann. Der technische Teil wird, wie erwartet, von einer noch stärkeren Orientierung zur Dokumentenverwaltung und -bearbeitung geprägt sein.

Beim Anwenderkreis NRW werden vor allem die Thematik Koexistenz von Papier- und Elektronikschriftgut sowie die Langzeitarchivierung von strukturierten Dokumenten im Mittelpunkt stehen. Auch hier ist eine Ausweitung des Anwenderkreises geplant.

Das Thema Sicherheit ist ein Querschnittsthema, das den gesamten Bereich der Telekooperation und Dokumentenverwaltung betrifft. Schwerpunkte werden elektronische Unterschriften in der Schriftgutverwaltung und der sichere ressortübergreifende Austausch von Dokumenten bilden.

Im Rahmen der Pilotversuche ist neben dem breiten, flächenmäßigen Einsatz der Anwendungslösung auf der Referentenebene die Vorbereitung zur Erweiterung um den Einsatz in der Leitungsebene bereits in Arbeit.

8 Literatur

[Abb 94] K. R. Abbott; S. K. Sarin: Experiences with Workflow Management: Issues for the Next Generation, in CSCW 94, S. 113-120, Chapel Hill, North Carolina, USA, Oktober 1994, ACM Press.

[Ben 94] R. Bentley; T. Rodden; P. Sawyer; I. Sommerville: Architectural Support for Cooperative Multiuser Interfaces, IEEE Computer, Vol. 27, No 5, 1994.

[Cri 96] F. Cristian: Synchronous and Asynchronous Group Communication, Communications of the ACM, Vol. 39, No. 4, April 1996.

[Ell 91] C. A. Ellis, S. J. Gibbs; G. L. Rein: Groupware: Some Issues and Experiences, Communications of the ACM, 34 (1): 38-58, Januar 1991.

[Eng 95] A. Engel: Vorgangsbearbeitung im Informationsverbund; In: F.Huber-Wäschle, H. Schauer, P. Widmayer (Hrsg.); GISI 95; Herausforderungen eines globalen Informationsverbundes für die Informatik; 25. GI-Jahrestagung und 13. Schweizer Informatikertag; Zürich; 18.-20. September 1995; Springer: Berlin u.a. 1995; S. 118-126.

[GGO] Gemeinsame Geschäftsordnung der Bundesministerien, Allgemeiner Teil, S.32.

[Gre 93] S. Grennberg; D. Marwood: Real Time Groupware as a Distributed System: Concurrecy Control and its Effect on the Interface, Research Report 94/534/03, Department of Computer Science, University of Calgery, Februar 1994.

[Inv 91] M. d'Inverno; J. Crowcroft: Specification, Design, and Implementation of an Interactive Conferencing System, IEEE INFOCOM 91, Vol. 3, April 1991.

[Joh 88] R. Johansen: Groupware: Computer Support for Business Teams, The Free Press, New York, 1988.

[Kaa 95] H. Kaack; Öffentliche Verwaltung im Informationsverbund: Der Informationsverbund Berlin--Bonn (IVBB) als Beispiel besonderer Art; In: F. Huber-Wäschle, H. Schauer, P. Widmayer (Hrsg.); GISI 95; Herausforderungen eines globalen Informationsverbundes für die Informatik; 25. GI-Jahrestagung und 13. Schweizer Informatikertag; Zürich; 18.-20. September 1995; Springer: Berlin u.a. 1995; S. 84-91.

[Mac 94] M. R. Macedonia; P. D. Brutzmann: MBONE Provides Audio and Video Accross the Internet, IEEE Computer, April 94.

[May 94] E. Mayer: Synchronisation in kooperativen Systemen, Vieweg Braunschweig/Wiesbaden, 1994.

[Rei 92] H. Reinermann: Verwaltungsorganisatorische Probleme und Lösungsansätze zur papierlosen Bearbeitung der Geschäftsvorfälle; Die GGO I im Lichte elektronischer Bürosysteme; Bonn: Bundesministerium des Innern 1992 (Schriftenreihe Verwaltungsorganisation, Bd. 15 und 16 (Kurzfassung)).

[Ren 96] R. Renesse; K. P. Birman; S. Maffels: Horus: A flexible Group Communication System, Communications of the ACM, Vol. 39, No. 4, April 1996.

[Rie 95] D. Riexinger; C. Fehr: Application Sharing Based on Bitmap Exchange, MmNet 95, International Conference on Multimedia Networking, Toio, September 1995.

Ros 95] M. Roseman; S. Greenberg: Building Real Time Groupware with Groupkit, A Groupware Toolkit, Techn. Report, Dep. of Science, University of Calgary, 1995

Rüd 92] T. D. Rüdebusch: Generische Unterstützung von Teamarbeit in verteilten DV-Systemen, Dissertation Universität Karlsruhe, 1992

Vin 92] H. M. Vin; M. S. Chen; T. Barzilai: A Framework for Modeling Collaborations, ULPAA 92, IFIP WG 6.5, Vancouver, Mai 1992.

Szenariobasierte Bedarfsschätzung für Telekooperation in der öffentlichen Verwaltung – Entwicklung von Handlungsschwerpunkten für Anwender und Anbieter

Werner Brettreich-Teichmann, Karin Gräslund, Helmut Krcmar

1 Diffusionsmodell für Telekooperation in der öffentlichen Verwaltung
2 Anwendungsszenarien und Best Practice in der öffentlichen Verwaltung
3 Handlungsfelder für die Beinflussung des Bedarfs
4 Fazit
5 Literatur

Zusammenfassung

Betrachtet man den Bedarf öffentlicher Verwaltungen nach Telekooperation, so muß man das Phänomen hinsichtlich mehrer Dimensionen beurteilen. Folgende Fragen sind zu beantworten: Wie und welche Gründe führen zur Erstanwendung der Telekooperationslösung (Adoption)? Welche Gründe führen zur innerorganisatorischen Verbreitung (Infusion) und letztendlich wie verläuft die Diffusion dieser Innovation in der öffentlichen Verwaltung? Dabei zeigen langjährige Erfahrungen mit der öffentlichen Verwaltung, daß wir es mit einem langfristigen zeitlichen Verlauf in der Diffusionskurve zu tun. Wir gehen nach den bisherigen Erfahrungen davon aus, daß wir bei der Frage des Bedarfs von Telekooperation in der öffentlichen Verwaltung mit einem Prozeß rechnen müssen, der eine Zeitraum von 20 bis 25 Jahren umfaßt. Vor diesem Hintergrund erlangt die Frage der kurz- bis mittelfristigen Beeinflussung und Gestaltung der Diffusionskurve eine erhebliche Bedeutung. Für die nähere Analyse dieser Beeinflussungsprozesse haben wir im Projekt BTÖV* einen Lösungsansatz entwickelt, der auf vier wesentlichen Komponenten fußt:

- Diffusionstheoretische Grundüberlegungen geben einen Einblick in die potentielle Nutzung der Telekooperation in der öffentlichen Verwaltung.
- Anwendungsszenarien und die damit verbundenen Fallbeispiele aus der öffentlichen Verwaltung vermitteln einen Eindruck der Variantenvielfalt von Nutzungsformen und -möglichkeiten.
- Den Anwendungsszenarien zugrundeliegende Services und Dienstleistungen helfen, den Bedarf auf Anbieterseite näher zu spezifizieren.
- Ein szenariobasiertes Vorgehensmodell für die Identifikation der bedarfsbeeinflussenden Parameter ermöglicht einen Ausblick auf Handlungsmöglichkeiten und -notwendigkeiten der Anbieter- und Anwenderseite.

Bedarfsfaktoren und Anwendungsszenarien wurden mit Hilfe von Expertenworkshops ermittelt. Die strukturierte Diskussion wurde mit einem elektronischen Sitzungsunterstützungssystem (CATeam) unterstützt. Ergänzt wurde dieses Verfahren durch teilstrukturierte Interviews, Fallstudien und sekundäranalytische Verfahren (Dokumenten- und Literaturanalyse).

1 Diffusionsmodell für Telekooperation in der öffentlichen Verwaltung

Der Bedarfsaspekt ist eng gekoppelt mit der Frage der Diffusion der Telekooperation in der öffentlichen Verwaltung. Diffusion beschreibt den Prozeß der Ausbreitung einer Neuerung in einem sozialen System. Sie folgt bei einem gegebenen Marktpotential einer typischen Linie (Bild 1, vgl. Modis/ Debecker 1991, S. 512). Die Diffusionsforschung unterteilt die verschiedenen Diffusionsphasen in

- *Innovatoren*: risikoorientiert und mit einer hohen Nähe zu Forschung und Entwicklung, Führungspositionen in verwaltungsübergreifenden oder anderen gesellschaftlichen Gremien und Vereinigung (formell und informell);
- *frühe Annehmer*: fortschrittsorientiert und offen für Neuerungen, Mitglied in verwaltungsübergreifenden oder anderen gesellschaftlichen Gremien und Vereinigung (formell und informell);
- *frühe Mehrheit*: eher konservativ gegenüber Neuerungen, orientiert an second best Strategien, d.h. andere sollen die Innovation erst erfolgreich vorexerzieren, man wird sich dann bemühen diese auf- und überzuholen;
- *späte Mehrheit*: skeptisch gegenüber Neuerungen, zur Anpassung gezwungen (bei Strafe des Untergangs);
- *Nachzügler*: in isolierten Systemen, vergangenheitsorientiert, geringer Anpassungsdruck;

Non-Adoptors/Verweigerer: in jedem Diffusionsmodell muß auch davon ausgegangen werden, daß es eine Anzahl von grundsätzlichen Verweigerern gibt.

Diese Gruppen haben jeweils unterschiedliche Eigenschaften, wobei neben soziodemographischen Kennzeichen die individuelle Persönlichkeit und die Vernetzung der Akteure untereinander eine ganz wesentliche Rolle spielt. Es kann deshalb im Unterschied zu früheren Vermutungen nicht mehr von branchen- oder organisationsgrößenbezogenen Diffusionsmodellen ausgegangen werden, sondern von einem funktionalen Prozeß, der als "Two-step-flow of communication" bezeichnet wird. Dieser Prozeß umreißt die Feststellung, daß es zuerst die Meinungsführer sind, die die Botschaften über Neuerungen empfangen und diese dann vertikal und horizontal an ihre "Gruppenmitglieder" weitergeben und damit einen Diffusionsprozeß auslösen. Untersuchungen in der öffentlichen Verwaltungen, nach denen sich beispielsweise die überwiegende Mehrzahl kommunaler Entscheidungsträger bei Technologieentscheidungen auf Referenzen in der öffentlichen Verwaltung berufen, unterstützen diese Hypothese.

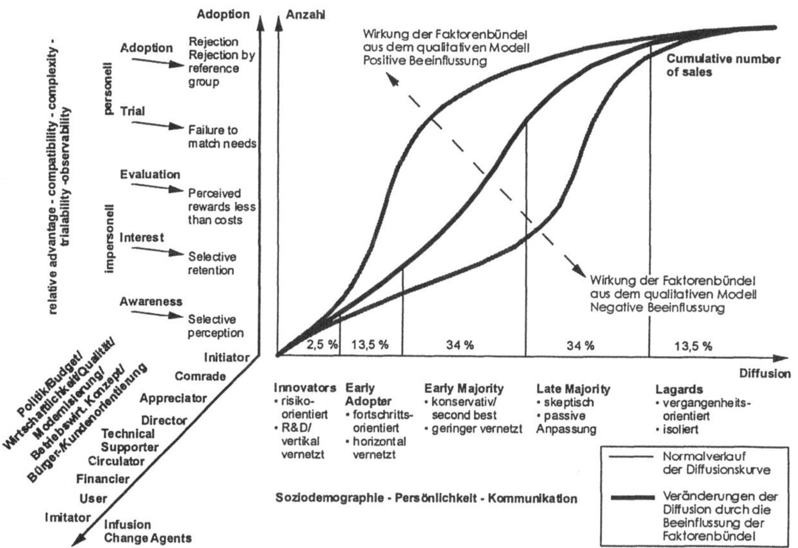

Bild 1: Diffusion, Adoption und Infusion von Neuerungen und Wirkung des qualitativen Models sowie der bewerteten Faktorenbündel aus dem qualitativen Bedarfsschätzungsmodell auf die Diffusionskurve

Damit wird gleichzeitig deutlich, daß es durchaus möglich sein muß, im Sinne eines marketingpolitischen Ansatzes, die Diffusion zu beeinflussen. Hierfür bieten sich zwei dynamische Modelle an (z.B. Altobelli 1990):

- die Vergrößerung des Marktpotentials
- die Beschleunigung der Diffusionsgeschwindigkeit.

Wir wollen uns im folgenden auf die zweite Strategie konzentrieren, da diese für die kurz- bis mittelfristigen Handlungsspielräume und Marktentwicklungen von besonderer Bedeutung sind und es zweifelhaft ist, ob das Marktpotential insgesamt tatsächlich ausgeweitet werden kann - man denke nur an das Problem des Abbruchs bzw. der Ablösung einer Innovation durch eine „neue“ Neuerung: in dieser Phase entsteht ein sogenantes "kreatives Übergangsfeld", in dem es für die Anbieter darum geht, sich auf der Basis bisheriger Marktkompetenz neu zu positionieren und beim Start der Neuerung, die gleichzeitig eine Substitution der alten Innovation sein kann, einen Wettbwerbsvorteil zu erzielen. Darüber hinaus sprechen wir hier von einem Prozeß, der insbesondere für die öffentlichen Verwaltungen ein langes zeitliches Intervall umfaßt. Aus anderen Innovationsbereichen wie Personalcomputer, mittlere Datentechnik etc. deutet sich an, daß der Prozeß der Diffusion der Telekooperation in der öffentlichen Verwaltung einen Zeitraum von 20 bis 25 Jahren umfaßt und die Länge dieses Zeitraum relativ stabil gegenüber externen Einflüssen ist. Selbst der Bonn-Berlin-Umzug führt wohl eher zu einer partiellen Beschleunigung und weniger zu einer Verkürzung des gesamten Diffusionsverlaufes. Gleichzeitig liegt der Startpunkt dieses Prozesses laut unseren Erhebungen in der unmittelbaren Vergangenheit (Anfang/Mitte der 90er Jahre). Allgemein stehen wir also heute Mitten in der Anfangsphase der Telekooperation. Für wesentliche Anwendungsbereiche ist der Übergang in die Phase der frühen Anwender erst nach dem erfolgreichen Abschluß der derzeit laufenden Pilotprojekte zu erwarten (zwischen 1997 und 1999). Es handelt sich derzeit nach unseren Erhebungen um 100 bis 150 Projekte mit in der Regel nicht mehr als 5 bis 20 Nutzern in der öffentlichen Verwaltung.

Diese Langzeitbetrachtung belegt umso mehr die Notwendigkeit, sich über eine Beschleunigung der Diffusionsrate für Telekooperation in der öffentlichen Verwaltung frühzeitig Gedanken zu machen und diese in Handlungen am Markt umzusetzen. Aufgrund der Neuigkeit der Innovation Telekooperation kann man sich dabei bei der Prognose nicht auf lange Zeitreihenanalysen stützen, die für eine solide mathematische Schätzung der Diffusion notwendig wären, sondern muß sich anderer Methoden bedienen. Das im Rahmen von BTÖV mitentwickelte szenariobasierte Bedarfsschätzungsmodell bietet hier u.E. eine erfolgversprechende Möglichkeit, Faktoren zu identifizieren, die eine Beeinflussung dieser Diffusionsrate ermöglichen (vgl. Bild 1 und Abschnitt 3). Für ein besseres Verständnis dessen, was unter einem umfassenden Diffusionsprozeß weiterhin verstanden werden muß und welche Prozesse hier eine Rolle spielen, sollen noch kurz zwei weitere relevante Dimensionen skizziert werden.

Adoptionsprozeß. Adoption beschreibt den der Diffusion zugrundeliegenden Prozeß der Erstanwendung einer Neuerung. Es werden fünf Stufen unterschieden, die allerdings nicht alle durchlaufen werden müssen, und in jeder Stufe kann auch ein Abbruch des Prozesses stattfinden. Die Wahrscheinlichkeit des Adoptionsprozesses steigt in der Regel mit den (transparenten) relativen Nutzenvorteilen, der organisatorischen und technischen Kompatibilität, einer mittleren Komplexität, der Testbarkeit sowie der Vergleichbarkeit und Überschaubarkeit von Konsequenzen ihrer Einführung. Dies sind nicht nur Kriterien, die an die Technologien als Neuerungen anzulegen sind, sondern an das gekoppelte System von Technologie und den dazugehörigen Dienstleistungen, die eine entscheidende Rolle bei der Beurteilung von Neuerungen haben. Wir sprechen deshalb auch besser von Telekooperationsanwendungen oder -lösungen, die im Kern auf "Hybride Produkten", d.h. Kombinationen aus Hard-, Soft-, Org- und Brainware beruhen.

Infusionsprozeß. Waren dies die wesentlichen Parameter, die die Erstanwendung einer Neuerung bestimmen, so ist für einen erfolgreichen Innovationszyklus auch die Infusion, d.h. die Durchdringung der Organisationseinheit mit der Neuerung von Interesse. Hierbei können auf der verwaltungsinternen Ebene unterschiedliche Rollen identifiziert werden (Change Agents, vgl. Okada 1993, S. 125). Für diesen Infusionsprozeß einer Neuerung in der öffentlichen Verwaltung ist es von entscheidender Bedeutung, ob es gelingt die Neuerung strategisch zu verorten. Verantwortliche Faktoren sind die Einordnung in den politischen Modernisierungsprozeß, das betriebswirtschaftliche Konzept von Wirtschaftlichkeit und Ergebnisorientierung sowie last but not least die Bürger- und Kundenorientierung der öffentlichen Verwaltung.

Das Diffusionsmodell für Telekooperation in der öffentlichen Verwaltung hat eine Reihe wesentlicher Ergebnisse gezeigt:

- Bedarfsentwicklung und Diffusion sind komplexe Prozesse, aufgrund ihrer Neuigkeit nicht über Zeitreihen prognostiziert werden können, sondern es müssen qualitative Modelle auf die kurz- bis mittelfristige Bedarfsbeeinflussung und Bedarfsentwicklung angewendet werden.
- Diffusionsprozesse generell, aber auch im speziellen Fall der Telekooperation umfassen in der öffentlichen Verwaltung lange Zeiträume (20 - 25 Jahre). Wir befinden uns dabei erst in der Mitte der Innovatorenphase. Eine Beschleunigung der Diffusionsrate ist jedoch prinzipiell möglich.

2 Anwendungsszenarien und Best Practice in der öffentlichen Verwaltung

Um den Untersuchungsbereich besser zu strukturieren und die theoretischen Vorüberlegungen anhand paktischer Ergebnisse zu überprüfen, entwickelten wir im Rahmen des BTÖV fünf Typen von Anwendungsszenarien und untersuchten ihre Relevanz in der Praxis**. Die Anwendungsszenarien liefern einen Orientierungsrahmen zur Formulierung dreier eng zusammenhängender Teilprojekte: einer Methode für die bedarfsgerechte Gestaltung von Telekooperation, eines Bedarfsschätzungsmodells für die Öffentliche Verwaltung sowie der Gestaltungsempfehlungen mit Empfehlungen und Checklisten (vgl. Bild 2).

Die Anwendungsszenarien beschreiben unterschiedliche Telekooperationsmöglichkeiten in der öffentlichen Verwaltung anhand typischer Arbeitssituationen und dazu passender typischer Technologiekonfigurationen. Zunächst sind die real anzutreffenden oder sich real abzeichnenden Szenarien gegen die Idealvorstellung der "Globalen Telekooperationsinfrastruktur" abzugrenzen, die mit Schlagwörtern wie “Global Village” u.ä. die derzeitige Verbreitung des Telefons zum Vorbild nehmen. Die Ausstattung aller Behörden und Unternehmen mit Telekooperationstechnologie, über die jeder Mitarbeiter in einer Institution mit einer Reihe von Diensten mit jedem anderen Mitarbeiter in einer anderen Institution Verbindung aufnehmen kann, ist eher eine Vision langfristig erfolgreicher Telekooperationsdiffusion als ein Anwendungsszenario. Die im folgenden beschriebenen Anwendungsszenarien unterscheiden sich durch die telekooperativ unterstützten Aufgaben, die funktionale Komplexität und die organisatorische Reichweite der Telekooperation innerhalb des Arbeitsablaufs.

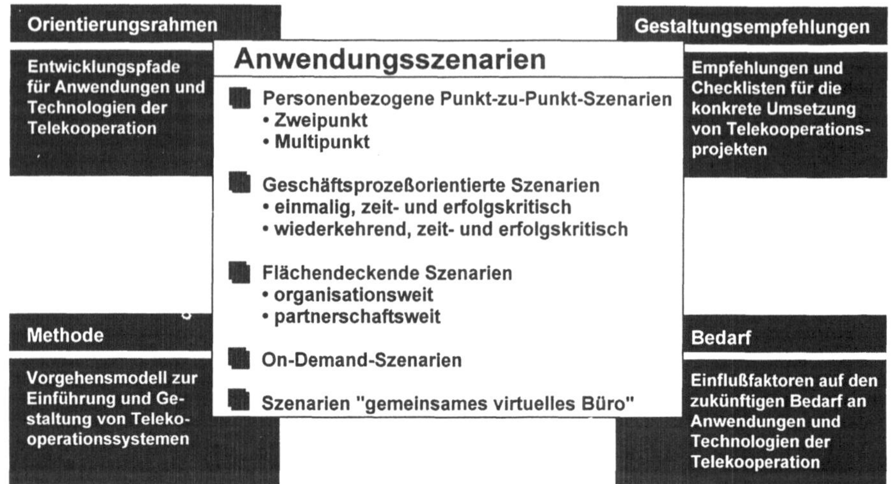

Bild 2: Anwendungsszenarien zur Verknüpfung der Teilprojekte von BTÖV

Personenbezogene Punkt-zu-Punkt-Szenarien beschreiben Telekooperation unter dem einschränkenden Blickwinkel einer aus dem sonstigen Arbeitskontext herausgelösten Interaktion zwischen mehreren Partnern in Form einer Punkt-zu-Punkt-Verbindung. Typische Inhalte sind Abstimmungsvorgänge wie Terminabsprachen oder die gemeinsame Bearbeitung einer Vorlage. Die Kontaktaufnahme erfolgt in der Regel spontan. Von Fall zu Fall können die Beteiligten wechseln; die kurzandauernden Kooperationen unterliegen keinen ausgedehnten Vorschriften oder Ablaufbeschreibungen. Ein Fallbeispiel für ein Multipunktszenario ist die Vernetzung eines Landkreises mit seinen 13 kreisangehörigen Städten, in denen die Abstimmung des Sozialberichtes und anderer gemeinsamer Berichte und Beschlußvorlagen telekooperativ erfolgt.

Beispiele für **Geschäftsprozeßorientierte Szenarien** sind die einmalige Vorbereitung und Durchführung von bedeutenden Ereignissen, internationalen Ausstellungen und Veranstaltungen (z.B. Gipfeltreffen, Messen, Sportveranstaltungen) oder die regionale Flächennutzungsplanung. Materialien unterschiedlicher Ämter (Ordnungsamt, Umweltbehörden, Wirtschaftsförderung, Landwirtschaftsämter ...) und unterschiedlicher medialer Aufbereitungsform (Grafiken, Statistische Daten, Fotos, Video ...) müssen gesammelt, aufbereitet, kommentiert (verbale und schriftliche Annotationen) und in einem stufenweisen Prozeß mit den Gebietskörperschaften abgestimmt werden. Dabei handelt es sich i. d. R. um einen teilstandardisierten Prozeß, dessen Ablaufstruktur häufig durch Verordnungen oder Gesetze festgelegt ist. Die zur Verfügung stehende Zeit ist knapp bemessen oder Bürger und Kunden haben ein Interesse an einer verkürzten oder besseren Abwicklung. Wiederkehrende zeit- und erfolgskritische Geschäftsprozesse bzw. Vorgänge in der Verwaltungsarbeit - wie Haushaltsentwürfe, die Erstellung amtlicher Mitteilungsblätter oder die Flächennutzungsplanung - wiederholen sich periodisch oder auch in unregelmäßigen Abständen; einmalige zeit- und erfolgskritischen Geschäftsprozesse sind von Routineabläufen abgehoben und können mit Projekten verglichen werden. Anstoß ist hier in der Regel ein externes, ad-hoc auftretendes Ereignis (z.B. Katastrophe) und der Ablauf der einzelnen Vorgänge und Aktivitäten hängt von vielen, meist nicht vorher bestimmbaren Faktoren ab.

Flächendeckende Szenarien zeichnen das Bild infrastruktureller, umfassender und ad-hoc möglicher Zusammenarbeit in einer oder mehreren Verwaltungen. Um die Chancen der flächendeckenden Einführung von Telekooperation effektiv nutzen zu können, sind in der Regel tiefgreifende Veränderungen der internen Abläufe und Prozesse durchzuführen. Dieser enorme Aufwand ist regelmäßig nur dann sinnvoll, wenn die Kooperation der Mitarbeiter innerhalb der Organisation einen außergewöhnlich hohen Stellenwert hat; beispielsweise kann dies in Sonderbehörden des Umwelt- oder Gesundheitsbereiches der Fall sein. Beim organisationsweiten Szenario umfaßt die Telekooperation alle Abteilungen und Bereiche einer (verteilten) Organisation, während das partnerschaftsweite Szenario davon ausgeht, daß mehrere Verwaltungen die interorganisatorische Kooperation ihrer Abteilungen umfassend mit Telekooperation zu unterstützen. Klassisches Beispiel eines flächendeckende Szenarios sind kommunale DV-Verbünde, die den IT-Aufbau unterschiedlicher Kommunen mit Arbeitsplatzrechnern, Stadt/Amtsrechnern, Großrechnern betreuen. Über Gebietsrechenzentren des kommunalen DV-Verbunds bilden sie ein Szenario ab, das viele Geschäftsprozesse der kommunalen Partner telekooperativ miteinander verknüpft.

On-Demand-Szenarien umfassen ein Bündel von Anwendungen aus den Bereichen benutzergesteuerter Verteilkommunikation und virtueller interaktiver Kiosksysteme. Im Unterschied zu klassischen Varianten der Verteilkommunikation (Fernsehen) wird dem Benutzer die Möglichkeit gegeben, den zu verteilenden Kommunikationsinhalt individuell zu beeinflussen und gegebenenfalls mit Sachbearbeitern in Kontakt zu treten. Beispiele sind öffentliche Help Desks, Stadtinformationssysteme, Museumsführer, Verwaltungsführer etc. oder auch verwaltungsinterne Auskunftssysteme beispielsweise für den Zugriff auf Protokolle, Gerichtsentscheidungen etc. Deutlicher als in den bisher beschriebenen Szenarien wird hier ein Schwerpunkt auf den Bürger als Kunde gelegt mit entsprechenden Konsequenzen für Endgeräte und Infrastrukturen. Fallbeispiel eines On-Demand Szenarios sind Bürgerbüros, die als dezentrale Verwaltungsstellen umfassende Leistungen telekooperativ unterstützt aus einer Hand anbieten (One-Stop-Office). Die individuelle Beratung erfolgt vor

Ort mit reduzierten Wege- und Wartezeiten. Ein Mitarbeiter kann bis zu ca. 2000 - 5000 Einwohner unterstützt durch die Bearbeiter in den Fachämtern in vollem Umfang betreuen.

Das "**Gemeinsame virtuelle Büro**" ist überall dort von Bedeutung, wo die sozialen Regeln nicht-technisch-gestützter Kooperation weitgehend in Kraft bleiben sollen. Die Herausforderung im Design von gemeinsamen virtuellen Büros besteht darin, die Audio-Videoverbindungen so in die Büroumgebung zu integrieren, daß sie der intuitiven Arbeitsweise weitmöglichst entsprechen und sich flexibel an den Arbeitskontext anpassen können. Schon heute werden z.B. in den Finanzämtern Lohnsteuerjahresausgleiche räumlich verteilt bearbeitet. Bisher muß dem Bürger, falls sein Antrag auf Lohnsteuerjahresausgleich nicht am gleichen Ort bearbeitet wird, trotzdem ein Ansprechpartner vor Ort benannt werden, der sich bei Rückfragen in die Materie einarbeiten muß. In einem gemeinsamen virtuellen Büro hätte der Steuerzahler in seinem Finanzamt direkten Zugang zu seinem räumlich entfernten Sachbearbeiter. Sachbearbeiter an verschiedenen Orten könnten auch ein gemeinsames virtuelles Büro teilen und dadurch jeweils darüber auf dem laufenden bleiben, was der andere gerade macht, um in der Lage zu sein, sich gegenseitig zu vertreten und Auskünfte zu erteilen.

Mischformen der geschilderten Szenarien sind natürlich möglich, da sie weniger zur disjunkten Klassenbildung gedacht sind, sondern Trend- und Entwicklungsaussagen zusammenfassen sollen. Sie bauen aufeinander auf und stehen in einem engen zeitlichen und inhaltlichen Zusammenhang bezüglich ihrer Realisierungswahrscheinlichkeit.

Auf der Grundlage der Ergebnisse von Fallstudien und Expertenworkshops zur kurz- und mittel-frsitigen Relevanz der fünf Szenarien lassen sich unterschiedliche Positionen auf der Diffusionskurve festhalten. Für die kurzfristige Umsetzung bis 1997 kristallisieren sich drei Gruppen heraus: Das Zweipunkt-Szenario hat eine hohe zeitliche Priorität, gefolgt von den Geschäftsprozeßorientierten Szenarien sowie On-Demand und Multipunkt. Die übrigen Szenarien spielen in dieser Bewertung eher eine untergeordnete Rolle. Betrachtet man die langfristige Relevanz, so gewinnen die flächendeckenden Szenarien sowie das Szenario „gemeinsames virtuelles Büro“ erheblich an Bedeutung, während das Zweipunkt-Szenario in seiner Bedeutung geradezu 'abstürzt'. Dies bedeutet nicht, daß längerfristig das Zweipunkt-Szenario bedeutungslos wird, sondern daß es zunehmend in prozeß- und flächendeckende Planungen integriert wird. Der derzeitige Stand der Diffusion der Anwendungsszenarien wird in Bild 3 skizziert. Das Zweipunktszenario hat u.E. bereits den Stand der „Frühen Mehrheit“ erreicht, gefolgt von den wiederkehrenden Geschäftsprozessen sowie den On-Demand-Szenarien. Alle anderen Szenarien befinden sich augenblicklich noch in einem Stadium der frühen Adoptoren bzw. der Erstanwendung.

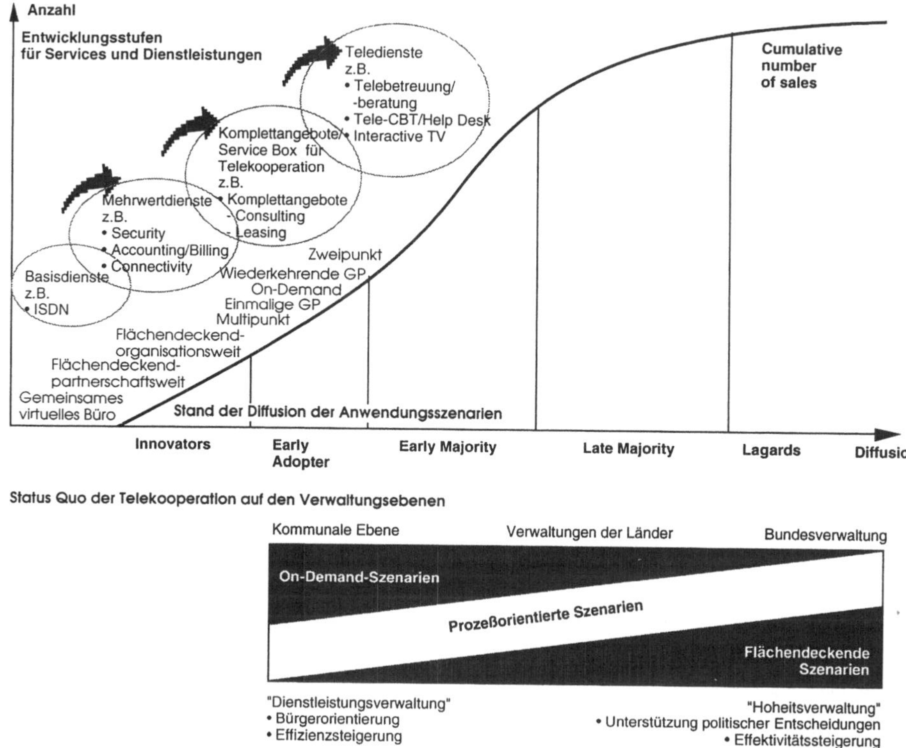

Bild 3: Stand der Diffusion der Anwendungsszenarien für Telekooperation in der öffentlichen Verwaltung und Entwicklungsstufen für Teleservices und Dienstleistungen

Betrachtet man die Verteilung der Szenarien auf die verschiedenen Gebietskörperschaften, so bildet sich auch dort die Dichotomie zwischen kommunaler Ebene und Bundesverwaltung ab (Bild 3). Die stärker bürger-/kundenbezogenen On-Demand-Szenarien haben einen Schwerpunkt auf der kommunalen Ebene. Die stärker strategisch ausgerichteten, flächendeckenden Szenarien sind häufiger in der Bundesverwaltung anzutreffen, während prozeßorientierte Szenarien auf allen Ebenen etwa gleichgewichtig vertreten sind.

Den Anwendungsszenarien liegen **Services und Dienstleistungen für Telekooperation** zugrunde, die bereits existieren oder von den Anbietern derzeit entwickelt werden (Bild 3). Ihre Verfügbarkeit bildet die Basis für die effiziente Umsetzung der Anwendungsszenarien. Aus Sicht der Anwender können hier vier Entwicklungsstufen unterschieden werden: Basisdienste, Mehrwertdienste, Komplettangebote für Telekooperation und Teleldienste für zukünftige telekooperative Dienstleistungen. Die stufenweise Umsetzung dieser Services wird neue interessante Wertschöpfungspartnerschaften aus der Verbindung von Komplettangeboten für Dienstleistungen und Teleservices entstehen lassen.

Wie bereits eingangs ausgeführt, handelt es sich bei der Telekooperation um ein mehrdimensionales Phänomen, dessen Diffusionsgeschwindigkeit beeinflußbar ist. Um den Handlungsspielraum der Anbieter und die Handlungsnotwendigkeiten der Anwender für das Telekooperationspotential in öffentlichen Vewaltungen aufzuzeigen, wurden die wichtigsten Einflußfaktoren auf den Bedarf in öffentlichen Verwaltungen ermittelt. Die identifizierten Einflußgrößen und Schlußfolgerungen werden im nächsten Textabschnitt erläutert.

3 Handlungsfelder für die Beinflussung des Bedarfs

Die Einflußfaktoren auf den Telekooperationsbedarf und ihre Entwicklungswahrscheinlichkeiten wurden mit einer Mischung aus modellbasierter und intuitiver Szenariomethode von Telekooperationsexperten identifiziert (vgl. Meyer-Schönherr 1991, Geschka, Hammer 1992). Das Verfahren wurde mit einem elektronischen Sitzungsunterstützungssystem in CATeam-Workshops durchgeführt.

In einem ersten Schritt wurden durch Sekundäranalysen der Bedarfsstudien, Brainstorming in der Projektgruppe, Sortierung und Zuordnung der Indikatoren zu Faktorenbündeln, Abgrenzung und Gruppierung der Faktorenbündel sowie unter Hinzuziehung externer Experten diejenigen Faktorenbündel zusammengestellt, die voraussichtlich Auswirkungen auf den Bedarf haben. Um die Handhabbarkeit des Modells zu gewährleisten wurde bewußt auf die Auflistung von einzelnen detaillierten Indikatoren verzichtet. Diese wurden vielmehr zu Faktorenbündeln zusammengefaßt, von denen die Telekooperation abhängig ist. Beispielhaft kann dieses Verfahren an den Kosten der Telekooperation veranschaulicht werden. Das Faktorenbündel "Kosten der Telekooperation" umfaßt mehrere Indika-toren wie Investitionskosten, Gebühren, Kosten der Projektierung und Einführung. Diese Indikatoren können zwar einzeln geschätzt werden, die Prognosegenauigkeit hängt jedoch auch von weiteren Einflüssen ab, die nicht unmittelbar Gegenstand des Modells sind (externe Einflüsse) wie Wechselkursschwankungen etc. Die Zusammenfassung der Indikatoren zu Faktorenbündel erlaubt somit eine wesentliche Vereinfachung des Modells, gleichzeitig kann durch den Rückgriff auf die Indikatoren anhand der ausführlichen Beschreibung eine detaillierte Bestimmung der Faktorenbündel vorgenommen werden. Diese Beschreibungen umfassen auch die gewählten Indikatoren.

Betrachtet man die Faktorenbündel in ihrer Beziehung zur öffentlichen Verwaltung, so lassen sich drei Gruppen von Faktorenbündeln unterscheiden:

- Organisationsinterne Faktoren, die sich im wesentlichen auf die Know How-Prozesse in der Anwenderorganisation beziehen,

- Faktoren aus der unmittelbaren Verwaltungsumwelt, die als Chancen und Angebote (des Marktes) zu begreifen sind sowie
- allgemeine Rahmenbedingungen, die als externe Auslöser für die Einführung von Telekooperationslösungen angesehen werden können.

Die Experten bewerteten mit der Szenariomethode u.a. die Faktorenbündel hinsichtlich ihrer gegenseitigen Wirkung aufeinander, um ein konsistentes Bild der Szenario-Rahmenbedingungen zu erhalten. Dabei muß einschränkend hinzugefügt werden, daß es sich hier um ein geschlossenes Modell handelt, bei dem die Faktorenbündel gegeneinander hinsichtlich des Themenfeldes Telekooperation bewertet wurden, so daß externe Einflüsse nicht mit einbezogen werden konnten. Am Beispiel verdeutlicht: Der Rechtliche Rahmen läßt sich sicherlich absolut gesehen wesentlich stärker beeinflussen, als in dieser Bewertungsrunde ermittelt wurde, allerdings nicht in Relation zu den anderen Faktorenbündeln, d.h. innerhalb der Gesamtheit der Faktorenbündel, die Einfluß auf die Telekooperation haben.

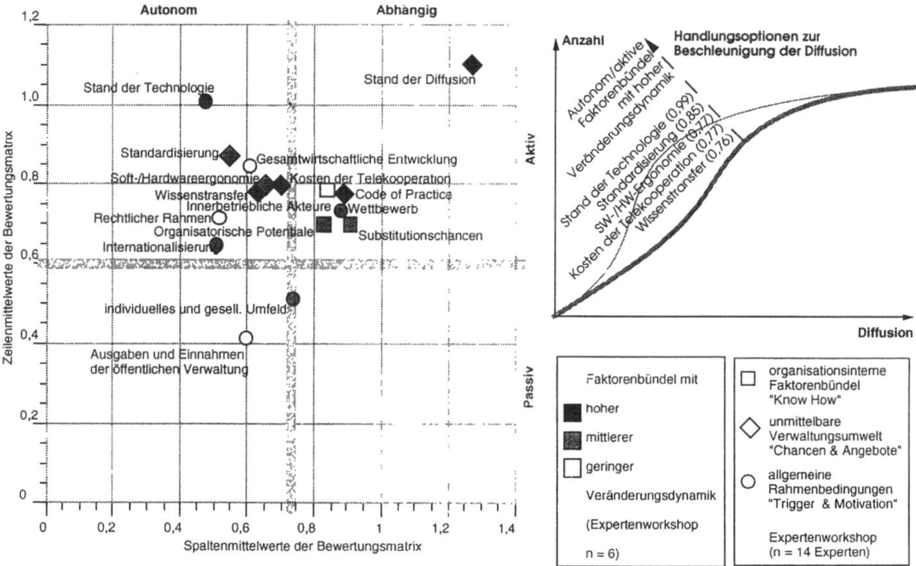

Bild 4: Wirkungsportfolio der Faktorenbündel

Der Mittelwert, der sich aus den Zeilen einer Beeinflussungsmatrix der Faktorenbündel ergab, zeigt dabei die Stärke der Gesamtwirkung des einzelnen Faktorenbündels (hoch = aktive Wirkung, niedrig = passive Wirkung); der Mittelwert, der sich aus den Spalten ergab, drückt die Stärke aus, mit der der Faktor beeinflußt wird (niedrig = autonome Wirkung, hoch = abhängige Wirkung). Diese Werte lassen sich in einem Koordinatensystem verorten, auf dessen

X-Achse die Spaltenmittelwerte und auf der Y-Achse die Zeilenmittelwerte abgetragen werden (Bild 4); die grau unterlegten Zonen markieren die jeweiligen Zeilen- und Spaltenmittelwerte; Faktorenbündel, deren Koordinaten nur um wenig unter dem gemeinsamen Mittelwert liegen und deshalb auf die grau unterlegten Zonen fallen, werden in der folgenden Betrachtung den jeweils höherwertigen Quadranten zugeschlagen (autonom/ aktiv und abhängig/aktiv), damit Wirkungszusammenhänge nicht allein aufgrund geringer mathematischer Unterschiede vernachlässigt werden. Außerdem wurden die Faktoren hinsichtlich ihrer Veränderungswahrscheinlichkeit beurteilt und in drei Gruppen hoher, mittlerer und niedriger Änderungsdynamik untergliedert.

Entsprechend dieser Auswertung ergeben sich sieben autonom/aktiv wirkende Faktorenbündel. Bildlich gesprochen sind diese Faktorenbündel die „Rädchen", an denen gedreht werden muß, um den Bedarf an Telekooperation positiv zu verändern. An erster Stelle stehen hier in der Meinung der Experten Faktorenbündel, die sich mit den Fragenkreisen Technologie, Transfer und Kosten beschäftigen. Diese Faktorenbündel bilden dementsprechend die Handlungsoptionen für die Beschleunigung der Diffusion der Telekooperation (Bild 4). Sechs weitere Faktorenbündel wirken abhängig/aktiv. Auch diese Faktorenbündel haben einen starken Einfluß auf den Bedarf von Telekooperation (das Faktorenbündel Stand der Diffusion weist den höchsten Wert insgesamt auf), sie scheinen jedoch in der Sicht der Experten stark von anderen Faktorenbündel abhängig zu sein. In dieser Gruppe finden sich insbesondere alle eingangs als organisationsintern klassifizierten Faktorenbündel. Drei Faktorenbündel wirken autonom/passiv. Diese drei Faktorenbündel scheinen innerhalb des Modells nur geringen Einfluß auf den Bedarf auszuüben. Das Feld abhängig/passiv ist unbesetzt, da bei der Auswahl der Faktorenbündel bereits von denjenigen abgesehen wurde, für die ein unwesentlicher Einfluß angenommen werden konnte.

Wendet man nun diese Portfolio-Betrachtung auf die Anwendungsszenarien an und sieht von den Faktorbündel ab, von denen nur eine geringe Veränderungsdynamik angenommen wird, so ergibt sich für die Wirkung der autonom/aktiven Faktorenbündel auf die einzelnen Szenarien der Kiviatgraph in Bild 5. Dieser vermittelt einen Eindruck für Handlungsnotwendigkeiten und Handlungsoptionen auf der Ebene der einzelnen Szenarien und dient dazu, Schwerpunkte für eine mögliche Beschleunigung der Diffusion und für eine Auswahl zentraler Gestaltungsfelder für Telekooperationssystemen zu setzten.

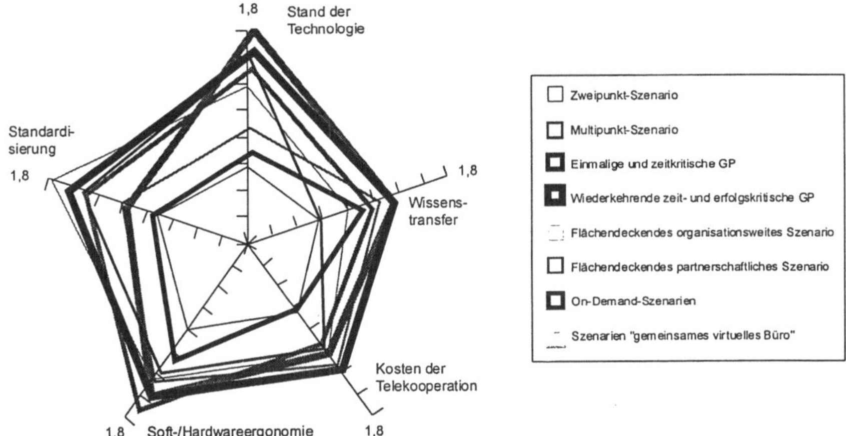

Bild 5: Wirkung der autonom/aktiven Faktorenbündel auf die Telekooperationsszenarien (reduziert um Faktorenbündel mit geringer Veränderungsdynamik)

4 Fazit

Die vorgestellte Vorgehensweise zeigt konkrete Ansatzpunkte für die Beeinflussung von Diffusion und Adoption der Telekooperation. Die Verbindung von Diffusionsmodell und szenariobasierter Bedarfsschätzung ermöglicht für Anwender und Anbieter eine höhere Planungssicherheit für ihre Marktstrategien zu erreichen. Eine Weiterführung des Modells hinsichtlich quantitativer Aussagen wird derzeit verfolgt.

5 Literatur

Altobelli, Claudia Fantapie (1990): Die Diffusion neuer Kommunikationstechniken in der Bundesrepublik Deuschland. Erklärung, Prognose und marketingpolitische Implikationen. Heidelberg 1990

Modis, Theodore / Debecker, Alain (1991): Determing the Service Life Cycle of Computers. In: Nakicenovic/Grübler (Hg.): Diffusion of Technologies and Social Behavior. Berlin u.a. 1991

Okada, Norio (1993): Entrepreneurship in the new technological regime. In: Andersson/Batten/ Kobayashi/Yoshikawa: (Hg.): The Cosmo-Creative Society. Berlin u.a. 1993

Geschka, A.; Hammer, R. (1992): Die Szenario-Technik in der strategischen Unternehmens-planung. In: Hahn, D., Taylor, B. (Hrsg.), Strategische Unternehmensplanung, 6. Auflage, Heidelberg 1992, S. 311-336.

Meyer-Schönherr, M. (1991): Szenario-Technik. München 1991

* BTÖV „Bedarf für Telekooperation in Öffentlichen Verwaltungen" ist ein Gemeinschaftsprojekt von BIFOA, Fraunhofer-IAO, KPMG Unternehmensberatung GmbH und Universität Hohenheim mit Unterstützung der DeTeBerkom im Rahmen des BERKOM-Programmes.

** Die Darstellung der Anwendungsszenarien ist eine gekürzte Fassung des Beitrags: Brigitte Baldi, Werner Brettreich-Teichmann, Karin Gräslund, Rainer Hofmann, Peter Konrad, Helmut Krcmar, Joachim Niemeier, Gerhard Schwabe, Dietrich Seibt: Bedarf für Telekooperation in öffentlichen Verwaltungen: Trendszenarien für innovative Anwendungslösungen verteilter Leistungserstellung. In: Office Management 43 (1995) 3, S. 20 - 27.

Teil II

Neue Konzepte zur Gestaltung der Zusammenarbeit

Gemeinsame Arbeitsbereiche: Eine neue Form der Telekooperation?

Uta Pankoke-Babatz, Anja Syri

1 Einleitung
2 Was ist ein gemeinsamer Arbeitsbereich?
3 Anwendungsfeld im Referat eines Ministeriums
  3.1 Vorgehensweise in POLITeam
  3.2 Nutzung gemeinsamer Arbeitsbereiche in POLITeam
4 Systemanforderungen und Entwurf
  4.1 Aufbau und Einsatz eines gemeinsamen Arbeitsbereiches
  4.2 Handhabung der Arbeitsbereiche
  4.3 Beziehungen zwischen Arbeitsbereichen
5 Zusammenfassung und Ausblick
6 Referenzen

Kurzfassung

Das vorliegende Papier diskutiert verschiedene Aspekte, die beim Entwurf von gemeinsamen Arbeitsbereichen zu berücksichtigen sind. Die vorgestellten Aspekte beruhen auf den Erfahrungen, die wir im Projekt POLITeam sammeln konnten. Bei einem unserer Anwendungspartner, einem Ministerium, werden gemeinsame Arbeitsbereiche zur Unterstützung der Kooperation zwischen Mitarbeitern eines Referates und dem Schreibbüro genutzt.

1 Einleitung

Die zunehmende Vernetzung von Rechnern ermöglicht die Zusammenarbeit von räumlich verteilten Kooperationspartnern. Hier gibt es unterschiedliche Ansätze zur Unterstützung der Telekooperation. Videokonferenzsysteme und Anwendungen zur gemeinsamen Bearbeitung von Dokumenten konzentrieren sich auf die Aspekte der synchronen Telekooperation. Workflow-Systeme unterstützen asynchrone Vorgänge, deren Verlauf geregelt ist. Sie werden vor allem für häufig wiederkehrende arbeitsteilig zu erledigende Vorgänge eingesetzt, da der Aufwand zur Modellierung recht hoch ist (Swenson/Irwin 1995).

Für eher schwach strukturierte Kooperationsprozesse, bei denen die Beteiligten zu unterschiedlichen Zeitpunkten arbeiten können, werden die im vorliegenden Beitrag vorgestellten sogenannten „gemeinsamen Arbeitsbereiche“ konzipiert. Unter schwach strukturiert verstehen wir Kooperationsprozesse, bei denen der Ablauf nicht im vorhinein festgelegt werden kann, sondern die Bearbeitungsreihenfolge sich erst im Verlauf der Aktionen der Beteiligten ergibt. Ein gemeinsamer Arbeitsbereich stellt den Beteiligten eine gemeinsame Umgebung zur Verfügung, in der sie Unterlagen ablegen und zu einem beliebigen Zeitpunkt überarbeiten können. Er bietet damit den von Friedrichs (Friedrichs 1993) für teamartige Kooperationen mit interner Handlungskoordination geforderten gleichberechtigten Zugriff der Beteiligten auf die Materialien der Gruppenarbeit. Typische Beispiele für Prozesse, die sich gut mit gemeinsamen Arbeitsbereichen unterstützen lassen, sind die gemeinsame Texterstellung durch mehrere Autoren, die Zusammenstellung und die Abstimmung von Unterlagen (z.B. zum gemeinsamen Entwurf eines Gegenstandes, Simultaneous Engineering) oder die Zusammenstellung von Unterlagen und die Erstellung einer Entscheidungsvorlage in einem Ministerium. Für derartige Aufgaben ist die vorherige Festlegung einer Reihenfolge, wie sie z.B. der Einsatz von Workflow-Systemen erfordert, meist unzweckmäßig.

Im vorliegenden Beitrag wird zunächst der Begriff des „gemeinsamen Arbeitsbereiches“ näher erläutert. Dann berichten wir über Erfahrungen, die wir mit der Nutzung von gemeinsamen Arbeitsbereichen zur Unterstützung der Referatsarbeit in einem Ministerium im Rahmen des POLITeam-Projektes machen konnten. Die praktische Nutzung dieses Konzeptes hat neue Anforderungen an den Entwurf von gemeinsamen Arbeitsbereichen aufgeworfen, die hier ebenfalls vorgestellt werden.

2 Was ist ein gemeinsamer Arbeitsbereich?

Ein gemeinsamer Arbeitsbereich dient der Unterstützung verschiedener Kooperationspartner, die an einer gemeinsamen Aufgabe beteiligt sind. Er soll ermöglichen, daß die Partner diese Aufgabe bearbeiten können, als wären sie „in einem Raum“ (Pankoke-Babatz 1994). Dieses Bild liegt den im folgenden erläuterten Anforderungen und Konzepten eines gemeinsamen Arbeitsbereiches zugrunde.

Ein gemeinsamer Arbeitsbereich stellt ein Artefakt dar, das die Kooperation mehrerer Beteiligter unterstützt, wie es Simone, Divintini und Schmidt (Simone et al. 1995) fordern. Er bietet seinen Benutzern - im folgenden Mitglieder des Arbeitsbereiches genannt - eine Kooperationsumgebung, in der sie ihre Arbeit organisieren und durchführen können. Die Arbeitsmaterialien stehen den Mitgliedern während der gesamten Dauer des Bestehens des Arbeitsbereiches zur Verfügung, die Reihenfolge der Einzelaktivitäten wird nicht strikt vorgeschrieben. Gemeinsame Arbeitsbereiche sind ein Mittel zur Organisation von Kooperation speziell für kleinere Gruppen (ca. 5-10 Personen).

Ein gemeinsamer Arbeitsbereich muß die Materialien, die Gegenstand der Kooperation sind, und die Werkzeuge zur Bearbeitung der Materialien bereitstellen. Zur Organisation eines Arbeitsbereiches gehört die Festlegung folgender Komponenten (vgl. Abb. 1):

- Mitglieder;
- Arbeitsmaterialien und Ablagestrukturen;
- Werkzeuge, die die Mitglieder für die Zusammenarbeit nutzen können.

Als Mitglieder eines Arbeitsbereiches werden diejenigen Personen eingetragen, die Zugang zu dem Arbeitsbereich haben sollen. Mit Hilfe von Rollen, an die verschiedene Rechte und Pflichten geknüpft werden, kann zwischen den Mitgliedern weiter differenziert werden.

Ein Arbeitsbereich stellt seinen Mitgliedern die enthaltenen Arbeitsmaterialien zur Verfügung, so daß sie Dokumente bearbeiten und auf die von ihren Kooperationspartnern bearbeiteten Dokumente zugreifen können. Zur Organisation der Arbeitsmaterialien können Ablagestrukturen und weitere Hilfsmittel (wie z.B. Gruppenkalender oder Taschenrechner) zur Verfügung gestellt werden.

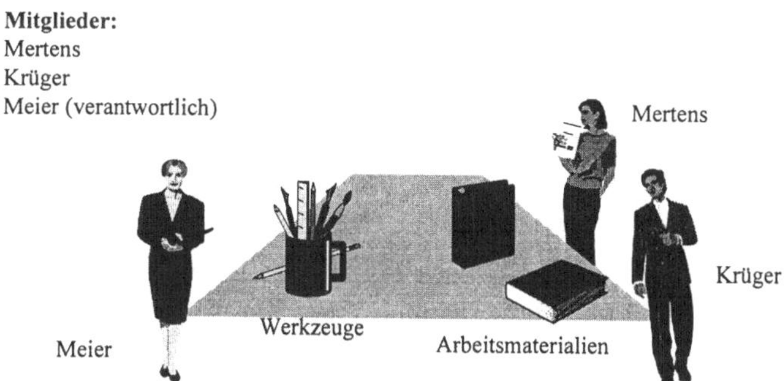

Abb. 1: Komponenten eines gemeinsamen Arbeitsbereiches

Ein gemeinsamer Arbeitsbereich muß seinen Mitgliedern Orientierungshilfen bieten, um zeitlich versetzte Zusammenarbeit zu unterstützen. Dazu gehört zum einen, daß für die Beteiligten die Struktur des Arbeitsbereiches und seine Komponenten erkennbar sind, sie sich also jederzeit über ihre Kooperationspartner und den aktuellen Zustand der enthaltenen Objekte informieren können. Zum anderen müssen die Beteiligten während des Kooperationsprozesses über laufende Aktivitäten und den Fortschritt der mit dem Bereich verknüpften Aufgaben informiert werden, da die Abläufe im Gegensatz zu Workflow-Systemen nicht im vorhinein definiert sind. Erst dadurch wird ermöglicht, daß die Gruppenteilnehmer gegenseitig auf ihre Handlungen einwirken können. Ein wesentlicher Bestandteil der Funktionalität eines gemeinsamen Arbeitsbereiches ist daher ein Ereignis- und Informationsdienst.

Zur weiteren Unterstützung der Kooperation können Werkzeuge zur Kommunikation, wie z.B. Email oder Videokonferenzsysteme, sowie zur Bearbeitung von Arbeitsmaterialien, wie z.B. Texteditoren oder Suchwerkzeuge, im Bereich eingerichtet werden. Dabei können sich einzelne gemeinsame Arbeitsbereiche in Bezug auf ihre Ausstattung und Funktionalität unterscheiden.

Das Konzept des gemeinsamen Arbeitsbereiches unterstützt so die Kontinuität des Kooperationsprozesses.

Verwandte Arbeiten

Gemeinsame Arbeitsbereiche sind bereits durch verschiedene Systeme realisiert. Im folgenden werden einige typische Beispiele vorgestellt.

Zur Unterstützung teamartiger Kooperation gibt es eine ganze Reihe von Systemen, die jedoch vor allem die gleichzeitige Kooperation unterstützen. Hier sind zum einen sitzungsunterstützende Systeme, wie z.B. CATeam (Krcmar et al. 1994) oder Dolphin (Streitz 1994) und zum anderen Systeme zu nennen, die die gleichzeitige Produktion von Texten unterstützen (wie z.B. ShrEdit). Einen Überblick hierzu gibt Streitz (Streitz 1994). Diese Systeme nutzen synchrone Kommunikationsmedien wie z.B. Telefon- oder Desktop-Videokonferenzen, mit denen die Teilnehmer sich gegenseitig über ihre Handlungen und Handlungsabsichten informieren können. Das System ShrEdit (Dourish/Bellotti 1992) z.B. bietet einen speziellen Arbeitsbereich zum gemeinsamen Editieren von Texten; die Kommunikation wird über eine Telefonverbindung ermöglicht. Die Experimente zeigten deutlich, daß sich die Qualität der Kooperation durch die zusätzliche Verbindung per Telefon erheblich verbessert hat.

Die im folgenden vorgestellten Systeme bieten auch bei Kooperationsprozessen Unterstützung, bei denen die Teilnehmer zeitversetzt arbeiten.

Dateiverzeichnisse, die von unterschiedlichen Benutzern gemeinsam genutzt werden können (z.B. Windows for Workgroups), bilden gemeinsame Arbeitsbereiche in sehr einfacher Form und mit reduzierter Funktionalität. Hier fehlt zum einen die Repräsentation der Benutzer im System, zum anderen ist es für die Kooperationspartner kaum möglich, sich über vergangene Ereignisse oder laufende Aktivitäten zu informieren. Gerade diese Aspekte sind aber für Telekooperationsprozesse sehr wichtig.

Der TaskManager (Kreifelts et al. 1993) unterstützt insbesondere die Koordination von Aufgaben. Das System zeigt, wie Personen eingeladen werden können, an der Bearbeitung einer Aufgabe - und damit an einem Arbeitsbereich - teilzunehmen.

GroupDesk (Agostini et al. 1995) stellt einen Prototyp zur Realisierung gemeinsamer Arbeitsbereiche dar. Dieser Ansatz greift die Bürometapher auf und bietet neben privaten Arbeitsbereichen auch gemeinsame Bereiche an. Die Mitglieder des Bereiches werden sowohl über laufende Aktivitäten informiert, als auch über Veränderungen, die während ihrer Abwesenheit eingetreten sind. Des weiteren erleichtert das System die Kommunikation innerhalb des Bereiches: synchron über eine Videokonferenz und asynchron über Email.

BSCW (Bentley et al. 1995) stellt gemeinsame Arbeitsbereiche im WWW zur Verfügung. Die Mitglieder eines Arbeitsbereiches können Dokumente zur gemeinsamen Nutzung in dem Arbeitsbereich - oder darin enthaltenen Ordnungsmitteln - strukturiert ablegen. Sie erfahren, welche weiteren Mitglieder an den Aktivitäten im Arbeitsbereich beteiligt sind und werden durch Ereignismeldungen über Veränderungen informiert. BSCW wird seit Mitte 1995 in der Praxis eingesetzt und entsprechend dem Bedarf im Anwendungskontext des WWW weiterentwickelt.

Nachdem typische Realisierungen vorgestellt wurden, soll der Begriff der „gemeinsamen Arbeitsbereiche" im folgenden von anderen (Groupware-) Systemen abgegrenzt werden. Gemeinsame Arbeitsbereiche bieten ihren Mitgliedern eine Arbeitsumgebung, in der sie kontinuierlich Zugriff auf die Ressourcen haben und in denen die Mitglieder den Ablauf während der Zusammenarbeit gestalten und letzterer nicht schon im vorhinein festgelegt wird. Im Gegensatz dazu legen Workflow-Systeme den Ablauf fest und leiten die Ressourcen zu den jeweils zuständigen Personen weiter, so daß diese i.a. nur zeitlich begrenzten Zugriff auf die Arbeitsmaterialien haben. Letzteres gilt auch für Kooperationsprozesse, die Email nutzen.

Im folgenden werden wir anhand unserer praktischen Erfahrungen mit der Nutzung gemeinsamer Arbeitsbereiche zur Unterstützung eher informeller Kooperation im Ministerium Anforderungen an diese erläutern. Zum besseren Verständnis werden wir zuvor kurz typische Abläufe in Ministerien erläutern.

3 Anwendungsfeld im Referat eines Ministeriums

Die Arbeit in einem Ministerium wird durch die gemeinsame Geschäftsordnung der Bundesministerien (GGO) geregelt (Menne-Haritz 1996). Im allgemeinen werden Aufgaben von außen an ein Ministerium angetragen, eingehende Schreiben treffen i.a. in der Posteingangsstelle ein. Diese ermittelt, welche Aufgaben zu erledigen sind, legt gemäß Geschäftsverteilungsplan die Aufgabenzuschreibung fest und fertigt eine Akte mit Geschäftszeichen für diesen Vorgang an. Die Akte wird entlang des Hierarchieweges zum zuständigen Referenten weitergeleitet, der das Problem bearbeitet. Er stellt die notwendigen Unterlagen zusammen, sammelt Informationen, entscheidet, wer noch zu beteiligen ist und erarbeitet einen Lösungs-

oder Entscheidungsvorschlag, z.B. ein Antwortschreiben, eine Gesetzesvorlage, eine Stellungnahme o.ä. Bei seiner Arbeit wird er durch das Schreibbüro, das seine Textentwürfe erfaßt, und durch die Registratur, die seine Unterlagen verwaltet, unterstützt. Seine Entwürfe stimmt er mit seiner Referatsleitung ab. Diese macht Anmerkungen und Korrekturen, die wiederum im Schreibbüro ausgeführt werden. Letztendlich unterzeichnet die Referatsleitung die Unterlagen und leitet die Lösung - je nach Mitzeichnungsvorbehalten anderer Hierarchieebenen - zur Entscheidung weiter. Bevor ein Schreiben das Haus verläßt, erfolgt die Reinschrift, d.h. alle Änderungen der Beteiligten werden in das Original eingetragen, der Zuständige unterschreibt, das Schreiben verläßt das Haus. Die Akte wird von der Registratur verwaltet, bis sie schließlich zur mittel- bzw. langfristigen Ablage in externe Archive (z.B. Landes- oder Bundesarchiv) ausgelagert wird.

Langfristig soll POLITeam alle diese Aufgaben unterstützen, in der ersten Phase wird es zunächst nur zur Unterstützung der Arbeit innerhalb eines Referates und der Zusammenarbeit mit dem Schreibdienst eingesetzt. Da diese Kooperationsprozesse eher schwach strukturiert sind, bietet sich hier der Einsatz von gemeinsamen Arbeitsbereichen an.

3.1 Vorgehensweise in POLITeam

Ziel des POLITeam-Projektes ist es, in enger Zusammenarbeit mit den Anwendern ein System zu entwickeln, das auf deren Bedarf zugeschnitten ist. Basis des Systems ist ein bestehendes Groupware-Produkt, LinkWorks (Digital 1995), das die Anpassung und Erweiterung seiner Funktionalität über eine Entwicklungsumgebung erlaubt. Dieser Ansatz erlaubt es, den Anwendern bereits in einer frühen Phase des Projektes die Möglichkeit zu geben, praktisch mit dem System zu arbeiten und basierend auf ihren Erfahrungen neue Anforderungen zu stellen. Diese Vorgehensweise beruht auf der Annahme, daß Anwenderbedarf beim Einsatz von Groupware-Systemen erst durch konkreten Praxiseinsatz eines Systems artikuliert werden kann (Kyng 1994).

Auf der Basis von Vorgesprächen wurde eine erste Systemversion entwickelt und den Anwendern zur Verfügung gestellt. Neue Anforderungen an das System ergeben sich aus der praktischen Nutzung. Diese werden dann beim Redesign berücksichtigt und in weiteren Systemversionen umgesetzt. Die Bedarfsermittlung in der Praxisphase erfolgt durch intensive Vorortbetreuung der Anwender sowie durch Einzelgespräche und gemeinsame Workshops (Pankoke-Babatz et al. 1996).

In Gesprächen vor dem Einsatz von POLITeam wurden unsere Anwender nach ihrem Bedarf an Unterstützung durch Informationstechnik befragt. Ihnen wurden die verschiedenen in POLITeam für gemeinsame Arbeit vorgesehenen Metaphern vorgestellt:

- elektronische Post;
- elektronische Laufmappen (Prinz/Kolvenbach 1996), die es ermöglichen, Dokumente auf einem bestimmten Weg durch die Organisation zu leiten sowie
- gemeinsame Schreibtische, hinter denen sich gemeinsame Arbeitsbereiche verbergen.

Während das Versenden von Dokumenten per Post oder Laufmappe der alltäglichen Arbeit der Anwender entspricht, konnten sie sich den sinnvollen Einsatz von gemeinsamen Schreibtischen nicht vorstellen. Um die Nutzung eines gemeinsamen Arbeitsbereiches in Ministerien zu testen, beinhaltete die erste Version von POLITeam auch hierfür ein einfaches Werkzeug. Zur Implementierung wurde das sogenannte Verweis-Konzept von LinkWorks genutzt: Der Benutzer kann einen Verweis auf ein beliebiges Objekt (also ein Dokument oder eine Ablage) erzeugen und diesen anderen Personen zusenden. Die Empfänger sehen das Objekt in ihrer eigenen Arbeitsumgebung und können es - in Abhängigkeit von ihren Zugriffsberechtigungen - bearbeiten. Alle Partner arbeiten damit auf demselben Objekt, dem Original.

3.2 Nutzung gemeinsamer Arbeitsbereiche in POLITeam

In einer vorbereitenden Schulung wurden den Teilnehmern die Funktionen von POLITeam einschließlich der Möglichkeiten der gemeinsamen Nutzung von Objekten erklärt. In der sich anschließenden Phase der ersten Nutzung haben sich die Teilnehmer gemeinsame Arbeitsbereiche zur Ablage von gemeinsam bearbeiteten Texten eingerichtet, die für jeweils einen Referenten, das Schreibbüro und die Referatsleitung zugänglich sind. Die erstmalige Texterfassung erfolgt i.a. durch das Schreibbüro, das den Text in der gemeinsamen Ablage dem Referenten zur Verfügung stellt, der kleinere Änderungen meist selbst vornimmt. Auch die Referatsleitung kann auf diese Ablage zugreifen und Änderungen am Text durchführen. Für die spätere Reinschrift steht dem Schreibbüro dann das Original mit allen Änderungen des Referenten und der Referatsleitung in der Ablage zur Verfügung.

Diese Unterstützung der Arbeit durch gemeinsame Ablagen hat sich in der Praxis so bewährt, daß weitere gemeinsame Arbeitsbereiche für andere Zwecke eingerichtet wurden. So hat sich das Referat z.B. eine Ablage eingerichtet, in der alle Adressen von Partnern und andere allgemein wichtige Informationen zur Verfügung gestellt werden. Diese wird durch alle Referatsmitglieder aktualisiert.

Trotz der in den Vorbefragungen eher ablehnenden Haltung zum „gemeinsamen Schreibtisch" wird die Funktionalität der gemeinsamen Arbeitsbereiche sehr intensiv genutzt. Wir führen diese Diskrepanz darauf zurück, daß die in der Befragung gewählte Bezeichnung „gemeinsamer Schreibtisch" ungeschickt war, da mit dem Begriff „Schreibtisch" i.a. ein persönlicher Schreibtisch assoziiert wird. Während der elektronische „gemeinsame Schreibtisch" die gemeinsame Nutzung eines Dokumentes von unterschiedlichen Orten aus ermöglicht, gibt es dafür keine Entsprechung in der Alltagswelt, in der ein Objekt nur an einem Ort sein kann.

Als Vorteil der gemeinsamen Arbeitsbereiche nennen die Anwender, daß sie ihnen erlauben, gemeinsam über die Texte zu verfügen, daß allen Beteiligten die Texte im Original vorliegen und jeder von ihnen das Original bearbeiten kann, so daß allen stets die neueste Version zur Verfügung steht.

Die Anwender nannten folgende Änderungswünsche:

- Sie möchten als „Eigentümer" einer gemeinsamen Ablage eine einmal erteilte Mitnutzungserlaubnis auch wieder zurücknehmen können.
- Sie möchten über Änderungen in einer gemeinsamen Ablage automatisch informiert werden.
- Sie benötigen Konventionen zur Nutzung einer gemeinsamen Ablage.

Diese Anforderungen werden im folgenden näher erläutert.

3.2.1 Eigentümer einer gemeinsamen Ablage

Die erste Version von POLITeam ermöglichte es den Anwendern, gemeinsame Arbeitsbereiche durch das Erzeugen von Ablageobjekten und den Versand von Verweisen auf diese Objekte einzurichten. Jeder Inhaber eines solchen Verweises konnte diesen zum einen weitersenden und auf diese Weise neue Mitglieder einladen und zum anderen seinen Verweis löschen und damit die eigene Mitgliedschaft im Arbeitsbereich beenden. Die Version erlaubte es nicht, andere Mitglieder von der Teilnahme auszuschließen, niemand hatte damit Kontrolle über die Mitgliedschaft. Die Anwender fragten nach einer Möglichkeit, einmal versandte Verweise wieder zurücknehmen zu können, um auf diese Weise z.B. eine zeitlich begrenzte Zuarbeit von anderen Personen zu unterstützen.

In der zweiten Version wurde eine einfache Funktion zum Einrichten von gemeinsamen Arbeitsbereichen realisiert: der Benutzer muß nun nicht mehr explizit Verweise erzeugen und versenden. Diese Erweiterung ermöglicht eine vereinfachte Handhabung von gemeinsamen Arbeitsbereichen. Die neue Version unterscheidet zwischen dem Eigentümer des Arbeitsbereiches und den Mitgliedern. Der Eigentümer hat besondere Rechte: er darf Mitglieder einladen und ihnen das Nutzungsrecht auch wieder entziehen (technisch gesehen werden dazu die Verweise der Kooperationspartner gelöscht). Diese Privilegien kann er an eine andere Person übertragen. Die neue Mitgliederverwaltung ermöglicht dem Benutzer auf einfache Weise, sich darüber zu informieren, wer noch am Arbeitsbereich beteiligt ist. Damit ist eine geregelte explizite Mitgliederverwaltung verfügbar, mit der sich z.B. die Federführung in einem für eine Aufgabe eingerichteten gemeinsamen Arbeitsbereich durch dessen Eigentümer realisieren läßt.

3.2.2 Information über Änderungen

In der ersten Version wurden Veränderungen im Arbeitsbereich nicht automatisch gemeldet. Meist haben sich die Kooperationspartner über Neuerstellung oder Änderung eines Dokumentes per Email informiert oder sie mußten selbst im Arbeitsbereich „nachsehen". Dies war den Anwendern zu umständlich und erforderte eine hohe Nutzungsdisziplin. Um auch hier eine einfachere Handhabung zu ermöglichen, wurde in der neuen Version ein einfacher Benachrichtigungsdienst integriert, der jedem Beteiligten auf Wunsch das Eintreten von Veränderungen im Arbeitsbereich meldet.

3.2.3 Nutzungskonventionen für gemeinsame Ablagen

Im Ministerium nutzen Schreibkräfte und Referatsmitarbeiter einen gemeinsamen Arbeitsbereich. Hier trat in der Praxis folgender Konflikt auf: Die Schreibkräfte unterscheiden unterschiedliche Textarten, wie z.B. Briefe, Reden, etc. Sie benennen und ordnen Texte nach Regeln, die es ihnen erlauben, diese (bei Kenntnis des Auftraggebers, der Textart und des Erstellungsdatums) auch zu einem späteren Zeitpunkt wiederfinden zu können.

Die Referatsmitarbeiter dagegen arbeiten aufgaben- und vorgangsorientiert. Die Dokumente sollen daher nach inhaltlichen Gesichtspunkten benannt sein. Zusätzlich soll der Arbeitsbereich nach verschiedenen Vorgängen untergliedert werden. Sie möchten diese Strukturierung während der aktuellen Bearbeitung der Vorgänge und zum späteren Wiederauffinden von Texten nutzen.

Durch die Angabe individueller Sortierkriterien für einen gemeinsamen Arbeitsbereich ist es möglich, jedem Bearbeiter seine spezielle Anordnung der Objekte innerhalb eines Arbeitsbereiches anzuzeigen. Die Bereitstellung von Suchwerkzeugen ermöglicht zudem eine gezielte Suche von Dokumenten nach bestimmten Suchkriterien, so daß auch bei Strukturierung eines gemeinsamen Arbeitsbereiches nach Vorgängen die Suche nach Textarten, Bearbeitern etc. möglich ist.

In der ersten Version von POLITeam beschränkte sich die Funktionalität der gemeinsamen Ablagen im wesentlichen auf die Bereitstellung von Bereichen, in denen gemeinsam bearbeitbare Dokumente abgelegt werden konnten, also deren gemeinsame Nutzung ermöglicht wurde. Die Verbesserungswünsche der Anwender bestätigen, daß mehr Regelungsbedarf beim Aufbau, der Einrichtung und dem Betrieb besteht und daß Teilnehmer automatisch über den

Ablauf im Bereich informiert werden wollen, um ihre Handlungen besser aufeinander abstimmen zu können. Dies gilt es in der weiteren Entwicklung zu vertiefen.

4 Systemanforderungen und Entwurf

Aus den Erfahrungen, die wir durch den praktischen Einsatz von gemeinsamen Arbeitsbereichen sammeln konnten, haben wir weitere Anforderungen an den Entwurf solcher Systeme ableiten können, die im folgenden näher erläutert werden.

4.1 Aufbau und Einsatz eines gemeinsamen Arbeitsbereiches

Die Anforderungen an die Gestaltungsmöglichkeiten, die die einzelnen Komponenten eines gemeinsamen Arbeitsbereiches anbieten sollten, werden im folgenden erläutert.

4.1.1 Mitglieder eines gemeinsamen Arbeitsbereiches

Gemeinsame Arbeitsbereiche stellen ein flexibles Hilfsmittel zur Kooperationsunterstützung dar. Da die Arbeitsbereiche häufigen Wechseln der Mitglieder unterworfen sein können, wird eine Komponente zur Mitgliederverwaltung, die über die aktuellen Kooperationspartner und ggf. auch deren Erreichbarkeit informiert, benötigt. Ein gemeinsamer Arbeitsbereich sollte darüber hinaus jederzeit das Einladen weiterer Mitglieder ermöglichen, aber auch Unterstützung bieten, wenn die Mitglieder zu einem späteren Zeitpunkt von der gemeinsamen Nutzung ausgeschlossen werden sollen.

4.1.2 Objekte im gemeinsamen Arbeitsbereich

In Bezug auf die Werkzeuge und Arbeitsmaterialien, die den Mitgliedern eines gemeinsamen Arbeitsbereiches zur Verfügung stehen, ist zu beachten, daß die Ordnung der Objekte - wie die Anordnung der Dokumente auf dem eigenen Schreibtisch - für die Bearbeitung der anstehenden Aufgaben durch die Mitglieder zweckmäßig sein muß. Diese Ordnung ist sowohl für das Wiederauffinden von Objekten wichtig, als auch zur Erinnerung an anstehende Aufgaben.

Solange die einzelnen Mitglieder mit „ihrer“ Aufgabe beschäftigt sind, möchten sie eine individuelle Ordnung nutzen, die auf ihren Bedarf bzw. ihre Aufgabe zugeschnitten ist. Wenn sie unterschiedliche Aufgaben übernommen haben, benötigen sie u.U. verschiedene Strukturierungen des Arbeitsbereiches. Sobald sich allerdings zwei Mitglieder eines gemeinsamen Arbeitsbereiches über ein Objekt unterhalten, sollten sie auf den Platz, den das Objekt im gemeinsamen Arbeitsbereich in einer gemeinsamen Anordnung hat, referieren können.

Es ist damit notwendig, daß ein Arbeitsbereich zum einen unterschiedliche Strukturierungen unterstützt. Zum anderen sollten die Mitglieder eines gemeinsamen Bereiches eine oder mehrere gemeinsame Referenzordnungen festlegen können, auf die sich alle beziehen können. Die Bereitstellung von Suchmechanismen kann hierfür keinen Ersatz bieten (Barreau/Nardi 1995).

4.1.3 Aufgaben im gemeinsamen Arbeitsbereich

Ein gemeinsamer Arbeitsbereich kann durch die Einführung von Aufgaben erweitert werden, die eine strukturiertere Kooperationsunterstützung ermöglichen. Diese Aufgaben können an einen Bereich als ganzes gebunden sein oder an einzelne Objekte. Auf diese Weise können Handlungserwartungen an die einzelnen Beteiligten eines gemeinsamen Arbeitsbereiches genauer spezifiziert werden.

Eine entsprechende Komponente kann dazu dienen, lediglich die zu bearbeitenden Aufgaben festzuhalten, die dann von (beliebigen) Mitgliedern des Bereiches bearbeitet werden können. Sollen die Aufgaben bestimmten Personen, Gruppen oder Rollen zugewiesen werden, so können diese Zuständigkeiten ebenfalls verwaltet werden. Darüber hinaus kann sogar festgelegt werden, wie der Fortschritt der Aufgabe gemessen und gemeldet wird bzw. wer bei Nicht-Erledigung gemahnt wird.

4.1.4 Informationen über Abläufe im gemeinsamen Arbeitsbereich

Zur Orientierung der Beteiligten im Kooperationsprozeß in einem gemeinsamen Arbeitsbereich sind Informations- und Benachrichtigungsdienste erforderlich. Während Veränderungen in einer Einbenutzer-Umgebung nur das Resultat von Aktionen des Benutzers selber sind, können Veränderungen innerhalb eines gemeinsamen Arbeitsbereiches durch verschiedene Personen bewirkt werden. Es ist wichtig, daß jeder Beteiligte erkennen kann, wenn Veränderungen der Arbeitsumgebung durch (laufende oder vergangene) Aktionen seiner Kooperationspartner (vgl. Abb. 2) bewirkt wurden. Es muß die Möglichkeit bestehen, Spuren von Veränderungen zu erkennen und Modifikationen nachvollziehen und einzelnen Akteuren zuordnen zu können.

Ein Informationsdienst soll Anfragen der Beteiligten zum Zustand und zur Historie von Objekten erlauben und auch langfristig die Rekonstruktion von Handlungen ermöglichen. Der Benachrichtigungsdienst soll Veränderungen melden (Fuchs et al. 1995). Die Meldungen sollten nicht immer sofort erfolgen, sondern idealerweise dann, wenn die Information für die weitere Arbeit des Empfängers relevant ist.

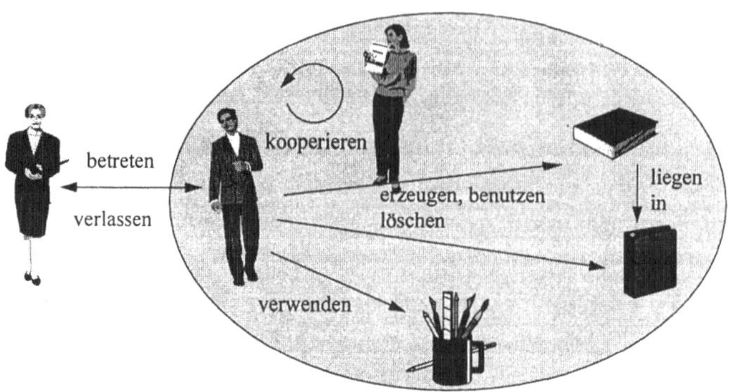

Abb. 2: Aktionen im gemeinsamen Arbeitsbereich

Die Benachrichtigungen sollten so zugeschnitten werden, daß sie sich auf kooperationsrelevante Informationen beschränken und Kontrollmöglichkeiten ausschließen. Das Interesse der einzelnen Mitglieder an Informationen über Handlungen anderer zur Orientierung im gemeinsamen Arbeitsbereich einerseits und der Persönlichkeitsschutz des Handelnden andererseits stehen sich hier gegenüber. Der Persönlichkeitsschutz wird gewährleistet, wenn sich der Handelnde bereits vor Betreten eines Bereiches über die Öffentlichkeit seiner Handlungen informieren kann. Auf diese Weise wird das Systemverhalten für den einzelnen erklärbar, der gemeinsame Arbeitsbereich für ihn kontrollierbar und damit gemeinsames Arbeiten erleichtert.

4.2 Handhabung der Arbeitsbereiche

Bisher wurden verschiedene Facetten der gemeinsamen Arbeitsbereiche vorgestellt. Die Handhabung der Arbeitsbereiche kann für den einzelnen Benutzer maßgeblich vereinfacht werden, wenn ihm - an seinen Bedarf angepaßte - Arbeitsbereiche mit unterschiedlicher Ausstattung und Funktionalität angeboten werden. Dabei ist der gewünschte Verwendungszweck zu ermitteln und der Arbeitsbereich auf diese Verwendung zuzuschneiden. Es ist zudem wichtig, daß die Benutzer bestimmte Nutzungskonventionen verabreden, um Mißverständnisse weitgehend zu vermeiden.

4.2.1 Einrichten gemeinsamer Arbeitsbereiche

Gemeinsame Arbeitsbereiche müssen bzgl. ihrer Ausstattung und Funktionalität ihrem Verwendungszweck angepaßt werden. Das heißt, sie können sich darin unterscheiden, welche Veränderungen der Arbeitsbereich welcher Rolle erlaubt (Zugriffsberechtigungen), wie er auf Änderungen reagiert und auf welche Weise Informations- und Benachrichtigungsdienste informieren.

Das Einrichten gemeinsamer Arbeitsbereiche kann durch die Bereitstellung vordefinierter Musterarbeitsbereiche vereinfacht werden. Diese Muster sollten auf typische Verwendungszwecke zugeschnitten sein und die dafür geeignete Ausstattung mit Werkzeugen, Informations- und Benachrichtigungsdiensten und auch Nutzungskonventionen festlegen. Darüber hinaus können mit Hilfe eines differenzierten Rollenkonzeptes (z.B. Eigentümer des Arbeitsbereiches, Mitglieder, Gäste) auch die Rechte und Zuständigkeiten vordefiniert werden.

Im folgenden werden einige typische Verwendungszwecke genannt:

- Arbeitsbereiche zur Erstellung eines Berichtes werden nur kurzzeitig genutzt,
- Archivierungsbereiche dienen der Verwaltung von vielen Objekten, die nur in geringem Maße Änderungen unterworfen sind, und haben eine lange Lebensdauer,
- Bereiche zur Sammlung von Dokumenten sollten Veränderungen ihres Inhaltes melden,
- Arbeitsbereiche zur Bereitstellung von aktuellen Informationen, die als „schwarzes Brett" genutzt werden, müssen z.B. für jedes Mitglied festhalten, auf welche Objekte es bereits einmal zugegriffen hat (eine sog. News-Control durchführen),
- Bereiche, die die Verwaltung und Mahnung von Aufgaben übernehmen, bieten ihren Mitgliedern mehr Hilfestellung bei der Aufgabenkoordination, üben u.U. auch mehr Druck auf diese auf.

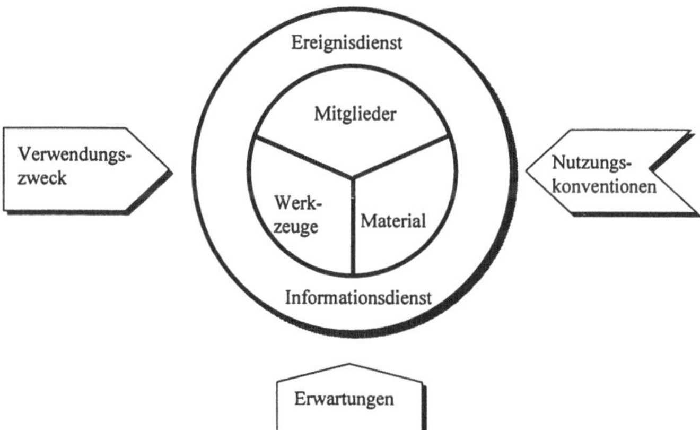

Abb. 3: Faktoren der Gestaltung eines gemeinsamen Arbeitsbereiches

Wird ein dem Verwendungszweck entsprechend vordefinierter Musterarbeitsbereich verwendet, ist es zur Erzeugung eines speziellen Arbeitsbereiches nur noch notwendig, den Mitgliedern Rollen zuzuteilen. Der Umgang mit der Komplexität der unterschiedlichen Einstellungsmöglichkeiten bei der Erzeugung von Arbeitsbereichen kann damit erheblich vereinfacht werden.

Gleichzeitig erleichtert die Verwendung von Musterarbeitsbereichen den Mitgliedern eines Arbeitsbereiches, den Verwendungszweck eines gemeinsamen Arbeitsbereiches und die damit verbundene Funktionalität zu erkennen, ohne sich die Details aller Spezifikationen ansehen oder verstehen zu müssen. Der Verwendungszweck des Musters gibt Aufschluß darüber, welche Erwartungen an die einzelnen Mitglieder gestellt werden und welche Mitarbeit von dem einzelnen erwartet wird. Andererseits hat das Mitglied die Möglichkeit zu erfahren, welche Erwartungen es an die anderen Mitglieder haben kann. Dies ermöglicht den Mitgliedern, ähnliche Erwartungshaltungen (Dourish/Bellotti 1992) zu entwickeln. Nicht zuletzt legt der Musterarbeitsbereich fest, was über die Handlungen der Mitglieder im gemeinsamen Arbeitsbereich für andere sichtbar sein soll, d.h. in welcher „Öffentlichkeit" sich jeder bewegt.

4.2.2 Nutzung

Nutzungkonventionen werden z.T. durch den Verwendungszweck des gemeinsamen Arbeitsbereiches festgelegt, weitere müssen die Mitglieder untereinander absprechen. Hier sollten Einigungen über den Inhalt und die Strukturierung des gemeinsamen Arbeitsbereiches erzielt werden. Regelungen zur Benennung und Ablage von Objekten, ebenso wie Ordnungskriterien für die Ablage der Objekte erleichtern den Mitgliedern die Nutzung des Arbeitsbereiches. Darüber hinaus muß auch Einigung über die Bearbeitungsmodalitäten, die Konventionen zur Bearbeitung der Objekte, erzielt werden. So ist z.B. zu regeln, ob Objekte zur Bearbeitung aus dem Arbeitsbereich entnommen werden können oder ob Objekte während der Bearbeitung für andere gesperrt werden.

Diese Absprachen sollten durch die Gestaltung der Komponenten des für die Gruppenarbeit definierten gemeinsamen Arbeitsbereiches unterstützt werden. Der Arbeitsbereich sollte die Festlegung und Anwendung entsprechender Konventionen unterstützen und überprüfen; es sind jedoch nicht alle Konventionen technisch unterstützbar.

4.3 Beziehungen zwischen Arbeitsbereichen

Kooperationsprozesse können häufig zueinander in Beziehung gesetzt werden: Kooperationsprozesse können in Teilprozesse untergliedert werden, um auf diese Weise eine feinere Granularität zu erreichen. Ebenso können Kooperationsprozesse inhaltlich verwandt sein, also ähnliche Aufgabenstellungen haben. Kooperationsprozessen entsprechend müssen auch gemeinsame Arbeitsbereiche zueinander in Beziehung gesetzt werden können. Hier können hierarchische Beziehungen und Verwandtschaftsbeziehungen (im folgenden Assoziationen genannt) unterschieden werden. Hierarchische Beziehungen ermöglichen es, den Arbeitsbereich durch die Einführung untergeordneter Arbeitsbereiche weiter zu untergliedern. Über diese Beziehungen können ausgewählte Voreinstellungen an untergeordnete Arbeitsbereiche vererbt werden.

Inhaltlich verwandte Arbeitsbereiche können durch Assoziationen verbunden werden. Diese Beziehungen können genutzt werden, um einen geregelten Informationsaustausch zwischen den Bereichen zu definieren.

5 Zusammenfassung und Ausblick

Die Praxis hat gezeigt, daß der gemeinsame Arbeitsbereich ein wichtiges Werkzeug zur Unterstützung eher informeller Kooperation ist. Es hat sich bei der Unterstützung der Referatsarbeit im Ministerium bewährt und wird zur gemeinsamen Texterstellung und -bearbeitung von Referenten, Referatsleitung und Schreibbüro genutzt.

Gleichzeitig haben sich aus der praktischen Nutzung eine Menge von Änderungswünschen ergeben. Obwohl ein gemeinsamer Arbeitsbereich für schwach strukturierte Kooperationsprozesse genutzt wird, muß er kontrollierbar sein und die Orientierung der Mitglieder im Arbeitsbereich und im damit verbundenen Kooperationsprozeß unterstützen. Die Benachrichtigung über aktuelle Aktivitäten wie auch die Dokumentation von Handlungen in der Historie eines Bereiches sind von zentraler Bedeutung für die Orientierung der Beteiligten und damit für den Fortgang der Zusammenarbeit. Mitgliedschaft und Rollen der Mitglieder müssen für alle Beteiligten ersichtlich sein und durch den Eigentümer eines Bereiches explizit verwaltet und kontrolliert werden können.

Die unterschiedlichen Arten von Arbeitsbereichen schlagen sich in der Auswahl der Rollen, Ausstattung, Ordnungskriterien oder Benachrichtigungsformen nieder. Um die daraus entstehende Komplexität unterschiedlicher Arbeitsbereiche handhaben zu können, empfiehlt es sich, vorkonfigurierte Arbeitsbereiche für typische Zwecke bereitzustellen. Hier gilt es, für die Anwender geeignete Metaphern zu finden, wie es z.B. für den gemeinsamen Arbeitsbereich im Ministerium mit dem Begriff „gemeinsame Ablage“ erfolgt ist.

Gemeinsame Arbeitsbereiche erlauben, die Rahmenbedingungen für Zusammenarbeit festzulegen und das Arbeitsmaterial zu verwalten. Damit gehen sie über die Möglichkeit, gemeinsam auf Objekte zuzugreifen (Shared Access), hinaus. Im Gegensatz zu Workflow-Systemen schreiben sie nicht den Ablauf vor, sondern dokumentieren den Gang der Handlungen. Gemeinsame Arbeitsbereiche sind als Ergänzung zu anderen Groupware-Werkzeugen, wie Email oder elektronischen Laufmappen, zu sehen. Wir stehen mit der Erforschung der Möglichkeiten gemeinsamer Arbeitsbereiche noch am Anfang und konnten in diesem Papier nur einige Aspekte beleuchten. Wir werden im Projekt POLITeam diesen Ansatz weiter verfolgen und sowohl die technischen Realisierungsmöglichkeiten der obigen Anforderungen als auch deren Umsetzung und praktischen Einsatz durch unsere Anwender erproben.

6 Referenzen

Agostini, A., De Michelis, G., Grasso, M. A., Prinz, W., Syri, A. (1995): Contexts, Work Processes, and Workspaces. In: Proceedings of the COOP'95. Hrsg.: INRIA, Le Chesnay Cedex 1995, S. 219-238.

Barreau, D., Nardi, B. A. (1995): Finding and reminding: File Organization from the Desktop, SIGCHI Bulletin, Vol. 27, Nr. 3, Juli 1995, S.39-45.

Bentley, R., Horstmann, T., Sikkel, K., Trevor, J. (1995): Supporting Collaborative Information Sharing with the WWW: The BSCW Shared Workspace System. In: Proceedings of the Fourth International World Wide Web Conference, O'Reilly & Associates, Inc. 1995, S. 63-73.

Digital Equipment Corporation (1995): LinkWorks User Manual; URL: http://www.digital.com/info/linkworks. 1995.

Dourish, P., Bellotti, V. (1992): Awareness and Coordination in Shared Workspaces. In: Proceedings of the Conference on Computer-Supported Cooperative Work, ACM Press, New York 1992, S. 107-114.

Friedrichs, J. (1993): Defizite bei der software-ergonomischen Gestaltung computergestützter Gruppenarbeit. In: Menschengerechte Groupware - Software-ergonomische Gestaltung und partizipative Umsetzung. Hrsg.: Hartmann, A., Herrmann, Th., Rohde, M., Wulf, V., B.G. Teubner, Stuttgart 1993, S. 15-30.

Fuchs, L., Pankoke-Babatz, U., Prinz, W. (1995): Supporting Cooperative Awareness with Local Event Mechanisms: The GroupDesk System. In: Proceedings of the Fourth European Conference on Computer-Supported Cooperative Work - ECSCW '95. Hrsg.: Marmolin, H., Sundblad, Y., Schmidt, K., Kluwer Academic Publishers, Dordrecht u. a. 1995, S. 247-262.

Krcmar, H., Barent, V., O'Hare, G., Unland, R. (1994): Unterstützung der Gruppenarbeit durch kooperative Mensch-Computer-Systeme (Workshop). In: Einführung von CSCW-Systemen in Organisationen. Vieweg Wirtschaftsinformatik, Braunschweig/Wiesbaden 1994, S. 189-198.

Kreifelts, T., Hinrichs, E., Woetzel, G. (1993): Sharing To-Do Lists with a Distributed Task Manager. In: Proceedings of the Third European Conference on Computer-Supported Cooperative Work - ECSCW '93. Hrsg.: De Michelis, G., Simone, C., Schmidt, K., Kluwer Academic Publishers, Dordrecht u. a. 1993, S. 31-46.

Kyng, M. (1994): Experience with Participative Application Development. In: Proceedings of the IFIP 13th World Congress 94, Vol. 2; Hrsg.: K. Brunnstein und E. Raubold; Elsevier Science B.V. (North Holland) 1994, S. 107 -114.

Menne-Haritz, A. (1996): Akten, Vorgänge und elektronische Bürosysteme: Mit Handreichungen für die Beratung von Behörden; Veröffentlichungen der Archivschule Marburg - Institut für Archivwissenschaft, Nr. 25, 1996.

Pankoke-Babatz, U. (1994): Reflections on Concepts of Space and Time in CSCW. In: ECCE7 Human-Computer Interaction: From Individuals to Groups in Work, Leisure, and Everyday Life. Hrsg.: R. Oppermann, S. Bagnara und D. Benyon, GMD-Studien Nr. 233, 1994, S. 379-391.

Pankoke-Babatz, U., Fuchs, L., Klöckner, K., Kolvenbach, S., Mambrey, P., Prinz, W., Sohlenkamp, M., Syri, A. (1996): Bedarfsgreechte Systementwicklung und -einführung am Beispiel POLITeam. In: CSCW in großen Unternehmungen, Tagungsband zum Workshop der GI-Fachgruppe 5.5.1 „CSCW in Organisationen" und dem Technologiezentrum der Deutschen Telekom AG. Hrsg.: Uellner, S. , Darmstadt, 1996, S. 85-98.

Prinz, W., Kolvenbach, S. (1996): Support for Workflows in a Ministerial Environment. Erscheint in: Proceedings of the Conference on Computer Supported Cooperative Work, 1996.

Simone, C., Divintini, M., Schmidt, K. (1995): A notation or malleable and interoperable coordination mechanisms for CSCW systems. In: Conference on Organizational Computing Systems 1995, ACM-Press New York 1995, S. 44-54.

Streitz, N. (1994): Zur Zukunft computerunterstützter Gruppensitzungen. In: Einführung von CSCW-Systemen in Organisationen. Vieweg Wirtschaftinformatik, Braunschweig/Wiesbaden 1994, S. 225-236.

Swenson, K. D., Irwin, K. (1995): Workflow Technology: Tradeoffs for Business Process Re-engineering. In: Conference on Organizational Computing Systems 1995, ACM-Press, New York 1995, S. 22-29.

Der Needs Driven Approach - Eine Methode zur bedarfsgerechten Gestaltung von Telekooperation

Gerhard Schwabe, Helmut Krcmar

1. Einleitung
2. Grundideen und wissenschaftliche Basis des Needs Driven Approach
3. Analyse
4. Design
5. Nutzen für Wissenschaft und Praxis
6. Literatur

Abstract

Der Needs Driven Approach (NDA) ist eine Methode zur Gestaltung der Telekooperation. Der NDA geht von einer Wechselwirkung zwischen Technologie und Anwender aus und ermöglicht eine umfassende Gestaltung und Berücksichtigung von organisatorischen, technischen und sozialen Aspekten der Telekooperation. In diesem Artikel wird zuerst auf die Grundideen des Needs Driven Approach eingegangen. Sodann wird ausführlich die Analysephase und überblicksartig die darauf folgende Designphase behandelt. Zum Abschluß wird auf den Nutzen des Ansatzes für Wissenschaft und Praxis eingegangen.

1 Einleitung

Am Lehrstuhl für Wirtschaftsinformatik der Universität Hohenheim wird seit 1989 an der Computerunterstützung von Sitzungen und seit 1992 an der Telekooperation geforscht. In dieser Zeit wurde die Zusammenarbeit einer dreistelligen Zahl von Praktikern mit dem Computer unterstützt und studiert (vgl. z.B. [Krcmar et al. 1994, Schwabe 1994a, Barent et al. 1995, Schwabe 1995]). Gleichzeitig wurden die theoretischen und konzeptuellen Grundlagen für die Gestaltung von kooperativen Systemen gelegt [Krcmar 1989, Krcmar 1992, Schwabe 1994b, Schwabe 1995, Lewe 1995]. Praktische Erfahrungen sowie theoretische und konzeptuelle Arbeiten wurden in einem ersten Entwurf für eine Methode zu bedarfsgerechten Gestaltung von computerunterstützter Zusammenarbeit verdichtet und in dem EU-Projekt Telestation erprobt. Die Vorgehensweise wurde 'Needs Driven Approach' (kurz: NDA) genannt. Dies bringt zum Ausdruck, daß sie von dem beobachteten Kooperationsbedarf bei der Arbeit ausgeht, und nicht etwa von der Technologie.

In den letzten beiden Jahren wurde die Methode im Rahmen des DeTeBerkom-Projekts BTÖV (Bedarf für Telekooperation in der öffentlichen Verwaltung, vgl. z.B. [Baldi et al. 1995a, 1995b, 1995c]) an die spezielle Situation der Telekooperation angepaßt. Die Vorgehensweise wird zur Zeit unter anderem in einem DeTeBerkom-Projekt zur Einführung von

Telekooperation im Stuttgarter Gemeinderat verwendet [Krcmar&Schwabe 1995, Stuttgarter Zeitung 1996].

Die folgende Tabelle zeigt die Schwerpunkte des NDA anhand von Szenarien der Telekooperation (Abbildung 1).

Szenario	Adressaten	Angestrebte Unterstützungsleistung
Zweipunktszenarien	Personen	Raum-zeitliche Verteilung der Kommunikation und Zusammenarbeit von zwei Personen
Multipunktszenarien	Gruppen	Produktivere Gruppenarbeit
Gemeinsame virtuelle Räume	Personen und Gruppen	Soziale Präsenz während der verteilten Zusammenarbeit
Verteilte Geschäftsprozesse	Organisationen	Produktivere und flexiblere Vorgangsbearbeitung, Reaktionsgeschwindigkeit
Lokal flächendeckende Szenarien	Organisationen	Flächendeckende Zusammenarbeit über Raum-, Zeit- und Organisationsgrenzen hinweg
On-Demand-Szenarien	Kunden	Verteilung von Sachinformation und Kanalisierung von Anfragen

Abbildung 1: Szenarien der computerunterstützten Zusammenarbeit (aus [Krcmar&Schwabe 1995] vgl. auch [Baldi et al. 1995a])

Der NDA betrachtet insbesondere die Szenarien für Personen und Gruppen. Für die anderen drei Szenarien kann der NDA nur ein Baustein sein, der durch Methoden zur Organisationsuntersuchung und -gestaltung ergänzt werden muß. Bei sehr kleinen Gruppen(im Extremfall nur zwei Personen) erübrigen sich einzelne Schritte des NDA.

Im nachfolgenden Abschnitt werden die Grundideen und die wissenschaftliche Basis des NDA vorgestellt. Sodann wird ausführlich auf die Analyse und etwas weniger ausführlich auf das Design gemäß des NDA eingegangen. Beide werden durch Abbildungen aus einer Vorstudie zur Computerunterstützung der Parlamentsarbeit (vgl. Schaal 1995] illustriert. Überlegungen und Erfahrungen zum Nutzen der Methode schließen den Artikel.

2 Grundideen und wissenschaftliche Basis des Needs Driven Approach

Der Needs Driven Approach geht von folgenden Grundideen aus:

Der NDA ist arbeitsorientiert: Bei der derzeitigen verteilten Zusammenarbeit überwiegt noch deutlich die *Kommunikation*, weil das Telefon als einziges technische Medium flächendekkend zur Verfügung steht. Bei der Gestaltung von Telekooperationssystemen gewinnt jedoch die verteilte *Arbeit* am gemeinsamen Material an Bedeutung. Dieser Ansatz wird durch die

Beobachtung gestützt, daß in telekooperativen Systemen wie Proshare das Application Sharing intensiver genutzt wird als das Videobild des Gegenübers.

Der NDA ist eine Methode zur Analyse und Gestaltung von Gruppenarbeit. Die Gestaltung von unterstützenden CSCW-Werkzeugen [Schwabe&Krcmar 1996] ist nur ein Teil des NDA. Es geht weiterhin darum, die Interaktionen der Beteiligten, die Arbeitsprozesse, die Arbeitsräume und den Arbeitskontext zu analysieren und zu gestalten.

Der NDA geht von einer Wechselwirkung von Mensch und Technologie aus. Die 'Aneignung' von Technologie ist deshalb ein Schlüssel zum Erfolg einer Technologie.

Der NDA untersucht Probleme, die die Nutzer bei ihrer derzeitigen Arbeit haben. Indem konkrete Probleme des Anwenders frühzeitig angegangen werden und zum Ausgangspunkt der Analyse und des Designs gemacht werden, kann die Akzeptanz der Technologie gefördert werden.

Der Needs Driven Approach ist eine kooperative Analyse- und Designmethode: Die Kooperation sowohl von mehreren Analytikern als auch von Analytikern und Nutzern sind Teil des NDA.

Der NDA hat seine wissenschaftlichen Grundlagen in der Strukturationstheorie, der objektorientierten Analyse und ethnographischen Untersuchungen. Die *Strukturationstheorie* gibt eine wissenschaftliche Rechtfertigung dafür, Technologienutzung als einen rückgekoppelten, in seiner Verallgemeinerbarkeit raum-zeitlich begrenzten Prozeß zu sehen (vgl. [Giddens 1988, Orlikowski 1990, Pool & DeSanctis 1990, Schwabe 1995] . Der *objektorientierte Systementwurf* gibt Hinweise zum Vorgehen bei der Modellierung formalisierbarer Aspekte von Gruppenarbeit. Dies betrifft insbesondere die Werkzeuge, welche die Gruppenmitglieder verwenden und die Materialien, welche sie bearbeiten (vgl. [Budde&Züllighoven 1990, Gryczan&Züllighoven 1992, Kilbert et al. 1993]). *Ethnographische Untersuchungen* bieten Hinweise dafür, wie bei der Untersuchung im Feld vorzugehen ist, d.h. wie Befragungen und Beobachtungen durchzuführen sind [Hamersly&Atkinson 1990, Bentley et al. 1992].

3 Analyse

In diesem Kapitel wird sowohl die synchrone, unstrukturierte Zusammenarbeit z.B. in verteilten Sitzungen und informellen verteilten Besprechungen als auch die strukturierte Zusammenarbeit in Vorgängen betrachtet. Abbildung 2 gibt einen Überblick über Analyseschritte und Ergebnisse.

Analyse von	Ergebnis
Analyse des Teams	
Aufgaben	Vorgaben an die Gruppe und die Gruppenmitglieder
Arbeitsprozessen	typische Arbeitsprozesse (als Episoden)
Interaktionen	aufgabenbezogene Kommunikations- und Kooperationsbeziehungen
soziale Kooperationsstruktur	das soziale Netzwerk der beteiligten Personen
Analyse der Hilfsmittel	
Arbeitsmittel	verwendete Materialien und Werkzeuge
Arbeitsräume	Probleme des Arbeitsumfeldes (Geräusch ...), Nutzungsformen des Arbeitsraums, soziale Umgangsformen in Arbeitsräumen
Aneignung	Umgangsformen mit Technologie, Beschreibung von Lernvorgängen (Episoden)
Analyse der Informationsspeicher	
'Gedächtnis'	Struktur und Beschaffenheit der gespeicherten Informationen

Abbildung 2: Analyseschritte des NDA

3.1 Aufgabenanalyse

In der Aufgabenanalyse werden die Vorgaben untersucht, die den Arbeitenden gemacht werden[2]. Die Aufgabenanalyse beschreibt den Spielraum, den die Gruppe zur Gestaltung ihrer Arbeit und Zusammenarbeit hat, und stellt die Schnittstelle der Gruppe zur Organisation dar. In Unternehmen werden für Routineaufgaben häufig das Material ('Formular xy'), der Arbeitsprozeß (Dienstweg, Bearbeitungsvorschriften), die Beteiligten und die Arbeitswerkzeuge (Standardsoftwaresysteme, Stifte mit bestimmten Farben) detailliert vorgeschrieben. Je weiter die Aufgabe sich von der Routine entfernt, desto mehr tritt die Orientierung am Ergebnis in den Vordergrund, z.B. bei einer Entscheidung. Aber auch hier können die verwendeten Materialien, der Arbeitsprozeß, die Beteiligten und die Werkzeuge vorgeschrieben sein. Für die Telekooperation ist von Bedeutung, ob und inwieweit bei den Vorgaben explizit oder implizit, z.B. durch das Bestehen auf Originalunterschriften oder Papierdokumente in Verbindung mit engen zeitlichen Fristen, davon ausgegangen wird, daß die Bearbeitung am gleichen Ort stattfindet.

Die Aufgabenanalyse wird durch Befragung der Aufgabenträger und der Aufgabenstellenden sowie durch Analyse von Vorschriften und Dokumenten durchgeführt. Ergebnis sind typische Arbeitsaufgaben mit ihren Vorgaben sowie Probleme der Aufgabenstellung, wie z.B. falsche Vorgaben, Mißverständnisse.

---

[2] Dies sollte nicht mit der Aufgabenanalyse der Organisationstheorie verwechselt werden. Während in der Aufgabenanalyse der Organisationstheorie Aufgaben in immer feinere Unteraufgaben hierarchisch verfeinert werden, geht es hier um die Analyse der Aufgabenbestandteile (Ergebnis, Arbeitsprozeß...)

3.2 Arbeitsprozeßanalyse

Die Arbeitsprozeßanalyse wird für jeden Individualarbeitsplatz und für Gruppen durchgeführt. Auf Individualarbeitsplatzebene wird der Umgang mit Werkzeugen untersucht. Hierzu werden in Szenarien typische Arbeitsgänge untersucht. Auf Gruppenebene wird der Prozeß der Zusammenarbeit untersucht. Wird z.B. parallel oder sequentiell zusammengearbeitet? Welche Sequentialität wird sachlich gefordert und welche nicht? Wo wird informell zusammengearbeitet und aus welchem Grund? Ist der Arbeitsprozeß offen, oder geschehen die wesentlichen Dingen unter der Oberfläche? Werden die einzelnen Schritte dokumentiert oder nicht?

Neben der real stattfindenden gelingenden oder mißlingenden Zusammenarbeit und den Chancen für Zusammenarbeit sind in den Unternehmen die Grenzen zulässiger Zusammenarbeit zu erkunden. Grenzen der Zusammenarbeit können beispielsweise in Datenschutzregelungen und in der Steuerbarkeit durch das Management und Controlling liegen.

Für die Arbeitsprozesse sind nicht nur deren sachzielbezogener Zweck und die Angemessenheit ihrer Durchführung, sondern auch mögliche Wechselwirkungen zwischen der derzeitigen Gestaltung und den Interessen des Mitarbeiters zu untersuchen. So kann die derzeitige Durchführung des Arbeitsprozesses mit Statussymbolen (Dienstwagen, Gehör an hoher Stelle) oder Freiräumen verbunden sein, die bei einer andersartigen Gestaltung entfallen. Wenn Telekooperation Reisen ersetzen soll, dann kann das mit den Interessen des Mitarbeiters, der Reisen als Gratifikation ansieht, in Konflikt stehen. Umgekehrt kann der derzeitige Arbeitsprozeß wegen häufiger Reisen als Belastung und als eine Einschränkung des eigenen Freiraums empfunden werden.

3.3 Interaktionsanalyse

Interaktionsnetze beschreiben, wer mit wem wie aufgabenbezogen kommuniziert und kooperiert. Diese Angaben werden soweit möglich quantifiziert. Die Abbildung 3 zeigt ein Beispiel eines Interaktionsnetzes in einem Geschäftsprozeß zur Vorbereitung einer Gemeinderatssitzung.

Beziehungen werden beschrieben anhand

- der beteiligten Personen,
- der verwendeten Medien (Fax, Telefon, EMail, Dokumentenaustausch, Face-to-Face Meeting ...),
- der Teilnehmerzahl an der Beziehung (Dialog, Konferenz),
- ihrer Bedeutung (erfolgskritisch, zeitkritisch),

- ihrer Häufigkeit,
- ihrer Dauer,
- ihres Typs und
- der Probleme bei Ihrer Durchführung.

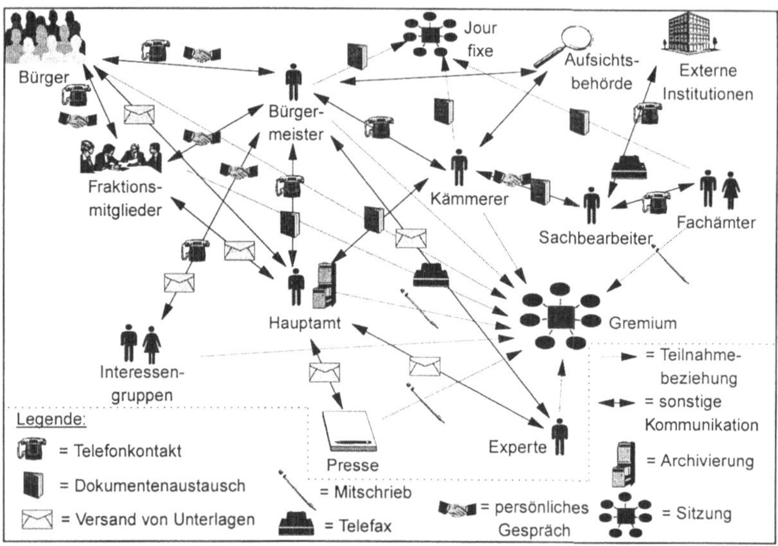

Abbildung 3: Ausschnitt aus einem Beispiel für ein Interaktionsnetz

(Ist-Situation aus [Schaal 1995])

Die Analyse der Interaktionsnetze ergibt eine Ausgangsbasis für eine wirtschaftliche Analyse und Ansatzpunkte für eine wirtschaftlich sinnvolle Unterstützung durch Telekooperationstechnologie. Die Wirtschaftlichkeit der Unterstützung sachzielbezogener Kommunikation und Kooperation durch Telekooperationstechnologie allein reicht noch nicht für eine Akzeptanz von Technologie aus. Man muß die sozialen Aspekte der Zusammenarbeit berücksichtigen, um Telekooperationstechnologie erfolgreich einzuführen.

3.4 Analyse der sozialen Kooperationsstruktur

Mitarbeiter in Organisationen stehen in vielfältigen Beziehungen und haben im Umgang miteinander bestimmte Gepflogenheiten. Telekooperationstechnologie, die diese Beziehungen und Gepflogenheiten berücksichtigt, hat eine größere Chance, akzeptiert zu werden, als Technologie, die in die Beziehungen störend eingreift und die von den Nutzern erwartet, ihre Umgangsformen miteinander von Grund auf neu zu erlernen.

Für die Analyse der sozialen Kooperationsstruktur hat sich in der Soziologie, in den Kommunikationswissenschaften und in der CSCW-Forschung die Netzwerkanalyse bewährt (vgl. z.B. Schenk 1984]). In der Netzwerkanalyse wird untersucht, wer mit wem wie in Interaktion tritt. Im Unterschied zur oben vorgestellten Analyse des Interaktionsnetzes geht es hierbei nicht nur um aufgabenbezogene, sondern auch um begleitende, scheinbar belanglose Kommunikation. Im Vordergrund steht die Gruppe oder Organisationseinheit, nicht der Geschäftsprozeß. Es werden Häufigkeit, Dauer, Intensität, Art (synchron/asynchron), Medium und Pfade der Kommunikation und Kooperation erfaßt. Die so ermittelten Netzwerke werden auf Netzwerktopologie, Erreichbarkeit, zentrale Personen, Dichte, Cliquen und Cluster, Außenseiter und Brücken analysiert [Schenk 1984].

Netzwerktopologie: Kommunikation kann beispielsweise kreisförmig, sternförmig oder voll vernetzt stattfinden. Es fördert die Akzeptanz, wenn Telekooperation mit der vorhandenen Netzwerktopologie harmoniert.

Erreichbarkeit: Das Kriterium der Erreichbarkeit beschreibt, wie einfach eine Person im Interaktionsnetzwerk zu erreichen ist. Eine Erschwernis der Erreichbarkeit bestimmter Personen, z. B. durch die partielle Einführung von Telekooperation, kann die Akzeptanz mindern.

Zentrale Personen: Zentrale Personen stehen mit vielen anderen in Interaktion und verbreiten Informationen. Sie von der Technologie zu überzeugen, ist eine wesentliche Aufgabe bei der Einführung.

Dichte: Die Dichte zeigt, wie stark das Interaktionsnetzwerk vermascht ist. Es fördert die Akzeptanz, wenn die Dichte eines Telekooperationsnetzwerkes mit der Dichte des sozialen Interaktionsnetzes zusammenpaßt.

Cliquen und Cluster: Cliquen und Cluster beschreiben Subgruppen, die in besonders engen Interaktionsbeziehungen stehen. Dies ist insbesondere bei der Auswahl von Feldern für die nichtflächendeckende Einführung von Telekooperation zu berücksichtigen. Cliquen und Cluster sind über "Brücken" miteinander verbunden. Die Ausstattung der Brückenelemente mit Technologie kann einer besseren Verbindung mehrerer Cliquen und Cluster dienen, d.h. der Intergruppenkommunikation.

Außenseiter: Mitarbeiter, die mit dem Netzwerk nur über relativ wenige Anschlußpunkte verbunden sind, werden als Außenseiter bezeichnet. Wenn die Außenseiterrolle technische Ursachen hat, kann hier die Telekooperation eine Chance für eine bessere Anbindung bieten.

Eine Netzwerkanalyse ist insbesondere dann wertvoll, wenn räumlich bisher nicht verteilte Gruppen verteilt werden sollen und Telekooperation eine weitere Zusammenarbeit ermöglichen soll. Auch bei bisher schon verteilt zusammenarbeitenden Gruppen bilden sich Interaktionsnetzwerke, die bei einer verbesserten Telekooperationsunterstützung zu berücksichtigen sind.

3.5 Arbeitsmittelanalyse

In der Arbeitsmittelanalyse wird untersucht, wie Einzelne und Gruppen welche Materialien bearbeiten (vgl. auch [Budde&Züllighoven 1990, Gryczan&Züllighoven 1992, Kilbert et al. 1993]) . Materialien können z.B. Formulare, Textdokumente, Zeichnungen, Aktennotizen, Flipcharts oder Belege sein. Sie können mit Werkzeugen editiert, ergänzt oder ausgefüllt werden. Mit anderen Werkzeugen können sie beispielsweise abgelegt, umsortiert oder herausgesucht werden. Auf einer abstrakten Ebene unterscheiden sich Arbeitsmittel in der einen Organisation nicht von den Werkzeugen anderer Organisationen. In den konkreten Ausprägungen haben jedoch viele Organisationen ihre spezifischen Formulare, Akten und computergestützten Werkzeuge.

Für die Telekooperation muß die mediale Beschaffenheit der Arbeitsmittel analysiert werden. Sind Dokumente schon im Computer gespeichert oder sind es noch Papierdokumente? Werden die Arbeitsmittel in einem anderen Medium als dem Computer abgelegt, dann ist der Zweck, die Vorschrift oder die Gewohnheit zu analysieren, aufgrund derer dieses Medium gewählt wurde. Gründe für Papierdokumente können im Mangel an Computern bestehen (der vergleichsweise einfach behoben werden kann) oder in einer zwingenden gesetzlichen Vorschrift für eine Originalunterschrift (die nicht ohne weiteres geändert werden kann).

Wenn Gruppen zusammenarbeiten, bearbeiten sie häufig gemeinsames Material ('Sharing') [Schwabe 1995]. Hier ist zu untersuchen, wie sie das gemeinsame Material bearbeiten, welches Material sie synchron und welches sie asynchron bearbeiten etc. Das Ergebnis dieses Analyseschrittes ist eine Liste der Materialien und eine Liste der Werkzeuge, mit denen gearbeitet wird. Weiterhin werden die Probleme, die sich im Umgang mit mit Werkzeugen und Materialien ergeben, untersucht. Hierzu sind Checklisten mit typischen Problemen von Individualwerkzeugen und -materialien nützlich. Die Befragung von Teilnehmern bringt Aufschlüsse darüber, welche Materialien in einer unpassenden Form vorliegen, z.B. als gedrucktes Papier statt als Datei, und welche Werkzeuge zur Bearbeitung ungeeignet sind.

3.6 Aneignungsanalyse

Die Aneignungsanalyse untersucht, wie die Gruppe den Umgang mit Werkzeugen erlernt und wie sie sich Werkzeuge für ihre Arbeit anpaßt. Werden die Werkzeuge so verwendet, wie es sich die Entwickler oder die Leitung vorgestellt haben oder anders (Man kann eine Tabellenkalkulation auch als Textverarbeitung verwenden)? Werden Werkzeuge kreativ weiterentwickelt und neue Umgangsformen eintrainiert? Wie wird mit neuen Werkzeugen umgegangen? Wie werden Neulinge in die Werkzeugnutzung eingeführt?

3.7 Arbeitsraumanalyse

Wenn Telekooperation nicht nur Kommunikation wie jene am Telefon, sondern auch Zusammenarbeit, wie sie in Büros und Sitzungsräumen geschieht, ersetzen soll, dann ist es für die Akzeptanz der Technologie förderlich, wenn die Beschaffenheit des Arbeitsraums beim Design berücksichtigt wird. Hierzu muß die Raum-Funktion-Distanz-Beziehung im Arbeitsraum untersucht werden [vgl. Buxton 1992]: Welcher Teil des Arbeitsraums hat welche Funktion? In welcher räumlichen Distanz zueinander befinden sich die Zusammenarbeitenden für welche Art von Zusammenarbeit? Wie sieht der Arbeitsplatz des einzelnen Gruppenmitglieds aus? Die Bedeutung dieses Analyseschrittes läßt sich an der Gegenüberstellung von derzeitiger Praxis der Zusammenarbeit und Praxis der Telekooperation darstellen: Bei der Zusammenarbeit in einem Büro bewegt sich der Besucher im Laufe der Zusammenkunft von der Tür (hier stellt er sein Anliegen vor und erkundet, ob er stört) zum Besuchertisch (für eine informellere Besprechung), zum Stuhl gegenüber vom Schreibtisch (für einen Dialog Vorgesetzter/Untergebener) oder zum Platz neben dem Rauminhaber (für ein gemeinsames Arbeiten an einem Dokument). In Desktop-Telekooperationsumgebungen "springt" der Besucher dem

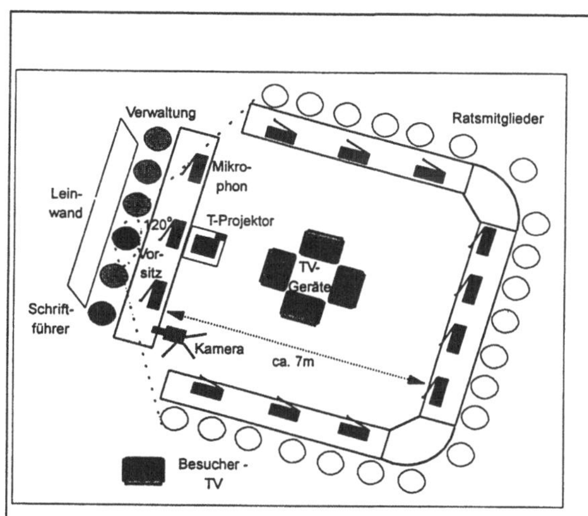

Abbildung 4: Arbeitsraumanalyse für einen Gemeinderat (aus [Schaal 1995])

Rauminhaber "ins Gesicht". In Videokonferenzumgebungen findet sich der Zugeschaltete in der Position des Vortragenden, selbst wenn er diese Rolle nicht ausfüllen will. Eine Telekooperationsumgebung sollte die ungeschriebenen sozialen Regeln der Zusammenarbeit einhalten. Deshalb gilt es, sie zu ermitteln. Dies ist in Grenzen durch Befragung und ergiebig nur durch Beobachtung möglich.

Weiterhin werden sonstige arbeitsergonomische Probleme untersucht, die die Gruppen bei der Zusammenarbeit haben. So können z.B. ein starker Geräuschpegel, zu helles Licht oder unpassende Räumlichkeiten Probleme bereiten.

3.8 Analyse der Informationsspeicher

Die Analyse der Informationsspeicher, im folgenden kurz auch 'Gedächtnisanalyse' genannt[3], untersucht, welche Informationen von der Gruppe gespeichert werden, um sie später wiederzuverwenden. Dabei geht es im Kern um papier- oder rechnerbasierte Archive. Es wird aber auch untersucht, welche wichtigen Fakten und Ereignisse sich einzelne Personen merken und wie sie diese Informationen wiederverwenden.

In der Gedächtnisanalyse werden in erster Linie bestehende Arbeitsunterlagen, Ablagen und Archive untersucht. Aus internen und externen Vorschriften werden die Aufbewahrungsfristen und die Anforderungen an die Archivierung (z.B. ob das Originaldokument aufbewahrt werden muß) ermittelt. Es ist auch die Umsetzung der einschlägigen Datenschutzvorschriften zu erheben, die die Archivierung von Dokumenten betreffen. Für die Informationssuche in Archiven sind die Suchstrategien und Suchhilfen (Indizes etc.) zu analysieren. Es ist zu untersuchen, wie (z. B. durch Verteilung des Archivs) sichergestellt wird, daß alle Mitarbeiter Zugang zu den für sie relevanten Unterlagen haben.

Weiterhin werden Individuen danach befragt, welche Informationen aus der Vergangenheit sie für ihre derzeitige Arbeit verwenden, welche sie benötigen könnten und welche Probleme sie haben, weil die Informationen nicht zur Verfügung stehen. Die Beobachtung der Arbeit vervollständigt die Analyse der Informationsspeicher.

3.9 Methodische Hinweise

Die Zusammenarbeit kann durch Beobachtung, Befragung, Selbstaufschrieb, Dokumentenflußanalyse und durch Analyse formeller Regelungen (Geschäftsverteilungspläne, Dienst-

---

[3] Das Wort "Gedächtnis" soll zum Ausdruck bringen, daß nicht nur Akten und rechnergestützte Informationssysteme, sondern auch das menschliche Gedächtnis als Informationsspeicher sowie das Wissen in Organisationen allgemein gemeint sind.

pläne) analysiert werden. Ist die betrachtete Personenzahl klein, dann bietet sich eine Arbeitsplatzanalyse mit Beobachtung und Befragung an. Sind viele Personen betroffen, werden nur ausgewählte Arbeitsplätze analysiert. Während der Analyse werden die Anwender zu einer gemeinsamen Analyse in Workshops hinzugezogen. In den Workshops modellieren die betroffenen Personen in einem CATeam-Raum [Lewe 1995] gemeinsam typische Arbeitsgänge, Werkzeug, Materialien sowie die gespeicherte Information und sammeln Probleme, die sie bei der Durchführung der Arbeitsgänge haben. Besonders schwierig ist eine Aneignungsanalyse durchzuführen, weil die Untersuchung längere Zeiträume betrachtet werden muß und die Absichten der Individuen zu berücksichtigen sind.

Für Interaktionsnetzwerke bietet sich die Modellierung mit computergestützen Darstellungswerkzeugen an. Dies kann auch in Zusammenarbeit mit den betroffenen Mitarbeitern geschehen. Mit ihrer Hilfe besteht insbesondere die Möglichkeit, die unterschiedlichen Sichten der Beteiligten zusammenzubringen, Inkonsistenzen zu erkennen und mögliche Anpassungsalternativen zu identifizieren und zu diskutieren. Gantt-Diagramme und Netzpläne werden zur Darstellung und Analyse der zeitlichen Abhängigkeiten zwischen den Teilphasen und Aktivitäten, insbesondere den kritischen Interaktionsfolgen eingesetzt.

Die soziale Kooperationsstruktur wird durch Beobachtung, Fragebögen, Interviews und Workshops ermittelt. Die Durchführung dieses Analyseschrittes ist in der Regel schwierig, weil es schwer zu vermitteln sein kann, warum ein Analytiker in derart sensible Bereiche eindringen muß und was dies mit der Einführung von Telekooperation zu tun hat. Hier ist deshalb sowohl Aufklärung der Beteiligten als auch Zurückhaltung bei der Durchführung angebracht. Insbesondere sind die Ergebnisse vertraulich zu handhaben. Die Durchführung dieses Schrittes kann gelingen, wenn allen Beteiligten vermittelt werden kann, daß es die Berücksichtigung ihrer Anforderungen an eine sozialverträgliche Technikgestaltung ist, die diesen Schritt veranlaßt. Für die Auswertung der erhobenen Daten lassen sich mathematische Verfahren der Graphentheorie verwenden.

4 Design

Die Ergebnisse der Analysephase werden in der Designphase dazu verwendet, um ein neues System zu gestalten. Bei dieser Gestaltung kann es sich um allgemeine Gestaltungshinweise, um ein Konzept oder um Prototypen handeln. Prototypen dienen als Basis für einsetzbare Piloten in der Umsetzungsphase und das spätere Running System.

Die Entwicklung eines Designkonzeptes kann zum Ergebnis haben:

Design von	Ergebnis
Teamarbeit	
Aufgaben	Neue Vorgaben (Ergebnis, Werkzeuge ...),
Arbeitsprozeß	Neue Vorgehensweisen, neue Arbeitsformen, neue Formen der Zusammenarbeit
Kooperations-struktur	Neue Regeln der Zusammenarbeit, Bereitstellung einer dazu passenden Infrastruktur
Hilfsmittel und Informationsspeicher	
Werkzeug und Material	Neue Werkzeuge und Materialien, Erweiterungen, Einstellungen, Schablonen, Konfigurationen, neue Medien, Prototyp einer Telekooperationsumgebung
Arbeitsraum	Konzept für eine Einbettung der Telekooperationstechnologie in die Arbeitsumgebung
Gruppenge-dächtnis	Konzept eines computergestützten Gruppengedächtnisses
Technische Integration	
Einbettung in IS-Architektur	Konzept für die Einbettung in die Informationssystemarchitektur.

Abbildung 5: Überblick über die Designschritte

Nur in Ausnahmefällen werden alle Ergebnisse auf einmal als Prototyp umgesetzt bzw. in die Gruppe eingeführt. Zumindest die Möglichkeit aller hier angesprochenen Gestaltungen sollte jedoch wegen der inhärenten Wechselwirkungen bei der Konzeptentwicklung berücksichtigt werden.

Der Schwerpunkt des Designs hängt auch davon ab, ob schon verteilte Zusammenarbeit verbessert werden soll, oder ob bisher an einem Ort stattfindende Zusammenarbeit auf mehrere Standorte verteilt werden soll. Bei der Verbesserung schon verteilter Zusammenarbeit durch Telekooperationstechnologie bewegen sich die Teilnehmer von einem schmaleren zu einem breiteren Kommunikations- und Kooperationskanal. Hier besteht die Herausforderung darin, die Mitarbeiter dazu zu bewegen, die verbesserten Möglichkeiten auch und angemessen zu nutzen. Bei der Verteilung bisher an einem Ort stattfindender Zusammenarbeit bewegen sich die Mitarbeiter von einem breiteren zu einem schmaleren Kommunikationskanal. Hier muß beim Design mit dem drohenden Zusammenbruch der sozialen Kommunikation und Kooperation umgegangen werden. Für die aufgabenbezogene Zusammenarbeit ist mit den Beschränkungen der verteilten Zusammenarbeit umzugehen, und es sind jeweils geeignete Werkzeuge, Materialien und Kommunikationskanäle zur Verfügung zu stellen.

4.1 Aufgabendesign

Das Aufgabendesign dient der Gestaltung der neuen Vorgaben für die Arbeit. Es gibt die Möglichkeit, den Arbeitsprozeß, die Werkzeuge, die Materialien, die Beteiligten, das gewünschte Ergebnis oder ein sonstiges Ziel, z.B. Maximierung des Gewinns, vorzugeben. Beim Aufgabendesign ist zu bestimmen, welche dieser Komponenten vorgegeben werden, einzelne oder eine Kombination, und in welcher Genauigkeit diese Komponenten spezifiziert werden. Die neuen Aufgaben werden aus den bisherigen Aufgaben und den hier nicht betrachten organisatorischen und strategischen Veränderungen abgeleitet.

4.2 Design des Arbeitsprozesses

Beim Design des Arbeitsprozesses werden neue Vorgehensweisen der Arbeitenden gestaltet, z.B. indem die Reihenfolge der Arbeitsschritte umgestellt, die Arbeitenden besser mit Informationen versorgt werden oder geeignetere Werkzeuge zur Verfügung gestellt werden. Weiterhin wird die Arbeit durch neue Arbeitsformen neu gestaltet, indem z.B. anonymes Arbeiten, synchrones oder asynchrones Arbeiten und paralleles Arbeiten ermöglicht wird. Es ist genau zu prüfen, für welche Schritte Telekooperation geeignet ist und welche Schritte besser an einem Ort stattfinden sollen. Der Übergang von Phasen des verteilten synchronen Arbeitens (Sitzungen) zu Phasen verteilten asynchronen Arbeitens und zu Phasen des Zusammenarbeitens in einem Raum ist möglichst bruchlos zu gestalten. Die Arbeitsschritte sind so zu gestalten, daß ausreichend lange Phasen der verteilten Arbeit möglich sind.

4.3 Kooperationsstrukturdesign

Das Kooperationsstrukturdesign dient der Neugestaltung der formalen Regeln der Zusammenarbeit und der Bereitstellung einer Infrastruktur für soziale Kooperation.

Die Analyse des Interaktionsnetzes und der sozialen Kooperationsstruktur zeigt auf, wie welche Mitarbeiter häufig in Interaktion treten. Für die einzelnen Teilnehmer und Cluster ist eine angemessene Ausstattung mit Mitteln für die unstrukturierte Telekooperation und Telekommunikation bereitzustellen. Soziale Netzwerke lassen sich durch eine gezielte Auswahl der bereitgestellten Kommunikationsmittel in Grenzen gestalten. Hierdurch kann jedoch die Akzeptanz der Technologie an sich gefährdet werden. Je selektiver die Ausstattung der Mitarbeiter mit Telekooperationstechnologie ist, desto mehr ist darauf zu achten, daß die ermöglichte Zusammenarbeit sich innerhalb des Zulässigen bewegt.

Die soziale Kooperationsstruktur ist so zu gestalten, daß soziale Protokolle der Interaktion eingehalten werden. So hat es sich bewährt, auf eine strikte Gegenseitigkeit der Interaktionsmöglichkeiten zu achten: Beispielsweise kann bei einer Videoverbindung ein Mitarbeiter einen anderen Mitarbeiter über Videoverbindungen nur dann sehen, wenn er gleichzeitig von dem anderen auch gesehen werden kann. Über audiovisuelle Hintergrundinformationen (z.B. elektronisches Anklopfen oder Türöffnen) ist den Mitarbeitern eine Beachtung sozialer Normen bei der Anbahnung und Durchführung der Zusammenarbeit zu ermöglichen [Buxt92].

4.4 Werkzeug- und Materialdesign

Das Design neuer Werkzeuge und Materialien setzt geeigneterweise an den bisher verwendeten an, damit die Nutzer möglichst viel von ihrem schon erlernten Umgang in der neuen Arbeitsumgebung verwenden können. Beim Design bleiben die wesentlichen Materialien die gleichen wie in der vorangegangenen Situation. Der Designer kann aber das Medium des Materials (Chipkarte statt Papier) ändern und neuartige Werkzeuge zum Bearbeiten des Materials entwickeln (vgl. [Gryczan&Züllighoven]). Beispielsweise wird eine Bank auf absehbare Zeit auf Konten buchen. Die Innovation besteht also in der Regel in der Bereitstellung neuer Werkzeuge, die auf dem gewohnten Umgang mit bisherigen Werkzeugen aufbauen.

Neben diesen Neuentwicklungen genügen häufig schon Erweiterungen und Einstellungen bestehender Werkzeuge zur Gestaltung der Arbeit, wie z.B. die vielfältigen Einsatzmöglichkeiten einer Textverarbeitung. Schablonen können Standardeinstellungen von Werkzeugen für bestimmte Zwecke enthalten, z.B. eine Rechnungsschablone. Ein System kann konfiguriert werden, indem mehrere Werkzeuge zu einem neuen Werkzeug zusammengesetzt werden. Werkzeug und Material werden entweder als Konzept oder im Prototyping entwickelt.

Für die Gestaltung von Telekooperation ist zu prüfen, in welcher Art von Medium das Material vorliegen soll. Am einfachsten ist die verteilte Zusammenarbeit, wenn alles Material im Computer gespeichert vorliegen kann. Dann ist zu prüfen, wie das Material technisch verteilt wird und welche Mechanismen für das gemeinsame Arbeiten den Mitarbeitern zur Verfügung gestellt werden: Ein gemeinsamer Zugriff auf eine Datenbank ist ausreichend, wenn die Mitarbeiter asynchron zusammenarbeiten, z.B. in der sequentiellen Vorgangsbearbeitung. Wenn die Mitarbeiter auch synchron zusammenarbeiten, ist ein geeigneter Sharingmechanismus zu entwerfen, z.B. das Vervielfältigen von In- und Output auf mehrere Rechner, das wahlweise Verbinden von Sichten auf das Material und das Deuten auf fremden Bildschirmen mit Telepointern (vgl. [Schwabe&Krcmar 1996]). Werkzeuge, die das Sharing unterstützen, sind auf geeignete Weise mit einem Kommunikationskanal (Videobild, Ton) zu integrieren.

4.5 Arbeitsraumdesign

Menschen brauchen lange, um Zusammenarbeit zu lernen und zu verinnerlichen. Ziel des Arbeitsraumdesigns ist es, daß Mitarbeiter möglichst viel von dem Erlernten auch für die verteilte Zusammenarbeit verwenden können. Hierzu hat sich in Feldversuchen das Konzept des 'Media-Space' bewährt [Mantei 1991]. Ein Media-Space ist ein mehrere physische Räume umfassender virtueller Raum. Die Telekooperationsendgeräte sind im (physischen) Arbeitsraum jedes Teilnehmers dort aufgebaut, wo sich andere Mitarbeiter aufhalten würden, wenn sie physisch anwesend sein könnten, z.B. in der Tür, am Besuchertisch, am Schreibtisch im Büro, als Zuhörer im Sitzungssaal, als Vortragender im Sitzungssaal. Dadurch kann auch bei verteilter Zusammenarbeit eine aufgaben- und situationsangemessene Distanz gewahrt bleiben. Über die Vermittlung von Kontextinformationen im Hintergrund läßt sich auch das Gefühl von gemeinsamem Arbeiten in einem Raum über Entfernung vermitteln.

4.6 Design des Gruppengedächtnisses

Das Design eines Gruppengedächtnisses umfaßt technische und organisatorische Aspekte. Auf der technischen Ebene wird ein System zur Archivierung der Unterlagen entwickelt, die Verteilung der Daten geregelt, Sicherheitsmechanismen festgelegt und der Zugang zu den Unterlagen gestaltet.

Auf einer organisatorischen Schiene wird festgelegt, welche Unterlagen und Informationen für die Gruppe vorgehalten werden sollen, wie die Nutzer Zugang zu den Unterlagen erhalten und wie die Unterlagen gewartet werden. Bei der Gestaltung des computergestützten Gruppengedächtnisses ist zu beachten, daß durch die computergestützte Kommunikation und Zusammenarbeit weit mehr Informationen archivierbar werden als vorher. Dies kann zur Erhöhung der Flexibilität und des Informationsstandes der Mitarbeiter genutzt werden. Andererseits müssen hierbei die Datenschutz- und Mitbestimmungsgesetze beachtet werden. Sie betreffen nicht nur die Frage, ob und an welchen Stellen archivierte Daten erfaßt werden dürfen, sondern auch die Frage, ob Daten überhaupt im Computer abgelegt werden dürfen - eine Voraussetzung für fast alle neuen Telekooperationsanwendungen.

Die Archivierung ist weiterhin unter dem Gesichtspunkt der gerichtlichen Überprüfung zu gestalten. Bisher sind Archive sorgfältig auf die Überprüfung hin ausgerichtete Artefakte: es sind genau so viele Informationen abgelegt, wie für eine Überprüfung notwendig sind. Ein Gruppengedächtnis kann dieses Gleichgewicht beeinträchtigen, indem es wichtige Information nicht archiviert (da hätte die Führung etwas dagegen) oder indem es zu viele Informationen speichert (da hätten auch die Mitarbeiter etwas dagegen). Eine weitere Herausforderung beim Design ist der Umgang mit Medienbrüchen (Speicherung im Computer, Speicherung in konventionellen Akten, Speicherung im Kopf der Mitarbeiter).

4.7 Aneignung gestalten

Werkzeuge wurden in Erwartung eines bestimmten Umgangs entworfen. Diese Erwartung sollte den Nutzern deutlich gemacht werden, indem ihnen das Wissen um die Designideen und das Können des Umgangs mit den Werkzeugen vermittelt wird. Die Vermittlung eines Umgangs mit Technologie kann von Handbuch über Tutorials und Schulungen bis zur Moderation der Zusammenarbeit reichen. Als wirkungsvoll haben sich auch die Vorbereitung von Metaphern und Beispielen für einen erfolgreichen Umgang mit Technologie erwiesen.

Die Gestaltung des Umgangs mit Technologie ist keine Einbahnstraße. Vielmehr lernt der Designer aus den erfahrenen Umgangsformen mit Technologie, entwickelt sie fort und vermittelt die Fortentwicklung an Anwender. Diese eignen sich die Technologie an, indem sie die von ihnen verstandenen und als geeignet empfundenen Umgangsformen von den Designern übernehmen und einen neuen eigenen Umgang mit der Technologie entwickeln.

4.8 Einbettung in die Informationssystemarchitektur

In größeren Projekten ist Telekooperationstechnologie nicht isoliert, sondern muß in die bestehende Informationssystemarchitektur einer Organisation eingebettet werden. Hierzu

- sollte die Telekooperationsanwendung in das allgemeine Informationssystemarchitekturmodell logisch eingefügt werden; dies kann eine Anpassung der allgemeinen Informationssystemarchitektur notwendig machen,
- sollten Schnittstellen zu anderen Systemen definiert werden und
- sollte entworfen werden, wie die Netzwerkinfrastruktur an die Telekooperationsumgebung angepaßt werden sollte.

Gerade in größeren Organisationen kann ein Großteil des Aufwands eines Telekooperationsprojektes in dem Aufbau einer geeigneten Netzwerkinfrastruktur bestehen.

4.9 Methodische Hinweise

Der Entwurf des Designkonzeptes beruht im wesentlichen auf den Analyseergebnissen, den bei der Analyse beobachteten Problemen und aus Organisationssicht gewünschten Modifikationen. Eine Gestaltung von Vorgaben, Werkzeugen und Arbeitsprozessen wird sinnvollerweise unter Beteiligung der Mitarbeiter und deren Vorgesetzten durchgeführt. In Unternehmen ist bei vielen Maßnahmen der Betriebsrat hinzuzuziehen. Die Mitarbeiter können in (CATeam-) Workshops das System mitgestalten, indem sie Anforderungen definieren und Verbesserungsvorschläge zu Konzepten und Prototypen machen.

Anforderungen an neue Werkzeuge und Materialien leiten sich aus der Analyse und dort insbesondere aus dem beobachteten Umgang mit bisherigen Werkzeugen ab. Bei der Auswahl konkreter Werkzeuge sind (möglicherweise überalterte) existente Technologien, Standardisierungsvorgaben und -erwartungen zu berücksichtigen. Als Vorgehensweise eignet sich das objektorientierte Design in Verbindung mit Prototyping [Budde et al. 1992].

Für das Design des Gruppengedächtnisses kann auf die Datenmodellierung, Objektmodellierung und auf den Datenbankentwurf zurückgegriffen werden. Dabei sollte darauf geachtet werden, daß in der Telekooperation häufig Dokumente mit unstrukturierten Daten verwendet werden. Für die Anpassung der logischen Informationssystemarchitektur können Werkzeuge wie ARIS verwendet werden.

5 Nutzen für Wissenschaft und Praxis

Arbeitsgruppen in der Praxis profitieren von dem Ergebnis des NDA und von der Möglichkeit, sich am Analyseprozeß zu beteiligen. Das Ergebnis des NDA weist konkrete Verbesserungsmöglichkeiten für die Gruppenarbeit auf. Da die gemeinsamen Analyse- und Designaktivitäten mit dem Computer unterstützt werden, profitiert die Praxis von der größeren Effizienz und den weitergehenden Beteiligungsmöglichkeiten am Analyseprozeß. Tests u.a. im Bundesgesundheitsministerium haben gezeigt, daß Neulinge ohne vertiefte Vorkenntnis auf dem Gebiet der Telekooperation mit Hilfe des NDA sinnvolle Ergebnisse erarbeiten können. Derzeit setzen wir den NDA bei einem großen Telekooperationsprojekt zur Unterstützung des Gemeinderats von Stuttgart und des Kreistags von Sigmaringen ein.

Der NDA beschränkt sich auf die Analyse und das Design von Telekooperationsanwendungen. Wir vermuten, daß sich viele seiner Analyseschritte sich auf weitere Gebiete der Entwicklung kooperativer Systeme übertragen lassen. Für die Durchführung von Telekooperationsprojekten sind allerding noch weitere Aspekte zu beachten, die in dem NDA nicht angesprochen sind. So ist die Wirtschaftlichkeit abzuschätzen, das Projekt muß gemanaged, die Organisation analysiert und Hard- und Software beschafft und eingeführt werden etc.

Der NDA wurde zuerst erfolgreich in der Sitzungsforschung eingesetzt. Hier wurden in der Vergangenheit ausgefeilte Hilfsmittel entworfen, die es uns erlauben, in relativ kurzer Zeit Nutzen und Nutzenpotential des Technologieeinsatzes in Sitzungen zu untersuchen. In den letzten Jahren diente es zur Gestaltung von verteilter Zusammenarbeit. Über die Verwendung einer wissenschaftlich fundierten Methode können wir zu sinnvollen Hypothesen über die Telekooperation und zu tragfähigen allgemeinen Konzepten gelangen.

6 Literatur

Baldi, B.; Brettreich-Teichmann, W.; Gräslund, K.; Hofmann, R.; Konrad, P.; Krcmar, H.; Niemeier, J.; Schwabe, G.; Seibt, D.: Bedarf für Telekooperation in öffentlichen Verwaltungen: Trendszenarien für innovative Anwendungslösungen verteilter Leistungserstellung. In: Office Management, Vol. 43, Nr. 3 (März 1995a), S. 20-27.

Baldi, B.; Brettreich-Teichmann, W.; Gräslund, K.; Hofmann, G. ; Konrad, P.; Krcmar, H.; Niemeier, J., Schwabe, G.; Seibt, D: Das Projekt BTÖV: Bedarf für Telekooperation in öffentlichen Verwaltungen. In: Glowalla et al.: Deutscher Multimedia Kongreß '95 - Auffahrt zum Information Highway, Springer 1995b S. 138 -143.

Baldi, B.; Brettreich-Teichmann, W.; Gräslund, K.; Hofmann, G. ; Hoyer, D.; Konrad, P.; Krcmar, H.; Niemeier, J., Schwabe, G.; Seibt, D: Die BTÖV- Methode: Vorgehensweise und Ziele bei der bedarfsgerechten Gestaltung von Telekooperation in der öffentlichen Verwaltung. In: IM Information Management, Vol. 10, Nr. 4, 1995c, S. 34-41.

Barent, V.; Krcmar, H.; Lewe, H.; Schwabe, G.: Improving Continuous Improvement with CATeam- Lessons from a longitudinal case study. In: Hawaii International Conference on System Science 1995 (HICSS95) Vol. IV S. 200-210.

Bentley et al.: Ethnographically-informed systems design for air traffic control. In: Proceedings of CSCW'92 - Sharing Perspectives, ACM Press, New York 1992, S. 123-129.

Budde, R.; Kautz, K.; Kuhlenkamp, K.; Züllighoven, H.: Prototyping - An Approach to Evolutionary System Development. Springer, Berlin u.a. 1992.

Budde, R.; Züllighoven, H.: Softwarewerkzeuge in einer Programmierwerkstatt. Berichte der GMD, Nr. 182. Oldenbourg, München 1990.

Buxton, W.: Telepresence: Integrating Shared Task and Person Spaces. In: Proceedings of Graphics Interface '92, S. 123-129.

Giddens, A.: Die Konstitution der Gesellschaft - Grundzüge einer Theorie der Strukturierung, Campus Frankfurt, New York 1988.

Gryczan, G.; Züllighoven, H.: Objektorientierte Systementwicklung - Leitbild und Entwicklungsdokumente. In: Informatik Spektrum, Vol. 15, Nr. 5 Oktober (1992), S. 264-272.

Hamersly, M.; Atkinson, P.: Ethnography: Principle in Practice, Routledge, London 1990.

Kilbert, K.; Gryczan, G.; Züllighoven, H.: Objektorientierte Anwendungsentwicklung, Vieweg, Braunschweig Wiesbaden 1993.

Krcmar, H.: Considerations for a framework for CATeam research. In: Proceedings of the First European Conference on Computer Supported Co-operative Work, 13th - 15th September), London 1989, S. 421-435.

Krcmar, H.: Computerunterstützung für die Gruppenarbeit: Zum Stand der Computer Supported Cooperative Work Forschung. In: Wirtschaftsinformatik, Vol. 34, Nr. 4 August (1992), S. 425 - 437.

Krcmar, H.; Lewe, H.; Schwabe, G.: Empirical CATeam-Research in Meetings. In: Proceedings of the Twenty-Seventh Annual Hawaii International Conference on System Sciences, Vol IV, Computer Society Press, Hawaii, January 1994.

Krcmar, H.; Schwabe, G.: CATeam für das Gemeindeparlament - Szenarien und Visionen, In: Reinermann, H.: Neubau der Verwaltung: Informationstechnische Realitäten und Visionen, 63. Staatswissenschaftliche Fortbildungstagung, Decker, Darmstadt 1995, S. 264 - 285.

Lewe, H.: Computer Aided Team und Produktivität - Einsatzmöglichkeiten und Nutzenpotentiale. Gabler, Wiesbaden 1995.

Mantei, M. et al.: Experiences in the use of media spaces. In: Proceedings of CHI '91, ACM Conference on Human Factors in Software, S. 49-59.

Ohne Autor: Bessere Stadtpolitik mit "Cuparla". In: Stuttgarter Zeitung vom 19.4.1996.

Orlikowski, W.: The duality of technology: rethinking the concept of technology in organizations. Arbeitspapier der Sloan School of Management, MIT Cambridge, April 1990. In Auszügen erschienen in: Organization Science 8/92 S. 398 - 427.

Poole, M.; DeSanctis, G.: Understanding the use of group decision support systems: the theory of adaptive structuration. In: Fulk, J.; Steinfield, C.: Organizations and communication technology, Sage 1990.

Schaal, M.: CATeam für Gemeindeparlamente-Untersuchung der Möglichkeiten basierend auf einer qualitativen Analyseheute stattfindender Parlamentsarbeit in einem lokalen Gemeindeparlament, Unveröffentlichte Diplomarbeit am Lehrstuhl für Wirtschaftsinformatik der Universität Hohenheim, Stuttgart 1995.

Schenk, M.: Soziale Netzwerke und Kommunikation, Mohr, Tübingen 1984..

Schwabe, G.: Providing for organizational memory in computer supported meetings. In: Hawaii International Conference on System Sciences 1994a (HICSS94) Vol. IV, pp. 171 - 180.

Schwabe, G.: Computerunterstützte Sitzungen. In: IM- Information Management Vol.9, Nr. 3 (1994b), S. 34-43.

Schwabe, G.: Objekte der Gruppenarbeit- Ein Konzept für das Computer Aided Team, Gabler, Wiesbaden 1995.

Schwabe, G.: The Use of CSCW Tools for Research in Hohenheim. In: SIGOIS Bulletin, Vol. 15 Nr. 2 1995, S. 16 -17.

Schwabe, G.; Krcmar, H.: Schwabe, G.; Krcmar, H.: CSCW Werkzeuge. In: Wirtschaftsinformatik Vol. Vol. 38, Nr. 2 (April 1996) S. 209-224.

Prozeßmuster für die situierte Koordination kooperativer Arbeit

Guido Gryczan, Martina Wulf, Heinz Züllighoven

1 Motivation und Ausgangslage
2 Verwandte Beiträge in der CSCW-Diskussion
3 Der Werkzeug und Material-Ansatz
4 Ein Beispiel für die kooperative Arbeit in einer Bank: Kreditvergabe
5 Prozeßmuster für die situierte Koordination
6 Prozeßmuster in einer Welt aus Werkzeugen, Automaten und Materialien
7 Ausblick
8 Literatur

Zusammenfassung

Wir stellen unseren Ansatz zur Unterstützung der Koordination kooperativer Arbeit vor. Der Ansatz basiert auf Erfahrungen, die wir bei der Entwicklung von Software zur Unterstützung individueller Arbeit gesammelt haben. Hier hat sich der *Werkzeug und Material-Ansatz* als ein nützliches Rahmenwerk für Entwurf, Konstruktion und Verwendung von Softwaresystemen erwiesen. Um auch kooperative Anteile von Arbeit unterstützen zu können, haben wir den Ansatz um das Konzept des Prozeßmusters erweitert. Prozeßmuster sind gemeinsam genutzte Materialien, mit denen wir kooperative Arbeitsprozesse vergegenständlichen. Wir zeigen, wie etablierte Formen der (zeitlich und räumlich verteilten) Zusammenarbeit adäquat mit Prozeßmustern unterstützt werden können, ohne dadurch die für qualifizierte Arbeit charakteristische und notwendige Flexibilität einzuschränken.

1 Motivation und Ausgangslage

Eine Reihe von Schlagwörtern bestimmen die aktuelle Diskussion um die Computerunterstützung kooperativer Arbeit. Dazu zählen Workflow Management und Telekooperation. Dabei orientiert sich die Diskussion an den neuen technischen Möglichkeiten, die sich zur Umsetzung dieser Konzepte, etwa mit Hilfe des Internet oder des World Wide Web, eröffnet haben. Aus unserer Sicht fehlt aber eine anwendungsorientierte Betrachtung der verschiedenen Arten von Kooperation und der Weise ihrer Unterstützung. Das vorliegende Papier will einen Beitrag zur Behebung dieses Defizits leisten.

Wir werden im folgenden die Frage erörtern, wie innerhalb eines vorgestellten Leitbildes für die Softwareentwicklung ein bestimmter Typ von kooperativer Arbeit unterstützt werden kann. Dabei beschränken wir uns bewußt auf sequentiell arbeitsteilige Kooperationsituationen, in denen die Beteiligten auf etablierte Formen einer zumeist zeitlich und räumlich verteilten Zusammenarbeit zurückgreifen können.

Diese Schwerpunktsetzung resultiert aus zwei Anliegen. Zum einen ist diese Kooperationsform im Dienstleistungsbereich, aus dem unser Erfahrungshintergrund stammt, stark verbreitet - sei es aus gesetzlichen Gründen oder aufgrund tradierter Praxis - und wird nach unserer Einschätzung durch existierende Systeme nicht adäquat unterstützt. Zum anderen meinen wir, daß die Diskussion um rechnergestützte Zusammenarbeit oft zu allgemein geführt wird, d.h. zu stark von dem jeweiligen Typ der Kooperation abstrahiert und so nicht das volle Potential einer Rechnerunterstützung ausschöpfen kann.

Im Laufe der letzten Jahre haben wir in unterschiedlichen industriellen Projekten Erfahrungen bei der Entwicklung objektorientierter Anwendungssysteme gesammelt, die auf die Unterstützung qualifizierter Arbeit zielen. Die Bandbreite der von uns begleiteten Projekte reicht von der Erstellung kleinerer Einzelanwendungen bis hin zur Entwicklung großer Projektfamilien (hauptsächlich im Bereich Finanzdienstleistungen), in denen bis zu 40 Entwickler in parallelen Projekten arbeiten. Die verschiedenen Projekte zeigen folgende Gemeinsamkeiten: (1) Ihr Ziel ist die Entwicklung interaktiver Softwaresysteme zur Unterstützung von Arbeitsplätzen im Dienstleistungssektor. (2) Die Anwendungssysteme unterstützen die Arbeit Einzelner. Sie ermöglichen keine computergestützte Koordination kooperativer Aufgaben. (3) Die Software wird vor dem Hintergrund des Werkzeug und Material-Ansatzes erstellt[4]. Dieser Ansatz betrachtet Anwender als Experten ihres Fachs, die Software-Werkzeuge und Materialien für die eigenverantwortliche Erledigung ihrer Arbeit verwenden.

Wenn als Ergebnis des Entwicklungsprozesses ein Satz von (Software-) Werkzeugen und Materialien dem Anwender an die Hand gegeben werden, dann heißt das, daß sie sich - unter seiner Kontrolle - entsprechend den situativen Erfordernissen des Arbeitskontextes zur Erledigung anfallender Tätigkeiten verwenden lassen. Dies steht in scharfem Kontrast zu vielen konventionellen Anwendungssystemen, die vorausgedachte Arbeitsabläufe durch eine feste Sequenz von Menüs und Bildschirmmasken anstoßen, steuern und kontrollieren. Unser Ansatz basiert demgegenüber auf der Annahme, daß qualifizierte Arbeit wohl unterstützt, aber weder automatisiert noch reguliert werden kann. Nun genügt es offenkundig nicht, den Einzelnen bei der Erledigung seiner Aufgaben zu unterstützen. Hier stellt sich also die Frage, wie wir ein Modell des bereits skizzierten Typs von Kooperation in unsere Softwaresysteme integrieren können, ohne dabei mit unseren Grundannahmen zu brechen. Ziel muß es sein, die vorhandene Software-Infrastruktur aus Werkzeugen und Materialien am Arbeitsplatz der Anwender so zu erweitern, daß ihnen - ohne Kontrollverlust - die Einbindung in kooperative Arbeitsprozesse ermöglicht wird.

---

[4] Vgl. Kilberth/Gryczan/Züllighoven (1994).

In Abschnitt 2 resümieren wir mit Blick auf die rasante Verbreitung von Workflow Systemen den Stand der CSCW-Diskussion und verdeutlichen darin unsere Position. Abschnitt 3 skizziert den Werkzeug und Material-Ansatz. In Abschnitt 4 präsentieren wir beispielhaft eine typische kooperative Arbeitssituation aus der Bankenwelt, um daran ausgewählte Charakteristika kooperativer Arbeit zu diskutieren. Vor dem Hintergrund des Werkzeug und Material-Ansatzes stellen wir in Abschnitt 5 mit den Prozeßmustern unser Konzept für die rechnergestützte, situierte Koordination kooperativer Arbeit vor. Abschnitt 6 schließlich zeigt, wie sich Prozeßmuster in das allgemeine konzeptionelle Rahmenwerk des Werkzeug und Material-Ansatzes einfügen und wie dies Konzept an der Universität Hamburg prototypisch umgesetzt worden ist. Abschnitt 7 gibt einen zusammenfassenden Ausblick.

2 Verwandte Beiträge in der CSCW-Diskussion

Die CSCW-Diskussion hat bereits eine beträchtliche Anzahl Theorien, Modelle, Studien und Systeme zur Koordination kooperativer Büroarbeit hervorgebracht. Workflow Systeme[5] bilden hierunter einen vieldiskutierten Ansatz. Workflows sind formale Ablaufbeschreibungen, die die Gesamtlogik eines kooperativen Geschäftsvorgangs implementieren. Mittels der kontrollflußartigen, meist Petrinetz-basierten Spezifikationen werden Anwendern Sequenzen von Abarbeitungsschritten fest vorgegeben. Die Ablaufbeschreibungen können im allgemeinen zur Laufzeit des Anwendungssystems nicht mehr modifiziert werden.

In der CSCW-Gemeinde herrscht mittlerweile breiter Konsens, daß es für die Koordination qualifizierter kooperativer Büroarbeit keine derartig vollständige Formalisierung geben kann und Workflow Systeme ihren Erwartungen daher weitgehend nicht gerecht werden.[6] Im weiteren werden auch wir uns von diesem Ansatz distanzieren. Uns geht es darum, Repräsentationen nicht im Sinne von Workflows als operative, d.h. ausführbare Modelle kooperativer Arbeitsprozesse zu verwenden, sondern als "Ressourcen" situierten Arbeitshandelns.[7] Repräsentationen sollen also nicht algorithmisiert werden, sondern punktuelle Anleitung und Orientierung bei der kooperativen Erledigung einer Aufgabe geben, ohne daß eine im formalen Sinne geschlossene Handlungsabfolge vorliegt. Damit wird anerkannt, daß Büroarbeit eine Folge dezentralisierter Aushandlungsprozesse ist und kein "richtiger" Weg der Aufgabenbearbeitung bindend vorgegeben werden kann. Im Ergebnis müssen diese Überlegungen zur Konstruktion von Softwaresystemen führen, die die Kontrolle über den kooperativen Arbeits-

---

[5] Vgl. Jablonski (1995).
[6] Vgl. Gerson/Star (1986), Kreifelts et al. (1991), Klöckner et al. (1995), Ellis/Keddara/Rozenberg (1995).
[7] Vgl. Suchman (1995).

prozeß vollständig bei den kooperierenden Personen selbst belassen. Erste Realisierungen in diese Richtung finden sich etwa im POLITeam-System[8]. Bevor wir unseren eigenen Ansatz näher erläutern, klären wir im nächsten Abschnitt den Hintergrund, vor dem wir kooperative Arbeit unterstützen wollen.

3 Der Werkzeug und Material-Ansatz

Der Werkzeug und Material-Ansatz basiert auf der Verwendung von Entwurfsmetaphern bei der Konstruktion und Verwendung interaktiver Anwendungssysteme und ist mit einer grundsätzlichen Sichtweise vom Stellenwert menschlicher Arbeit verbunden. Anwender werden als Experten ihres Fachs verstanden, die über das notwendige Wissen und ausreichende Erfahrung verfügen, um ihre Arbeit eigenverantwortlich und qualifiziert zu erledigen.[9]

Entwurfsmetaphern helfen uns, unsere Entwurfsideen konstruktiv in ein zukünftiges Softwaresystem umzusetzen. Dazu müssen sie sowohl eine anwendungsfachliche als auch eine softwaretechnische Interpretation ermöglichen. Sie dienen uns dann als Analysemittel bei der Interpretation und Strukturierung des Anwendungsbereiches, erleichtern die gedankliche Vorwegnahme des zu entwickelnden Systems und können aus Sicht des Anwenders hilfreich sein, um den Umgang mit einem Softwaresystem zu erlernen. Entwurfsmetaphern erlauben uns, fachlich modellierte Konzepte bruchlos mit objektorientierten Konzepten wie Klassen und Vererbung in Beziehung zu bringen, und erleichtern uns umgekehrt, technische Entwurfsentscheidungen auf den fachlichen Kontext zu beziehen. Auf diesem Wege fördern sie die Bildung einer von Anwendern und Entwicklern gemeinsam getragenen Projektsprache. Die zentralen Entwurfsmetaphern unseres Ansatzes sind Werkzeug und Material.[10]

Software-Werkzeuge lassen sich wie folgt charakterisieren: Werkzeuge dienen der interaktiven Bearbeitung von Materialien. Mit ihnen werden Materialien dargestellt, verändert und sondiert. Mit jedem Werkzeug ist seine fachliche Funktionalität, eine bestimmte Art der Handhabung und die Präsentation an der Benutzungsschnittstelle verbunden. Seine Funktionalität bietet das Werkzeug als einen Satz von Kommandos an. Jede Aktivität des Werkzeugs wird durch eine Benutzungsaktion ausgelöst, d.h. Werkzeuge verhalten sich stets reaktiv. Auswahl und Reihenfolge von Werkzeugreaktionen werden dabei durch den Benutzer festgelegt.

---

[8] Vgl. Klöckner et al. (1995).
[9] Vgl. Gryczan/Züllighoven (1992).
[10] Vgl. Kilberth/Gryczan/Züllighoven (1994).

Komplementär hierzu beschreiben wir Software-Materialien: Als Materialen modellieren wir relevante Gegenstände und Begriffe der Anwendung mit den dahinterstehenden Verwendungskonzepten (z.B. Konto). Sie sind nur über *fachlich motivierte* Umgangsformen manipulierbar ("einen Betrag auf das Konto einzahlen") und werden nie direkt, sondern immer nur vermittelt über die bereitgestellten Werkzeuge, bearbeitet.

Werkzeug und Material schaffen die entscheidende Verbindung von den am Arbeitsplatz gewohnten Arbeitsmitteln und -gegenständen zu den neuen Komponenten eines Softwaresystems. Sie müssen jedoch auch "ihren Platz haben": die Arbeitsumgebung als weitere Entwurfsmetapher orientiert sich an Büroarbeitsplätzen, die wir uns entsprechend unseren Gewohnheiten und Ordnungsprinzipien einrichten.

Folgende Eigenschaften sind charakteristisch für Arbeitsumgebungen: Innerhalb der einzelnen Umgebung sind keinerlei Abläufe definiert, d.h. die Entscheidung, wann welche Werkzeuge benutzt werden und mit welchen Materialien gearbeitet wird, liegt ausschließlich beim Anwender. Die Arbeitsumgebung stellt eine Begrenzung dar, die es ermöglicht, Arbeitplätze voneinander zu unterscheiden. In den individuellen Arbeitsprozeß eines Anwenders kann weder von außen steuernd eingegriffen werden, noch können die Materialien dieser Umgebung von Werkzeugen aus anderen Umgebungen verändert werden.

Das Repertoire der Entwurfsmetaphern wird schließlich durch den Automaten komplettiert. Mit Automaten modellieren wir maschinelle Vorgänge, die über längere Zeiträume und ohne äußere Eingriffe durch einen Anwender ablaufen können. Automaten realisieren lästige, formalisierbare Routinetätigkeiten, die keine interaktive Steuerung benötigen. In der Regel werden Automaten mit Materialströmen versorgt, die sie auf der Basis ihres fachlichen Algorithmus verarbeiten. Einmal eingestellt, laufen sie ab und produzieren vorab festgelegte Ergebnisse, die erst durch den Anwender wieder in einen Arbeitszusammenhang eingebettet werden können.

Mit Hilfe der Entwurfsmetaphern Werkzeug, Automat, Material und Arbeitsumgebung läßt sich Software zur Unterstützung individueller Arbeitsplätze modellieren und konstruieren. Der hier vorgestellte Ansatz zielt auf eine Erweiterung des Einzelarbeitsplatzes, so daß die Möglichkeit zur arbeitsplatzübergreifenden Koordination der Zusammenarbeit geschaffen wird. Wir gehen dabei davon aus, daß der von uns betrachete Typ von Kooperation neben der Koordination auf bestimmten Grundlagen beruht, etwa daß die geltenden Randbedingungen, Konventionen und gemeinsamen Ziele den kooperierenden Personen ausreichend bekannt sind.[11] Damit wird auch deutlich, daß ein Softwaresystem, das auf die Unterstützung der Koordination qualifizierter menschlicher Tätigkeiten in arbeitsteiligen Prozessen abstellt, nur

[11] Vgl. Oberquelle (1991).

Anteile kooperativer Arbeit unterstützen kann und damit auch nur als Ergänzung, nicht als Ersatz zu weiteren Formen der Zusammenarbeit denkbar wird.

4 Ein Beispiel für die kooperative Arbeit in einer Bank: Kreditvergabe

Im weiteren stellen wir ein Beispiel für kooperative Arbeit aus dem Bankenbereich vor und diskutieren seine wesentlichen Eigenschaften bezogen auf den von uns gewählten Ansatz.

Ein wesentliches Geschäft für Banken ist die Vergabe von Krediten. Kredite werden in einer Bank durch Kundenberater vergeben. Dabei wird prinzipiell zwischen Neu- und Altkunden unterschieden. Neukunden stehen noch nicht in einer geschäftlichen Verbindung mit der Bank; Altkunden sind entsprechend Kunden, die der Bank bekannt sind. Über Altkunden können bereits vor einem Beratungsgespräch Informationen eingeholt werden. Daraus kann sich z.B. ergeben, daß Finanzierungsalternativen für die Kreditvergabe vorbereitet werden. Welcher Berater das Beratungsgespräch mit dem Kunden führt, wird durch eine Kundenzuordnung bankintern geregelt. Die Zuordnung kann beispielsweise alphabetisch nach Kundennamen oder nach Kontonummern erfolgen. Befürwortet der Berater den Kreditwunsch des Kunden, füllt er teils während, teils nach dem Beratungsgespräch mit dem Kunden das Kreditantragsformular aus. Außerdem erstellt er ein Gesprächsprotokoll. Die Vergabe des Kredits muß nun noch genehmigt werden.

Für die Genehmigung des Kredits wird vom Kundenberater in der Regel ein weiterer Kundenberater hinzugezogen. Notwendig für die Genehmigung sind der ausgefüllte Kreditantrag und ein Gesprächsprotokoll über das Kundengespräch. Wenn der Kreditantrag vom zweiten Kundenberater gegengezeichnet wurde, geht der Vorgang zurück zum zuständigen Kundenberater. Der überprüft erneut den Kreditvertrag und verschickt die einzelnen Kopien an die zuständigen Stellen der Kreditbearbeitung und des Controlling. Die Kreditauszahlung, die der zuständige Berater in der Regel bereits vor der Genehmigung veranlaßt, erfolgt über ein speziell eingerichtetes Verrechnungskonto, das für den Kunden bis zur endgültigen Kreditgenehmigung gesperrt. Die Auszahlung kann vom Kundenberater, vom Schalterangestellten oder von einem Sekretariat durchgeführt werden.

Tab. 1 zeigt im Überblick die wichtigsten Tätigkeiten, die bei der Kreditvergabe anfallen. In diesem Zusammenhang wird jeweils auch die Art der Zusammenarbeit und ihr Zweck angegeben.

	Wer	erledigt was	mit wem/was	wozu
1	Kundenberater	leitet weiter	Kunde, zuständiger Kundenberater	Kundenzuordnung erfolgt nach den banküblichen Konventionen
2	Kundenberater	bereitet das Gespräch mit dem Kunden vor	Kundeninformationen und Unterlagen	um Grundvoraussetzungen für die Vergabe des Kredits zu prüfen
3	Kundenberater	berät	Kunden	um über die Kreditbewilligung entscheiden zu können
4	Kundenberater	füllt	Kreditantrag aus	der Kreditantrag ist zentrales Dokument der Kreditvergabe
5	Kundenberater	verfaßt	Gesprächsprotokoll	aus gesetzlichen und verwaltungstechnischen Gründen
6	Kundenberater	übergibt Kreditunterlagen an	zweiten Kundenberater	zur Gegenprüfung (4-Augen-Prinzip)
7	zweiter Kundenberater	unterzeichnet	Kreditantrag und andere Dokumente	zur endgültigen Genehmigung des Kredits
8	zweiter Kundenberater	gibt die Kreditunterlagen zurück	Kundenberater	der Kundenberater nimmt Kenntnis von der Genehmigung
9	Kundenberater	richtet ein	Verrechnungskonto	spezielles Konto für die Auszahlung
10	Berater/Schalterpersonal/Sekretariat	zahlt den Kredit aus	Verrechnungskonto	Kredit dem Kunden verfügbar machen
11	Kundenberater	prüft und verteilt	Kreditantrag	die weitere Bearbeitung und Kontrolle wird veranlaßt
12	Back Office Angestellter	prüft	Kreditantrag, Dokumente, Konto	Back Office Kontrolle des Kredits

Tabelle 1: Tätigkeiten bei der Kreditvergabe

Tab. 2 zeigt die Abhängigkeiten zwischen einzelnen Tätigkeiten bei der Kreditvergabe. In den Spalten "Frühestens" und "Spätestens" werden Aussagen über den Zeitpunkt getroffen, wann diese Tätigkeiten zu erfolgen haben. In der letzten Spalte wird ausgedrückt, ob eine Tätigkeit durchgeführt werden "Muß" oder "Kann".

	Tätigkeit	Frühestens	Spätestens	Muß/Kann
1	Kundenzuordnung	–	vor 2	M
2	Gesprächsvorbereitung	nach 1	vor 3	K
3	Beratungsgespräch	nach 1	vor 6	M
4	Ausfüllen des Kreditantrags	während 3	vor 6	M
5	Protokollerstellung	nach 3	vor 10	K
6	Weiterreichen der Kreditunterlagen	nach 4	vor 6	M
7	Kreditgenehmigung	nach 6	vor 8	M
8	Zurückreichen der Kreditunterlagen	nach 7	vor 10	M
9	Verrechnungskonto einrichten	nach 1	vor 10	M
10	Kreditauszahlung	nach 9	vor 11	M
11	Kreditbearbeitung	nach 8	-	M
12	Kreditkontrolle	nach 4, 9	-	K

Tabelle 2: Abhängigkeiten zwischen den Kreditvergabetätigkeiten

Die Entscheidung wird bankeinheitlich getroffen. Die Darstellungen in Tabelle 1 und 2 wurden auf der Basis von Szenarios und Interviews[12] mit Kundenberatern erarbeitet. In ihnen spiegelt sich der (wenig erfolgreiche) Versuch wieder, komplexe Arbeitsprozesse "in den Griff" zu bekommen, die sich in der täglichen Praxis zwar immer wieder ähnlich, aber eben doch in unterschiedlichen Varianten abspielen. Das Beispiel Kreditvergabe kann stellvertretend für die Zusammenarbeit bei einer Reihe von komplexen Tätigkeiten im Anwendungsbereich betrachtet werden. Folgende Merkmale sind charakteristisch:

- Bei der Kreditvergabe arbeiten verschiedene Personen explizit zusammen Dies können sowohl Personen mit gleicher als auch mit verschiedener Qualifikation (Kundenberater, Schalterangestellter, Sekretariat) sein.
- In der Regel kennen die kooperierenden Personen einander persönlich und haben ein bestimmtes "Muster" der Zusammenarbeit entwickelt.
- Für die Zusammenarbeit werden Materialien benötigt, die als Bestandteil von erzielten Arbeitsergebnissen oder zu Informationszwecken bewußt zwischen den Beteiligten ausgetauscht werden, etwa in Vorgangsmappen oder Ordnern. Erst dadurch ist ein räumlich und zeitlich getrenntes Erledigen der Gesamtaufgabe möglich.
- Die Anzahl der an der Kooperation beteiligten Personen ist begrenzt. Voraussetzung für die Kooperation ist ein gemeinsamer Erfahrungshintergrund, der auch festlegt, wer mit welchen Tätigkeiten zur Erledigung der kooperativen Aufgabe betraut werden kann.
- Die Menge der zu erledigenden Tätigkeiten liegt ebenfalls in einer überschaubarer Größenordnung. Inhalt und Zweck der anfallenden Tätigkeiten sind allen Beteiligten bekannt.

---

[12] Vgl. Bürkle/Gryczan/Züllighoven (1995).

- Die Kontrolle über den weiteren Verlauf der Zusammenarbeit liegt jeweils bei der Person, die den gemeinsamen Vorgang gerade bearbeitet. Sie weiß nicht nur, was als nächstes zu tun ist, sondern überblickt auch Sinnhaftigkeit und Dringlichkeit aller weiteren Tätigkeiten, die verantwortlich durch andere Personen wahrgenommen werden.
- Obwohl sich bestimmte Formen der Kooperation zwischen den Beteiligten etabliert haben, läßt sich kein allgemeingültiger Arbeitsablauf für die Kreditvergabe definieren. Dafür sprechen verschiedene Gründe: (1) Viele Tätigkeiten können nebenläufig durch einen Berater in einem Arbeitszusammenhang ausgeführt werden. Das sind bei der Kreditvergabe z.B. alle Tätigkeiten, die "während" einer anderen Tätigkeit ausgeführt werden können. (2) Nur für einen Teil der Tätigkeiten sind Ergebnisse aus vorhergehenden Tätigkeiten zwingend erforderlich. So kann die Kreditkontrolle zu einem beliebigen Zeitpunkt zwischen dem Beratungsgespräch und der Auszahlung des Kredits erfolgen. Die Kreditkontrolle kann aber auch ganz entfallen.

Unser Beispiel zeigt, daß routinisierte Zusammenarbeit zwar prinzipiell beschreibbar ist, eine konkrete Kooperationssituation aber nur in seltenen Fällen ein genaues Abbild des Routinefalls sein wird. Hier liegt ja genau das oben bereits erwähnte Spannungsfeld für die Unterstützung kooperativer Arbeit, in dem sich für den Softwareentwickler zwei grundlegend verschiedene Entwurfsalternativen abzeichnen. Einerseits können wir nach einem Algorithmus (einem Workflow) suchen, der die gesamte "Logik" der Kreditvergabe implementiert und dabei alle möglichen Sonderfälle, die in der konkreten Situation entstehen können, antizipiert und behandelt. Andererseits können wir aber auch versuchen, Werkzeuge und Materialien bereitzustellen, die in der Situation verwendet werden, um die Tätigkeiten Einzelner zu koordinieren. Welche Entscheidung im konkreten Projektkontext getroffen wird, hängt ausschließlich von den mit der Softwareentwicklung verfolgten Zielen ab. Technisch sind beide Varianten möglich, fachlich haben sie unterschiedliche Konsequenzen: während bei der Automatisierung die störungsfreie Abwicklung eines Vorgangs im Vordergrund steht, zielt unser Ansatz auf die Bereitstellung situativ einsetzbarer Hilfsmittel.

5 Prozeßmuster für die situierte Koordination

Situierte Koordination bedeutet nach Floyd (1995, 34), daß sich die kooperierenden Personen untereinander über Tätigkeiten, Reihenfolgen und Zuständigkeiten bei der Zusammenarbeit abstimmen. Die Kontrolle der Koordination liegt also bei den koordinierten Personen selbst. Kontrollierbarkeit wird mit Hilfe eines dafür geeigneten Arbeitsgegenstandes, den Prozeßmustern, ermöglicht. Bei der situierten Koordination kooperativer Arbeit mit Hilfe von Prozeßmuster geht es darum, (1) einen kooperativen Arbeitsprozeß zu vergegenständlichen, (2) mögliche Bearbeitungswege für den kooperativen Arbeitsprozeß aufzuzeigen, situativ zu adaptieren und (3) Möglichkeiten zur Verfügung zu stellen, sich über den Status des Arbeitsprozesses zu informieren.

Die Vergegenständlichung kooperativer Arbeit wird in der CSCW–Diskussion als Artikulationsarbeit bezeichnet. Artikulationsarbeit wird damit motiviert, daß der kooperative Arbeitsprozeß selbst zum Thema, d.h. zum Gegenstand der Arbeit gemacht werden muß. Nach Schmidt/Bannon (1992, 13) ist Artikulationsarbeit integraler Bestandteil jeder kooperativen Arbeit. Das Ergebnis sind Arbeitsgegenstände unterschiedlicher Art, mit deren Hilfe die Komplexität kooperativer Arbeit beherrschbar gemacht werden:

> "These protocols, formal structures, plans, procedures, and schemes can be conceived of as mechanisms in the sense that they (1) are objectified in some way (explicitly stated, represented in material form), and (2) are deterministic or at least give reasonably predictable results if applied properly. And they are mechanisms of interaction in the sense that they reduce the complexity of articulating cooperative work."

Für unseren Zusammenhang bleibt wichtig festzuhalten, daß wir für die Unterstützung situierter Koordination einen neuen Materialtyp zur Verfügung stellen müssen. Materialien diesen Typs bezeichnen wir als Prozeßmuster. Ein Prozeßmuster ist ein *gemeinsames Material.*[13] Es vergegenständlicht eine bestimmte Form der Zusammenarbeit, die sich bei der arbeitsteiligen Erledigung einer routinemäßig anfallenden Aufgabe bewährt und etabliert haben. Durch das Prozeßmuster werden die zu erledigenden Tätigkeiten und ihre wechselseitigen Abhängigkeiten festgelegt und verantwortliche Personen bzw. Rollenträger sowie die benötigten Dokumente benannt. Desweiteren wird an ihnen der Stand der Kooperation erkennbar.

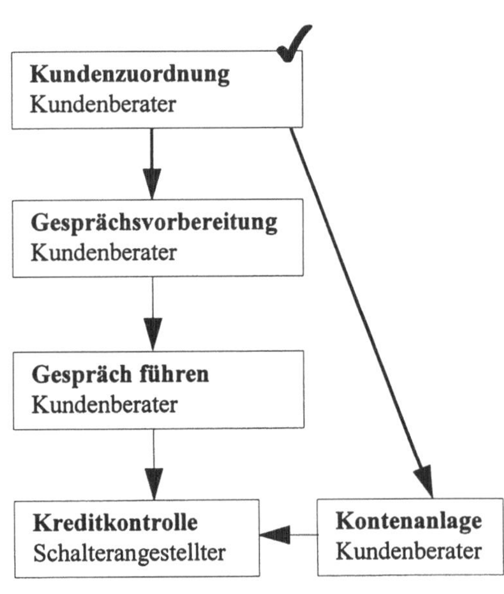

Abb. 1: Das Prozeßmuster *Kreditvergabe.*

Der Begriff *gemeinsames Material* verweist darauf, daß keine explizite Kommunikation notwendig ist, sondern "mit einen Blick" auf das gemeinsame Material der Stand einer Kooperation

[13] Zum Begriff des *shared material*, vgl. Sørgaard (1988).

erkennbar ist. Dies ist in qualifizierten Arbeitszusammenhängen aber nur vor dem Hintergrund einer bereits etablierten Zusammenarbeit möglich.[14] Prozeßmuster implizieren - anders als Workflow Management Systeme - keine Steuerung des kooperativen Arbeitsprozesses im Sinne einer zentralisierten Kontrolle. Vielmehr repräsentieren sie den "Normalfall", der sich aufgrund von Erfahrungen herausgebildet hat, und treffen keine Annahmen darüber, durch welche Handlungen die im Prozeßmuster benannten Tätigkeiten im einzelnen realisiert werden.

Abb. 1 zeigt im Ausschnitt das Prozeßmuster *Kreditvergabe*. Für einen Teil der zu erledigenden Tätigkeiten werden fachliche Zusammenhänge definiert. Diese Abhängigkeiten werden durch gerichtete Pfeile dargestellt und sind im Sinne von "soll vor einer anderen Tätigkeit erledigt sein" zu interpretieren.

Praktisch verwenden wir Prozeßmuster im Sinne von Laufzetteln, d.h. wir haften sie an vorgangsbezogene Mappen. Empfänger der Vorgangsmappen können dann schnell erkennen, wer mit den darin enthaltenen Unterlagen bereits was erledigt hat bzw. noch erledigen muß.

Wir haben bereits festgestellt, daß Prozeßmuster im Sinne des Werkzeug und Material-Ansatzes als Materialien zu interpretieren sind. Im Umgang mit ihnen unterscheiden wir verschiedene Aspekte:

- Ein Prozeßmuster kann (statisch) als Arbeitsgegenstand betrachtet werden, der von einem Anwender für eine spezifische Kooperationssituation erstellt wird. Dazu gehört die Festlegung, wer für welche Tätigkeiten zuständig ist, welche Abhängigkeiten zwischen den einzelnen Tätigkeiten bestehen und welche Dokumente benötigt werden.
- Darüberhinaus kann ein Prozeßmuster als Anweisung für den Transport der damit behafteten Vorgangsmappe verstanden werden. Auf Basis der im Prozeßmuster vereinbarten Zuständigkeiten veranlaßt ein entsprechendes Transportsystem den Transport zum jeweils nächstzuständigen Arbeitsplatz.
- Anwender informieren sich mit Hilfe von Prozeßmustern über den Stand ihrer Zusammenarbeit. Sie entnehmen einem Prozeßmuster, wer bisher welche Tätigkeit in dem kooperativen Arbeitsprozeß erledigt hat und welche Tätigkeiten noch zu erledigen sind, und markieren selbst einzelne Tätigkeiten als erledigt. Vorgangsmappen können verfolgt, d.h. ihre aktuelle Arbeitsumgebung ermittelt werden.
- Prozeßmuster lassen sich entsprechend den Anforderungen der konkreten Situation von Benutzern verändern bzw. anpassen, soweit dadurch nicht ihre Bearbeitungshistorie ver-

---

[14] Vgl. Robinson (1993).

ändert wird. Anpassung umfaßt das Ändern von Zuständigkeiten (etwa wenn der zuständige Kollege erkrankt ist) und die Festlegung neuer bzw. das Entfernen vorhandener Tätigkeiten und Abhängigkeiten (etwa wenn eine Tätigkeit nur unzureichend erledigt wurde und wiederholt werden muß).

Die Implementierung von Prozeßmustern basiert auf Petri-Netzen. Wegen ihrer dynamischen Anpaßbarkeit lassen sich Prozeßmuster jedoch nicht direkt als Petri-Netze implementieren, die generell von statischen (unveränderlichen) Strukturen ausgehen. Für unsere Zwecke haben wir daher das Netzmodell so erweitert, daß Änderungen an der Netzstruktur möglich sind. Entscheidend ist, daß bei der Restrukturierung der Netze Inkonsistenzen vermieden werden (z.B. dürfen Abhängigkeiten durch das Entfernen einer Tätigkeit nicht „ins Leere" verweisen). Grundvoraussetzung für dynamische Anpassung ist jedoch, daß Petri-Netze (anders als bei Workflow-Systemen) durch ein geeignetes Material, die Prozeßmuster, vergegenständlicht und so erst der Bearbeitung durch den Anwender zugänglich gemacht werden.

Im folgenden Abschnitt zeigen wir, wie Prozeßmuster in eine Welt aus Werkzeugen, Automaten und Materialien eingebettet sind und wie sie Anwender dort bei der situierten Koordination ihrer Zusammenarbeit unterstützen.

6 Prozeßmuster in einer Welt aus Werkzeugen, Automaten und Materialien

Wir haben prototypisch einen Satz an Werkzeugen, Automaten undMaterialien entworfen und implementiert, die das Konzept der Prozeßmuster umsetzen. Wir gehen davon aus, daß Werkzeuge und Materialien, die ein Anwender zur Erledigung seiner fachlichen Aufgaben (z.B. Ausfüllen eines Kreditantrags) benötigt, innerhalb seiner Arbeitsumgebung vorhanden sind. Unser Interesse gilt ausschließlich der Entwicklung solcher Komponenten, mit denen Anwender "Koordinationsarbeit" verrichten, d.h. ihre Kooperation mit anderen steuern und kontrollieren. Dabei ist unsere Grundidee, Vorgangsmappen mit angehefteten Prozeßmustern zwischen den Arbeitsumgebungen der kooperierenden Anwender zu transportieren.[15] Der Transport zwischen Arbeitsumgebungen wird mit Hilfe von elektronischen Posteingangs- und -ausgangskörben realisiert. Sie werden von einem Versandautomaten bedient, der die Ausgangskörbe leert und die daraus entnommenen Materialien in die Eingangskörbe ihres nächsten Empfängers transportiert. Die Benennung von zuständigen Rollen für einzelne Tätigkeiten in einem Prozeßmuster erfordert zuvor ihre Auflösung im Kontext eines aufbau-

[15] Zur Idee der "elektronischen Umlaufmappe", vgl. Karbe/Ramsberger/Weiss (1990), Klöckner (1995).

organisatorischen Modells, in dem Anwender als Träger von Rollen ermittelt werden können. Auch hierfür ist der Versandautomat zuständig. Postkörbe sind stets lokal zu einer Arbeitsumgebung, d.h. sie "gehören" einem Anwender. Im Unterschied zu anderen Materialien zeichnen sie sich jedoch dadurch aus, daß "von außen" (durch den Versandautomaten) verändernd auf sie zugegriffen wird. So kann eine kontrollierte Verbindung zwischen ansonsten voneinander "abgeschotteten" Umgebungen hergestellt werden. Jede Arbeitsumgebung kann beliebig viele Posteingangs- und -ausgangskörbe bereitstellen. Das Einrichten solcher Postkörbe liegt in der Verantwortlichkeit des Anwenders und ist Teil der "Ordnung", die er sich auf seinem elektronischem Schreibtisch schafft. Damit ein Anwender eine Vorgangsmappe, die seine Arbeitsumgebung bereits verlassen haben, wiederfinden kann steht in jeder Umgebung darüberhinaus ein Suchwerkzeug für Vorgangsmappen bereit.

Etablierte Zusammenarbeit impliziert, daß wiederholt ähnliche Arbeitssituationen in einer Organisation auftreten und sich dabei auch vergleichbare koordinative Muster herausbilden (etwa bei der Vergabe von Kundenkrediten). Anwendern wird daher die Möglichkeit geboten werden, häufig verwendete Prozeßmuster im Sinne von Vorlagen in einem Behälter, dem sog. Prozeßmusterrepertoire, zu sammeln, wo sie den verschiedenen Arbeitsumgebungen zugänglich sind. Ein Prozeßmuster wird auf der Basis einer Vorlage erzeugt, kann jedoch jederzeit situativ den Erfordernissen eines Arbeitskontextes angepaßt werden. Der durch ein Prozeßmuster vergegenständlichte Kooperationsprozeß wird demnach nicht statisch durch seine Vorlage geprägt. Die Ausrichtung des Handelns an erkannten Mustern und ihre inkrementelle Anpassung im Kontext konkreter Arbeitssituationen kann vielmehr zum Erkennen "verbesserter" Formen der Zusammenarbeit und - hier schließt sich der Kreis - zur Herausbildung neuer oder veränderter Vorlagen führen. Benutzende greifen also nicht nur auf die Vorlagen des Prozeßmusterrepertoires zu, um sich für die Koordination einer Arbeitssituation ein passendes Prozeßmuster zu erzeugen, sondern überführen umgekehrt auch neue bzw. adaptierte Prozeßmuster in das Repertoire, wenn sie sich bei der Koordination kooperativer Tätigkeiten als pragmatisch erwiesen haben und ihre Wiederverwendung in weiteren Kooperationssituationen plausibel erscheint. In jeder Arbeitsumgebung stehen entsprechende Editor- und Browser-Werkzeuge zur Bearbeitung der Prozeßmuster und ihrer Vorlagen im Repertoire bereit. Die Einbettung der Prozeßmuster in eine Welt aus Werkzeugen, Automaten und Materialien zeigt, zusammenfassend betrachtet, folgende Eigenschaften:

- Unsere Sichtweise vom Benutzer als Experten wird durch das Konzept des Prozeßmusters nicht berührt. Die Kontrolle über den (kooperativen) Arbeitsprozeß bleibt wie bisher bei den Anwendern selbst, da ein Prozeßmuster jederzeit situativ den Erfordernissen einer Arbeitssituation angepaßt werden kann und keinerlei bindende Vorgaben für die fachliche Ausgestaltung von Tätigkeiten innerhalb der Arbeitsumgebung eines Benutzers macht.

- Die Arbeitsumgebung bildet weiterhin den relevanten Kontext individueller Arbeit und sichert dem Anwender den notwendigen privaten Gestaltungsspielraum zu. Es gibt keine Möglichkeit, die Werkzeuge und Materialien einer Arbeitsumgebung von außen zuzugreifen oder zu kontrollieren.
- Der Versandautomat verfügt nur über ein sehr begrenztes Modell der kooperativen Prozesse: er kennt die Arbeitsumgebungen, an denen Benutzer kooperieren, und kann Personen und Rollen zuordnen. Die Kontrolle über die Zusammenarbeit endet am Rand einer Arbeitsumgebung. Der Versandautomat kann insbesondere nicht über das "Erledigt-Sein" der in einem Prozeßmuster benannten Tätigkeiten entscheiden und selbständig den Weitertransport von Vorgangsmappen veranlassen.

7 Ausblick

Prozeßmuster sind Ergebnis von Artikulationsarbeit, d.h. wir vergegenständlichen mit ihnen kooperative Arbeitsprozesse. Mit dem Begriff des Prozeßmusters haben wir ein neues Softwareartefakt eingeführt, das sich für die situierte Koordination von Zusammenarbeit eignet.

Die von uns vorgetragenen Ideen sind aus praktischen Problemstellungen erwachsen, mit denen wir bei der Begleitung von Bankenprojekten konfrontiert worden sind. Wir haben ein prototypisches System entworfen und konstruiert, das bisher nur im akademischen Kontext evaluiert werden konnte. Im einem nächsten Schritt soll das System in einem Bankenprojekt implementiert und erprobt werden.

Darüberhinaus beabsichtigen wir, neben den etablierten Formen der Zusammenarbeit noch weiteren Kooperationstypen innerhalb unseres Ansatzes zu unterstützen. Unser primäres (aber nicht ausschließliches) Interesse gilt hier (1) der Unterstützung paralleler Arbeit an demselben oder an verschiedenen Orten und (2) der Arbeit mit komplexen Materialien, bei denen lokale Änderungen Auswirkungen an "entfernten" Teilen des Materials nach sich ziehen, die möglicherweise gerade in anderen Arbeitsumgebungen bearbeitet werden.

8 Literatur

Bürkle, U.; Gryczan, G.; Züllighoven, H. (1995): Object–oriented System Development in a Banking Project – Methodology, Experience, and Conclusions. In: Human Computer Interaction, 10 (1995) 2 & 3, S. 293–336.

Ellis, C.; Keddara, K.; Rozenberg, G. (1995): Dynamic Change within Workflow Systems. In: Proceedings of the Conference on Organizational Computing Systems 95. Comstock, N. et al. Milpitas/USA 1995, S. 10-18.

Floyd, C. (1995): Theory and Practice of Software Development - Stages in a Debate. In: TAPSOFT '95: Theory and Practice of Software Development. Hrsg.: Mosses, P.D.; Nielsen, M.; Schwartzbach, M.I. Springer, Berlin u.a. 1995, S. 25–41 (= Lecture Notes in Computer Science 915).

Gerson, E.M.; Star, S.L. (1986): Analyzing Due Process in the Workplace. In: ACM Transactions on Office Information Systems, 4 (1986) 3, S. 257-270.

Gryczan, G.; Züllighoven, H. (1992): Objektorientierte Systementwicklung - Leitbild und Entwicklungsdokumente. In: Informatik-Spektrum, 15 (1992) 5, S. 264-272.

Jablonski, S. (1995): Workflow-Management-Systeme: Motivation, Modellierung, Architektur. In: Informatik-Spektrum, 18 (1995) 1, S. 13-24.

Karbe, B.; Ramsberger, N.; Weiss, P. (1990): Support of Cooperative Work by Electronic Circulation Folders. In: ACM SIGOIS Bulletin, 11 (1990) 2–3, S. 109–117.

Kilberth, K.; Gryczan, G.; Züllighoven, H. (1994): Objektorientierte Anwendungsentwicklung - Konzepte, Strategien, Erfahrungen. Vieweg, Braunschweig/Wiesbaden 1994.

Kreifelts, T. et al. (1991): Experiences with the DOMINO Office Procedure System. In: Proceedings ECSCW 91. Hrsg.: Bannon, L.; Robinson, M.; Schmidt, K. Kluwer Academic Publishers, Dordrecht u.a. 1991, S.117-130.

Klöckner K. et al. (1995): POLITeam - Bridging the Gap between Bonn and Berlin for and with the Users. In: Proceedings ECSCW '95. Hrsg.: Marmolin, H.; Sundblad, Y.; Schmidt, K. Stockholm 1995, S. 17-31.

Oberquelle, H. (1991): CSCW- und Groupware-Kritik. In: Kooperative Arbeit und Computerunterstützung - Stand und Perspektiven. Hrsg.: Oberquelle, H. Verlag für Angewandte Psychologie, Göttingen/Stuttgart 1991, S. 37– 62.

Robinson, M. (1993): Design for unanticipated use. In: Proceedings ECSCW 91. Hrsg.: Bannon, L.; Robinson, M.; Schmidt, K. Kluwer Academic Publishers, Dordrecht u.a. 1991, S. 187–202.

Schmidt, K.; Bannon, L. (1992): Taking CSCW Seriously: Supporting Articulation Work. In: Computer Supported Cooperative Work: An International Journal, 1 (1992) 1, S. 1–33.

Sørgaard, P. (1988): Object Oriented Programming and Computerised Shared Material. In: Proceedings ECOOP ´88. Hrsg.: Gjessing, K.; Nygaard, C. Springer, Berlin u.a. 1988, S. 319–334 (= Lecture Notes in Computer Science 322).

Suchman, L. (1995): Making Work Visible. In: Communications of the ACM, 38 (1995) 9, S. 56–64.

Teil III

EVALUATION VON CSCW-SYSTEMEN

Telekooperation im Top-Management – Das Telekommunikations-Paradoxon

Ralf Reichwald, Robert Goecke, Kathrin Möslein

1. Die neuen Rollen im Top-Management
2. Fallstudien zur Arbeit von Top-Managern in drei globalen High-Tech-Unternehmen
   2.1 Das Untersuchungsdesign
   2.2 Der Untersuchungsablauf
   2.3 Das Untersuchungsfeld
3. Die Arbeitssituation im Top-Management globaler Unternehmen
   3.1. Die Zeit- und Tätigkeitsstruktur im Top-Management
   3.2. Zeit- und Aktivitätsmuster heute im Vergleich zum Bild der 70er Jahre
   3.3. Die aktuelle Arbeitssituation im Führungsbereich
4. Neue Medien und ihr Nutzen im Alltag von Top-Managern
   4.1. Drei Anwendungsmodelle neuer Telemedien im Führungsbereich
   4.2. Global Acting: Die geographische Verteilung der Kooperationsbeziehungen
   4.3. Medieneinsatz und Mobilität: Das Telekommunikations-Paradoxon
5. Telemedien im Führungsbereich - eine zusammenfassende Bewertung
Literatur

Zusammenfassung

Welche Rolle spielt Telekooperation für die Aufgabenbewältigung von Führungskräften in global agierenden Unternehmen? Wie unterstützen neue Telemedien das Top-Management? Welche Auswirkungen hat der Medieneinsatz auf das Arbeits- und Kooperationsumfeld im oberen Führungsbereich? Ansatzpunkte zur Beantwortung dieser Fragen liefern die Ergebnisse einer empirischen Untersuchung, die vom Lehrstuhl für Allgemeine und Industrielle Betriebswirtschaftslehre der Technischen Universität München im Top-Management von drei global operierenden Unternehmen durchgeführt wurde. Der vorliegende Beitrag präsentiert ausgewählte Ergebnisse dieser Untersuchung und verweist dabei insbesondere auf den paradoxen Zusammenhang von Medieneinsatz und Mobilität im Top-Management: das Telekommunikations-Paradoxon.

1 Die neuen Rollen im Top-Management

Innovative Anwendungsformen neuer Informations- und Kommunikationstechnologien verändern Unternehmen heute in entscheidender Weise. Soweit das Anwendungsfeld der Geschäftsprozesse betroffen ist, werden Abläufe optimiert, Markt- und Kundenbeziehungen gezielt verbessert und durch die telekooperative Vernetzung von Unternehmenseinheiten und Unternehmen weltweit Marktpräsenz und Kundenbindung erzielt. Ganz anders sieht das Anwendungsfeld der Telemedien im Bereich der Führungsprozesse – der Arbeitswelt des oberen Managements – aus. Der Arbeitsablauf des Top-Managers, seine Aufgaben, seine Arbeitsbeziehungen, die täglichen Aktivitäten, der Informationsfluß – diese Prozesse der

Führung und Leitung von Unternehmen gehorchen anderen Gesetzen: sie sind nicht strukturiert, äußerst komplex, nicht dauerhaft; denn sie unterliegen ständigen Veränderungen. Den Führungsaufgaben fehlt ein Beschreibungsmuster, nach dem die Aktivitäten, die Entscheidungsprozesse, die Kommunikation, also das Führen und Leiten in Organisationen abläuft.

Das Management steuert den Wandel und Umbruch, in dem sich Unternehmen heute befinden, es sorgt für die Realisierung der neuen Strukturen, gibt Entscheidungskompetenzen an die dezentralen Organisationseinheiten ab und übernimmt dabei selbst neue Aufgaben und Rollen: die Rolle des Beraters nach innen und des Architekten der Netzwerke nach außen. Beziehungsnetze der neuen Unternehmenseinheiten zum Kunden, zum Lieferanten, auch zu den Wettbewerbern bilden einen wesentlichen Bestandteil der globalen Strukturen auf den Märkten, aber auch im eigenen dezentralisierten Unternehmen. Der Manager in seiner neuen Rolle – als Gestalter der neuen Wettbewerbskonzepte in hochveränderlichen Märkten – ist mehr als jemals zuvor angewiesen auf ungestörte Kommunikation, auf schnelles Reagieren, auf Entscheidungsfähigkeit, auf ein zwischenmenschliches Beziehungsnetz und ein funktionsfähiges Geflecht von Kooperationspartnerschaften. In diesem komplexen Aufgabenfeld stellt sich die Frage nach der Rolle neuer Medien der Information und Kommunikation für die Aufgabenbewältigung im Führungsbereich.

2 Fallstudien zur Arbeit von Top-Managern in drei globalen High-Tech-Unternehmen

Am Lehrstuhl für Allgemeine und Industrielle Betriebswirtschaftslehre der Technischen Universität München wurde im Zeitraum von Mai 1993 bis April 1995 eine Untersuchung[16] durchgeführt mit folgender Fragestellung:

Wie stellt sich die Arbeitssituation von Führungskräften in global agierenden Unternehmen heute dar, welche Rolle spielen neue Kommunikationstechniken für die Aufgabenbewältigung und welche Auswirkungen hat der Medieneinsatz auf das Arbeits- und Kooperationsumfeld im oberen Führungsbereich?

Die empirische Basis für diese Arbeiten bilden Fallstudien. Über Fallstudien können individuelle Situationen am exemplarischen Beispiel analysiert werden. Zwar sind Fallstudien nicht repräsentativ, d.h. es können keine allgemein gültigen Aussagen abgeleitet werden, die für jede Arbeitssituation im Top-Management gleichermaßen gelten. Fallstudienuntersuchungen

---

[16] Die Untersuchung wurde in Kooperation mit der Siemens AG, München, durchgeführt. Eine umfassende Darstellung des gesamten Projektes und seiner Ergebnisse sind in Pribilla/Reichwald/Goecke 1996 veröffentlicht.

haben jedoch einen explorativen Charakter, d.h. sie geben durchaus die Berechtigung, für typische vergleichbare Situationen im Management Ursache-Wirkungshypothesen und somit Erklärungen und Gestaltungsempfehlungen abzuleiten (vgl. z.B. Yin 1994 oder v. Alemann/Ortlieb 1975).

Vor mehr als 20 Jahren hat Henry Mintzberg mit seinem Werk "The Nature of Managerial Work" auf der Basis von fünf empirischen Fallstudien im Top-Management amerikanischer Großunternehmen viel Aufsehen erregt. Anknüpfend an die Arbeiten von Carlson 1951 und Stewart 1967 wies Mintzberg 1973 nach, daß die Arbeitssituation im obersten Führungsbereich durch extreme Belastungen gekennzeichnet ist (vgl. Mintzberg 1973). Kritische Faktoren sind die Fremdbestimmtheit, der Zeitdruck und die permanente Arbeitsüberlastung, was besonders kritische Fragen für die Qualität der Entscheidungsfindung aufwirft – ein erhebliches Risiko für das langfristige Überleben von Unternehmen.

Die Ergebnisse der Mintzberg'schen Fallstudien konnten auch für das deutsche Management bestätigt werden. Zudem ergab die Analyse der Aufgabenstrukturen im deutschen Management wertvolle Erkenntnisse über die Kommunikations- und Kooperationsstrukturen im obersten Führungsbereich (vgl. Beckurts/Reichwald 1984). Auf der Basis dieser Erkenntnisse wurde im Zeitraum von Mai 1993 bis April 1995 die neuerliche empirische Untersuchung im obersten Management durchgeführt. Die Informationsbasis bilden insgesamt 14 Fallstudien.

2.1 Das Untersuchungsdesign

Für die Analyse der Arbeit und Kooperation im oberen Führungsbereich wurde im Rahmen dieser Untersuchung auf das von Beckurts und Reichwald 1984 entwickelte Fallstudienkonzept zurückgegriffen, welches die Analyse des Arbeits- und Kooperationsverhaltens eines Top-Managers, die Analyse der Arbeit im Sekretariat und die Analyse der Kooperation zwischen dem Manager und ausgewählten Kooperationspartnern beinhaltet. Die Fallstudien basieren zum einen auf halbstrukturierten Interviews mit der im Zentrum jedes Falles stehenden Führungskraft, den ihr zugeordneten Sekretariats- und Assistenzkräften sowie drei bis fünf weiteren Kooperationspartnern. In Erweiterung der von Beckurts und Reichwald bei ihren Untersuchungen Anfang der 80er Jahre eingesetzten Untersuchungsmethodik (Beckurts/Reichwald 1984, S. 82) wurde darüberhinaus im Rahmen jeder einzelnen Fallstudie eine zweitägige strukturierte Beobachtung der Arbeit des jeweiligen Top-Managers durchgeführt.[17]

---

[17] Eine weitergehende Beschreibung der Methodik findet sich bei Goecke 1995.

2.2 Der Untersuchungsablauf

Jede einzelne der durchgeführten Fallstudien weist drei Erhebungsphasen auf. Den Einstieg bildete das Anfangsinterview mit der Führungskraft. Es folgten zwei Arbeitstage mit strukturierter Beobachtung und kurzen Fragen zum Abgleich zwischen den beobachteten Aktivitäten und den zugrundeliegenden Aufgaben. Dazu gehört die Frage, ob der Tagesablauf in bezug auf das Aktivitätsmuster für einen normalen Arbeitstag „typisch" war, bzw. welche Besonderheiten aufgetreten sind. Im Anschluß an die Beobachtungstage erfolgten jeweils einstündige Interviews mit den Sekretariats- bzw. Assistenzkräften sowie die Interviews mit den wichtigsten Kooperationspartnern (Mitarbeiter, Kollegen, externe Partner) des jeweiligen Top-Managers. Dieser Untersuchungsansatz ist durch die Kombination aus Beobachtung, Interviews und Episodenanalyse besonders erfolgversprechend aus folgenden Gründen: Die Beobachtung liefert quantitative und qualitative Daten über Aktivitäts-, Arbeits- und Kooperationsmuster, die allerdings nur einen kleinen Ausschnitt von zwei Arbeitstagen umfassen. Die Interviews erlauben eine Interpretation und Bewertung der Ergebnisse aus unterschiedlicher, subjektiver Perspektive der Akteure. Die Episodenanalyse ermöglicht eine aufgabenorientierte Analyse des Kooperations- und Kommunikationsverhaltens und somit eine Analyse der Effizienz der Anwendung neuer Medien.

2.3 Das Untersuchungsfeld

Die Fallstudien wurden im Top-Management von drei global operierenden Unternehmen der Computer- bzw. Telekommunikationsbranche durchgeführt. Die drei ausgewählten Unternehmen (Siemens AG, Bereich Private Kommunikationssysteme, München; Apple Computer Inc., Cupertino; Siemens Rolm Communications Inc., Santa Clara) setzen seit mehreren Jahren unternehmensweit neue Kommunikationstechniken ein. Sie sind außerdem auf besondere Weise den Einflüssen des globalen Wettbewerbs der High-Tech-Branche ausgesetzt und passen sich entsprechend an. Zwei der global operierenden Unternehmen haben ihren Hauptstandort in den USA, ein Unternehmen in Deutschland. Alle drei Unternehmen haben jeweils zwischen 8.000 und 23.000 Mitarbeiter, die weltweit auf verschiedene Zentren verteilt sind, wobei sich im Führungsbereich entsprechend der globalen Geschäftstätigkeit Top-Manager unterschiedlicher Nationalitäten befinden. Für die Fallstudien wurden 14 Top-Manager der ersten Führungsebene ausgewählt. Sie unterstehen als Leiter eines Funktions- bzw. Geschäftsbereiches direkt dem jeweiligen Vorstandsvorsitzenden bzw. Chief Executive Officer (CEO). Die ausgewählten Top-Manager (zwölf männliche, zwei weibliche) im Untersuchungsansatz entstammen einem Spektrum unterschiedlicher organisatorischer Kontexte (Vertriebsleitung, Leitung F&E und Produktion, Leitung eines Geschäftsbereichs, Personalleitung, Leitung des kaufmännischen Bereichs, Leitung der Rechtsabteilung und Mitglied diverser Aufsichtsräte,

Leitung Marktforschung & Kommunikation, Leitung Interne Revision). Entsprechend der transnationalen Unternehmensausrichtung finden sich unter den Führungskräften Top-Manager deutscher und amerikanischer Herkunft, die zum Teil schon viele Jahre im Ausland arbeiten und insofern auch nicht mehr als typisch amerikanische oder typisch deutsche Führungskräfte eingeordnet werden können.

3 Die Arbeitssituation im Top-Management globaler Unternehmen

Führungsarbeit ist Kommunikationsarbeit. Auf diesen Satz kann das generelle Resultat aller Tätigkeitsanalysen am Arbeitsplatz von Führungskräften bezogen werden.

3.1 Die Zeit- und Tätigkeitsstruktur im Top-Management

Die Tätigkeitsanalyse auf der Basis der 14 Fallstudien liefert im Hinblick auf die *Zeitstruktur* folgendes Ergebnis: 90 Prozent ihrer Arbeitszeit verbringen die Top-Manager im Untersuchungsfeld durchschnittlich mit Kommunikation, 7 % mit Schreibtischarbeit. Interessant ist auch der Vergleich der Zeitanteile, wie die Führungskräfte über verschiedene Kommunikationskanäle kommunizieren. Fast 70 % der Gesamtarbeitszeit ist mit Face-to-face-Kommunikation ausgefüllt, wobei in verschiedenen Fallstudien der Anteil zwischen 50 % (Minimum) und 90 % (Maximum) variiert. Dies zeigt sehr deutlich, welchen Stellenwert in der geschäftlichen Kommunikation von Führungskräften die soziale Komponente der Kommunikation einnimmt. Die Bedeutung von Führung als sozialer zwischenmenschlicher Vorgang (vgl. auch Heinen 1984) drückt sich in diesem hohen Anteil der Face-to-face-Kommunikation aus. Sie ist auch ein Hinweis auf die Rolle von Führungskräften als Architekt zwischenmenschlicher Beziehungen sowohl innerhalb als auch außerhalb des Unternehmens (Networking).

Analysiert man den durchschnittlichen Arbeitstag eines Top-Managers im Hinblick auf die Verteilung der Arbeitsaktivitäten[18], so ergibt sich folgendes Bild für die *Tätigkeitsstruktur*: Pro Tag bewältigt jede Führungskraft in unserem Untersuchungspanel durchschnittlich das hohe Niveau von 94 Arbeits- bzw. Kommunikationsaktivitäten[19] bei einer mittleren Aktivitätsdauer von weniger als 6 Minuten. Hierbei zeigt sich: Während die Face-to-face-Kommu-

---

[18] Jedes Gespräch zählt wie jedes Telefonat, jede ein- oder ausgehende Voice-Mail-, E-Mail- oder Papier-Mitteilung und jeder Arbeitsabschnitt am Schreibtisch (Intervalle, in denen keine Beschäftigung mit irgendwelchen Medien erfolgt) als eine Aktivität.

[19] Als Arbeitsaktivitäten zählen sämtliche Aktivitäten einschließlich der Schreibtischarbeit. Kommunikationsaktivitäten sind lediglich die mit Kommunikation verbundenen Aktivitäten, zu denen im Rahmen dieser Untersuchung allerdings auch asynchrone Kommunikationsvorgänge (E-Mail lesen, einen Brief schreiben etc.) gezählt werden.

nikation den zeitlichen Löwenanteil des Arbeitstages ausfüllt, machen diese persönlichen Kontakte nur 28 % aller Aktivitäten aus. 16 % der Aktivitäten entfallen auf Telefonieren, Audio- oder Videokonferenzen und über 30 % aller Aktivitäten auf die asynchronen Kommunikationsmedien Voice Mail, Fax und E-Mail. Dabei setzen Top-Manager diese Telemedien zum Teil persönlich, zum Teil aber auch assistiert mit Hilfe des Sekretariats ein. Herkömmliche Briefe und Papierpost tragen im Durchschnitt mit 13 % zum Aktivitätsmuster bei, wohingegen stationäre Schreibtischarbeiten nur mit 9 % der Arbeitsvorgänge zu Buche schlagen.

Der Vergleich zwischen *Zeitprofil* und *Aktivitätsprofil* ist aufschlußreich: Während die neuen asynchronen Telemedien (Telefax, Voice Mail und E-Mail) zeitlich nur 7 % des Arbeitstages belegen, werden mehr als 35 % aller Kommunikationsaktivitäten über diese neuen Medien abgewickelt. Das Medium E-Mail, das noch vor wenigen Jahren nicht zu den Kommunikationsmedien im Führungsbereich zählte, nimmt im Untersuchungsfeld heute schon vom durchschnittlichen Aktivitätsvolumen nach den persönlichen Kontakten den zweiten Platz ein. Dies macht Sinn, denn persönliche Kommunikation, die im Führungsbereich aufgabenbedingt im Vordergrund steht, sofern Sozialbeziehungen die Aufgabeninhalte bestimmen, wird sinnvoll ergänzt durch schnelle, asynchrone Kommunikationsmedien.

3.2 Zeit- und Aktivitätsmuster heute im Vergleich zum Bild der 70er Jahre

Der Vergleich des Zeit- und Aktivitätsniveaus mit den Untersuchungen von Mintzberg vor 25 Jahren ist in mancher Hinsicht problematisch und dennoch gerade für Aussagen über die Veränderungen der Situation von Top-Managern in global agierenden Unternehmen von besonderem Reiz. Dieser Vergleich kann deshalb gewagt werden, weil die Untersuchungsmethodik in der von uns durchgeführten Analyse sich in wesentlichen Punkten an den Untersuchungsmethoden von Mintzberg ausrichtete und in einigen Untersuchungsschwerpunkten sogar noch weiter in die Tiefe geht (vgl. hierzu Goecke 1995). Abbildung 1 zeigt den Vergleich der Zeitprofile. Abbildung 2 zeigt den Vergleich der Aktivitätsprofile zwischen den von uns ermittelten Ergebnissen und den Ergebnissen von Mintzberg. Eine einfache Umkodierung der Aufzeichnungen gemäß des Mintzberg'schen Aktivitätsbegriffs[20] ermöglicht die Gegenüberstellung der Untersuchungsergebnisse.

---

[20] Mintzberg faßt Schreibtischaktivitäten, die Postbearbeitung und Dialoge mit Sekretariatskräften pauschal als Desk Work zusammen (vgl. Mintzberg 1973, Goecke 1995).

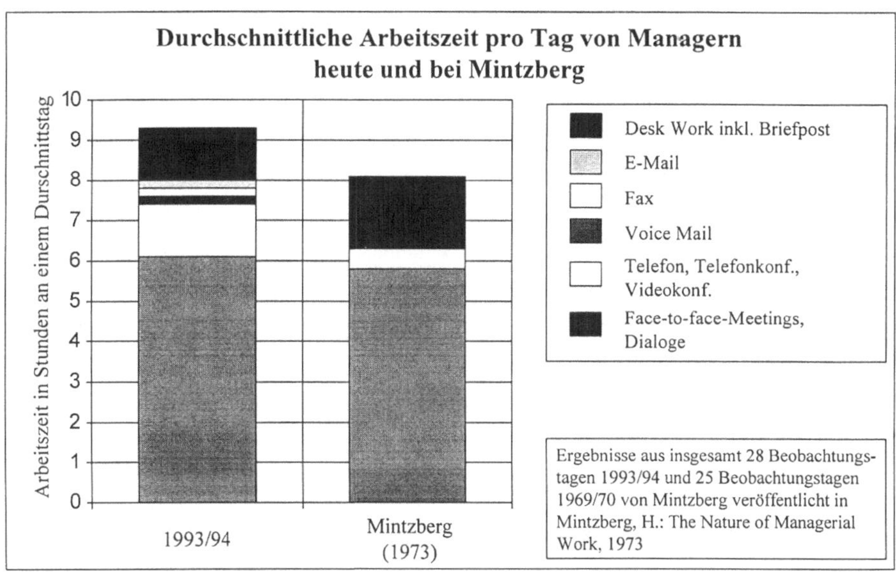

Abbildung 1: Vergleich der absoluten Zeitprofile mit der Untersuchung von Mintzberg

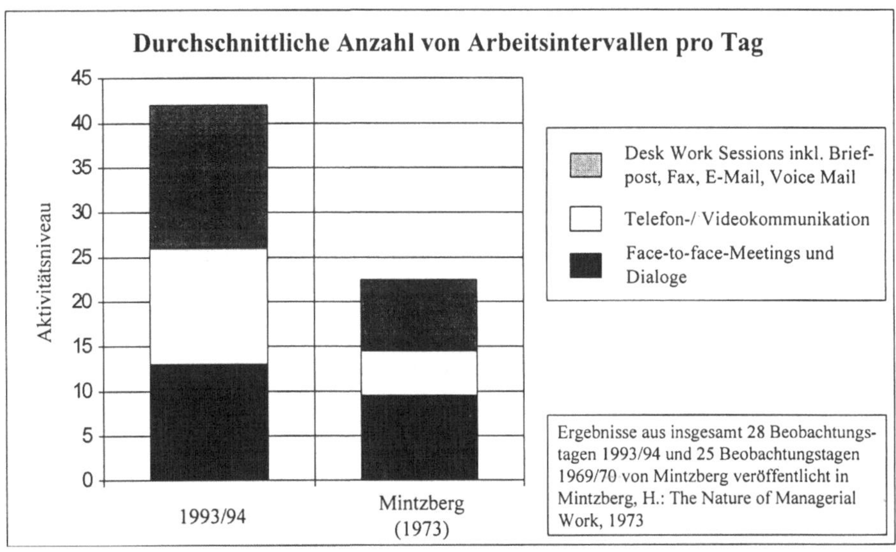

Abbildung 2: Vergleich der Aktivitätsprofile mit den Ergebnissen von Mintzberg

Diese Zeit- und Aktivitätsvergleiche sind selbsterklärend. Doch reicht die Auswertung der Zeit- und Aktivitätsmuster alleine nicht aus, um die Arbeitssituation in der obersten Führungsetage heute zu erfassen. Erst bei Kenntnis der inhaltlichen Aufgabenstrukturen läßt sich ableiten, welche Bedeutung die Fragmentierung hat, inwieweit der Arbeitsalltag mehr oder weniger planbar ist, inwieweit Managementaktivitäten eigenbestimmt oder fremdbestimmt sind, d.h. welche Möglichkeiten sich für einen zeitlichen Planungsansatz im Top-Management ergeben, und inwieweit das Zeitmanagement durch den Einsatz der Telemedien mehr oder weniger beherrscht werden kann. Diesem Fragenkomplex wurde im Rahmen der empirischen Untersuchung ein besonderer Schwerpunkt gewidmet: die sogenannte Episodenanalyse. Sie gibt neue Aufschlüsse über den Zusammenhang von Manageraktivitäten und den darunterliegenden Problemlösungsprozessen, den eigentlichen inhaltlichen Aufgaben, die von den Führungskräften im Tagesablauf bewältigt werden. Hier können nur summarisch Ergebnisse dargestellt werden, um die Arbeitssituation im Führungsbereich zu charakterisieren. Für Details sei auf Reichwald/Goecke (1994), Goecke (1995) sowie Pribilla/Reichwald/Goecke (1996) verwiesen.

3.3 Die aktuelle Arbeitssituation im Führungsbereich

Die Analyse der aktuellen Arbeitssituation im Führungsbereich der drei High-Tech-Unternehmen und der Vergleich mit den Ergebnissen bisheriger Studien über die Arbeit im Top-Management Anfang der 70er und 80er Jahre erbrachte folgende Ergebnisse, aus denen sich erste Anforderungen an die Unterstützung der Führungsarbeit durch neue Medien ableiten lassen:

- Im Rahmen des globalen Wettbewerbs und des Abbaus von Hierarchien ist die Arbeit im Führungsbereich noch stärker als in der Vergangenheit durch hohe Aktivitätsraten, Unterbrechungen, Arbeitsüberlastung und Zeitdruck geprägt. Der Nutzen neuer Telemedien im Führungsbereich hängt somit entscheidend davon ab, ob und wie sie die Bewältigung stark fragmentierter Arbeitstage erleichtern.
- Die Aufgabenbewältigung im Top-Manangement ist gekennzeichnet durch episodenhafte Beiträge zu einer Vielzahl von parallel in der Organisation ablaufenden Aufgaben. Täglich auftretende Ad-hoc-Aufgaben, die ungeplant, wichtig, dringend und mithin unaufschiebbar sind, erfordern eine hohe Flexibilität der Arbeitsorganisation. Ansätze zur Verbesserung der Managementeffizienz müssen sich daher auf die Unterstützung der Führungskräfte bei der kooperativen Bewältigung des durch hohe Eigendynamik geprägten Aufgabengeflechts konzentrieren.
- Der Mobilitätsbedarf im Führungsbereich, der sich trotz der vielfältigen Möglichkeiten zur Telekooperation aus dem besonderen Bedarf der Führungskräfte nach Face-to-face-Kommunikation ergibt, ist vor dem Hintergrund der Globalisierung weiter angestiegen. Erfolgreiches Management hängt deshalb entscheidend davon ab, ob und wie die Informa-

tionsflüsse auch bei dienstreisebedingter Abwesenheit des Managers aufrechterhalten werden können.

- Funktionsfähige Sekretariate leisten wichtige Beiträge zur Flexibilität und Leistungsfähigkeit der Top-Manager. Vor dem Hintergrund hoher Aktivitätsraten und besonders zahlreicher Unterbrechungen sind Ansätze zur Unterstützung der Sekretariatsarbeit durch neue Medien vielversprechend, wenn sie gleichzeitig die notwendige enge Einbindung des Sekretariats in die Arbeitsabläufe des Managers sicherstellen.
- Zwischen 70 % und 90 % ihrer Arbeitszeit verbringen Top-Manager, indem sie mit einer großen Zahl von Kooperationspartnern kommunizieren. Davon gehören 70 % zum Kreis der Mitarbeiter und Kollegen. Entsprechend dieser hohen Bedeutung der internen Kommunikation haben Verbesserungen der internen Kommunikation durch Anwendung neuer Telemedien ein hohes Effizienzpotential, wobei jedoch die besondere Präferenz der Führungskräfte für mündliche Kommunikationsformen zu berücksichtigen ist.
- Im Zuge des Wandels der organisatorischen und marktbezogenen Rahmenbedingungen werden Führungskräfte mit neuen Rollen konfrontiert. Als Networker, Coach und Kommunikator gemeinsamer Ziele und Visionen müssen sie besonders soziale Aspekte der Kommunikation berücksichtigen. Der Erfolg neuer Telemedien im oberen Führungsbereich hängt somit auch davon ab, in welcher Weise sie die neuen Rollenanforderungen der Führungskräfte unterstützen können.
- Die Globalisierung und Dezentralisierung der Unternehmensaktivitäten macht eine intensive Kooperation der Top-Manager mit einer großen Zahl von geographisch weit verteilten Partnern notwendig. Die Führung entfernter Mitarbeiter unter der Anwendung von Telekommunikationsmedien im Rahmen der Telekooperation wird zu einer neuen Schlüsselkompetenz von Führungskräften.

4 Neue Medien und ihr Nutzen im Alltag von Top-Managern

In den Fallstudien ergeben sich situationsbedingt sehr verschiedene Anwendungsmodelle neuer Medien. Im Untersuchungsfeld sind die beobachteten Nutzungsarten neuer Telekommunikationsmedien mit unterschiedlichen Auswirkungen auf die Arbeits- und Kooperationsstrukturen und auf die Arbeitseffizienz verbunden. Ein wichtiges Beurteilungskriterium ist dabei, inwieweit das jeweilige Anwendungsmodell den Anforderungen der Aufgabensituation im Führungsbereich gerecht wird und zur Problemlösung in geeigneter Form beiträgt.

4.1 Drei Anwendungsmodelle neuer Telemedien im Führungsbereich

In den Fallstudien lassen sich erhebliche Unterschiede im Kommunikationsverhalten erkennen, die vor allem auch verschiedene Nutzungsformen der neuen Telemedien einbeziehen. Ein signifikantes Unterscheidungskriterium bildet das Nutzungsverhalten der Manager bezüglich der asynchronen Telekommunikationsmedien E-Mail und Voice Mail. Nach Anwendungsform und Anwendungsintensität der neuen Telemedien können durch Clusterung der 14 Fallstudien drei Gruppen von Top-Managern gebildet werden, die sich drei Anwendungsmodellen der neuen Medien zuordnen lassen:

- *Traditionelles Modell:* Die erste Gruppe mit insgesamt vier Top-Managern nutzt E-Mail bzw. Voice Mail nicht oder nur in geringem Umfang. Jedoch wird von allen Top-Managern dieser Gruppe viel über das Telefon und herkömmliche Briefpost kommuniziert.

- *Autarkiemodell:* Die zweite Gruppe von insgesamt sechs Top-Managern verwendet E-Mail oder Voice Mail intensiv und persönlich. Zwei Führungskräfte in dieser Gruppe setzen E-Mail nur wenig ein, verwenden dafür aber Voice Mail besonders häufig.

- *Kooperationsmodell:* Die dritte Gruppe von ebenfalls vier Top-Managern nutzt E-Mail besonders intensiv, die Bedienung erfolgt aber überwiegend über das Sekretariat. Alle eingegangenen Mitteilungen werden deshalb täglich für den Manager ausgedruckt. Nur in bestimmten Situationen und auf Reisen werden die Medien auch autark genutzt.

Abbildung 3 zeigt die charakteristischen Aktivitätsmuster der drei Anwendungsmodelle neuer Telemedien.

Versuche, die Kommunikationsmuster der Führungskräfte nach der jeweiligen Organisations- bzw. Landeskultur zu gruppieren, wiesen keine so deutlichen Typen auf, wie sie bei der Clusterung nach Anwendungsmodellen offensichtlich sind. Daß auch die Unternehmens- und Landeskultur das Anwendungsmuster beeinflußt, ist anzunehmen. Jedoch ist in keinem der drei Unternehmen ein homogenes Anwendungsmuster feststellbar. Die drei Anwendungsmodelle sind also nicht organisations- oder kultur-spezifisch. Durchschlagend sind andere Einflußfaktoren, wie Persönlichkeit und Kooperationsstruktur, und zum anderen die Heterogenität der Organisationen selbst. Allgemein ist davon auszugehen, daß die drei beschriebenen Anwendungsmodelle in allen Organisationen angetroffen werden können, in denen den Mitarbeitern sämtliche Kommunikationsformen zur Verfügung stehen.

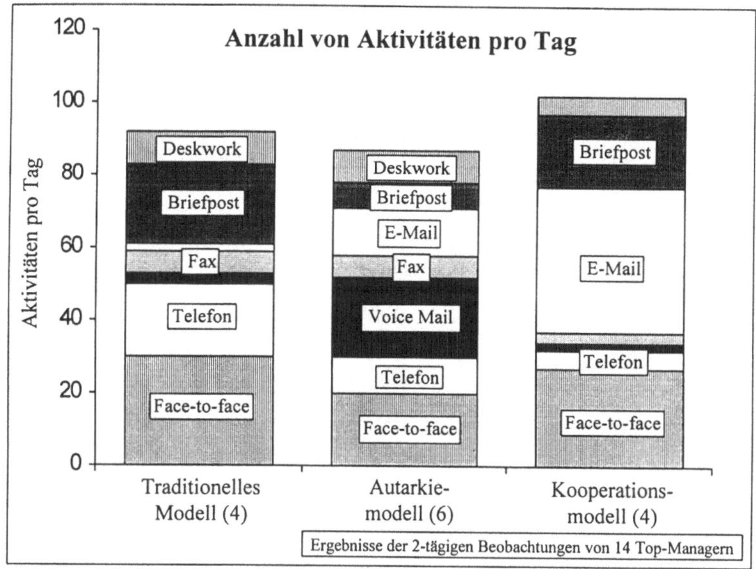

Abbildung 3: Aktivitätsmuster in den drei Anwendergruppen

4.2 Global Acting: Die geographische Verteilung der Kooperationsbeziehungen

Die Globalisierung der Geschäftsaktivitäten multinationaler Unternehmen stellt die Führungskräfte vor die wichtige Aufgabe, mit entfernten externen Partnern zusammenzuarbeiten und Mitarbeiter an entfernten Standorten zu führen. Vergleicht man die Anzahl und die geographische Verteilung der Kooperationspartner, mit denen an den Beobachtungstagen kommuniziert wurde, können abhängig vom Anwendungsmodell erhebliche Unterschiede festgestellt werden (vgl. Abbildung 4).

Bei den Top-Managern des Autarkiemodells zeigt sich ein hoher Anteil entfernter Kooperationspartner (35 %). In den beiden anderen Anwendergruppen liegt der Anteil entfernter Kooperationspartner dagegen unter 15 %. Diese Ergebnisse lassen Schlußfolgerungen zu, die einen Zusammenhang zwischen der Nutzung der Telemedien und der geographischen Verteilung der Kooperationspartner (Global Acting) nahelegen.

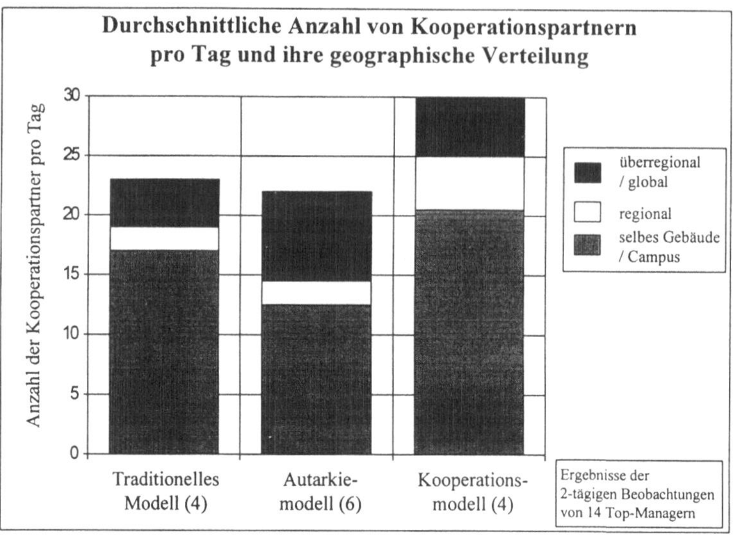

Abbildung 4: Durchschnittliche Anzahl und geographische Verteilung der Kooperationspartner an den Beobachtungstagen

Die Beurteilung der drei Managergruppen aus der Sicht ihrer Mitarbeiter paßt zu diesem Resultat. Als Ergebnis der Interviews entfernt agierender Mitarbeiter ist die intensive Nutzung von Telemedien im Führungsprozeß (Telemanagement) eine zentrale Voraussetzung für räumliche Dezentralisierung. Sie räumt den entfernten Mitarbeitern ähnliche Partizipationsmöglichkeiten wie den lokalen Mitarbeitern ein. So zeigte sich in den Interviews, daß die entfernt agierenden Mitarbeiter, die mit ihren Chefs persönlich über Telefon, E-Mail oder Voice Mail kommunizieren (Autarkiemodell), äußerst zufrieden mit der Zugänglichkeit ihres Chefs sind. Hervorgehoben wird der direkte Kontakt zum Manager. In den beiden anderen Gruppen wurden dagegen häufiger Schwierigkeiten angesprochen, spontan einen direkten Kontakt zum Vorgesetzten zu bekommen. Beklagt wurde von den entfernt agierenden Mitarbeitern weniger das Problem, dringende und wichtige Informationen abzusetzen als vielmehr die Schwierigkeit, direkten persönlichen Kontakt mit dem Chef aufrechtzuerhalten.

Die Top-Manager des Kooperationsmodells kommunizieren *lokal* mit mehr Personen als ihre Kollegen in den Vergleichsgruppen. Dieses ergibt sich zum einen aus der Präferenz für Meetings (im Regelfall mit vielen Teilnehmern). Daneben zeigt sich in dieser Gruppe ein außerordentlich hohes Aufkommen an E-Mail-Nachrichten, die arbeitsteilig mit dem Sekretariat abgewickelt werden. Der Vorzug dieses Modells besteht darin, daß die persönliche Kommunikation der Manager vor Ort in Meetings und die asynchrone Kommunikation per Telemedien über das Sekretariat sich gegenseitig nicht beeinträchtigen. Hier wird eine besondere Komplementarität dieser beiden Kommunikationsformen bezüglich der möglichen Parallelität und auch bezüglich einer gewissen Führungseffizienz deutlich.

Die Beurteilung der Effizienz des Medieneinsatzes im Führungsbereich ist abhängig von der Situation und vom Anwendungsmodell. Effizienzaussagen können also nicht generalisiert werden, vielmehr hängen sie davon ab, wie die Aufgabenstruktur und die Kooperationsbeziehungen im lokalen und im globalen Bereich von Führungskräften beschaffen sind. Tendenziell lassen die Ergebnisse folgende Schlußfolgerung zu:

Das Autarkiemodell der Mediennutzung ist hocheffizient bei einer großen Anzahl globaler Partner; das Kooperationsmodell ist hocheffizient bei einer großen Anzahl lokaler Partner.

4.3 Medieneinsatz und Mobilität: Das Telekommunikations-Paradoxon

Ein hoher Mobilitätsbedarf zählt zu den besonderen Kennzeichen der Arbeit im oberen Führungsbereich global operierender Unternehmen. Daher stellt sich die Frage, welches Anwendungsmodell neuer Telemedien die Kommunikationsanforderungen mobiler Führungskräfte am besten unterstützt.

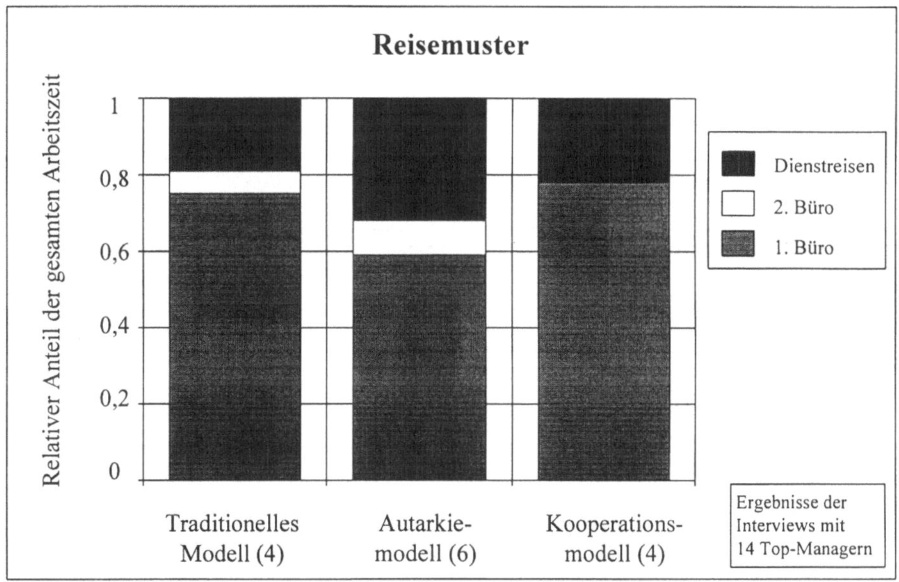

Abbildung 5: Mobilität der Top-Manager in den drei Anwendergruppen

Die Analyse des Reiseverhaltens der Top-Manager in den drei Anwendergruppen (vgl. Abbildung 5) belegt, daß die Führungskräfte, die dem Autarkiemodell zuzuordnen sind, auch die höchste Mobilität aufweisen. Manager, die zu den autarken Anwendern der neuen Medien gehören, reisen mehr als ihre Kollegen. Diese Befunde belegen das (bislang nur als Vermutung formulierte) sogenannte *Telekommunikations-Paradoxon* (vgl. auch Reichwald 1994, S. 28). Es besagt, daß der Medieneinsatz im Management nicht zur Substitution von

Dienstreisen beiträgt, wie in der Vergangenheit vielfach prognostiziert (und bis heute vor allem für die Multimedia-Kommunikation behauptet wird). Das Gegenteil ist der Fall: Insgesamt geht eine intensive Nutzung der Telekommunikation bei den mobilen Managern mit einer Zunahme des zeitlichen Anteils der Face-to-face-Kommunikation mit entfernten Partnern einher. Die Viel-Nutzer von Telemedien sind also offensichtlich auch die "Viel-Reisenden"; dies gilt für das Autarkiemodell, und dafür gibt es gute Gründe. Das Telekommunikations-Paradoxon erklärt sich mit der Verbesserung der Kooperationssituation im Innenverhältnis durch den Einsatz der Telekommunikationsmedien (standort- und zeitunabhängig) und wegen des gestiegenen Bedarfs der Face-to-face-Kommunikation aufgrund der neuen Rollen des global agierenden Managers als Networker und Coach.

5 Telemedien im Führungsbereich - eine zusammenfassende Bewertung

Wie die zusammenfassende Übersicht der Untersuchungsergebnisse in Abbildung 6 zeigt, ist die Effizienz des Einsatzes von Telemedien im Managementbereich abhängig vom Anwendungsmodell der neuen Telekommunikationsformen und der Ausprägung der individuellen Situation.

Effizienz- / Effektivitätskriterium:	**Traditionelles Modell**	**Autarkie-modell**	**Kooperations-modell**
Reduzierung der Papierflut	–	+	– –
Assistenzbedarf	o	+ +	+
Delegationsmöglichkeiten / Ad-hoc-Aufg.	+	–	+ +
Kommunikationsrate	+	+	+
Aufgabendurchsatz	+	+	+
Bewältigung interner Komm.probleme	o	+ +	+
Zeitmanagement / zeitl. Flexibilität	–	+	+ +
Beschleunigung des Informationsflusses	o	+ +	+
Anzahl der Kommunikationspartner	+	o	+ +
Kooperation mit entfernten Partnern	+	+ +	o
Unterstützung der Mobilität	+	+ +	+
Teamkommunikation	+ +	–	+

Abbildung 6: Effizienzbewertung der drei Anwendungsmodelle neuer Telemedien (++: sehr vorteilhaft, ..., o: keine Wirkung, ..., – –: sehr nachteilig)

Vom Anwendungsmodell ist auch die Auswirkung der Telemedien auf die Arbeits- und Kooperationsbeziehungen des Managers abhängig. Die Ergebnisse der empirischen Untersuchung zum Nutzen der Telemedien im Führungsbereich liefern hier in mehrfacher Hinsicht interessante Ansatzpunkte (vgl. auch Reichwald / Möslein 1996). Allgemein zeigt sich im

Management ein steigender Bedarf nach Face-to-face-Kommunikation. Mehr Face-to-face-Kommunikation mit entfernten Partnern aber wirkt als Belastungsverstärker für die Arbeitssituation des Managers: physische Belastung, Abwesenheit, schlechte Erreichbarkeit und Zeitdruck. Telepräsenz könnte der Ausweg sein. Jedoch: alle Prognosen über die Substitution von Face-to-face-Kommunikation durch Telemedien erweisen sich als Fehleinschätzung:

Gerade die Viel-Nutzer von Telemedien reisen mehr.

6 Literatur

Aleman, H. v. /Ortlieb, P. (1975): Die Einzelfallstudie; in: Van Koolwijk, J. /Wieken-Mayser, M. (1975) (Hrsg.) Techniken der empirischen Sozialforschung - Band 2 Untersuchungsformen; München 1975, S. 157-177.

Beckurts, K.-H. /Reichwald, R. (1984): Kooperation im Management mit Integrierter Bürotechnik - Anwendererfahrungen; München 1984.

Carlson, S. (1951/1991): Executive Behavior: A Study of the Work Load and the Working Methods of Managing Directors; Stockholm 1951; wiederaufgelegt 1991 in: Carlson/ Mintzberg/ Stewart: Executive Behavior; Uppsala 1991, S. 13-94.

Goecke, R. (1995): Neue Arbeits- und Kooperationsformen im oberen Führungsbereich vor dem Hintergrund neuer Kommunikationstechniken - Ergebnisse einer Fallstudienuntersuchung; Dissertation an der Technischen Universität München, München 1995.

Heinen, E. (1984): Betriebswirtschaftliche Führungslehre; 2. Aufl., Wiesbaden 1984.

Mintzberg, H. (1973): The Nature of Managerial Work; Englewood Cliffs N.J. 1973.

Pribilla, P. /Reichwald, R. /Goecke, R. (1996): Telekommunikation im Management - Strategien für den globalen Wettbewerb; Stuttgart 1996.

Reichwald, R. (1994): Wachstumsmarkt Telekooperation, Arbeitsberichte des Lehrstuhls für Allgemeine und Industrielle Betriebswirtschaftslehre, Band 5, München, Januar 1994.

Reichwald, R. /Goecke, R. (1994): New Communication Media and New Forms of Cooperation in the Top-Management Area; in: Bradley, G.E. / Hendrick, H.W. (Hrsg.): Human Factors in Organizational Design and Management - IV; Amsterdam etc. 1994, S. 511-518.

Reichwald, R. / Möslein, K. (1996): Telekooperation und Dezentralisierung: Eine organisatorisch-technische Perspektive, in: Sandkuhl, K. / Weber, H. (Hrsg.) (1996): "Telekooperations-Systeme in dezentralen Organisationen", Tagungsband, ISST-Bericht 31/96, Berlin, Februar 1996, S. 51-66.

Stewart, R. (1967): Managers and their Jobs - A study of the similarities and differences in the ways managers spend their time; London 1967.

Yin, R.K. (1994): Case Study Research - Design and Methods; Thousand Oaks etc. 1994.

CSCW - Werkzeuge für Forscher und Manager in europaweiten Telekommunikationsprojekten

Andreas Böhm, Wolfgang Oberndorfer, Roland Schmitz, Stefan Uellner

1. Einführung
2. Technische Details der Fragebögen
3. Nutzerprofil
4. Klassen von CSCW Werkzeugen
5. Nutzungshäufigkeit und Bewertung der CSCW-Werkzeugklassen
   5.1 Heutige Nutzungshäufigkeit
   5.2 Erwartete zukünftige Nutzungshäufigkeit
   5.3 Momentane Nützlichkeit
   5.4 Zukünftige Nützlichkeit
   5.5 Zukunftspotential der betrachteten Klassen von CSCW-Werkzeugen
6. Schlußfolgerungen
7. Literatur

Zusammenfassung

Damit neue CSCW-Technologien effektiv genutzt werden, ist es notwendig, daß sie von ihren Benutzern nicht nur beherrscht, sondern auch akzeptiert und für nützlich gehalten werden. Mit Hilfe von Fragebögen wurden zwei spezielle Nutzergruppen, die der Forscher und der Manager in verteilt arbeitenden Forschungsteams, auf ihre momentane Nutzung, ihre Bedürfnisse und ihr Akzeptanzverhalten im Hinblick auf verschiedene Klassen von CSCW-Werkzeugen hin untersucht. Die dabei erhaltenen Ergebnisse lassen Rückschlüsse auf das Selbstverständnis der betrachteten Nutzergruppen und darauf zu, welche Klassen von CSCW-Werkzeugen aus Nutzersicht das größte Zukunftspotential besitzen.

1 Einführung

Die Einführung neuer CSCW-Technologien in eine bestehende IV-Struktur erfordert die gründliche Evaluierung der Bedürfnisse der zukünftigen Nutzer.

Viele Forschungsprojekte der europäischen Telekommunikationsunternehmen sind international, so daß ein erhöhter Kommunikationsbedarf über Firmen- und Ländergrenzen hinweg besteht. Zeitraubende und damit kostenintensive Dienstreisen werden notwendig, wenn Telefon und Post nicht mehr ausreichen. Um die Zahl von Dienstreisen zu reduzieren und die Effektivität der Arbeit zu verbessern ist das Interesse an CSCW-Werkzeugen sehr hoch. Aber auch die tägliche Arbeit an gemeinsamen Dokumenten läßt sich durch entsprechende CSCW-Werkzeuge erheblich vereinfachen. Von besonderem Interesse ist hierbei die Frage, welche CSCW-Werkzeuge welche Aufgaben in einem verteilten Forschungsprojekt besonders unterstützen: So gibt es Aufgaben koordinativer oder administrativer Natur wie das Abstimmen eines Treffens oder die Entscheidungsfindung über den Fortgang eines Projekts, die typischerweise eher von Managern im Bereich Forschung und Entwicklung wahrgenommen werden, und andere Aufgaben wie das Erstellen und die Diskussion über gemeinsame Dokumente, die für die Forscher in verteilten Projektteams typisch sind.

Das Ziel der vorliegenden Arbeit ist die Beantwortung der Frage, inwieweit von diesen verschiedenen Nutzergruppen CSCW-Werkzeuge bereits benutzt werden, und inwieweit ein weiterer Bedarf gesehen wird. Besonders interessant ist in diesem Zusammenhang, ob sich „Forscher" und „Manager" in ihrem Verhalten signifikant unterscheiden. Hierzu wurden Teilnehmer an EURESCOM[21]-Projekten, also Mitarbeiter in den Forschungs- und Entwicklungsabteilungen europäischer Netzbetreiber, per E-Mail befragt. Neben Fragen zu persönlichen Daten enthielt der Fragebogen im wesentlichen Fragen zur momentanen und erwarteten zukünftigen Nutzung und Einschätzung elf verschiedener Klassen von CSCW-Werkzeugen. Technische Details zu diesen Fragebögen wie Anzahl der Adressaten und Anzahl der ausgewerteten Fragebögen finden sich in Abschnitt 2 dieser Arbeit.

Um die eingangs gestellten Fragen zu beantworten, wurde neben der allgemeinen Auswertung auch eine gesonderte Analyse des Nutzungsverhaltens und der Erwartungen der Nutzergruppen der Forscher und der Manager in den Projektteams durchgeführt. Diese Analyse erlaubt Rückschlüsse auf die unterschiedlichen Einsatzmöglichkeiten und die unterschiedliche Akzeptanz von CSCW Werkzeugen in diesen Nutzergruppen sowie in internationalen Forschungsprojekten allgemein. Die dabei erhaltenen Ergebnisse dürften nicht allein für die Entwickler von CSCW Werkzeugen interessant sein, sondern auch für im Bereich CSCW arbeitende Psychologen und Arbeitswissenschaftler, da sich aus den Antworten Hinweise auf das Selbstverständnis der untersuchten Nutzergruppen „Forscher" und „Manager" ableiten lassen.

2 Technische Details der Fragebögen

Die Fragebögen wurden mit Hilfe einer von der EURESCOM gepflegten Adressenliste verschickt, in der die E-mail Adressen von 932 Personen, die in EURESCOM-Projekte involviert sind oder waren, enthalten sind. Dabei wurden ca. 130 Fehlermeldungen erzeugt, so daß man davon ausgehen kann, daß ungefähr 800 Personen[22] den Fragebogen erhalten haben. Die Fragebögen wurden am Montag, den 24. Juli 1995 versandt. Bis zum 25. August hatten

---

[21] EURESCOM steht für *European Institute for Research and Strategic Studies in Telecommunications.* Die EURESCOM wurde 1991 durch 20 Netzwerkbetreiber aus 16 europäischen Ländern gegründet mit dem Ziel, präkompetitive Forschungsprojekte der Netzwerkbetreiber zu initiieren und zu unterstützen (s. hierzu auch EURES (1996))

[22] Es liegt in der Natur der Sache, daß wir mit unserem Fragebogen im wesentlichen nur Personen mit E-Mail Anschluß erreichen konnten. In einigen Fällen wurden die Fragebögen jedoch auch kopiert und an andere Kollegen weitergegeben

90 Personen per E-Mail oder per Fax geantwortet. Danach wurden keine Fragebögen mehr in die Auswertung aufgenommen.

Der erste Teil der Fragebögen enthielt persönliche Angaben zu Alter, Geschlecht, Ausbildung, etc. Insbesondere wurde hier auch gefragt, ob sich der Betreffende eher als Manager oder als Forscher einschätzt. Die Auswertung dieses Teils des Fragebogens wird in Abschnitt 3 vorgenommen. Der zweite Teil fragte nach der momentanen und erwarteten zukünftigen Nutzung von elf verschiedenen Klassen von CSCW-Werkzeugen. Außerdem konnten die Beantworter diese Klassen nach ihrer Nützlichkeit für ihre momentane und zukünftige Arbeit bewerten. Diese Klassen von CSCW-Werkzeugen werden in Abschnitt 4 kurz vorgestellt; im Abschnitt 5 folgt dann die Auswertung des zweiten Fragenteils.

Die folgende Tabelle zeigt die Verteilung der versandten und zurückgeschickten Fragebögen auf die in der EURESCOM vertretenen Länder:

	BE	DE	DK	ES	FI	FR	IRL	IT	NL	NO	PT	SE	UK	andere	Σ
versandte Frageb.	14	76	49	64	70	89	19	109	58	56	81	83	89	74	932
angek.	11	55	45	61	68	78	19	91	54	51	57	72	79	51	794
geantw.	3	15	5	5	14	5	2	13	7	1	3	5	7	5	90
% Antw.	27	27	11	7	21	6	11	14	11	2	5	6	8	10	11

Tabelle 1: Verteilung der Fragebögen auf Länder

Nutzerprofil

Der erste Teil der Fragebögen befaßte sich mit dem persönlichen Profilen der befragten EURESCOM-Mitglieder (ähnliche Fragen zum Nutzerprofil stellte Arestova (1993, 68-75) russischen Computernutzern). Im folgenden geben wir die Antworten auf die wichtigsten dieser Fragen wider:

Von den Beantwortern der Fragebögen waren 54% jünger als 36 Jahre, 22% zwischen 36 und 45 Jahre alt und 24% älter als 45 Jahre.

93% der Fragebögen stammten von Männern, 7% von Frauen (Auf der Adressenliste der EURESCOM betrug der Frauenanteil 11%).

96% der Befragten hatten eine technische Ausbildung durchlaufen.

Bei einer Frage nach der Einstellung zu neueren Informationstechnologie konnten die Befragten zwischen fünf Möglichkeiten wählen. Es ergab sich folgendes Bild:

widerstrebend *(reluctant)*	1%
indifferent *(indifferent)*	0%
überzeugt *(convincible)*	9%
angetan *(favourable)*	61%
begeistert *(enthusiastic)*	28%

Tabelle 2: Einstellung zur Technologie

Bei der Frage nach dem Arbeitsbereich wurde unterschieden zwischen *Forschung* (56%), *Entwicklung* (23%), und *Management in Forschung und Entwicklung* (32%). (Mehrfachnennungen waren möglich.)

In diesem Zusammenhang ist es interessant zu bemerken, daß fast alle Befragten, also auch die Manager, eine technische Ausbildung durchlaufen haben. Ferner herrscht unter den Managern praktisch dieselbe Einstellung zur Technologie wie bei den Forschern vor: Ordnet man den fünf vorgegebenen Einstellungen Zahlenwerte von 1 bis 5 zu, so ergibt sich für die Forscher ein Durchschnitt von 4.158, bei den Managern ein Durchschnitt von 4.156.

4 Klassen von CSCW Werkzeugen

Im folgenden werden die elf Klassen von CSCW-Werkzeugen, die die Befragten im zweiten Teil des Fragebogens zu bewerten hatten, kurz erläutert. Die Klassen sind nach zunehmender Komplexität geordnet. Ähnliche Klassifikationen finden sich auch in (Sauterl et al. 1994, 517-526), (W3YP, 1994) oder (Grudin 1994, 19-26).

- **E-Mail**: Elektronische Post (E-Mail) dient zum Austausch meist kurzer Mitteilungen zwischen zwei oder mehr Personen. E-Mail kann durch Reflektoren oder mailing lists unterstützt werden, um größere Gruppen von Adressaten gleichzeitig erreichen zu können.

- **Message Conferencing**: Message Conferencing bedeutet text-basiertes, asynchrones, aber auch synchrones elektronisches Konferieren. Message Conferencing unterscheidet sich von einem einfachen E-Mail System durch die gebotenen Dienste, z. B. Organisation von Konferenzgruppen nach ihrem Thema oder das Sortieren von Nachrichten nach Datum, Absender und Betreff.

- **File Transfer**: File Transfer ist der Austausch von Dateien, die zum Beispiel Dokumente, Graphiken oder Bilder beinhalten können. Normalerweise ist dazu eine entsprechende Kodierung oder Konversion erforderlich, wie z. B. bei MIME unterstützter E-Mail oder uu-Kodierung.

- **Document Management Systems:** Diese Systeme stellen eine zentrale Verwaltung von gemeinsam bearbeiteten Dokumenten dar. Das Spektrum reicht von einfachen Dateiverwaltungssystemen mit unterschiedlichen Zugriffsrechten für die Nutzer bis hin zu sehr umfangreichen Systemen wie z. B. Lotus Notes.

- **Shared Blackboard:** Die Teilnehmer einer durch ein shared blackboard unterstützten Sitzung können in einem bei den Teilnehmern dargestellten gemeinsamen Fenster gleichzeitig schreiben und/oder zeichnen. Es können auch Anmerkungen (Unterstreichen, Einrahmen, etc.) zu einem angezeigten Dokument gemacht werden. Die Ergebnisse einer solchen Sitzung können gespeichert werden.

- **Desktop Conferencing:** Mit Hilfe von Desktop Conferencing Anwendungen ist es möglich, Audio- bzw. Videokonferenzen mit einem oder mehreren Teilnehmern vom Schreibtisch aus abzuhalten. Oft ist in diese Anwendungen ein Shared Blackboard integriert.

- **Joint Viewing**: Hierbei wird ein Dokument von einem Präsentator an die Teilnehmer einer Sitzung übertragen. Der Präsentator hat allein Kontrolle über das Dokument; sie kann jedoch auch während der Sitzung an andere übergeben werden.

- **Joint Editing**: Beim Joint Editing können die verschiedenen Teilnehmer einer Sitzung gleichzeitig ein gemeinsames Dokument auf ihren Bildschirmen editieren und Änderungen vornehmen. Diese Änderungen sind für jeden Teilnehmer sofort sichtbar und geschehen im Gegensatz zu Shared Blackboard Systemen unmittelbar im Dokument.

- **Scheduler:** Mit Hilfe eines Schedulers können personelle und physikalische Ressourcen (Räumlichkeiten o. ä.) koordiniert und auf diese Weise Sitzungen vorbereitet werden.

- **Decision Support:** Ein Group Decision Support System (GDSS) bietet die automatische Verarbeitung von Daten und Sitzungsresultaten. Dabei können die Teilnehmer ihre Gedanken und Ideen eingeben („Electronic Brainstorming") und das System unterstützt die Organisation und Auswertung dieser Daten. Das System kann eine Auswahl unter verschiedenen Alternativen basierend auf einer gewichteten Summe der für die Auswahl wichtigen Parameter treffen. Eventuell können auch Abstimmungen elektronisch unterstützt werden.

- **Workflow Management Systems:** In Workflow Management Systemen (WMS) werden wohldefinierte Geschäftsprozesse repräsentiert. Diese Systeme dienen dazu, die nötigen Schritte eines solchen Prozesses schnell und effektiv in der richtigen Reihenfolge durch die betreffenden Personen durchführen lassen zu können.

5 Nutzungshäufigkeit und Bewertung der CSCW-Werkzeugklassen

Im zweiten Teil der Fragebögen wurden die Adressaten für jede der oben aufgeführten Klassen gefragt:

- wie oft in einem Zeitraum von drei Monaten sie ein System aus dieser Klasse momentan für ihre Arbeit verwenden
- wie sie die Nutzungshäufigkeit in der Zukunft einschätzen
- wie sie die Nützlichkeit der CSCW-Systeme für ihre Arbeit bewerten und
- wie sie die Nützlichkeit für ihre zukünftige Arbeit bewerten

Die folgenden zwei Grafiken zeigen jeweils die von den Adressaten der Fragebögen geschätzten heutigen und zukünftigen Nutzungshäufigkeiten über einen Zeitraum von drei Monaten hinweg, während die darauf folgenden Grafiken die Einschätzung der heutigen und zukünftigen Nützlichkeit zeigen.

Dabei sind für die einzelnen Klassen jeweils die Antworten aller den Antworten der Forscher und Manager gegenüber gestellt. Zusätzlich wurde untersucht, ob die sich ergebenden Unterschiede bei einer Irrtumswahrscheinlichkeit von 5% statistisch signifikant[23] sind (das bedeutet, daß Forscher und Manager tatsächlich verschiedenen Grundgesamtheiten angehören) oder die Wahrscheinlichkeit größer als 5% ist, daß sich die Unterschiede aus der normalen statistischen Streuung ergeben. Die zugrunde liegenden numerischen Daten sind noch einmal im Anhang zusammengefaßt.

---

[23] In diese Signifikanzuntersuchung gehen neben den jeweiligen Durchschnittswerten auch die Anzahl der Antworten und die beobachtete Standardabweichung mit ein, siehe z. B. Mood et al. (1963, 251ff.).

5.1 Heutige Nutzungshäufigkeit

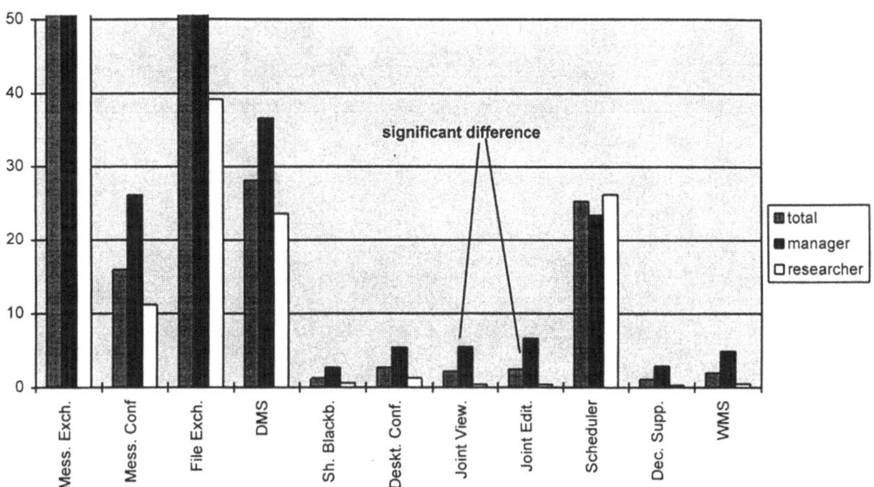

Abb. 1: Heutige Nutzungshäufigkeit der CSCW-Werkzeugklassen in drei Monaten

Die momentane Nutzungshäufigkeit gibt einen guten Überblick darüber, in welchem Maße der momentane Kommunikationsbedarf in verteilt arbeitenden Projektteams durch CSCW-Werkzeuge gedeckt wird.

Natürlich kann die hohe Nutzungsrate der E-Mail nicht überraschen: Abgesehen von der Tatsache, daß nur Personen mit E-Mail Anschluß den Fragebogen erhalten konnten, ist der elektronische Austausch von Nachrichten aus den Forschungs- und Entwicklungsabteilungen moderner Unternehmen nicht mehr wegzudenken.

Daneben sind momentan jedoch nur einfachere CSCW-Werkzeuge wie File Transfer und Dokumenten Management Systeme weit verbreitet und werden auch von allen gleichermaßen genutzt. Der Kommunikationsbedarf scheint weitgehend über E-Mail gedeckt zu werden. Bei den komplexeren Werkzeugen fällt auf, daß die Nutzungsrate zwar insgesamt niedrig ist, jedoch diese Werkzeuge von den Managern durchweg wesentlich häufiger genutzt werden[24]. Hier scheinen die Manager eine Art Vorreiterrolle zu spielen.

[24] Daß diese Abweichung nicht immer als statistisch signifikant betrachtet werden kann, liegt an der insgesamt zu geringen Nutzungsrate.

5.2 Erwartete zukünftige Nutzungshäufigkeit

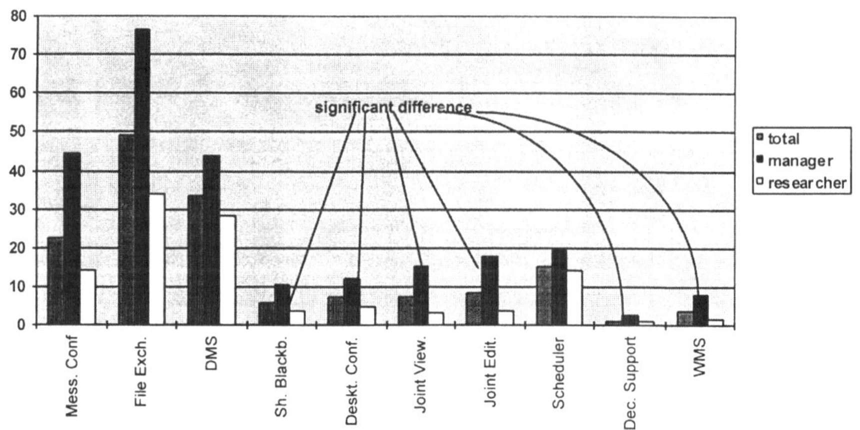

Abb. 2: Erwartete zukünftige Nutzungshäufigkeit in drei Monaten[25]

Im Vergleich mit der erwarteten Nutzungshäufigkeit (Abb. 2) bleibt das in Abb. 1 beobachtete Profil im Prinzip erhalten; allerdings haben die komplexeren Werkzeuge nun stark aufgeholt. Dies zeigt das insgesamt vorhandene Zukunftspotential von CSCW-Werkzeugen. Die laut Abb. 1 bereits heute auf hohem Nutzungsniveau angesiedelten Werkzeuge bleiben dort auch in Zukunft, können jedoch nur geringe Steigerungsraten verzeichnen. Dies läßt sich vielleicht mit einer Art Sättigungseffekt erklären: Diejenigen Nutzer, die ein solches Werkzeug wirklich benötigen, nutzen sie schon heute, und zwar mit derselben Frequenz wie in Zukunft.

Die in 5.1 angesprochene Vorreiterrolle der Manager setzt sich auch in Zukunft fort und verstärkt sich noch: Bei fast allen fortgeschrittenen CSCW-Werkzeugen erhält man nun eine signifikant höhere erwartete Nutzungshäufigkeit bei Managern als bei Forschern.

5.3 Momentane Nützlichkeit

Neben der Nutzungshäufigkeit der CSCW-Werkzeuge wurde auch nach der mehr subjektiven Nützlichkeit der Werkzeuge gefragt. Die Befragten konnten die Nützlichkeit der CSCW-Werkzeugklassen für ihre tägliche und ihre zukünftige Arbeit auf der Skala 1 = useless , 2 = of some use, 3 = generally useful, 4 = very useful, 5 = extremely useful bewerten.

[25] Hier wurde nicht mehr nach der Nutzungshäufigkeit von Message Exchange (E-mail) gefragt

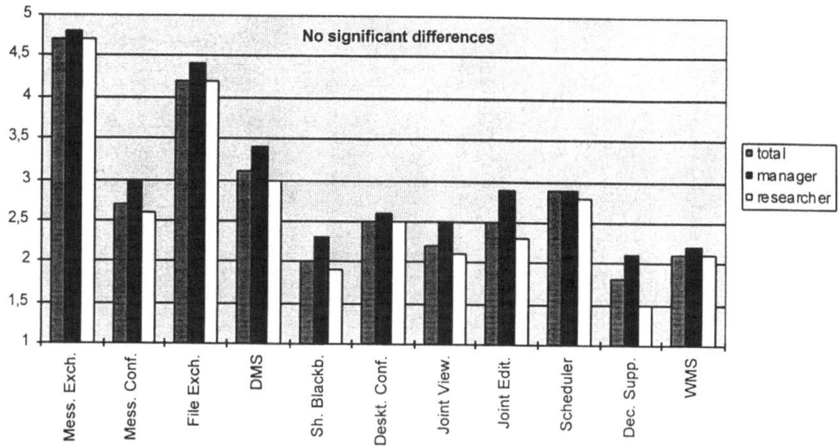

Abb. 3: Nützlichkeit der CSCW-Werkzeuge für die heutige Arbeit

Keines der Werkzeuge erhält einen Durchschnittswert, der deutlich unter 2 (= of some use) liegt, mit der Ausnahme der Decision Support Systeme bei den Forschern, was aufgrund der Aufgabenstellung dieser Systeme nicht weiter verwundert. Hieran läßt sich die insgesamt positive Grundeinstellung aller Befragten zu CSCW-Werkzeugen ablesen.

Auffällig ist, daß die Benotung von Managern und Forschern sehr einheitlich erfolgt, was daran liegen könnte, daß die Systeme entweder weit verbreitet und für alle gleichermaßen geeignet sind (wie E-Mail oder File Transfer), oder aber die Werkzeuge nicht sehr weit verbreitet sind und die Benotungen daher bloße Schätzungen darstellen. Ein geringer Verbreitungsgrad sorgt also für eine gewisse Nivellierung der Unterschiede bei den Nutzergruppen. Trotz der geringen Unterschiede kann man insgesamt sagen, daß auch in den Benotungen die Manager höher liegen als die Forscher, korrespondierend zu den Ergebnissen in Abschnitt 5.1. Insgesamt scheinen also die Manager CSCW-Werkzeuge zur Unterstützung ihrer Tätigkeit für geeigneter zu halten und schätzen deren Nützlichkeit entsprechend höher ein.

5.4 Zukünftige Nützlichkeit

Bei der Einschätzung der zukünftigen Nützlichkeit ist bei allen Werkzeugklassen die Bewertung angestiegen. Offensichtlich wird also bei allen ein erhöhter zukünftiger Bedarf an CSCW-Werkzeugen gesehen. Dabei liegen jedoch die Manager bei ihren Benotungen für die komplexeren Werkzeuge signifikant höher als die Forscher, sind also, was die zukünftigen Einsatzmöglichkeiten angeht, deutlich optimistischer als die Forscher, passend zu der bereits in Abb. 2 gezeigten höheren erwarteten Nutzungsrate bei den komplexeren Werkzeugen.

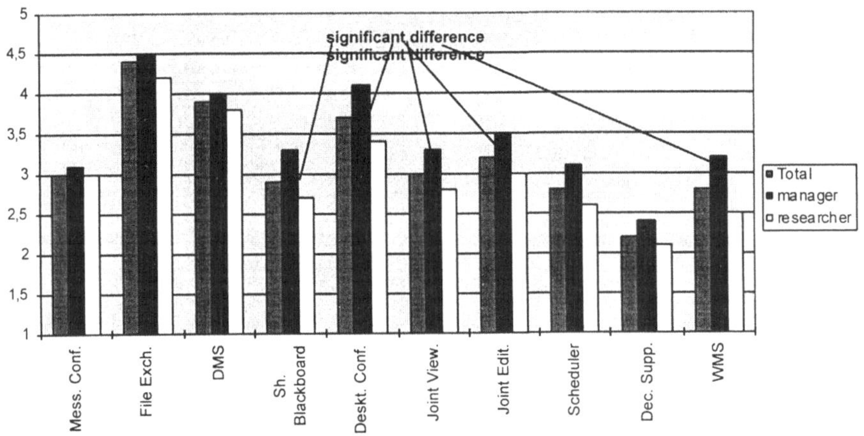

Abb. 4: Zukünftige Nützlichkeit

5.5 Zukunftspotential der betrachteten Klassen von CSCW-Werkzeugen

Mit den folgenden Grafiken wird versucht, die Informationen aus den vorangegangenen Grafiken zusammenzufassen und nach Nutzergruppen zu ordnen. Dazu schätzen wir für die betrachteten Klassen von CSCW-Werkzeugen das Zukunftspotential ab, indem wir den erwarteten relativen Anstieg in der Nutzungshäufigkeit gegen den relativen Anstieg in der Bewertung von heute zur zukünftigen Bewertung auftragen. Je weiter rechts und je weiter oben ein Werkzeug in einer solchen Grafik angesiedelt ist, desto größer erscheint sein Zukunftspotential.

Hier ist deutlich eine Häufung der zu der Familie der *Shared Information Spaces* (vgl. Rodden et al. (1989) zu dieser Nomenklatur) gehörenden Klassen Desktop Conferencing, Joint Viewing, Joint Editing und Shared Blackboard in der „zukunftsträchtigen" rechten oberen Ecke zu erkennen. Ganz offensichtlich wird diesen Werkzeugen von allen Nutzergruppen zugetraut, sie in der Zukunft in ihrer täglichen Arbeit gut unterstützen zu können.

Die näherungsweise „monotone" Anordnung der Punkte zeigt, daß ein Anwachsen der Nutzungshäufigkeit ein Anwachsen in der Bewertung in ungefähr demselben Grad nach sich zieht.

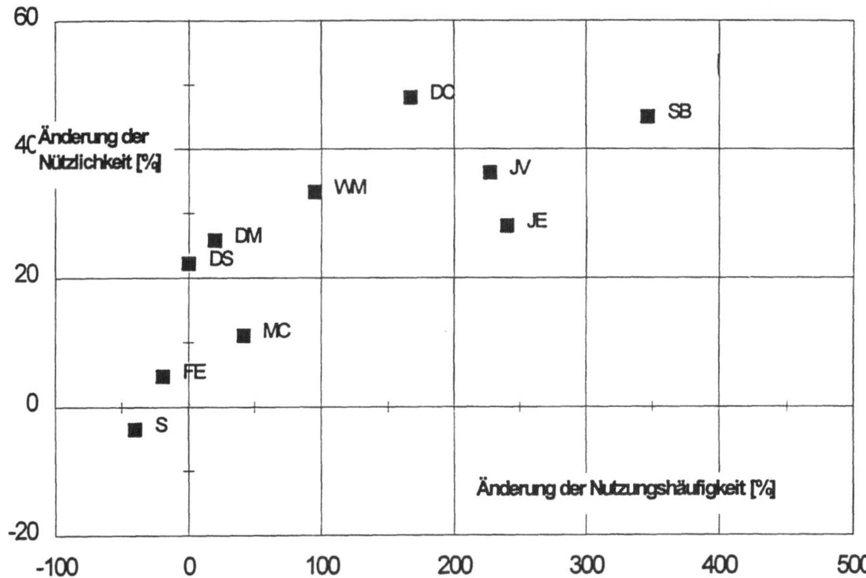

(MC: Message Conferencing, FE: File Exchange, DM: Document Management Systems, SB: Shared Blackboard, DC: Desktop Conferencing, JV: Joint Viewing, JE: Joint Editing, S: Scheduler, DS: Decision Support, WM: Workflow Management Systems)

Abb. 5: Zukunftspotential: Alle Antworten

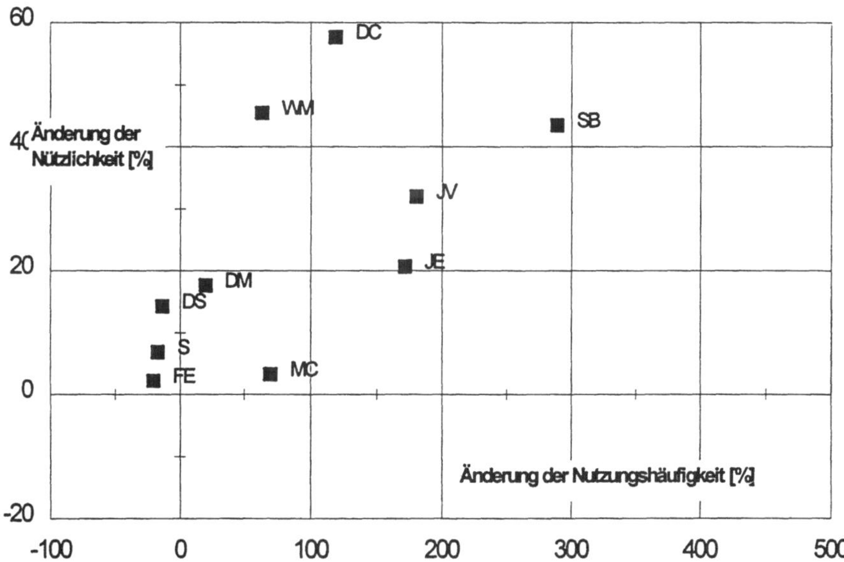

(MC: Message Conferencing, FE: File Exchange, DM: Document Management Systems, SB: Shared Blackboard, DC: Desktop Conferencing, JV: Joint Viewing, JE: Joint Editing, S: Scheduler, DS: Decision Support, WM: Workflow Management Systems)

Abb. 6: Zukunftspotential: Antworten der Manager

Auch bei den Managern zeigt sich die bereits oben beobachtete Gruppierung der Shared Information Space Systems in der oberen Diagrammhälfte, jedoch hier mit einem höheren Gewicht auf Desktop Conferencing und Shared Blackboard, also Werkzeuge, die besonders den Aspekt der Diskussion im kooperativen Arbeiten unterstützen. Dies bestätigt die Erwartungen im Hinblick auf die rollenspezifischen Tätigkeiten der Manager. Auch die Position der Workflow Management Systeme ist vor diesem Hintergrund verständlich. Überraschend ist hingegen das schlechte Abschneiden der Decision Support Systeme gerade auch bei den Managern. Hier wird scheinbar auch in der Zukunft kein besonderer Bedarf gesehen, was damit zu tun haben mag, daß wir es hier mit Managern in Forschung und Entwicklung zu tun haben, wo Entscheidungen eher in kleinem Kreis gefällt werden (zu einer Befragung des Top Managements im Hinblick auf CSCW vgl. Sauter2 et al. (1995)).

Bei den Forschern zeigt sich eine deutlichen „Rechtsverschiebung" von Shared Blackboard, Joint Viewing und Joint Editing. Dieser Effekt dürfte nicht allein auf die momentan sehr geringe Nutzung dieser Werkzeuge zurückzuführen sein, sondern hier zeigt sich in der stärkeren Betonung von Joint Viewing und Joint Editing auch ein rollenspezifisches Verhalten, da diese Werkzeuge in besonderem Maße das gemeinsame Bearbeiten von Dokumenten, also gemeinsame Forschungsarbeit unterstützen.

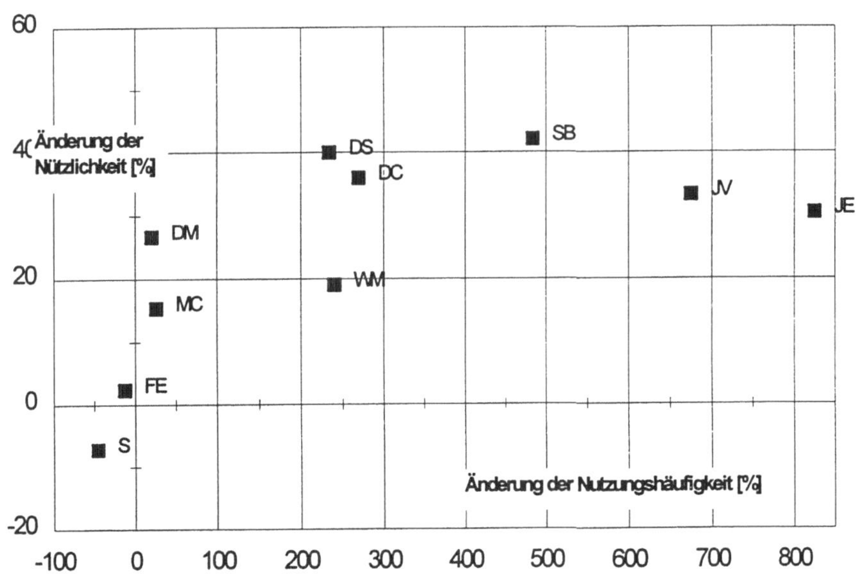

(MC: Message Conferencing, FE: File Exchange, DM: Document Management Systems, SB: Shared Blackboard, DC: Desktop Conferencing, JV: Joint Viewing, JE: Joint Editing, S: Scheduler, DS: Decision Support, WM: Workflow Management Systems)

Abb. 7: Zukunftspotential: Antworten der Forscher

6 Schlußfolgerungen

Die vorangegangenen Untersuchungen haben gezeigt, daß der Gebrauch von CSCW-Werkzeugen innerhalb von verteilt arbeitenden Forschungsgruppen noch nicht sehr weit verbreitet ist. Lediglich „elementarere" Systeme aus der Familie der *Message Systems* (vgl. Rodden et al. (1989)) wie z. B. E-Mail, File Transfer sowie Dokumenten Management Systeme werden relativ häufig genutzt, um den täglichen Kommunikationsbedarf zu decken.

Bei den komplexeren Werkzeugen spielen die Manager eine Art Vorreiterrolle: Obwohl auch bei Ihnen die momentane Nutzungsrate der komplexeren CSCW-Werkzeuge relativ niedrig ist, liegt sie doch fast durchweg höher als bei den Forschern. Dies läßt den Schluß zu, daß die Manager als erste mit den neuen Entwicklungen auf dem CSCW-Markt in Kontakt zu kommen scheinen und auch mit ihnen arbeiten. In Zukunft herrscht bei allen jedoch ein starker Nachholbedarf im Hinblick auf die Werkzeuge aus der Familie der *Shared Information Spaces* (Desktop Conferencing, Joint Viewing, Joint Editing, Shared Blackboard), wie in Abb. 2 zum Ausdruck kommt.

In der Bewertung der momentanen und zukünftigen Nützlichkeit der Werkzeuge zeigt sich eine leicht positivere Grundeinstellung der Manager gegenüber den CSCW-Systemen als bei den Forschern. Dies mag damit zusammenhängen, daß ein Manager im Bereich Forschung und Entwicklung mehr die Rolle eines Mittlers und Kommunikators spielt, was dem Grundgedanken von CSCW vielleicht eher entspricht als die kreative Tätigkeit eines Forschers. Trotzdem ist in beiden Gruppen deutlich die positive Einschätzung der Shared Information Spaces erkennbar, jedoch mit einer leicht rollenspezifischen Ausprägung, wie sie besonders deutlich in den Abb. 6 und 7 zum Ausdruck kommt: Während bei den Managern eher Desktop Conferencing und Shared Blackboard im Vordergrund stehen, also Anwendungen, die Diskussionen und „Brainstorming" unterstützen, sehen die Forscher eher Bedarf für Joint Editing und Joint Viewing, die für den Prozeß des gemeinsamen Bearbeiten eines Dokuments, also des *Joint Design* gedacht sind. Hier stimmen also die Resultate der Fragebögen mit den Erwartungen gut überein, auch in Bezug auf das erwartete Selbstverständnis der analysierten Nutzergruppen. Etwas überraschend sind hingegen die moderaten Erwartungen an Decision Support Systeme bei den Managern und an Document Management Systeme bei den Forschern.

Als wichtigstes Resultat bleibt abschließend festzuhalten, daß sowohl in der Gruppe der Forscher als auch in der Gruppe der Manager ein hoher zukünftiger Bedarf an CSCW-Systemen aus der Familie der Shared Information Spaces gesehen wird, und zwar nicht nur zur Vermeidung von Dienstreisen, sondern auch um die tägliche Arbeit zu unterstützen. Hier scheint für die Hersteller dieser Werkzeuge ein hohes Entwicklungs- und Marktpotential vorzuliegen.

7 Literatur

Arestova, O. et al. (1993): A Sociological and Psychological Portrait of a Computer Network User. In: Proceedings of East - West Int. Conf. on Human - Computer Interaction, Aug. 3-7, Moscow, Russia, EWHCI'1993, Vol. III, pp.68-75.

EURES (1996): http://www.eurescom.de.

Grudin J. (1994): Computer-Supported Cooperative Work: History and Focus, IEEE Computer, Vol. 27 (1994), no. 5, pp. 19-26.

Mood, A. et al. (1963): Introduction to the Theory of Statistics, McGraw-Hill 1963.

Rodden, T. et al. (1989): Building Conversations using Mailtrays. In: Proceedings of the first European Conference on CSCW (EC-CSCW), Gatwick, Hilton, Sept. 13.-15., 1989.

Sauter1, C. et al. (1994): Sozio-kulturelle Auswirkungen von Groupware - Ein Ansatz zur Adaption und Operationalisierung eines sozialpsychologischen Modells für die Gestaltung und den Einsatz von Groupware. In: Rauch W. et.al. (eds.): Proceedings 4. Int. Symposiums for Information Science, Graz, Uni.-Verlag Konstanz, 1994, pp 517-526.

Sauter2, C. et al. (1995): CSCW for Strategic Management in Swiss Enterprises; an Empirical Study. In: Proceedings 4. European Conference on CSCW, Stockholm, 10-14. September 1995.

W3YP (1994): The unOfficial Yellow Pages of CSCW (1994): http://www.tft.tele.no/cscw/.

Anhang: Überblick über die Daten

Question		Total		Manager		Researcher		sign.
		Mean	ans.	Mean	ans.	Mean	ans.	
Message Exchange	# of uses	231	86	245	31	223	55	no
	rating	4.7	87	4.8	31	4.7	56	no
Message Conferencing	# of uses	15.9	70	26.1	22	11.2	48	no
	rating	2.7	62	3.0	19	2.6	43	no
	# of fut. uses	22.5	50	44.3	14	14.1	36	no
	fut. rating	3.0	66	3.1	23	3.0	43	no
File Exchange	# of uses	60.5	85	95.8	32	39.2	53	yes
	rating	4.2	87	4.4	32	4.2	55	no
	# of fut. uses	48.9	74	76.1	26	34.2	48	no
	fut. rating	4.4	79	4.5	29	4.3	50	no
Doc. ManagementSys.	# of uses	28.1	72	36.6	25	23.6	47	no
	rating	3.1	66	3.4	23	3.0	43	no
	# of fut. uses	33.5	58	43.8	19	28.4	39	no
	fut. rating	3.9	73	4.0	28	3.8	45	no
Shared Blackboard	# of uses	1.3	68	2.7	22	0.6	46	yes
	rating	2.0	50	2.3	18	1.9	32	no
	# of fut. uses	5.8	61	10.5	20	3.5	41	yes
	fut. rating	2.9	72	3.3	28	2.7	42	yes
Desktop Conferencing	# of uses	2.7	71	5.4	24	1.3	47	no
	rating	2.5	59	2.6	19	2.5	40	no
	# of fut. uses	7.2	62	11.8	21	4.8	41	yes
	fut. rating	3.7	71	4.1	27	3.4	44	yes
Joint Viewing	# of uses	2.2	70	5.5	24	0.4	46	yes
	rating	2.2	55	2.5	19	2.1	36	no
	# of fut. uses	7.2	60	15.4	20	3.1	40	yes
	fut. rating	3.0	70	3.3	28	2.8	42	yes
Joint Editing	# of uses	2.5	67	6.6	21	0.4	46	yes
	rating	2.5	54	2.9	19	2.3	35	no
	# of fut. uses	8.5	58	17.9	21	3.7	37	yes
	fut. rating	3.2	67	3.5	28	3.0	39	yes
Scheduler	# of uses	25.3	73	23.4	24	26.2	49	no
	rating	2.9	55	2.9	21	2.8	34	no
	# of fut. uses	15.2	61	19.4	20	14.2	41	no
	fut. rating	2.8	72	3.1	26	2.6	46	no
Decision Support	# of uses	1.1	70	2.9	23	0.3	47	no
	rating	1.8	55	2.1	20	1.5	35	no
	# of fut. uses	1.1	57	2.5	17	1.0	40	yes
	fut. rating	2.2	63	2.4	25	2.1	38	no
WMS	# of uses	2.0	69	4.9	23	0.5	46	no
	rating	2.1	58	2.2	19	2.1	39	no
	# of fut. uses	3.9	59	8.0	20	1.7	39	yes
	fut. rating	2.8	68	3.2	27	2.5	41	yes

Ökologische Chancen und Risiken der Reorganisation von verteilten Geschäftsprozessen durch Telekooperation

Uwe Schneidewind, Elgar Fleisch

1. Grundbegriffe/Grundkonzepte
 1.1 Business Engineering und Telekooperation
 1.2 Zur ökologischen Evaluation einer Geschäftsprozess-Reorganisation durch Telekooperation
2 Reorganisation verteilter Geschäftsprozesse durch Telekooperation -drei Anwendungsfelder
 2.1 Zur Auswahl der Fallbeispiele und zur Struktur der folgenden Analyse
 2.2 Textilbranche
 2.3 Heim-Elektronikbranche
 2.4 Lebensmittelbranche
3 Zusammenfassung und Ausblick
Literatur

Zusammenfassung

Der wachsende Einsatz von Telekooperation hat in vielen Branchen erhebliche Auswirkungen auf die Ausgestaltung der Geschäftsprozesse und der Geschäftsstrategien von Unternehmen. Die entsprechenden Entwicklungen werden im wesentlichen durch ökonomische Faktoren getrieben und in der Regel auch nur aus dieser Perspektive betrachtet. Der vorliegende Beitrag widmet sich den ökologischen Risiken und Chancen des Redesigns von Geschäftsprozessen durch Telekooperation. Ausgehend von den konzeptionellen Grundlagen des Business Engineering zeigt er am Beispiel der Branchen Textil, Heim-Elektronik und Lebensmittel auf, dass ökologisch relevante positive Effekte eines Prozess-Redesigns nur dann auftreten, wenn auch die den Prozessen zugrundeliegende Leistungen und Geschäftsstrategien durch die Telekooperation verändert werden.

1 Grundbegriffe/Grundkonzepte

1.1 Business Engineering und Telekooperation

Die wachsenden Möglichkeiten der Telekommunikation wirken in vielen Branchen revolutionär auf die Geschäftsabläufe und Geschäftsstrategien von Unternehmen. Unternehmen beginnen die Chancen und Risiken des informationstechnischen Wandels zu erkennen und ihr Geschäft darauf aufbauend z.T. völlig neu zu formulieren. Diese Umgestaltung wird bei Oesterle (1995a und 1995b) als "Business Engineering" bezeichnet. Unter Reorganisation von Geschäftsprozessen bzw. Prozessentwicklung versteht man dabei Ansätze zum Business Engineering, die sich auf die Prozessebene konzentrieren. Andere Ausprägungen dieser speziellen Form der Ablauforganisation, die den Geschäftsprozess zum Schlüssel des Business

Engineering machen, sind beispielsweise Business Reengineering (Hammer/Champy 1993), Business Process Improvement (Harrington 1991) oder Process Innovation (Davenport 1993). Eng mit dem Business Engineering sind Entwicklungen wie Outsourcing von Unternehmensteilen, Global Sourcing oder der Zusammenschluss bisher getrennt agierender Branchen (z.B. Netzwerkbetreiber und Informationsdienstleister) verbunden.

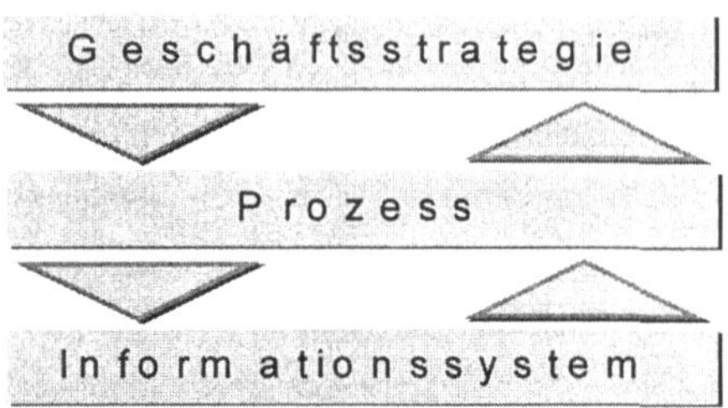

Abb. 1: Ebenen des Business Engineering (in Anlehnung an Oesterle 1995b)

Business Engineering steht für die Informatisierung der Wirtschaft und der Gesellschaft, die Transformation der Industriegesellschaft in die Informationsgesellschaft auf den drei Ebenen Geschäftsstrategie, Geschäftsprozess und Informationssystem (vgl. Abb. 1).

Veränderungen im Rahmen eines Business Engineering betreffen immer alle drei Ebenen. So hat die grundsätzliche Wahl für eine Geschäftsstrategie (z.B. Kosten- oder Qualitätsführerschaft) erhebliche Auswirkungen auf die Bedeutung und die Ausgestaltung von Schlüsselgeschäftsprozessen wie den Entwicklungsprozess, den Produktionsprozess oder den Vertriebsprozess. Die Ausprägung der Geschäftsprozesse bestimmt die Anforderungen an die unterstützenden Informationssysteme. Neben dieser Top-down-Betrachtung gewinnt angesichts der schnell wachsenden informationstechnischen Möglichkeiten der gegenläufige Bottom-up-Prozess an Bedeutung: Neue informationstechnische Möglichkeiten liefern die Grundlage für die veränderte Ausgestaltung von Geschäftsprozessen. Diese wiederum führen zu einer Umformulierung der Geschäftsstrategie. So ermöglichen Online-Dienste oder Internetanwendungen beispielsweise neue Formen des Direktvertriebs (Prozessebene), die einen neuen Vertriebskanal eröffnen (Strategieebene). Dabei beeinflusst die Informationstechnologie nicht nur die Geschäftsprozesse, d.h. die Leistungserstellung, sondern führt z.T. auch zu ganz neuen Leistungen wie z.B. neue Informationsangebote.

Telekooperation bezeichnet die mit Computern unterstützte räumlich verteilte Zusammenarbeit von Personen und Organisationen. Im vorliegenden Beitrag steht die Zusammenarbeit von Unternehmen untereinander sowie diejenige zwischen Unternehmen und Endverbrauchern im Vordergrund. Derartige Telekooperationen können wichtiger Motor für ein Business

Engineering sein: Aufbauend auf Informationstechniken wie Electronic-Mail, Videokonferencing, Remote CAD, Direct data link (für die Koordination mit Zulieferern), aber auch neuen Hersteller-Nutzer-Schnittstellen (wie z.B. Video on demand) wird es möglich, dass sich

- bestehende Partner in Wertschöpfungsketten besser koordinieren,
- neue Partner in die Leistungserstellungsprozesse eingebunden werden,
- aber auch veränderte und neue Leistungen für Kunden erbracht werden.

Im zweiten Abschnitt soll dies in drei konkreten Anwendungsfeldern illustriert werden.

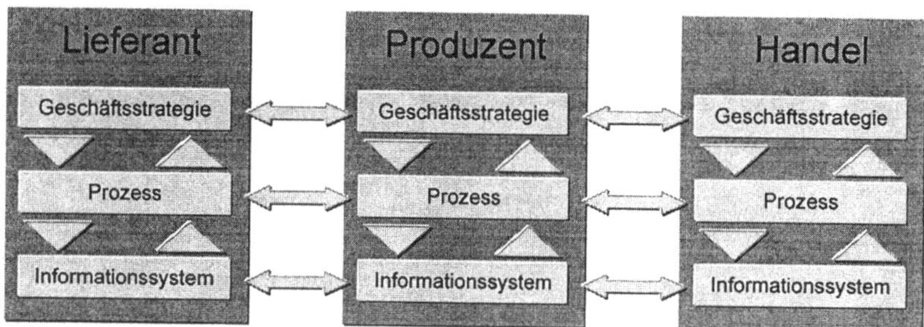

Abb 2: Telekooperation im Business Network

Die Zusammenarbeit zwischen den einzelnen Geschäftspartnern eines "Business Networks" findet auf allen Ebenen des Business Engineering statt (siehe Abb. 2). Wiederum ermöglicht bzw. beeinflusst die Informationssystemebene die organisationsübergreifenden (verteilten) Geschäftsprozesse. Diese stellen Anforderungen an die Strategien der einzelnen Geschäftspartner. Unter Telekoopertaion wird meist die Informationssystem-Sicht der Zusammenarbeit von Unternehmen verstanden. Erfolgreiches Business Networking erfordert jedoch die Gestaltung aller Ebenen.

1.2 Zur ökologischen Evaluation einer Geschäftsprozess-Reorganisation durch Telekooperation

Business Engineering -auch dasjenige auf der Grundlage intensivierter Telekooperation- wird im wesentlichen durch ökonomische Gründe motiviert (z.B. die Sicherung oder den Ausbau von Marktanteilen, das Erschliessen neuer Geschäftsfelder etc.) und in der betriebswirtschaftlichen Literatur fast ausschliesslich aus dieser Perspektive betrachtet. Dabei hat das Business Engineering in vielen Branchen z.T. erhebliche -sowohl positive als auch negative- ökologische Rückwirkungen. Die Analyse dieser ökologischen Aspekte scheint aus zwei Gründen sinnvoll:

1. Die Potentiale eines "Ecological Business Enginneering" von ganzen Wertschöpfungsketten werden bisher nicht systematisch ausgeschöpft.

2. Da viele Branchen und grosse Unternehmen heute unter einem hohen öffentlichen und politischen Legitimationsdruck stehen, sind sie immer öfters aufgefordert, über die ökologischen und sozialen Nebenwirkungen umfassender Business Engineering-Projekte Rechenschaft abzulegen.

Bei einer solchen ökologischen Folgenabschätzung können -orientiert an den drei Ebenen des Business-Engineering-Modell- mehrere Arten von ökologischen Effekten einer Telekooperation unterschieden werden:

1.2.1 Ebene Informationssysteme: Ökologische Entlastung durch andere Formen der Zusammenarbeit

Durch die Computerunterstützung verändert Telekooperation die Form der Zusammenarbeit zwischen Personen und Organisationen. So sind die Versendung einer E-Mail statt eines Briefes oder die Durchführung einer Videokonferenz statt einer Geschäftsreise in der Regel mit ökologischen Entlastungen verbunden.

1.2.2 Ebene Geschäftsprozesse: Ökologische Wirkungen durch veränderte Partner

Telekooperation ist die Grundlage für veränderte Geschäftsprozesse (s.o.). Hierdurch verändern bisherige Partner ihren Standort, kommen neue Partner hinzu, fallen bisherige Partner ganz weg. All dies hat ökologische Rückwirkungen - das sei an einigen Beispielen illustriert:

- Telekooperation erleichtert die Organisation eines Global Sourcing. Über die gesamte Welt verteilte Zulieferer erhöhen jedoch die Transportströme.
- Telekooperation ermöglicht ein leichteres Outsourcing bisher im eigenen Unternehmen bewältigter Aufgaben. Auch dies kann die Transportvolumina vergrössern.
- Jedoch sind auch ökologisch positive Effekte denkbar: So ermöglicht die Telekooperation zwischen Hersteller und Endverbraucher (z.B. durch Direktbestellung über Computer) den Wegfall von Handelsstufen - mit der Folge entsprechend kürzerer Transportwege für die Produktauslieferung.

1.2.3 Ebene Geschäftsstrategie: Entmaterialisierte Leistungen und Sekundäreffekte

Die Möglichkeiten der Telekooperation können nicht nur zu einer Veränderung von Geschäftsprozessen -d.h. der Art der Leistungserstellung- führen, sondern in einer weiteren

Stufe auch zu Veränderungen der Leistungen selbst - d.h. zu Anpassungen in einem Element der Geschäftsstrategie (hier der Produktpolitik). Videos oder Musik "on demand", d.h. in Form eines Datenbankabrufes über einen zentralen Server statt über das Abspielen von Videokassetten oder CD's sind ein Beispiel hierfür. Die Herstellung von Videokassetten oder CD's ist damit erheblich einzuschränken. Aber auch zwischen und innerhalb von Unternehmen kann es zu einer solchen "Entmaterialisierung" von Leistungen kommen - z.B. im Entwicklungsprozess, wenn Stoffmuster oder Werkstücke virtuell zwischen Unternehmen ausgetauscht und verändert werden können. Dies reduziert den Materialeinsatz.

Bedeutsam erscheint weiterhin die Tatsache, dass Telekooperation die Durchsetzung von ökologisch orientierten Geschäftsstrategien überhaupt erst ermöglicht. So kann die Telekooperation zwischen Lieferanten und Herstellern in intransparenten Öko-Nischen-Märkten die Transaktionskosten erheblich senken und Öko-Produkte wettbewerbsfähig machen. Ein durch Telekooperation ermöglichtes Global Sourcing unter Beibehaltung ökologischer Qualitätsüberwachung ermöglicht die Ausnutzung von Lohnkostenvorteilen auch für die Hersteller von Öko-Produkten - z.B. im Textilbereich (s.u.). Bei diesen Beispielen handelt sich um ökologische Sekundäreffekte. Die ökologischen Effekte sind in erster Linie Ausdruck einer ökologisch orientierten geschäftsstrategischen Entscheidung. Diese kann aber erst durch den Einsatz von Telekooperation mit Partnern in der Wertschöpfungskette wettbewerbsgerecht umgesetzt werden.

1.2.4 Tertiäreffekte

Schliesslich müssen in einem letzten Schritt indirekte Effekte einer weiteren Kategorie unterschieden werden - sie sollen als Tertiäreffekte bezeichnet werden: So substituieren neue Möglichkeiten der Telekooperation häufig nicht bestehende Formen der Zusammenarbeit, sondern treten lediglich komplementär auf: E-Mail wird nicht anstatt von Briefen und Telefax-Sendungen eingesetzt sondern zusätzlich; ähnliches gilt z.B. für das Verhältnis von Videokonferenzen und Geschäftsreisen. Die Leistungserstellung wird durch die neuen Zusammenarbeitsmöglichkeiten schneller und qualitativ hochwertiger. Durch die Zusatzkommunikation entstehen keine ökologischen Entlastungen, sondern in der Regel sogar Mehrbelastungen. Weiterhin lösen die durch Telekooperation ermöglichten Produktivitätssteigerungen in der Leistungserstellung häufig eine Erhöhung des Produktionsvolumens aus. Auch solche Wachstumseffekte können als ökologische Tertiäreffekte aufgefasst werden. Diese werden in der vorliegenden Arbeit nicht weiter betrachtet, da eine unternehmens- und branchenspezifische Wirkungsabschätzung kaum möglich ist.

1.2.5 Probleme der Wirkungsabschätzung: Unklare ökologische Wirkungsrichtung eines Business Engineering

Die Abschätzung der ökologischen Wirkungen eines Business Engineering auf der Grundlage von Telekooperation fällt häufig schwer, weil sowohl ökologisch belastende als auch ökologisch entlastende Effekte gleichzeitig ausgelöst werden: Eine auf der Grundlage eines Global Sourcing konzipierte Geschäftsstrategie für ökologische Massentextilien vermag wichtige ökologische Entlastungen z.B. durch den breiten Absatz von Produkten aus organischem Baumwollanbau in westlichen Märkten durchzusetzen. Die Entlastungen werden jedoch durch höhere Transportbelastungen "erkauft". Durch die direkte Bestellung von Endverbrauchern bei Konsumgüterherstellern können Transportbelastungen durch den Wegfall von Handelsstufen kompensiert werden. Die leichtere Möglichkeit der Bestellung führt oft jedoch gleichzeitig zu häufigeren und weniger gebündelten Ordern, die die möglichen Effizienzeinsparungen wieder kompensieren.

Für eine ökologische Wirkungsabschätzung ist es daher entscheidend, sich auf die ökologisch zentralen Belastungen entlang der Werschöpfungskette zu konzentrieren. Für eine solche Abschätzung können z.B. Instrumente wie ökologische Belastungsmatrizen oder -profile zum Einsatz kommen (vgl. Dyllick/Belz 1994). Erst auf einer solchen Grundlage wird es möglich ...

- abzuschätzen, ob die ausgelösten ökologischen Veränderungen überhaupt von Relevanz sind, und
- ökologisch belastende gegenüber ökologisch entlastenden Effekten abzuwägen.

Zusätzlich ist bei der Betrachtung zu berücksichtigen, dass der Computereinsatz selber mit einem erheblichen "ökologischen Rucksack", d.h. den für den Betrieb, die Herstellung sowie die Entsorgung der Computer- und Netzinfrastruktur entstehenden Umweltbelastungen, belastet ist (vgl. hierzu z.B. die Zahlen bei Paulus 1996). Im folgenden sollen nun in drei Anwendungsfeldern für Telekooperation, der Textilindustrie, der Lebensmittelbranche und in der Heim-Elektronik-Industrie, solche ökologischen Wirkungsabschätzungen vorgenommen werden.

2 Reorganisation verteilter Geschäftsprozesse durch Telekooperation - drei Anwendungsfelder

2.1 Zur Auswahl der Fallbeispiele und zur Struktur der folgenden Analyse

Ansatzpunkte, Intensität und Auswirkungen von vermehrter Telekooperationen unterscheiden sich erheblich in einzelnen Branchen. Ähnliches gilt für die Art und die Schwerpunkte ökologischer Belastungen in den Branchen (vgl. exemplarisch Dyllick u.a. 1994). Die ökologischen Chancen und Risiken eines durch Telekooperation getragenen Business Engineerings lassen sich daher nicht pauschal abschätzen. Es ist vielmehr notwendig, sich spezifische Branchenmuster anzusehen und über eine möglichst vielfältige Fallstudienstruktur zu grundsätzlichen Musteraussagen zu kommen (vgl. zu diesem Ansatz der qualitativen (Fallstudien)forschung u.a. Yin 1984). Im folgenden werden drei Branchen betrachtet (Textil, Heim-Elektronik, Lebensmittel), die sich bzgl. des interessierenden Untersuchungsgegenstandes in mehreren Charakteristika unterscheiden:

	Textil	Heim-Elektronik	Lebensmittel
Ökologische Belastungs-schwerpunkte	Produktion	Produktion, Produkt	Produktion, Produkt
Welche Art der Geschäftsbeziehungen ist tangiert?	Business - Business	Business - Business Business - Home	Business - Business Business - Home
Art des Einflusses der Telekooperation auf die Leistung	Qualität der Leistung	Neue Leistung(sart)	Neue Leistungsbündel

Abb. 3: Ökologische Chancen und Risiken des Business Engineerings durch Telekooperation - Relevante Charakteristika der näher betrachteten Branchen

- Der Telekooperationseinsatz erfolgt in einzelnen Branchen ausschliesslich im Business-Business, in anderen auch stark im Business-Home-Bereich (z.B. Lebensmittel).
- Die Leistung selber ist durch die Telekooperation unterschiedlich stark betroffen.
- Die ökologischen Belastungsschwerpunkte in den untersuchten Branchen unterscheiden sich: Teilweise bestehen sie eher produktionsseitig (z.B. Baumwollanbau und Veredelung in der Textilindustrie), teilweise eher produkseitig (z.B. Entsorgung von Elektronikgeräten).

Abb. 3 zeigt die wichtigsten Charakteristika der untersuchten Branchen im Überblick. Die im folgenden komprimiert wiedergegebenen Erkenntnisse stützen sich auf Branchenerfahrungen, die am Insititut für Wirtschaft und Ökologie (IWÖ) und am Institut für Wirtschaftsinformatik (IWI) der Universität St. Gallen in den letzten Jahren gesammelt wurden[26].

Die Darstellung der Ergebnisse erfolgt in vier Schritten:

1. In einem ersten Schritt werden die grundsätzliche Struktur der Geschäftsprozesse und die ökologischen Belastungsmuster in der Branche skizziert.
2. Daraufhin erfolgt eine Darstellung der wichtigsten telekooperationsgestützten Geschäftsstrategien der Branche.
3. Der darauf folgende Abschnitt analysiert, welche ökologisch relevanten telekooperationsgetriebenen Prozess-Redesigns in der Branche zu beobachten sind.
4. Im letzten Analyseschritt werden diese Entwicklungen ökologisch zusammenfassend bewertet.

2.2 Textilbranche

2.2.1 Geschäftsprozessstruktur und ökologische Belastungsschwerpunkte

Die textile Wertschöpfunkgskette ist vielstufig (Fasergewinnung, Spinnen, Stricken/Weben, Textilveredlung, Konfektionierung, Handel) und die einzelnen Stufen der Wertschöpfung sind in der Regel global weit verteilt. Durch kürzer werdende Modezyklen insbesondere im Bereich der Damenoberbekleidung hat in den letzten Jahren eine starke Vernetzung von Entwicklungs-, Produktions- und Vertriebsprozessen in der Branche stattgefunden (z.B. Diekmann 1992, 23f.). Ökologisch erweist sich die Textilproduktion als besonders belastend. Auslöser hierfür sind die wasser- und pestizidintensive Fasergewinnung (z.B. Baumwolle) und der intensive Chemikalieneinsatz bei der Textilveredlung (zu den ökologischen Belastungen Enquete-Kommission 1994, 101ff.)

2.2.2 Telekooperationsgestützte Geschäftsstrategien

Der Einsatz moderner Informations- und Kommunikationstechnologien spielt in der Textilbranche eine bedeutende Rolle und hat wichtige Rückwirkungen auf die Koordination zwischen den Partnern der textilen Kette (Diekmann 1992, 146 ff.). Der Rückgriff auf rechnerge-

---

[26] Vgl. hierzu u.a. Belz 1995, Flatz 1995, Paulus 1996, Schneidewind/Hummel 1996.

stützte CAD-, PPS- und Warenwirtschafssysteme und ein standardisierter Datenaustausch zwischen den Unternehmen der textilen Kette eröffnen Unternehmen Differenzierungs- und Einsparungspotentiale durch sogenannte Quick-Response-Konzepte, d.h. die Möglichkeit, schnell auf Marktentwicklungen mit entsprechenden Produkt- und Sortimentsveränderungen zu reagieren. Textilhersteller in Hochlohnländern (insbesondere den USA und einigen europäischen Staaten) haben diese Potentiale in den letzten Jahren konsequent ausgebaut, um auf die Konkurrenz durch Anbieter aus Niedrigpreisländern zu antworten. Während sich der Einsatz der Telekooperation in der Anfangsphase inbesondere auf die Vernetzung europäischer und amerikanischer Partner der textilen Kette konzentrierte, findet heute zunehmend auch eine globale Kopplung statt.

2.2.3 Ökologische Aspekte des telekooperationsgetriebenen Prozess-Redesigns

Auf der Ebene der Informationssysteme entstehen ökologische Entlastungspotentiale durch Telekooperation dadurch, dass heute z.B. Stoff- und Schnittmuster in der Entwurfsphase durch die Übermittlung von CAD-Daten ersetzt werden. Da die Möglichkeit einer vollständigen Substitution nicht gegeben und die durch solche Muster entstehenden ökologischen Belastungen ohnehin von untergeordneter Bedeutung sind, ist das entsprechende ökologische Potential gering.

Bedeutender erscheinen die durch Telekooperation ausgelösten Veränderungen auf der Ebene der Geschäftsprozesse und Strategien. Telekooperation ermöglicht eine sehr enge Koordination zwischen den Wertschöpfungsstufen unabhängig von räumlicher Nähe auch bei komplexen und modischen Produkten. Die weitere Globalisierung der textilen Kette wird hierdurch erleichtert. Einerseits erweisen sich die dadurch induzierten Transportströme als ökologisch bedenklich. Andererseits eröffnen sich hierdurch Möglichkeiten, dass auch in der Regel sehr koordinations- und kontrollintensive ökologische Textilien an Billiglohnstandorten produziert und damit zu massenmarktgerechten Preisen angeboten werden können: Denn die Mehrkosten für organisch angebaute Baumwolle bzw. ökologisch optimierte Textilhilfsmittel stellen im Vergleich zu den auftretenden Transaktionskosten und Koordinationsbarrieren kaum ein Hindernis für eine ökologisch orientierte Sortimentsumstellung dar (Schneidewind/Hummel 1996). Diese Entwicklungen können z.B. unterstützt werden durch Methoden eines "Direct data link" zwischen Lieferanten, Herstellern und Handel, der Baumwoll- und Textilchemikalienherstellern einen Einblick in die Dispositionen von Herstellern und Handel ermöglicht und das Risiko für ökologische orientierte Umstellungen der eigenen Produktion bzw. ökologisch orientierte Produktentwicklungen von Textilhilfsmitteln reduziert.

2.2.4 Fazit

Die Textilbranche ist ein Beispiel für eine Branche, bei der ein intensiver Telekooperationseinsatz fast ausschliesslich in Business-Business-Anwendungen entlang der Wertschöpfungskette erfolgt und die eigentliche Leistung (Kleidungsstück) durch die Telekooperation unverändert bleibt. Aus ökologischer Perspektive ist der unmittelbare Effekt der Telekooperation unbedeutend. Entscheidend sind vielmehr die Möglichkeiten, durch verstärkte Telekooperation Geschäftsprozesse und Geschäftsstrategien neu zu gestalten. Erhöhten Transportvolumina durch weiter verteilte Zulieferstrukturen stehen Chancen gegenüber, ökologische Produktstrategien für den Massenmarkt umzusetzen. Telekooperation ermöglicht hier neue ökologisch orientierte Strategiemuster. Der letztliche ökologische Effekt hängt von dem Ausmass ab, in dem Unternehmen entlang der textilen Kette diese Chance wahrnehmen.

2.3 Heim-Elektronikbranche

2.3.1 Geschäftsprozessstruktur und ökologische Belastungsschwerpunkte

Heim-Elektronik (oder auch Konsumelektronik: Flatz 1995, 18f.) beschreibt alle elektronischen Geräte, die zur Unterhaltung und Freizeitbeschäftigung in privaten Haushalten zum Einsatz kommen. Hierunter fallen Fernseher, Stereoanlagen, Computer, Computerspiele, etc. Die Industrie zeichnet sich schon seit über zwei Jahrzehnten durch einen sehr hohen Grad an Globalisierung der einzelnen Wertschöpfungsstufen auf. Ökologisch erweist sich die Produktentsorgung als ein ökologisches Schlüsselproblem[27]. Aufgrund der elektronischen Komponenten stellen Heim-Elektronikgeräte eine Ansammlung zahlreicher, ökologisch bedenklicher und nur schwer zu trennender Stoffe dar. Die kurzen Innovationszyklen bei Heim-Elektronik führen zudem dazu, dass viele Geräte lange vor ihrer technischen Unbrauchbarkeit durch Neugeräte ersetzt werden. In Ländern wie USA, Deutschland, Österreich und der Schweiz wird derzeit intensiv an Regelungen zur Entsorgung des Elektronikschrotts gearbeitet (Flatz 1995 bzw. die Zahlen bei Paulus 1996).

2.3.2 Telekooperationsgestützte Geschäftsstrategien

Durch die lange Tradition globaler Arbeitsteilung in der Elektronikindustrie haben die Möglichkeiten der Informationstechnologie in den letzten Jahren zu keinen revolutionären Um-

---

[27] Daneben ist die Produktion (z.B. Halbleiterherstellung, Rohwarenherstellung) ökologisch relevant (vgl. zur Übersicht Paulus 1996, 180f.). Da diese jedoch durch Möglichkeiten der Telekooperation kaum tangiert wird, beschränkt sich die weitere Betrachtung auf die produktbezogenen ökologischen Herausforderungen.

brüchen in den Produktions- und Entwicklungsstrukturen der Branche geführt. Telekooperation im Business-Business-Bereich der Wertschöpfungskette hat lediglich die Auslagerung einzelner zusätzlicher Wertschöpfungselemente (wie z.B. das Design und die Programmierung der Steuerungen für die Geräte nach Länder wie Indien) bedingt. Eine aus ökologischer Sicht bedeutende Anpassung von Geschäftsprozessen ist die wachsende Bedeutung der Retrologistik innerhalb der Branche. Derzeit werden in zahlreichen Pilotprojekten Möglichkeiten untersucht, Informationen über Produktzusammensetzungen und Alternativen der Produkt-/Komponentenentsorgung gerätespezifisch oder zentral zu generieren, um hierdurch eine ökologisch und ökonomisch effiziente Zusammenarbeit verschiedener Partner entlang der retrologistischen Kette zu ermöglichen.

Für Geschäftsprozesse und -strategien am bedeutendsten erweist sich die Business-Home-Schnittstelle, d.h. die computergestützte Koordination von Endnutzern und Leistungs-/Produktanbietern. Sie wird in der Heimelektronik der kommenden Jahre zu erheblichen Veränderungen von Geschäftsprozessen und Geschäftsstrategien führen. Durch die zukünftigen Möglichkeiten eines Musik- oder Filmabrufs auf Bestellung wachsen Netzbetrieb, Hardware- und Softwarebereitstellung zusammen und verlieren Produkte wie Tonträger oder Videokassetten an Bedeutung. Bisher getrennte Leistungen werden durch die Möglichkeiten von Multimedia zusammengefasst und erheblich erweitert.

2.3.3 Ökologische Aspekte des telekooperationsgetriebenen Prozess-Redesigns

Der Einsatz neuer Informationstechnologien in der Zusammenarbeit zwischen den Unternehmen der Wertschöpfungskette hat keine nennenswerten unmittelbaren ökologischen Auswirkungen. Auch auf der Ebene der Geschäftsprozesse wurden bestehende Strukturen lediglich gefestigt. Eine Ausnahme bilden die zunehmend wichtiger werdenden Retrologistik-Prozesse. Sie erfordern einen standardisierten Informationsaustausch über Produkte und Produktkomponenten. Ökologisch sinnvolle Wiederverwertungs-, Recycling- und Entsorgungslösungen werden erst auf der Grundlage eines solchen Datenaustausches möglich. Telekooperation eröffnet in diesem Feld erhebliche ökologische Entlastungspotentiale, da die Entsorgungsfrage bei der Heimelektronik ein ökologisches Schlüsselproblem darstellt (s.o.).

Die Entstehung neuer Leistungen an der Business-Home-Schnittstelle besitzt auf den ersten Blick ein ökologisches Entlastungspotential durch den Wegfall jetzt noch notwendiger Datenträger (Videokassetten, CD's, etc.). Jedoch sind die damit verbundenen ökologischen Belastungen marginal und müssen dieser Entlastung die ökologischen Belastungen der notwendigen Netzinfrastruktur und neuer multimediafähiger Endgeräte für den Empfang entsprechender Dienstleistungen gegengerechnet werden.

2.3.4 Fazit

Auch in der Heim-Elektronik sind nicht die durch die Informationstechnik unmittelbar ausgelösten ökologischen Wirkungen bedeutsam. Erst die Rückwirkung der Telekooperation auf Geschäftsprozesse und Geschäftsstrategien erweist sich als ökologisch relevant. Besondere ökologische Wirkungen im Bereich der Heim-Elektronik entfalten nicht die neu entstehenden Dienste und Angebote an der Business-Home-Schnittstelle (z.B. Video-, Music-on-demand), sondern die ökologischen Zusatzinformationen für die Produkte zur Unterstützung retrologistischer Prozesse. Diese Informationen -flankiert durch entsprechende Produktumgestaltungen- ermöglichen ökologisch effektive Verwertungs-, Recycling- und Entsorgungslösungen in der retrologistischen Kette (z.B. Flatz 1995, 189ff.).

2.4 Lebensmittelbranche

2.4.1 Geschäftsprozessstruktur und ökologische Belastungsschwerpunkte

Die Lebensmittelbranche ist durch vier zentrale Wertschöpfungsstufen (Landwirtschaft, Lebensmittelindustrie, Handel, Konsument) geprägt (Belz 1995). In den letzten 20 Jahren ist eine erhebliche Globalisierung der Lebensmittelkette zu beobachten. Wichtigster Auslöser hierfür sind die Liberalisierungen im Agrarwelthandel. Die landwirtschaftliche Produktion (u.a. Agrochemieeinsatz, Zerstörung von Biotopen) und der Lebensmittelkonsum (Energieverbrauch für Zubereitung und Kühlung, Verpackungsabfälle) stellen die ökologischen Schlüsselprobleme in der Lebensmittelkette dar (Belz 1995).

2.4.2 Telekooperationsgestützte Geschäftsstrategien

Telekooperation zwischen Partnern in der Lebensmittelkette spielt eher eine untergeordnete Rolle. In der Regel findet die Koordination zwischen den Wertschöpfungsstufen über schon lange etablierte Rohstoff- und Produktmärkte bzw. Börsen statt. Dies gilt auch angesichts der zunehmenden Globalisierung der Branche.

Eine wachsende Bedeutung hat Telekooperation jedoch an der Business-Home-Schnittstelle, da sich die Einkaufsgewohnheiten in den nächsten Jahren -aufbauend auf den Möglichkeiten der Telekommunikation- vermutlich erheblich verändern werden. Bestellungen über Computer und direkte Auslieferung nach Hause oder ins Büro deuten sich an. Die direkte Kopplung von Endverbraucher und Hersteller wird zum Wegfall bzw. Bedeutungsverlust von Handelsstufen und zu einer zunehmenden Bedeutung neuer logistischer Prozesse im Lebensmittelvertrieb führen.

2.4.3 Ökologische Aspekte des telekooperationsgetriebenen Prozess-Redesigns

Solche logistischen Umstrukturierungen können zu Erhöhungen der ökologischen Effizienz von Lebensmittelauslieferungen an den Endverbraucher führen. Die Realisierung hängt dabei von den Rückwirkungen der neuen Dienstleistungen auf das Verbraucherverhalten ab.

Ähnlich wie in der Textilbranche eröffnet Telekooperation zudem Potentiale für Unternehmen mit ökologisch orientierten Geschäftsstrategien in der Lebensmittelbranche: Das Angebot biologischer und regionaler Lebensmittelprodukte ist heute häufig sehr intransparent. Sowohl Endverbrauchern als auch Herstellern und Lebensmittelhandel entstehen bei der Beschaffung ökologischer Produkte hohe Transaktionskosten. Durch telematikgestützte Börsen, Informationen über Beschaffungsdispositionen und Produktangebote kann die Koordination zwischen Partnern entlang der Lebensmittelkette erheblich erleichtert, Transaktionskosten gesenkt und damit ökologischen Lebensmitteln im Markt zu einer stärkeren Verbreitung verholfen werden. Entsprechende Pilotprojekte werden derzeit z.B. im Vorarlberg in Österreich (AgrInfo) erprobt.

2.4.4 Fazit

Aufgrund der geringen Komplexität der Produkte spielt Telekooperation in der Business-Business-Koordination der Lebensmittel-Wertschöpfungskette eine geringe Rolle. Die ökologischen Effekte sind dementsprechend niedrig.

Ökologische Wirkungen ergeben sich durch die telematikgestützten Veränderungen an der Business-Home-Schnittstelle. Die Lebensmitteldistribution der Zukunft wird vermutlich ein völlig anderes Gesicht als heute haben. Die damit einhergehenden Veränderungen bergen auch ökologische Entlastungspotentiale in sich.

Zum anderen kann Telekooperation einen wichtigen flankierenden Charakter für die Umsetzung ökologischer Geschäftsstrategien haben: Sie erleichtert die Beschaffung und Vermarktung ökologischer Lebensmittelprodukte entlang der gesamten Kette und senkt damit heute häufig noch bestehende hohe Transaktionskosten solcher Strategien.

3 Zusammenfassung und Ausblick

Die vorangegangenen Beispiele haben gezeigt: Telekooperation hat sehr unterschiedliche Bedeutungen und Ausprägungen in Branchen. Auch die ökologischen Effekte schwanken von Branche zu Branche. Abbildung 4 gibt wichtige ökologische Effekte durch Telekooperation nochmals im Überblick wieder.

	Textil	Heim-Elektronik	Lebensmittel
Ökologische Belastungs-schwerpunkte	Produktion (Faser-gewinnung, Textil-veredlung)	Produktion, Produkt (Produktentsorgung)	Produktion, Produkt (Kühlung, Zuberei-tung, Verpackung)
Ökologisch unbedeu-tende Effekte durch Telekooperation	Schnittmusteraus-tausch über CAD	Video-/Music on demand	
Ökologisch bedeutende Effekte durch - Telekooperation	Ermöglichung öko-logisch orientierter Produktstrategien für den Massenmarkt	Ökologische Opti-mierung von Retro-logistik, Verwertung und Recycling	Effizientere Lebens-mitteldistribution Bessere Vermarktung ökologischer Lebens-mittelprodukte
Ebene der bedeutenden Effekte	Geschäftsstrategie (Sekundäreffekt)	Geschäftsprozess	Geschäftsprozess, Geschäftsstrategie (Sekundäreffekt)

Abb. 4: Zusammenfassung: Ökologische Potentiale des Business Engineerings durch Telekooperation in den näher betrachteten Branchen

Trotz der Unterschiede zwischen den Branchen lassen sich bei der Abschätzung der ökologischen Chancen und Risiken des Redesigns von Geschäftsprozessen durch Telekooperation einige Muster erkennen:

- Die neue -computergestützte- Form der Zusammenarbeit entlang der Wertschöpfungskette hat unmittelbar kaum ökologische Auswirkungen in den Branchen. Auch wenn Themen wie papierloser Datenaustausch und Videokonferenzen die Diskussion über ökologische Potentiale von Telekooperation bestimmen, so erweisen sie sich bei näherer Betrachtung als ökologisch unbedeutend.

- Ökologisch relevante Wirkungen treten vielmehr dort auf, wo Telekooperation zu Rückwirkungen auf die Geschäftsprozesse und die Geschäftsstrategien führt. Die Veränderungen der Geschäftsstrategien -meistens einhergehend mit neuen oder ergänzten Leistungsformen- sind ökologisch oft bedeutsam.

- Schliesslich besitzt Telekooperation in einzelnen Branchen einen "ermöglichenden" Charakter für ökologisch orientierte Geschäftsstrategien. Solche "Öko-Strategien" scheitern heute oft noch an zu geringer Markttransparenz oder an zu hohen Transaktionskosten in den Wertschöpfungsketten für ökologische Produkte. Telekooperation kann diese Transaktionskosten senken und damit zu einer breiteren Marktdurchsetzung entsprechender Produktvarianten führen.

Im Sinne einer qualitativen "Theory-Building-Research" hat der vorliegende Beitrag Hypothesen in Form von Musteraussagen generiert. Ziel der weiteren Forschung muss es sein, diese

Musteraussagen zu operationalisieren und einer quantitativen Bewertung zugänglich zu machen.

4 Literatur

Belz, F. (1995): Ökologie und Wettbewerbsfähigkeit in der Schweizer Lebensmittelbranche. Haupt, Bern u.a. 1995.

Davenport, T. (1993): Process Innovation - Reegineering Work through Information Technology. Harvard Business School Press, Boston/Massachusetts 1993

Diekmann, A. (1992): Flexibilitätsorientierte Strategien in der Textilwirtschaft. M & P, Stuttgart 1992.

Dyllick, T. u.a. (1994), Hrsg.: Ökologischer Wandel in Schweizer Branchen. Haupt, Bern 1994.

Dyllick, T./Belz, F. (1994): Einleitung: Zum Verständnis des ökologischen Branchenstrukturwandels In: Ökologischer Wandel in Schweizer Branchen. Hrsg.: Dyllick, T. u.a. Haupt, Bern 1994, S. 9-29.

Enquete-Kommission "Schutz des Menschen und der Umwelt" des Deutschen Bundestages (1994), Hrsg.: Die Industriegesellschaft gestalten. Perspektiven für einen nachhaltigen Umgang mit Stoff- und Materialströmen. Economica, Bonn 1994.

Flatz, A. (1995): Organisationsansätze zu einem nachhaltigen Stoffstrommanagement am Beispiel elektrotechnischer Produkte. Dissertation an der Universität St. Gallen. Difo-Druck, Bamberg 1995.

Hammer, M./Champy, J. (1993): Reengineering the Corporation. Harper Business, New York 1993.

Harrington, H. J. (1991): Business Process Improvement. McGraw-Hill, New York 1991.

Hess, T. (1996): Entwurf betrieblicher Prozesse. Grundlagen - Bestehende Methoden - Neue Ansätze. Gabler, Wiesbaden 1996

Oesterle, H. (1995a): Business Engineering. Prozess- und Systementwicklung. Band 1: Entwurfstechniken. 2. Aufl., Springer, Berlin u.a. 1995.

Oesterle, H. (1995b): Business Engineering. In: Management-Kompetenz: die Gestaltungsansätze des Executive MBA der Hochschule St. Gallen Hrsg.: Thommen, J.-P. Gabler, Wiesbaden 1995.

Paulus, J. (1996): Ökologie und Wettbewerbsfähigkeit in der Computerindustrie - Perspektiven für eine ökologieverträgliche Informationsgesellschaft. Dissertation an der Universität St. Gallen. Difo-Druck, Bamberg 1996.

Schneidewind, U./Hummel, J. (1996): Von der Öko-Nische zum Massenmarkt. Ökologisierung des Handels auf freiwilliger Basis. In: Politische Ökologie Nr. 45, März/April 1996, S. 63-66.

Yin, R. K. (1984): Case Study Research. Design and Methods. Sage, Beverly Hills u.a. 1984.

Teil IV

ANWENDUNGSBEISPIELE UND -ERFAHRUNGEN

Fernberatung in der Lebensmittelindustrie über ISDN

Andreas Barth, Michael Bottlinger, Peter Jensch

1 Einleitung
2 Analyse von Anwendungsszenarien
 2.1 Prinzipielles Szenario
 2.2 Einsatz in Reinraum-Bereichen
 2.3 Beratung in Problem- und Notfällen
 2.4 Überwachung automatischer Analyseneinrichtungen
3 Entwicklungsziele
4 Drei-Phasen-Modell des kooperativen Arbeitens
 4.1 Erzeugung von Dokumenten
 4.2 Dokumentenversand
 4.3 Kooperative Konsultation
5 Klassifikation des Systems
6 Bildverarbeitung in der Lebensmittelindustrie
7 Anwendungsbeispiel
8 Ergebnisse und Erweiterungen
9 Literatur

Zusammenfassung

Bei der Herstellung von Lebensmitteln wird eine strenge Überwachung der Qualität und Hygiene des Produktionsprozesses und der Endprodukte gefordert. Dieses kann im Extremfall nur durch Experten gewährleistet werden, die z. B. mit Hilfe eines Fernberatungssystems eine Begutachtung von Proben durchführen können. Dieser Artikel beschreibt ein System zur Qualitätskontrolle in der Lebensmittelindustrie, bei dem ISDN als Kommunikationsmedium genutzt wird. Es werden verschiedene Anwendungsszenarien, die Konzepte des kooperativen Systems (z. B. das 3-Phasen Modell) und ein Anwendungsbeispiel vorgestellt.

1 Einleitung

Bei der Herstellung von Lebensmitteln wird seit jeher eine strenge Überwachung der Qualität und Hygiene der Endprodukte gefordert. Mit dem Übergang zum gemeinsamen EU-Binnenmarkt stiegen jedoch die Anforderungen in erheblichem Maße. Die jetzt gültigen Vorschriften und Normen (z. B. DIN/ISO 9000 - 9004) fordern eine umfassende chemische und biologische Überwachung eines gesamten Produktionsprozesses und der eingesetzten Roh- und Halbprodukte. Dabei wird nicht mehr nur wie bisher das Endprodukt auf seine Eigenschaften hin untersucht, sondern es werden möglichst alle relevanten Einflußgrößen und deren Quellen herangezogen. Das erfordert sowohl die chemische und biologische Überwachung von Rohstoffen, Geräten, Umgebungs- und Prozeßluft als auch die hygienische Kontrolle des Personals, das direkt in den Produktionsprozeß einbezogen ist. Die genannten Kontrollen müssen in ein übergreifendes Qualitätssicherungskonzept eingebunden sein, dessen Funktionsweise dokumentiert und überprüfbar sein muß. Weiterhin müssen Notfallpläne (emergency procedures) vorliegen, falls Komponenten in der Produktion oder den Überwachungseinrichtungen ausfallen oder Rückrufaktionen wegen einer nachträglich festgestellten Kontamination von Produkten notwendig sind.

Die vom Gesetzgeber verlangten Kontrollmaßnahmen erstrecken sich also über ein sehr viel größeres Gebiet als bisher. Dies führt zu einem erheblich gesteigerten Aufwand in den Bereichen Probennahme, Präparation und Analytik.

Dieser Umstand fordert:

- Investitionen für komplexe, automatische Überwachungseinrichtungen,
- schnelle Verfügbarkeit von Ergebnissen
- und hohe Kompetenz der Mitarbeiter.

Vielen mittelständischen Unternehmen fällt es schwer, dem gesteigerten Personal- und Kompetenzbedarf, der mit den dargestellten Maßnahmen verbunden ist, vollständig gerecht zu werden.

Die elektronischen Medien zur Informationsübertragung (im besonderen ISDN) bieten die Möglichkeit der gleichzeitigen Übertragung von Sprache, Daten und (je nach Bandbreite bis zu einem gewissen Grade) bewegten Bildern. ISDN ist in Deutschland inzwischen flächendeckend verfügbar und relativ preiswert. Es schafft einem Experten die Möglichkeit, „aus der Ferne" in Form *computerunterstützter kooperativer Arbeit* beratend tätig zu werden und in das Geschehen an einem entfernten Ort einzugreifen. Durch die von den Telekommunikationsanbietern durchgeführte Normung kann ISDN einheitlich in Europa verwendet werden, wodurch eine Erweiterung des Anwendungsgebiets auf die Europäische Union ermöglicht wird.

Beim kooperativen Arbeiten erzeugen die Eingaben eines Benutzers eine Ausgabe bei anderen Benutzern. Dabei kann diese Ausgabe direkt nach der Eingabe (Konsultation) oder aber auch zeitverzögert (elektronische Post) entstehen. Kooperative Anwendungen sind in der Regel verteilt, so daß die Möglichkeit besteht, im Dialog zwischen einem Laboranten, der vor Ort bestimmte analytische Arbeiten durchführt, und einem Experten, der sich z. B. in der Firmenzentrale oder einer beratenden Institution befindet, analytische Probleme zu lösen. Dabei ist die

- gemeinsame optische Begutachtung von präparativen Arbeiten und erhaltenen Proben,
- die schnelle Übermittlung von Meßdaten sowie deren

- gemeinsame interaktive Auswertung

mit der vorhandenen Technik prinzipiell möglich, wie bereits in anderen Anwendungsbereichen (z. B. Medizin) gezeigt werden konnte (Hewett/Barth/Jensch 1993, 100-109).

Dieser Artikel beschreibt die Ergebnisse eines Projektes zur Fernberatung in der Lebensmittelindustrie, das in Kooperation zwischen dem Oldenburger Forschungs- und Entwicklungsinstitut für Informatik-Werkzeuge und -Systeme (OFFIS) und dem Deutschen Institut für Lebensmitteltechnik, Quakenbrück (DIL) mit Förderung der Stiftung Industrieforschung, Köln durchgeführt wurde.

2 Analyse von Anwendungsszenarien

2.1 Prinzipielles Szenario

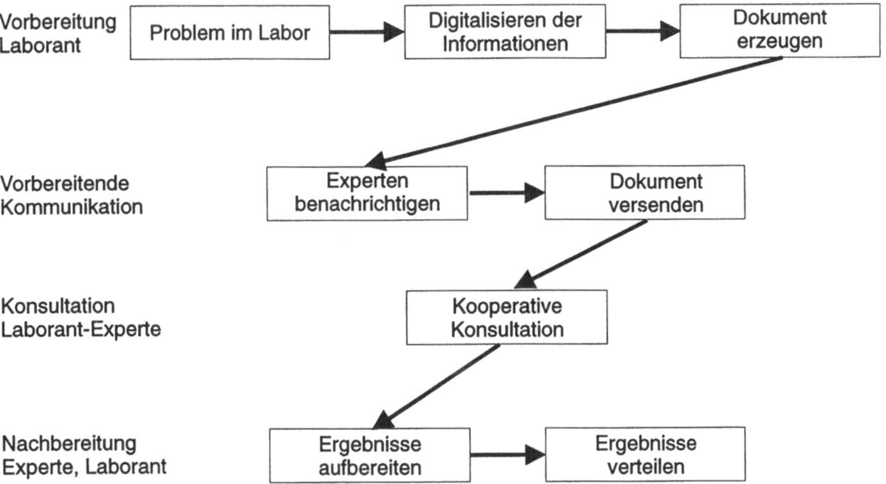

Abbildung 2-1: Konsultationsszenario in der Lebensmitteltechnik

An einem Meßplatz wird von einem Laboranten eine Probe genommen, die nicht lokal analysiert werden kann. Die Probe muß digitalisiert und mit zusätzlichen Informationen (Text, Sprache) zu einem Dokument montiert werden. Nach dieser Vorbereitungsphase des Laboranten wird der Experte benachrichtigt und Terminabsprachen für den Versand und die darauffolgende Konsultation getroffen. Das erstellte Dokument wird dem Experten zugestellt.

Zum verabredeten Zeitpunkt findet die Konsultation des Experten mit Hilfe des computerunterstützten kooperativen Arbeitens statt. Nach dem WYSIWIS-Prinzip („what you see is what

I see“) können sowohl der Experte als auch der Laborant gleichzeitig das präparierte Dokument bearbeiten.

Nach der Konsultation sollte eine Nachbereitungsphase durchgeführt werden. Dabei notieren sich sowohl der Laborant als auch der Experte die Ergebnisse und eventuell weiter durchzuführende Untersuchungen. Außerdem müssen für administrative Zwecke (z. B. Abrechnung der Serviceleistungen) Daten gespeichert und verarbeitet werden. Dieses Szenario kann beliebig wiederholt werden, wenn z. B. der Laborant zusätzliche Untersuchungen durchführen muß und dadurch neues Material für eine weitere Konferenz bekommt.

Das oben vorgestellte Szenario ähnelt einem Szenario für eine allgemeine kooperative Konferenz nach Barth/Hewett/Jensch (1992, 389) und wird in Abbildung 2-1 in grafischer Form dargestellt. Die folgenden Abschnitte konkretisieren dieses generelle Szenario für spezielle Anwendungen im Bereich der Lebensmittelindustrie.

2.2 Einsatz in Reinraum-Bereichen

Mitarbeiter, die sich in speziellen geschützten Bereichen einer Produktion befinden, können jederzeit den zuständigen Experten befragen, ohne den geschützten Bereich verlassen zu müssen. Dabei kann das Beratungssystem auch lokal verwendet werden, wobei mehrere nicht im Reinraum befindliche Personen zur Konsultation hinzugezogen werden können.

2.3 Beratung in Problem- und Notfällen

Treten während analytischer Untersuchungen Probleme auf, die eine Hinzuziehung eines Experten erforderlich machen, so kann das mit Hilfe von ISDN auch über weite Entfernungen geschehen. Dabei können die Teilnehmer sowohl akustisch und optisch miteinander in Kontakt treten als auch Bilder von Proben (z. B. Kolonien von Mikroorganismen auf Nährböden) und Daten von Analysegeräten austauschen.

2.4 Überwachung automatischer Analyseneinrichtungen

In zunehmendem Umfang wird die Automatisierung von Überwachungsaufgaben angestrebt. Die Verbindung von hochentwickelter Analysentechnik (Chromatographie, Spektrometrie, Bildanalyse) mit leistungsfähigen Handhabungseinrichtungen bieten hier viele Möglichkeiten, die nur bei hinreichender Kompetenz genutzt werden können. Die dargestellte Technik würde es erlauben, über preisgünstige und schnelle Datenleitungen diese Geräte aus der Ferne zu kontrollieren und zu überprüfen (z. B. bei Störfällen) oder Daten zur weitergehenden rechnerischen Analyse abzurufen.

3 Entwicklungsziele

Aus der Analyse der Anwendungsszenarien werden mehrere Konzepte abgeleitet, die mit allgemein anerkannten Konzepten des Entwurfs offener bzw. kooperativer Systeme kombiniert werden und als Entwicklungsziele verwendet wurden:

- *Standardkomponenten zur Bildaufnahme*
  Da die Aufnahme der (Proben-)Bilder stark von der eingesetzten Hardware abhängt und sich deshalb bei jedem Rechner ändert, ist es nicht sinnvoll, die Aufnahmemöglichkeiten in das entwickelte System zu integrieren.

- *Benutzung von standardisierten Netzwerkkomponenten*
  Elektronische Post gehört heute zu den am weitesten verbreiteten Netzwerkdiensten, die eine Zusammenarbeit über verschiedenste Arten von Netzwerken erlauben. Für diese Projekt muß der Versand von komplexen Strukturen (z. B. nach Borenstein/Freed (1993) MIME) unterstützt werden.

- *Kompression bei der Bilderzeugung*
  Die Bilddaten können bzw. sollten bei der Bilderzeugung komprimiert werden. Das entwickelte System implementiert keine eigenen Kompressionsalgorithmen, kann aber bestimmte komprimierte (z. B. JPEG) Bilder benutzen.

- *Einfache Benutzungsumgebung*
  Für verschiedene Rechnertypen wurden Richtlinien für den Aufbau von Benutzungsoberflächen erstellt (z. B. Macintosh Human Interface Guidelines (Apple Computer, Inc, 1992). Diese Richtlinien wurden konsequent in der entwickelten Anwendung durchgesetzt.

- *Keine Eingriffe in die unteren Ebenen des Betriebssystems oder des Netzwerkprotokolls*
  Viele Vorschläge zum kooperativen Arbeiten greifen direkt oder indirekt in die unteren Ebenen des Betriebssystems, der Benutzungsoberfläche oder des Netzwerkprotokolls ein (z. B. in Meyer, 1994). Dies wird aus Kompatibilitäts- und Portierungsgründen vermieden.

- *Implementierung von Lebensmitteltechnik-spezifischen Bildverarbeitungsoperationen*
  Das entwickelte System kann außerdem durch seine für die Lebensmitteltechnik entwickelten Bildverarbeitungsoperationen auch lokal vom Laboranten zur Qualitätsüberwachung eingesetzt werden.

Im Anschluß an die Entwicklung des Prototypen wurden punktuelle Tests bei potentiellen Anwendern durchgeführt und analysiert. Deren Ergebnisse werden in Kapitel 7 diskutiert.

4 Drei-Phasen-Modell des kooperativen Arbeitens

Im Rahmen des Projektes wurde ein Prototyp für ein multimediales Kommunikationssystem zur kooperativen Konsultation entworfen, das auf einem Drei-Phasen-Modell aufbaut:

1. Dokumenterzeugung

2. Dokumentversand

3. Konsultation

Diese Komponenten werden in Abbildung 4-1 dargestellt und in den folgenden Abschnitten näher beschrieben.

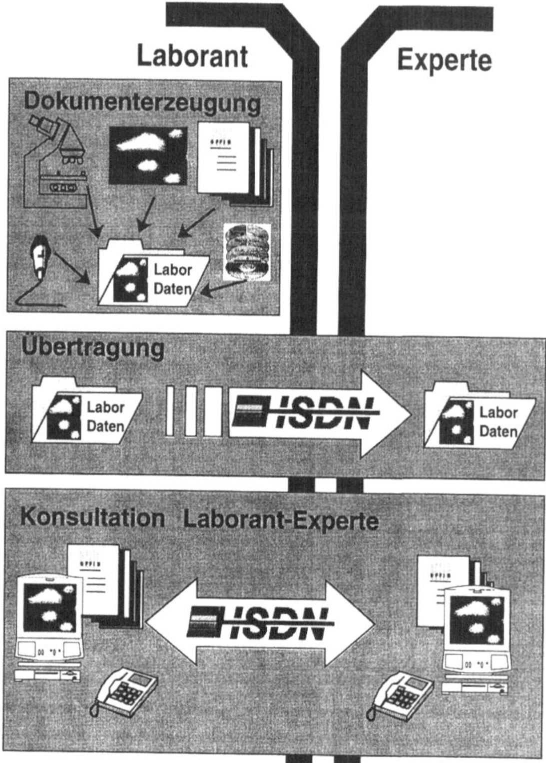

Abbildung 4-1: Drei-Phasen-Modell des kooperativen Arbeitens

4.1 Erzeugung von Dokumenten

Vor der Konsultation muß ein vollständiger Datensatz erzeugt werden, der an den jeweiligen Konsultationspartner versendet und später bei der Kooperation benutzt wird. Dieser Datensatz ist ein hierarchisches d. h. baumartig aufgebautes Dokument, dessen Knoten aus Textmodalitäten oder Bildmodalitäten mit Annotationen bestehen. Die Proben bei der Analyse der Lebensmittel werden digitalisiert und als Bildmodalitäte in die Dokumente eingefügt.

Die Bildmodalitäten können bei der Dokumenterstellung annotiert werden. Folgende Arten von Annotationen sind möglich:

- *Texte*
  sollen die Aufmerksamkeit auf einen speziellen Sachverhalt im Bild richten, der von einem der Konsultationspartner diskutiert werden möchte.
- *Ovale und Rechtecke*
  kennzeichnen einen bestimmten für die Beratung interessanten Bereich, auf dem z. B. Bildverarbeitungsoperationen ausgeführt werden können.
- *Linien*
  werden meistens als Pfeile verwendet und sollen dem Kooperationspartner eine genaue Lokalisierung des erkannten Problembereiches erleichtern. Bei der Kommunikation entfallen die bei Telefonkonferenzen bekannten Probleme der Art „Betrachten sie bitte die Farbabstufung oben rechts" und daraus resultierende Mißverständnisse.

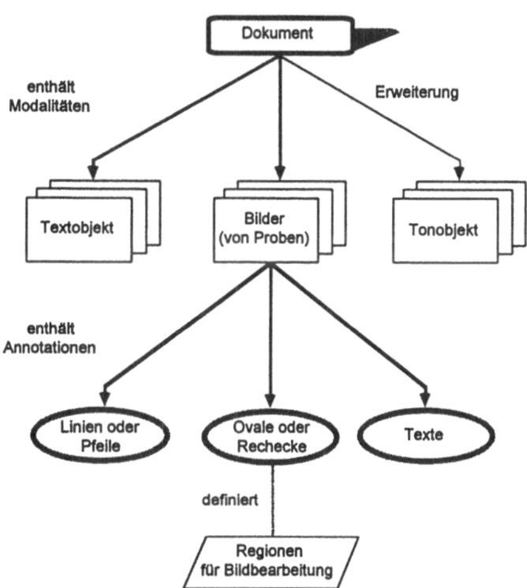

Abbildung 4-2: Dokumentenmodell

Abbildung 4-2 stellt den beschriebenen hierarchischen Aufbau eines Dokumentes dar. Rasterbilder definieren dabei eine Unterhierarchie, da sie Annotationen enthalten können. Spezielle Annotationen (Rechtecke und Ovale) bauen Regionen auf den Bildern auf, die zur Ausführung von Bildverarbeitungsoperationen benutzt werden können.

Für den Benutzer bestehen die Dokumente aus einer Liste von lokalen und einer Liste von globalen Modalitätenobjekten. Die beiden Listen sind für die Dokumenthierarchie selbst ohne Bedeutung. Knoten in der Hierarchie sind entweder lokal oder kooperativ. Auf lokalen Knoten kann nicht kooperativ gearbeitet werden, und sie werden auch nicht an den jeweiligen Konsultationspartner gesendet. Wenn ein Modalitätenobjekt lokal bzw. global ist, so sind auch alle Elemente der durch dieses Objekt definierten Unterhierarchie lokal resp. global. Das Wurzelobjekt (Dokument) ist immer global, kann aber lokale Unterobjekte haben. Globale Objekte können versendet werden und sind in einer Konsultation kooperativ.

4.2 Dokumentenversand

Dokumente können nach ihrer Erzeugung und vor der Konsultation offline (asynchron) übertragen werden. Als Kommunikationsmedium wurde ISDN gewählt, da es allgemein verfügbar und kostengünstig ist. Dabei ist der Übertragungszeitpunkt beliebig und kann bei ISDN in die Abendstunden verlegt werden, um beispielsweise preiswerte Tarife in Anspruch zu nehmen. Eine Verbindung mit bestehenden lokalen Netzen ist heute durch Produkte verschiedenster Hersteller möglich. So kann z. B. TCP/IP oder AppleTalk über ISDN Leitungen genutzt werden. Durch die Verwendung von standardisierten Routing-fähigen Protokollen kann das System sowohl in lokalen als auch Weitverkehrs-Netzwerken arbeiten.

Das System besitzt keine eigene Möglichkeit zum asynchronen Senden von Dokumenten. Je nach vorhandenen Netzwerkanwendungen existieren dafür mehrere Möglichkeiten:

1. Austausch über Speichermedien (z. B. Diskette)

2. Elektronische Post

3. Gemeinsame Ressourcen (z. B. Festplatten, auf die beide Partner Zugriff haben)

Der Austausch über gemeinsame Ressourcen ist am einfachsten, kann aber zu Sicherheitsproblemen führen. Für den Austausch mit elektronischer Post muß ein multimedia-fähiges Austauschprotokoll (z. B. MIME nach Borenstein, Freed, 1993) verwendet werden, um die Dokumentenstruktur vollständig und ohne Verluste zu übertragen. Falls es keine zeitlichen Probleme gibt, kann das Dokument auch über ein externes Speichermedium mit Hilfe der herkömmlichen Post versendet werden.

Während der Konsultation werden keine Dokumentobjekte sondern nur Operationen übertragen. Falls zusätzliche Daten (z. B. neue Proben) während der Konsultation versendet werden müssen, kann dieses mit obigen Methoden ohne große Probleme geschehen. Dazu müssen die Daten allerdings als globale Objekte in ein neues Dokument integriert werden.

4.3 Kooperative Konsultation

Im Anschluß an den Dokumentenversand kann nach dem 3-Phasen-Modell (Abbildung 4-1) eine kooperative Konsultation durchgeführt werden. Zunächst muß ein Termin für diese Konsultation festgelegt werden, der beiden Partnern genügend Zeit zur Vorbereitung läßt. Für das synchrone kooperative Arbeiten ist es sehr wichtig, daß die in der Konsultation verwendeten Daten nach dem Dokumentenversand nicht mehr verändert werden, da sonst ein Abgleich notwendig ist. Dieser ist nur mit großem Aufwand zu realisieren, da Veränderungen auf beiden Seiten berücksichtigt werden müssen. Im Endeffekt kann das sogar bedeuten, daß die Übertragungsphase wiederholt werden muß.

Am vereinbarten Termin muß zunächst eine Verbindung zum Partner hergestellt werden. Da im Normalfall der Laborant um den Termin gebeten hat, sollte er die Verbindung herstellen. Zusätzlich zur rechnergestützten Kommunikation kann eine Sprachverbindung über Telefon oder eine Videoverbindung durch ein ISDN-Bildtelefon genutzt werden.

Die rechnergestützte synchrone Konsultation wird für die Bearbeitung der im voraus versandten Dokumente verwendet. Die Qualität der Darstellung der Modalitätenobjekte steht dabei im Vordergrund. Die globalen Objekte der Dokumente sind in dieser Phase kooperativ, d. h. sie können nach dem WYSIWIS-Prinzip bearbeitet werden. Wenn z. B. der Laborant ein Bild eines aufgenommenen Bakterienstammes auf dem Bildschirm darstellt, wird dieses Bild auch unmittelbar auf dem Rechner des Experten an derselben Position dargestellt. Während der Konsultation können die Probenbilder sowohl vom Laboranten als auch vom Experten mit Linien, geschlossenen Regionen und Texten annotiert werden. Auf den Regionen können Bildverarbeitungsoperationen ausgeführt werden, die für eine differenzierte Analyse der betrachteten Proben benötigt werden. Zusätzlich existiert zur Orientierung ein Telepointer, der die jeweilige Mausposition des entfernten Partners angibt und somit eine einfache „Gestikunterstützung“ realisiert.

Zur Synchronisation wird ein kooperatives Modell verwendet. Dabei besitzt jeder am kooperativen Arbeiten beteiligte Rechner ein Kopie aller kooperativen Daten. Änderungen an diesen Daten werden ohne Synchronisation an alle Rechner der kooperativen Konsultation versendet. Hierbei sind Inkonsistenzen möglich. Im den allermeisten Fällen ist eine Synchronisation nicht notwendig, da die Benutzer

- vom Telefonieren her gewohnt sind, daß nur eine Person gleichzeitig aktiv sein (sprechen) sollte,
- viele Operationen gleichzeitig ausführen können, ohne daß trotz der falschen Reihenfolge ein inkonsistenter Zustand entsteht, da sich die Operationen nicht beeinflussen.

Bei restriktiveren Synchronisationsmethoden (z. B. Floor-Passing) kann immer nur ein Benutzer eine Operation durchführen. Das Rederecht muß häufig sogar explizit angefordert oder abgegeben werden. Vergleiche verschiedener Synchronisationsansätze finden sich in Meyer (1994, 36ff.) und Stefik et al. (1988, 350-354).

5 Klassifikation des Systems

Nach Rodden/Blair (1991, 50-51) können kooperative Systeme nach ihren Kooperationsformen in drei Klassen aufgeteilt werden:

1. Systeme, die eine gleichzeitige Anwesenheit der Benutzer verlangen (synchrone System)
2. Systeme, bei denen Benutzer nicht gleichzeitig anwesend sein müssen (asynchrone Systeme)
3. Gemischte Systeme

Nach dieser Aufteilung gehört das hier beschriebene System zu den gemischten Systemen und unterstützt somit sowohl das synchrone als auch das asynchrone kooperative Arbeiten. Während der Kooperationsphase müssen sowohl der Experte als auch der Laborant anwesend sein. Durch die Versendung der Informationen im voraus wird auch das asynchrone Arbeiten unterstützt, weil der Experte die Daten vorher analysieren kann und sogar auf eine Konsultation verzichtet werden kann, wenn dem Laboranten die Ergebnisse des Experten mit dem annotierten Dokument zurückgesendet werden und der Laborant keine weiteren Fragen hat.

Neben der Klassifikation nach Kooperationsformen kann nach Rodden/Blair (1991, 51-52) auch eine geographische Einteilung vorgenommen werden. Das Drei-Phasen-Modell macht über die geographische Verteilung der Nutzer keine Annahmen, ist aber besonders für den Fall der entfernten Konsultation über ein schmalbandiges Netzwerk ausgelegt. Das Modell kann aber auch für lokale Expertenkonsultationen benutzt werden.

Eine Konsultation ist eine Spezialform einer allgemeine Konferenz. Rodden (1991, Kap. 4) teilt Computerkonferenzsysteme in asynchrone Konferenzsysteme (z. B. Bulletin-Boards), und Realzeit-Konferenzsysteme ein. Das hier entwickelte System ist ein Realzeit-Konferenzsystem, bei dem der gemeinsame Arbeitsraum (hier: kooperative Objekte) repliziert vorliegt und nur Operationen verteilt werden. Damit unterscheidet sich das Drei-Phasen-Modell von sogenannten „Shared Screen“-Systemen, bei denen in der Regel nur eine Anwendung existiert, deren Ausgaben auf die Bildschirme der Partner gespiegelt werden. Eingaben der verschiedenen Nutzer werden dabei über das Netzwerk an die eine Anwendung gesendet und dort eingespielt. Diese Art von Systemen hat den Vorteil, daß auch lokale Anwendung (z. B. die lokale Textverarbeitung) beim kooperativen Arbeiten genutzt werden können. Der größte Nachteil ist aber in der Verteilung der Ausgaben zu sehen, da diese bei hochauflösenden (truecolor) Bildern sehr groß werden können und somit bei schmalbandigen Verbindungen (z. B. ISDN) zu sehr langen Wartezeiten bei jeder Operation führen. Im Anwendungsgebiet der Lebensmittelindustrie werden vor allem hochaufgelöste Bilder von Proben verteilt. Somit ist der „Shared Screen"-Ansatz hier nicht akzeptabel. Beim Drei-Phasen-Modell dagegen werden nur spezielle kooperative Operationen und keine Ausgaben verteilt, was zu einer geringen Netzwerklast führt. Bei diesem Ansatz können keine lokalen Operationen kooperativ genutzt werden.

Wie bei Rodden (1991) und Meyer (1994) beschrieben, kann auch das vorliegende System mit Hilfe einer Videokonferenzeinrichtung oder einer Telefonverbindung verbessert werden. Dabei ist für eine erfolgreiche Konsultation eine Sprachverbindung absolut notwendig. Nur so können der Experte und der Laborant miteinander diskutieren und somit eine Konsultation durchführen.

6 Bildverarbeitung in der Lebensmittelindustrie

In zunehmendem Maße finden Methoden der Bildverarbeitung Eingang bei der Qualitätskontrolle (Bottlinger 1993, Fath/Sommer 1985) in der Lebensmittelindustrie. Dies bezieht sich vor allem auf den dispersen Zustand und die farblichen Eigenschaften der Produkte (Weiß/Schmidt/Bottlinger 1993). Für eine Reihe von Anwendungen werden Verfahren der digitalen Bildanalyse zur Untersuchung des mikrobiellen Wachstums oder des Verhaltens bei der Keimabtötung eingesetzt.

Die im Projekt verwendeten Methoden zur Bildverarbeitung sind vor allem Filtermethoden, um

- Störungen aus dem Bild zu entfernen,
- bestimmte Bildelemente besser sichtbar zu machen
- und Differenzierungen zu erleichtern.

Dazu wurden folgende Algorithmen zur Glättung und Kantenhervorhebung implementiert:

- Glättungsoperatoren (Spalttiefpaß, Glättungsfilter mit Binomialkoeffizienten)

Rangordnungsoperatoren (Medianoperatoren, k-nearest-neighbour Median, Median of absolute differences trimmed mean-Filter)

- Kantenoperatoren (Sobeloperator, "Laplace-of-Gaussian" (LoG)-Kantenoperator)

- Morphologische Operatoren (morphologischer Kantenoperator)

Weitere Verfahren zur Beurteilung von Oberflächeneigenschaften wie z. B. „Glanz“ wären außerordentlich vorteilhaft. Geeignete Methoden stehen jedoch derzeit nicht zur Verfügung.

7 Anwendungsbeispiel

Das Anwendungsbeispiel wurde mit einem mittelständischen Hersteller von Eiprodukten durchgeführt. Die Produktpalette erstreckt sich von Volleiprodukten über Eiweiß bis hin zu getrocknetem Eipulver. Da vor allem die Flüssigprodukte nicht intensiv thermisch behandelt werden können, sind Fragen der Lebensmittelhygiene von grundlegender Bedeutung.

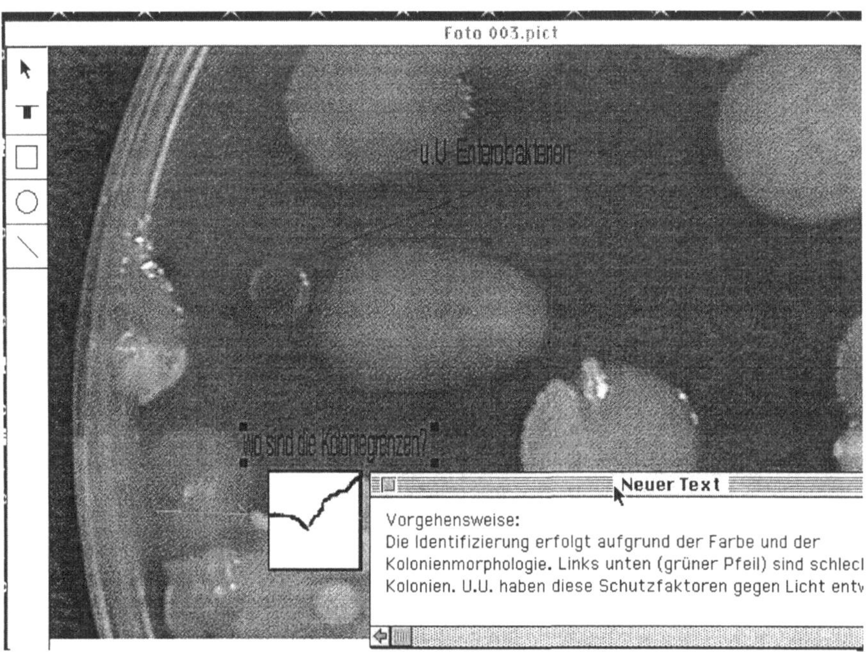

Abbildung 7-1: Momentaufnahme während einer Konsultation

Die beteiligte Firma führt in einem mikrobiologischen Labor eigene Untersuchungen zum Zustand der Anlagen und Produkte durch. Gemeinsam mit dem Deutschen Institut für Lebensmitteltechnik wurden anhand einiger Beispiele eine Beratungssitzung durchgeführt. Dabei sollte unter anderem geprüft werden, ob das entwickelte Konzept in einer typischen Laborumgebung einer mittelständischen Firma eingesetzt werden kann. Bei den verwendeten

Proben handelte es sich um Flüssigei-Proben. Die Vorgehensweise bei der Klassifikation von Mikroorganismen sowie die Beratung bei mikrobiologisch analytischen Problemfällen ist häufig mehrstufig. Liegt ein Verdacht auf mikrobielle Kontamination mit noch nicht identifizierten Keimen vor, so muß zunächst geklärt werden, um welchen Zellwand-Typ (Gram-Typ) es sich handelt. Dies kann anhand von mikroskopischen Aufnahmen von Zellformen und durch morphologische Analysen von Kolonien geschehen. Anschließend können z. B. biochemische Tests auf der Basis von Test-Kits durchgeführt werden, die eine weitere Eingrenzung erlauben.

Der Schwerpunkt des kooperativen Arbeitens liegt auf der gemeinsamen Analyse morphologischer, farbiger Merkmale von Kolonien. Abbildung 7-1 zeigt beispielhaft eine Momentaufnahme während einer solchen Analyse. Es bestand dabei der Verdacht, daß ein Eiprodukt durch Enterobakterien kontaminiert sei. Dieser Verdacht konnte durch die kooperative Analyse der Koloniestruktur erhärtet werden, so daß weitere gezielte Tests möglich waren.

Bei dieser Konsultation zeigte sich, daß die bisherige Funktionalität für die Bewertung von Kolonien weitgehend ausreichend ist. Allerdings wurden auch die momentanen Grenzen der Leistungsfähigkeit des ISDN deutlich. Gerade bei komplexen Koloniestrukturen wäre die Begutachtung unter verschiedenen Seh- und Beleuchtungswinkeln von großer Bedeutung. Erst dadurch können z. B. Glanz und Tiefe entsprechend erfaßt werden. Dazu müßten online jedoch bewegte Bilder in der entsprechend hohen Qualität mit einer Bildfrequenz von etwa 5-10 Bildern pro Sekunde übertragen werden. Dies ist jedoch nur bei Einsatz von verlustbehafteten Kompressionstechniken möglich, die dann zu einer Veränderung des Bildes führen, die für eine Beurteilung der Einzelbilder nicht mehr akzeptabel ist.

Das System wurde außerdem einem weiten Interessenkreis aus der Lebensmittelbranche vorgeführt. Dabei zeigte sich, daß die Möglichkeiten dieser Technik vor allem bei Herstellern von Frischprodukten mit Erfolge eingesetzt werden konnten. Besonderes Interesse fand das System bei der Milchindustrie.

8 Ergebnisse und Erweiterungen

Kooperatives Arbeiten im Bereich der Lebensmittelindustrie ist eine sinnvolle Ergänzung zu vorhandenen Qualitätssicherungsmaßnahmen. Insbesondere bei mikrobiologischen Analysen gelten enge zeitliche Randbedingungen. Aufgrund von Veränderungen in mikrobiologischen Proben (Wachstum oder Absterben von Mikroorganismen, enzymatischer Abbau usw.) kommt häufig ein Transport über weite Strecken nicht in Frage. Die notwendigen präparativen Tätigkeiten und Anzuchtarbeiten können von Betriebslabors durchgeführt werden. Die anschließende Beratung mit Hilfe des Systems durch einen entsprechend ausgebildeten Mikrobiologen auf der Basis annotierter Bilder erlaubt in vielen Fällen die schnelle Identifikation der relevanten Keime-Typen.

Durch das Drei-Phasen-Modell des kooperativen Arbeitens kann mit schmalbandigen Netzwerken befriedigend gearbeitet werden, da zeitaufwendige Datenübertragungen im voraus durchgeführt werden. Als Erweiterung ist eine Übertragung während einer Konsultation sinnvoll, da dann auch aktuelle Informationen (z. B. veränderte Proben) in die Konsultation mit aufgenommen werden können.

Das Drei-Phasen-Modell ist auch in anderen Anwendungsgebieten des kooperativen Arbeitens verwendet worden. Die Konzepte wurden insbesondere auch bei dem Prototypen TeCo im Bereich der Medizin (Hewett/Barth/Jensch 1993, 101-104) implementiert. Im Zentrum für graphische Datenverarbeitung (ZGDV) wurde unabhängig ein ähnlicher Ansatz entwickelt, der in dem System KAMEDIN der Deutschen Telekom verwendet wird (Busch et al., 1994).

Durch verschiedene Tests mit dem hier beschriebenen System und TeCo wurde festgestellt, daß Konflikte zwischen parallel ausgelösten Operationen relativ selten auftreten. Deshalb wurde für die relativ wenigen Konfliktfälle ein „optimistischer Synchronisationsalgorithmus" entwickelt (Hibbeler, 1996). Die Benutzer können uneingeschränkt Operationen initiieren; in einer Validierungsphase wird anschließend geprüft, ob Konflikte aufgetreten sind. Erkannte Konflikte werden behoben, in dem für parallel ausgelöste konfliktbehaftete Operationen eine Reihenfolge bestimmt wird. Diese Reihenfolge wird meistens durch die Rücknahme von Operationen und Wiederausführen in anderer Reihenfolge implementiert.

9 Literatur

Apple Computer, Inc. (1992): Inside Macintosh - Macintosh Human Interface Guidelines. Addison Wesley, Reading Mass., 1992

Barth, A., Hewett A. J., Jensch P. (1992): Kooperatives Arbeiten im Kontext wechselnder Anwendungen. In: Informatik Aktuell - Information als Produktionsfaktor, Hrsg: Görke H. et al. Springer Verlag, Berlin Heidelberg 1992, S. 387-395

Borenstein N., Freed N. (1993): MIME (Multipurpose Internet Mail Extensions) Part One: Mechanisms for Specifying and Describing the Format of Internet Message Bodies. Hrsg: Internet Engineering Task Force Working Group, RFC 1521, 1993

Bottlinger M. (1993): Meßtechnik und Qualitätskontrolle bei Schäumen und Emulsionen. In: Unterlagen zum Industriekurs "Disperse Systeme", Hrsg: Deutsches Institut für Lebensmitteltechnik, Quakenbrück 1993

Busch, Ch. et al. (1994): KAMEDIN - A System for Medical Teleconferences coming into Clinical Application now. In: Computer Graphik topics, Vol. 6 (1994) Nr. 6, S. 10-11

Fath R., Sommer K. (1985): Einsatzmöglichkeiten und Anwendungsgrenzen der automatischen Bildanalyse in der Qualitätkontrolle, In: Monatsschrift für Brauwissenschaft, 1985 Heft 6, S. 267-274

Hewett, A. J., Barth A., Jensch P. (1993): Hypermedia Cooperative Work in an OSI/ODP Standard Environment. In: Video Communications and PACS for Medical Applications. Hrsg: Mattheus, R. A. et al. Proceedings Europto Series Vol. 1977, SPIE, Berlin 1993, S. 100-109

Hibbeler, J. C. (1996): Analyse, Entwurf und Implementierung eines optimistischen Synchronisationsalgorithmus für das synchrone, computerunterstützte kooperative Arbeiten (CSCW). Diplomarbeit an der Carl von Ossietzky Universität Oldenburg, Bereich Angewandte Informatik, Mai 1996

Mayer E. (1994): Synchronisation in kooperativen Systemen. Vieweg Verlag, Braunschweig, 1994

Rodden T. (1991): A Survey of CSCW Systems. In: Interacting with Computers, Vol. 3 (1991) Nr. 4, S. 319-353

Rodden, T., Blair G. (1991): CSCW and Dirstributed Systems: The Problem of Control. In: Proceedings of the Second European Conference on Computer Supported Cooperative Work. Hrsg: Bannon L. et al. Kluwer Academic Publishers, Dordrecht u.a. 1991, S. 49f.

Stefik, M. et al. (1988): Beyond the Chalkboard: Computer Support for Collaboration and Problem Solving in Meetings. In: Computer Supported Cooperative Work: A Book of Readings. Hrsg: Greif, I. Morgan Kaufmann Publishers, Inc., San Mateo 1988, S. 335-366

Weiß M., Schmidt M, Bottlinger M. (1993): Model-Based On-Line Analysis of Disperse Systems on the Example od Digital Fourier Spectroscopy. In: Part. Part. Syst. Charact. Heft 10 (1993), S. 420-432

Ist IBIS in der Praxis anwendbar? – einige Erfahrungen und Folgerungen.

Severin Isenmann, Wolf D. Reuter

1. Einleitung
2. IBIS und HyperIBIS
3. Anwendungskontexte IBIS-artiger Systeme
4. Einige Anwendungen von HyperIBIS
   4.1. Dokumentarische Anwendungen
   4.2. Exploration und Strukturierung eines Problemfelds
5. Résumé
6. Literatur

Zusammenfassung

In diesem Beitrag wird über Erfahrungen berichtet, die im Zusammenhang mit mehreren Anwendungen des auf dem IBIS-Konzept basierenden Systems HyperIBIS gemacht wurden. Es wird deutlich gemacht, daß IBIS-artige Systeme auf unterschiedliche Art und Weise einsetzbar sind, wobei jeweils auch die Zielsetzungen differieren können. Der Schwerpunkt liegt bei der Darstellung und Bewertung von drei praktischen Anwendungsfällen von HyperIBIS sowie der Diskussion der dabei aufgetretenen Probleme. Einige dieser Probleme scheinen typisch zu sein, jedoch gibt es teilweise Möglichkeiten, sie zu vermeiden.

1 Einleitung

In vielen Bereichen können Problemlösungen nicht mechanistisch hergeleitet werden, sondern sie müssen über eine intellektuelle Auseinandersetzung mit dem Problem mühsam erarbeitet werden. Dabei können sowohl Schwierigkeiten bei der inhaltlichen Bearbeitung des Problems als auch Kommunikationsprobleme zwischen den Beteiligten auftreten. In der Vergangenheit wurden unterschiedliche CSCW-Systeme zur Unterstützung von solchen diskursiv stattfindenden Problembearbeitungsprozessen entwickelt, wobei viele dieser Systeme auf dem Konzept der Issue-Based Information Systems (IBIS) oder ähnlichen Konzepten aufbauen. Die Einsetzbarkeit solcher Systeme ist in der Regel nicht auf bestimmte Anwendungsdomänen beschränkt. Auch kann die Art und Weise, in der solche Systeme im Problembearbeitungskontext eingesetzt werden, unterschiedlich sein. Sie ist meist abhängig von den mit der Anwendung verfolgten Zielsetzungen.

Im folgenden werden zunächst der IBIS-Ansatz sowie eine Operationalisierung in Form des Werkzeug HyperIBIS skizziert. Dann werden einige Gesichtspunkte zur Differenzierung von Anwendungsfällen erläutert. Im Anschluß wird ausführlicher auf drei in ihrer Charakteristik unterschiedliche Anwendungen eingegangen, bei denen das von uns entwickelte System

HyperIBIS zum Einsatz kam. Dabei werden jeweils die inhaltliche Thematik, die mit der Anwendung verfolgten Zielsetzungen sowie die Modalitäten der Nutzung des Systems beschrieben. Ebenfalls wird auf die Probleme eingegangen, die im Kontext der einzelnen Anwendungen auftraten. In einem Résumé wird der Nutzen der Anwendung von IBIS-artigen Systemen nochmals dargestellt und es wird versucht, die bei den Anwendungen aufgetretenen Probleme zu bewerten.

2 IBIS und HyperIBIS

Rittel und Kunz beschreiben IBIS (Issue-Based Information Systems) als eine Methode bzw. eine Klasse von Systemen (sie verwenden die Begriffe Methode und System oft synonym) zur Unterstützung, Dokumentation und Koordinierung von Informationsprozessen, wie sie beim Problemlösen insbesondere im Bereich der Planung vorkommen (Kunz und Rittel, 1970). Sie legen dabei ein Modell des Problemlösens als einen argumentativen Prozeß zugrunde, wobei sie davon ausgehen, daß nicht alles problemrelevante Wissen zu Beginn eines Problemlöseprozesses bereits vorhanden ist, sondern daß es im Verlauf des Prozesses von den beteiligten Personen erst erarbeitet bzw. explizit gemacht werden muß. Konkret kann dies heißen, daß Daten erhoben werden, sich die Beteiligten zu Aspekten, zu denen sie bisher keine Meinung hatten, eine Meinung bilden, Handlungspläne erarbeitet und diskutiert werden usw. IBIS gibt nun zunächst einen strukturellen Rahmen vor, innerhalb dessen problemrelevantes Wissen abgebildet wird. Dieser Rahmen besteht primär aus Kategorien von Diskursbeiträgen und möglichen Beziehungen zwischen einzelnen Beiträgen. Die wichtigsten Diskursbeiträge sind Issues (in Form von Fragen), Antworten und Argumente. Die Bearbeitung eines Problems beginnt damit, daß von den Beteiligten zu dem Problem Fragen artikuliert und als Inhalte in das System eingebracht werden. Sämtliche Beteiligten können damit diese Fragen zur Kenntnis nehmen und gegebenenfalls ihre Antworten, Argumente oder neue Fragen vorbringen, die dann ebenfalls Inhalte des Systems werden und auf die wieder in analoger Weise reagiert werden kann. Es entsteht so ein Netz problemrelevanten Wissens. Abhängig von der mit einem konkreten Einsatz von IBIS verfolgten Zielsetzung enthält dieses Netz Problembeschreibungen, unterschiedliche Einschätzungen, alternative Handlungsmöglichkeiten, Beurteilungen dieser Handlungsmöglichkeiten usw. Da die Beteiligten beim Einbringen von Beiträgen an bestimmte Kategorien gebunden sind, kann IBIS damit auch als eine Methode zur Kommunikationsstrukturierung für Problemlöseprozesse gesehen werden, die aber anders als sprechaktbasierte Ansätze wie z.B. Winograd und Flores' *The Coordinator* (Winograd 1987/88) weder einen strengen Ablauf der Kommunikation vorschreibt noch den Beteiligten bestimmte Rollen zuweist.

Faktenfragen:	fragen, was der Fall ist, der Fall war oder in der Zukunft wahrscheinlich der Fall sein wird;
Sollfragen:	fragen, was der Fall sein sollte bzw. der Fall werden sollte;
Ursache-Wirkungsfragen:	fragen, warum etwas der Fall ist bzw. wahrscheinlich der Fall werden wird;
Mittelfragen:	fragen nach Handlungsmöglichkeiten, die dazu geeignet sind, etwas zu erreichen;
Begriffsfragen:	fragen nach der Bedeutung bzw. der Verwendung von Begriffen.

Abbildung 1: Auflistung der in HyperIBIS vorkommenden Fragenkategorien.

In der Vergangenheit wurden unterschiedliche CSCW-Systeme zur Unterstützung von solchen argumentativ stattfindenden Problembearbeitungsprozessen entwickelt, wobei viele dieser Systeme unmittelbar auf dem Konzept IBIS aufbauen (z.B. *gIBIS* (Conklin und Begeman, 1988), *JANUS* (Fischer et al., 1989) oder *AAA* (Schuler und Smith, 1990). Einige Systementwicklungen, so z.B. *CONSUL* (Ludwig und Krcmar, 1994) oder *SEPIA* (Streitz et al., 1992), verknüpfen IBIS mit Schemata aus den Bereichen der Sprechakttheorie (Searle, 1969) bzw. der Argumentationstheorie (Toulmin, 1958). Andere Ansätze (z.B. *SIBYL* (Lee, 1990), *QOC* (MacLean et al., 1991), *EUCLID* (Smolensky et al., 1988)) verwenden zur Repräsentation des Problembearbeitungsdiskurses eigene Formalismen, verfolgen jedoch ähnliche Zielsetzungen wie IBIS-basierte Systeme.

Als Teil eines größeren Projekts haben die Autoren das auf dem IBIS-Konzept basierende System HyperIBIS entwickelt (siehe z.B. (Isenmann et al., 1991) oder (Isenmann, 1993)), das in der Folge in unterschiedlichen Anwendungskontexten zum Einsatz kam. Das System ist als Hypertextsystem realisiert. Diskursbeiträge werden als textuelle Inhalte in Hypertext-Knoten abgelegt, wobei jeweils Typisierungen die Kategorie eines Beitrags repräsentieren. Kristallisationspunkte eines Diskurses über ein Problemsind Issues, wobei in HyperIBIS, wie aus Abbildung 1 ersichtlich, mehrere Arten von Issues (Issues werden als Fragen formuliert) unterschieden werden.[28] Daneben gibt es die Kategorien „Antwort“ (in bestimmten Zusammenhängen in den Spezialisierungen „Position“ bzw. „Alternative“) und „Argument“. Über Hypertext-Links werden Beziehungen zwischen einzelnen Diskursbeiträgen repräsentiert. Link-Anker ist dabei immer ein einzelner Knoten (bzw. der darin enthaltene Diskursbeitrag) in seiner Ganzheit.

Beim Design der Benutzungsschnittstelle des Systems wurde großer Wert darauf gelegt, sowohl das im System repräsentierte Wissen bequem explorieren zu können, als auch neue

[28] Die Relevanz dieser hier vielleicht etwas pedantisch erscheinenden Unterscheidungen wird weiter unten noch erläutert.

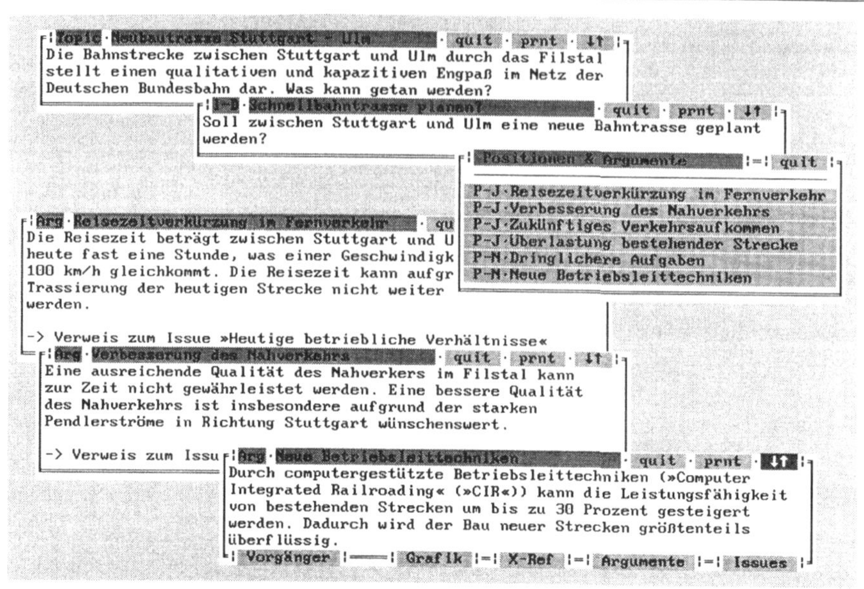

Abbildung 2: Benutzungsoberfläche von HyperIBIS. Im Kontext des Diskurses um den Bau einer Schnellbahntrasse wird zu einer Sollfrage die Liste der Positionen (ja oder nein) mit den bis dahin artikulierten Argumenten angezeigt. Über diese Liste wurde auf einzelne Argumente zugegriffen.

Beiträge leicht aufnehmen zu können. Diese beiden Aspekte lassen sich nicht trennen, da insbesondere die Beschäftigung mit den im System vorhandenen Beiträgen die Benutzer häufig zur Artikulation von neuen Beiträgen veranlaßt; neue Beiträge also aus dem Kontext bereits vorhandener entstehen. Entsprechend können in HyperIBIS jederzeit neue Beiträge aufgenommen werden. Hierzu wird jeweils ein neuer Hypertext-Knoten generiert und der Beitrag textuell formuliert. In der Regel wird der neue Beitrag automatisch über einen Hypertext-Link mit dem Beitrag verbunden, aus dessen Kontext heraus er veranlaßt wurde.

Entsprechend der Hypertext-Idee kann die Exploration des im System zu einem Problembereich repräsentierten Wissens durch den Zugriff auf einzelne Hypertext-Knoten über das Verfolgen von Hypertext-Links erfolgen. Abbildung 2 zeigt hierzu eine typische Situation. Über einen graphischen Browser, der Teil des Systems ist, können Beziehungen zwischen den im System enthaltenen Beiträgen unter Verwendung der Raummetapher zweidimensional dargestellt werden und ermöglicht damit auch einen Überblick über den repräsentierten Diskurs aus einer globalen Perspektive. Daneben ermöglicht der Browser den direkten Zugriff auf einzelne Knoten ohne daß Links verfolgt werden müssen. Bei einer weiteren Möglichkeit des Zugriffs stehen die textuellen Inhalte der Beiträge im Vordergrund. Über die Eingabe eines beliebigen Stichworts kann auf Beiträge zugegriffen werden, in denen das entsprechende Stichwort vorkommt.

Inwieweit sich IBIS-artige Systeme als in der Praxis anwendbar erweisen, hängt nun sehr von den Randbedingungen des jeweiligen Anwendungsfalls ab. In der Literatur wird hauptsächlich über positive Erfahrungen (beispielhaft seien hier (Burgess Yakemovic und Conklin, 1990) und (MacLean et al., 1991) genannt) im Zusammenhang mit Anwendungen in stark technisch geprägten Domänen (Software-Engineering) berichtet. Kontroverse Interessen oder Sichtweisen scheinen dabei kaum aufgetreten zu sein. In (Streitz et al., 1992) findet sich zwar ein Anwendungsbeispiel aus dem politischen Umfeld (Telekooperation Bonn–Berlin), jedoch werden hieran in erster Linie technische Aspekte der Telekooperation erläutert.

3 Anwendungskontexte IBIS-artiger Systeme

IBIS wurde konzipiert als eine Methode zur Unterstützung von kooperativ problemlösenden Gruppen. Aber ähnlich wie ein Texteditor, der zur nachträglichen Erfassung eines bereits formulierten Textes, aber auch als Hilfsmittel bereits während der Erstellung eines Textes verwendet werden kann, sind IBIS-artige Systeme auf unterschiedliche Weise einsetzbar. Im folgenden werden einige Gesichtspunkte zur Differenzierung von Anwendungsfällen erläutert.

Zielsetzungen des Einsatzes. Mit der Anwendung von IBIS-artigen Systemen können unterschiedliche Zielsetzungen verfolgt werden. Eine globale Zielsetzung dürfte immer sein, die Kommunikation problemrelevanten Wissens zu erleichtern. Dies kann sowohl bedeuten, daß problemrelevantes Wissen zum Zweck des besseren Verständnisses strukturiert wird (entsprechend der vorgegebenen Formalismen), als auch, daß die Beteiligten zur Auseinandersetzung mit einem Problem animiert werden. Letzteres ist insofern wichtig, als problemrelevantes Wissen nicht a priori vorhanden ist, sondern oft erst durch die Beschäftigung mit einem Problem entsteht bzw. als problemrelevant identifiziert wird. IBIS kann als Kommunikationsmedium zwischen räumlich und zeitlich getrennten Beteiligten eingesetzt werden und wirkt über die Klassifizierung der möglichen Beiträge kommunikationstrukturierend. Als Nebeneffekt entsteht eine strukturierte Dokumentation des Problembearbeitungsprozesses, die später die Basis für eine Entscheidungsfindung sein kann oder gegenüber nicht unmittelbar Beteiligten eine getroffene Entscheidung begründen kann. Die häufige Erwartung, eine richtige Problemlösung könne quasi mechanistisch aus einem Diskurs abgeleitet werden, kann und insbesondere will IBIS jedoch nicht einlösen.

Modalität des Einsatzes. Modalität bezieht sich auf verschiedene Variablen, die den Betrieb von IBIS bestimmen. Betriebsformen können unterschieden werden nach Anzahl und Zusammensetzung der Beteiligten: Einzelpersonen, kleine Arbeitsgruppen, heterogene Großgruppen. Es kann ohne oder mit einem moderierenden, animierenden und verwaltenden Sekretariat gearbeitet werden. Daneben ist es möglich, daß die Beteiligten von verschiedenen

Orten aus zu verschiedenen Zeiten ein Problem kooperativ bearbeiten, sie bei der Bearbeitung des Problems an einem Ort zur gleichen Zeit zusammen sind oder sie von verschiedenen Orten aus zur selben Zeit kooperieren.

Kontroversität des Problemfelds. Der Grad der Kontroversität ist besonders hoch im politischen und planerischen Bereich, wo mit Interessen konkrete Vor- und Nachteile verbunden sind. Bei unvermeidbaren Kontroversen ist es möglich, daß der Konsens über die Benutzung des Instruments IBIS verloren geht. Es können Reaktionen vorkommen wie das Einbringen von Scheinargumenten und taktischen Argumenten oder das Überfüllen des Systems mit irrelevanten Beiträgen.

4 Einige Anwendungen von HyperIBIS

In seinen Grundzügen entstand das System HyperIBIS im Rahmen eines größeren Projekts über Umweltinformationssysteme. Die ursprüngliche Intention bei der Entwicklung von HyperIBIS war, ein Werkzeug zu konzipieren und prototypisch zu realisieren, mit dem Planungsprozesse im Umweltbereich unterstützt werden können (Isenmann, 1991). Um die Frage der Eignung eines solchen Werkzeugs untersuchen zu können, wurde damals eine umweltpolitische Kontroverse (Überarbeitung einer Verordnung zum Grundwasserschutz) in HyperIBIS abgebildet. Es handelte sich dabei um die nachträgliche Dokumentation eines bereits abgeschlossenen Problemlöseprozesses. Ebenfalls primär dokumentarischen Charakter hatte eine Anwendung von HyperIBIS, in der die Probleme im Zusammenhang mit der Planung einer Schnellbahntrasse dargestellt wurden. Anders war die Modalität der Anwendung in einem dritten Fall: Für die Erstellung einer Studie über Road Pricing wurde HyperIBIS als Werkzeug zur Exploration und Strukturierung des Problemfelds um Road Pricing benutzt. Ausgehend von dem auf diese Weise aufbereiteten Wissen ergaben sich dann z.B. verschiedene Argumentationen für und wider Road Pricing. Gemeinsam ist bisher allen Anwendungen von HyperIBIS, daß die Inhalte im politischen Umfeld angesiedelt sind und damit mannigfaltige Sichten auf den jeweiligen Problemkomplex existieren. Häufig müssen daher kontroverse Interessen von in unterschiedlicher Weise betroffenen Gruppen als Teil des Problems behandelt werden. Im folgenden werden die Spezifika der einzelnen Anwendungen genauer erläutert und die gewonnenen Erfahrungen im Kontext der Modalität der einzelnen Anwendung diskutiert.

4.1 Dokumentarische Anwendungen

Die erwähnte Debatte um die Verordnung zum Grundwasserschutz[29] war bereits abgeschlossen und eine Entscheidung getroffen, als die Inhalte dieser Debatte in HyperIBIS abgebildet wurden. Der Einsatz von HyperIBIS konnte damit keine Rückwirkung auf den stattgefundenen Problembearbeitungsprozeß mehr haben. Die nachträgliche Aufbereitung schien trotzdem insofern sinnvoll, als es aufgrund der IBIS-artig repräsentierten Debatte möglich werden sollte, die behandelte Grundwasserschutzproblematik besser zu verstehen und die getroffene Entscheidung nachvollziehen bzw. begründete Kritik an ihr üben zu können. Hierzu wurden sämtliche Gesichtspunkte, die artikuliert worden waren, entsprechend den durch den IBIS-Ansatz vorgegebenen Formalismen und unter Verwendung des mit HyperIBIS vorhandenen Werkzeugs abgebildet und zugreifbar gemacht (Abbildung 3 zeigt einen Ausschnitt aus der aufbereiteten Debatte).

Issue 904	**Mögliche Novellierungspunkte**: „Welche Maßnahmenänderungen können im Rahmen einer Novellierung der Schutzgebiets- und Ausgleichsverordnung (SchALVO) zum Zweck eines gesteigerten Grundwasserschutzes erwogen werden?“
Alt. 1	**N_{min}-Grenzwert differenzieren**: „Durch Differenzierung des N_{min}-Grenzwerts kann den standortspezifischen Bedingungen für die Nitratauswaschung Rechnung getragen werden.“
Alt. 2	**Düngerbemessung ändern**: „Durch Änderung der Bemessungsregel kann dem in Abhängigkeit von der Mineralisation je nach Standort unterschiedlichen Nitratauswaschungspotential begegnet werden.“
Alt. 3	**Begrünung im Winter**: „Durch Zwischenfruchtanbau (Begrünung) im Winter kann die Pflanzenaufnahmezeit verlängert und dadurch die Nitratauswaschung verringert werden.“
Alt. 4	**Bodenbearbeitung reduzieren**: „Durch Reduzierung der Bodenbearbeitung im Herbst kann die Mineralisation verzögert und damit zur einer Senkung der Nitratauswaschung beigetragen werden.“
Alt. 5	**Überwachung im Grundwasser**: „Durch Einrichtung eines auf die Landwirtschaft bezogenen Flächenmeßnetzes kann die Entwicklung der Nitratbelastung im Schutzgut Grundwasser systematisch verfolgt werden.“

Abbildung 3: Ausschnitt aus der mit HyperIBIS abgebildeten Debatte um die SchALVO-Novellierung. Zu einer Frage nach Handlungsmöglichkeiten werden unterschiedliche Alternativen aufgezählt.

[29] Konkret handelte es sich dabei um die Schutzgebiets- und Ausgleichsverordnung des Landes Baden-Württemberg (SchALVO), deren Novellierung 1990/91 zur Diskussion stand.

Ähnlich war die Anwendung, bei der mittels HyperIBIS die Problematik der Linienführung für eine Schnellbahntrasse zwischen Stuttgart und Ulm dargestellt wurde. Der Unterschied bestand darin, daß hier noch keine Entscheidung gefallen war und fast täglich neue Aspekte hinzukamen.

In beiden Fällen wurde die IBIS-konforme Aufbereitung der Thematik von Personen durchgeführt, die Expertise auf dem Gebiet des Grundwasserschutzes bzw. dem Gebiet der Verkehrsplanung besaßen und auch mit den Inhalten der jeweiligen Debatten vertraut waren, jedoch nicht als unmittelbar Beteiligte in die eigentlichen Verfahren der Auseinandersetzung mit dem jeweiligen Problem involviert waren. Daneben waren diese Personen mit der Theorie des Konzepts IBIS vertraut, hatten jedoch bis dahin keine praktischen Erfahrungen in der Anwendung IBIS-artiger Methoden gesammelt. Ihre Tätigkeit bestand nun darin, die zum jeweiligen Problemkomplex vorhandenen Aspekte in den IBIS-Formalismus zu übersetzen, indem sie alles Wissen in Fragen, Antworten und Argumente aufspalteten. Anfangs bereitete dabei insbesondere das Aufwerfen von Fragen entsprechend der vorgegebenen Klassifizierung (Sollfragen, Faktenfragen, Mittelfragen, Ursache-Wirkungsfragen, Begriffsfragen) einige Schwierigkeiten.

Es könnte an dieser Stelle eingewendet werden, daß durch die Unterscheidung von mehreren Kategorien von Issues (die so in anderen Umsetzungen des IBIS-Konzepts, wie z.B. *gIBIS* (Conklin und Begeman, 1988) oder *AAA* (Schuler et al., 1990), nicht vorgesehen ist) künstlich Probleme in Bezug auf die Handhabbarkeit der Methode geschaffen werden. Diese strikte Unterscheidung wurde beim Design von HyperIBIS jedoch bewußt vorgesehen, da damit eine Trennung von z.B. beobachtbaren Fakten, der Frage, inwiefern daraus – in Abhängigkeit von Zielvorstellungen – Handlungsbedarf abzuleiten sei und denkbaren Handlungsmöglichkeiten bereits strukturell gefördert wird. Insbesondere wird hierdurch die Konstruktion sogenannter Sachzwänge – Situationen in denen den Beteiligten suggeriert wird, es gebe nur eine einzige Handlungsalternative – erschwert (siehe hierzu auch (Rittel, 1976)).

Die eben erwähnten Schwierigkeiten manifestierten sich im allgemeinen dadurch, daß bereits formulierte Fragestellungen oft nicht klar einer der vorgegebenen Kategorien zuzuordnen waren. Der Grund für diese Zuordnungsprobleme war regelmäßig, daß in einer Fragestellung mehrere Einzelfragen, die unterschiedliche Kategorien betrafen, miteinander vermischt waren. Eine Frage wie: Wie soll das für die Relation A–B erwartete Schienenverkehrsaufkommen bewältigt werden? vermischt z.B. die Frage nach den Möglichkeiten, das Verkehrsaufkommen zu bewältigen (eine Mittelfrage) mit der Frage, welcher dieser Möglichkeiten der Vorzug zu geben sei (eine Sollfrage, bei deren Beantwortung Werturteile eine Rolle spielen). Daneben nimmt die obige Frage bereits unterschwellig die Antwort vorweg auf die Frage, *ob* das Verkehrsaufkommen überhaupt bewältigt werden soll. Die Aufspaltung in die Fragen „Soll das erwartete Verkehrsaufkommen bewältigt werden?" und „Welche Möglichkeiten sind denkbar, das Verkehrsaufkommen zu bewältigen?" löst das Problem der Klassifizierung. In einem weiteren Schritt kann dann zu jeder Alternative, die im Zusammenhang mit der Frage nach den Handlungsmöglichkeiten genannt wird, eine Sollfrage („Soll Alternative x umgesetzt werden?") gestellt werden, womit dann die inhaltlichen Aspekte der ausgangs aufgeworfenen Frage abgedeckt sind.

Die mit der Aufbereitung der beiden Themenbereiche beschäftigten Personen erlangten, nachdem sie einige Male mit der Problematik der Klassifikation von Issues konfrontiert waren und das Problem in der oben skizzierten Art und Weise lösten, schnell Routine im Umgang sowohl mit der IBIS-Methode als auch mit HyperIBIS. Die in HyperIBIS aufbereiteten Themenbereiche bildeten dann eine inhaltliche Basis, die Voraussetzung war, um mit dem System weitere Erfahrungen zu sammeln.

Man kann bei der Nutzung von IBIS-artigen Systemen von zwei Grundoperationen ausgehen: Dem Einbringen von Wissen in das System sowie dem Erfragen von Wissen vom System. Der Fall des Einbringens von Wissen wurde für einen bestimmten Kontext bereits skizziert. Das Erfragen von Wissen, das bereits im System repräsentiert ist, scheint demgegenüber weniger problembehaftet zu sein. Die Erfahrungen im Zusammenhang mit häufigen Demonstrationen von HyperIBIS weisen darauf hin, daß die zugrundeliegende Art der Repräsentation von Wissen in Form von typisierten Fragen, Antworten und Argumenten vorteilhaft ist, insbesondere wenn über ein Problemfeld informiert werden soll. Wichtig scheint für die Handhabbarkeit des IBIS-Ansatzes auch das Vorhandensein eines unterstützenden Computerwerkzeugs zu sein. So werden in (Reuter und Werner, 1983) Probleme und das teilweise Scheitern einiger Projekte, in denen die IBIS-Methode zum Einsatz kam, nicht unwesentlich auf die Zurückhaltung bei der Computerunterstützung zurückgeführt und es wird gefolgert, daß eine Unterstützung der Kooperation durch computerbasierte Werkzeuge letztendlich unerläßlich sei.

In Rahmen von Demonstrationen von HyperIBIS wurde häufig die Frage gestellt nach dem Aufwand, der notwendig sei, Wissen in IBIS-konformer Art und Weise aufzubereiten. Wird ein IBIS-artiges System primär für nachträgliche Dokumentationszwecke verwendet (wie in den oben beschriebenen Anwendungen), entsteht hier ein Zusatzaufwand, der nicht der Problemlösung selbst zugute kommt. Er kann aber z.B. dadurch gerechtfertigt werden, daß man annimmt, durch eine IBIS-artige Vermittlung des Problemfelds könne besser nachvollziehbar gemacht werden, warum einer bestimmten Lösungsalternative der Vorzug gegenüber anderen gegeben wurde. Der Aufwand läßt sich ebenfalls rechtfertigen, wenn anzunehmen ist, daß das behandelte Thema noch für längere Zeit debattiert werden wird, wie dies z.B. für die erwähnte Schnellbahntrasse der Fall ist. Die IBIS-artige Dokumentation eines Diskussionsstands kann dabei die Basis für die weitere Debatte werden. Die Frage nach dem Zusatzaufwand stellt sich kaum, wenn eine IBIS-artige Methode bereits zu Beginn eines Problembearbeitungsprozesses verwendet wird.

4.2 Exploration und Strukturierung eines Problemfelds

In einem Projekt, in dem eine Studie über die Ausgestaltung und die politische Umsetzbarkeit von Road Pricing erstellt wurde, kam HyperIBIS zum Einsatz, um die Exploration und Strukturierung des im Zusammenhang mit Road Pricing relevanten Wissens zu unterstützen. Hierzu waren nicht nur Fragestellungen zu behandeln, die unmittelbar mit Road Pricing zu tun haben, sondern es mußten z.B. auch konkurrierende Handlungmöglichkeiten erörtert werden. Dies führte an vielen Stellen zur Beschäftigung mit globalen verkehrspolitischen und auch gesellschaftspolitischen Fragestellungen, wobei es manchmal schwierig war zu entscheiden, ob ein Aspekt im Gesamtkontext noch als relevant oder als gerade nicht mehr relevant betrachtet werden sollte.

Das Projektteam bestand aus fünf Mitarbeitern, von denen die meisten entweder aufgrund ihrer Vorbildung oder aufgrund ihrer Interessenlage Expertise im Verkehrsbereich besaßen. Zwei Mitarbeiter waren mit dem IBIS-Konzept sowohl theoretisch als auch praktisch vertraut, den anderen war zwar das System HyperIBIS bekannt, das in dem Projekt benutzt werden sollte, sie hatten aber noch nicht selbst mit dem System gearbeitet. Innerhalb des Teams bestand ein Konsens darüber, daß es sinnvoll sei, die zur Erstellung der Studie notwendige Exploration des Problemfelds mit Hilfe von HyperIBIS durchzuführen. Die Mitarbeiter des Projektteams hatten teilweise zwar persönliche Meinungen darüber, worin Verkehrsprobleme bestünden und wie diese sinnvoll zu lösen seien, es war aber allen bewußt, daß es in diesem Projekt nicht darum ging, die anderen durch taktische Argumente von der eigenen Meinung zu überzeugen. Somit sollte ein offener Diskurs über das Problemfeld geführt werden, in welchem grundsätzlich die Möglichkeit bestand, alles zum Gegenstand eines Teildiskurses zu machen.

Zu Beginn versammelten sich die Projektmitarbeiter um einen Bildschirm, wobei jeder Fragen formulieren konnte, die von einem Mitarbeiter dann ins System eingegeben wurden. Häufig veranlaßte eine Frage die Beteiligten unmittelbar zum Aufwerfen von Folgefragen. Auf diese Weise entstand zunächst ein Netz von als relevant erachteten Fragestellungen. Teilweise wurden auch hier Fragen aufgeworfen, die nicht in das vorgegebene Klassifikationsschema paßten, diese konnten jedoch immer durch die Mitarbeiter mit IBIS-Erfahrung in passende Fragestellungen transformiert werden. Stellenweise wurde auch schon versucht, Antworten zu bestimmten Fragen in das System aufzunehmen, dies war aber aufgrund der Dynamik, mit der zu diesem Zeitpunkt neue Fragen entstanden, eher nebensächlich. Das Festhalten der spontan entstehenden Fragen wurde von den Teilnehmern als wichtiger erachtet als sich gleich intensiv mit der Beantwortung jeder Frage zu beschäftigen.

Nach zweimaligem, jeweils mehrstündigem Zusammentreffen der Beteiligten wurde es als sinnvoll erachtet, die Modalität der Verwendung von HyperIBIS zu ändern. Während anfangs die Beteiligten an einem Ort zusammen waren und abwechselnd verbal – aber bereits unter Verwendung der durch IBIS vorgegebenen Kategorien – ihre Beiträge äußerten, sollte nun jeder für sich neue Aspekte in das System einbringen. Dieser Moduswechsel war insofern naheliegend, als die Beantwortung von Fragen und das Vorbringen von Argumenten nun immer seltener aus dem Stegreif erfolgen konnte, sondern oft vorheriges Literaturstudium erforderte. Da die Projektmitarbeiter nun sowohl räumlich getrennt waren als auch in der Regel zeitversetzt neue Beiträge einbrachten, erfuhren die anderen Projektmitarbeiter jeweils über einen im System vorhandenen Notifikationsmechanismus vom Vorhandensein neuer Beiträge.

Im Lauf der Zeit mußten die Beteiligten zur Orientierung immer häufiger von den vom System bereitgestellten Hilfsmitteln (graphischer Browser sowie Stichwortsuche) Gebrauch machen, da es immer schwieriger wurde, sämtliche Inhalte des Systems noch zu überblicken. Die Überblicksproblematik hängt natürlich mit der wachsenden Menge des im System repräsentierten Wissens zusammen, jedoch spielt auch die Anwendungsmodalität eine Rolle: Während die Beteiligten zu Beginn die Artikulation jedes Beitrags quasi life miterlebten, erfuhren sie später nur noch, daß irgendwo ein neuer Beitrag eingebracht worden sei, wobei sie nicht gezwungen waren, diesen Beitrag auch inhaltlich zur Kenntnis zu nehmen.

Häufiger war auch zu beobachten, daß Beiträge falsch klassifiziert wurden, was zu Problemen bei der Verständlichkeit führte. Eine Erklärung scheint darin zu liegen, daß die Beteiligten – die bei der Eingabe neuer Beiträge nun auf sich allein gestellt waren – zwar das Werkzeug HyperIBIS bedienen konnten, aber nicht ausreichend mit der zugrundeliegenden Methode, insbesondere dem Formalismus der Klassifikation von Beiträgen vertraut waren.

Hin und wieder kam es vor, daß Diskursbeiträge, die zum Zeitpunkt der Aufnahme in das

---

„Wie können Verkehrsprobleme entschärft werden?“
　„Durch Reduktion des Verkehrsaufkommens.“
　　„Wie kann das Verkehrsaufkommen reduziert werden?“
　　　„Durch Erhöhung der Kosten für den Verkehr.“
　　　　„Wie können die Kosten für den Verkehr erhöht werden?“
　　　　　„Durch Erhöhung der Benzinpreise.“
　　　　　　...

Abbildung 4: Ausschnitt aus einem Diskurs um Maßnahmen zur Entschärfung von Verkehrsproblemen.

System verständlich formuliert waren, später in ihrer Aussage nicht mehr nachvollzogen werden konnten. Dies galt sogar für die Personen, die den Beitrag formuliert hatten. Beiträge werden immer innerhalb eines zeitlichen und thematischen Kontexts artikuliert. Innerhalb dieses Kontexts sind sie nachvollziehbar.Teil des Kontexts sind auch Stimmungen der Beteiligten (z.B. der Ärger über den morgendlichen Verkehrsstau), und es ist klar, daß solche Dinge nur schwer abbildbar sind, was zu dem genannten Problem der Nachvollziehbarkeit führen kann. Eine mögliche Lösung des Problems besteht darin, Beiträge in logisch zusammenhängende Sequenzen feiner Granularität aufzuspalten. So ist ein Beitrag der Form „Wie können Verkehrsprobleme entschärft werden?“ – „Durch Erhöhung der Benzinpreise“ nicht immer unmittelbar verstehbar. Eine bessere Repräsentation hierfür ist in Abbildung 4 zu sehen

Diese feine Aufgliederung in Fragen und Antworten über mehrere Stufen hinweg stimuliert außerdem auf jeder Stufe die Suche nach weiteren Alternativen. So könnte das Verkehrsaufkommen z.B. auch durch die Veränderung der Siedlungsstrukturen, durch Fahrverbote, durch die Förderung von Telearbeit usw. reduziert werden.

Das Ergebnis dieser Anwendung von HyperIBIS war eine strukturierte Wissensbasis, die alle im Kontext von Road Pricing relevanten Aspekte enthielt. Aufgrund der Inhalte dieser Wissensbasis wurde dann die erwähnte Studie erstellt. Dabei konnten nicht nur die textuellen Inhalte häufig direkt übertragen, sondern auch viele strukturelle Zusammenhänge übernommen werden. Erwähnenswert ist, daß sich bei der Aufarbeitung der Road-Pricing-Thematik mit HyperIBIS bereits sehr früh einige kritische Aspekte herauskristallisierten (insbesondere die Datenschutzproblematik), die dann auch später bei der öffentlichen Debatte des Themas die zentralen Kritikpunkte waren.

5 Résumé

IBIS ist sowohl eine Methode zur Repräsentation von in Problemlöseprozessen relevantem Wissen als auch eine Methode zur Strukturierung der Kommunikation zwischen den an Problemlöseprozessen beteiligten Personen. Die Basis ist jeweils die Kategorisierung von Wissen in Fragen, Antworten und Argumente. Im Zusammenhang mit mehreren Anwendungen hat sich gezeigt, daß diese Kategorisierung für die Repräsentation von problemrelevantem Wissen geeignet ist. Es können insbesondere faktische, instrumentelle und wertende Aspekte auseinandergehalten werden, was zur Versachlichung der Sicht auf ein Problem führt. Ebenfalls konnten wir feststellen, daß bei der Arbeit mit IBIS bzw. HyperIBIS vor allem das Wechselspiel zwischen dem Aufwerfen von Fragen und dem Beantworten dieser Fragen die Diskursteilnehmer zur kritischen Auseinandersetzung mit einem Problem stimuliert.

Schwierigkeiten traten jedoch immer wieder bei der Klassifikation von Beiträgen auf. Wir führen diese Schwierigkeiten hauptsächlich darauf zurück, daß die Beteiligten vor der Benutzung des Tools HyperIBIS nicht ausreichend mit der zugrundeliegenden Methode IBIS vertraut gemacht wurden. So suggeriert das Vorhandensein eines komfortablen Werkzeugs häufig, daß das Werkzeug allein durch seine Benutzung – quasi nebenbei – auch die ihm zugrundeliegende Philosophie vermitteln könne. Insbesondere wenn mit einem Werkzeug intellektuelle Aufgaben unterstützt werden sollen, gelingt dies in der Regel jedoch nicht. (Ähnliche Beobachtungen wurden auch beim praktischen Einsatz von *The Coordinator* (Carasik und Grantham, 1988) gemacht.) Es erscheint uns daher wichtig, daß die Beteiligten, bevor sie mit der Bearbeitung eines Projekts beginnen, nicht nur in der Benutzung des Werkzeugs, sondern auch in der zugrundeliegenden Methode geschult werden.

Bezüglich des zeitlichen Ablaufs eines Problembearbeitungsprozesses gibt IBIS keine Regeln vor. Dies im Unterschied zu CSCW-Systemen wie z.B. *COGNOTER* und *ARGNOTER* (Stefik et al., 1987) oder *PLEXSYS* (Vogel und Nunamaker, 1990), die zwischen mehreren getrennten Phasen unterscheiden. Trotzdem gab es – uns zunächst unbewußt – bei der Road-Pricing-Anwendung so etwas wie Phasen, die jedoch nicht mit Phasen wie *Brainstorming – Organizing – Evaluation* vergleichbar sind. So änderte sich im Verlauf der Anwendung die Modalität der Zusammenarbeit (zunächst gemeinsames Arbeiten zur selben Zeit an einem Ort und später zeitversetztes Arbeiten von verschiedenen Orten aus) und es gab zu Beginn eine Phase, in der hauptsächlich Fragen aufgeworfen wurden, während später die Beiträge eher Antworten und Argumentationen waren.

HyperIBIS wurde in allen unseren Anwendungsfällen mit der Zielsetzung eingesetzt, Problemfelder kooperativ zu explorieren und strukturieren. Da es nicht darum ging, zu konkreten Entscheidungen zu kommen und die Beteiligten keine eigenen Interessen durchzusetzen hatten, kann hier vielleicht von im Habermasschen Sinne herrschaftsfreien Diskursen gesprochen werden. Es ist unklar, ob dies in einem Umfeld höherer Kontroversität, wo mit der Implementierung der einen oder anderen Maßnahme unterschiedliche Vor- und Nachteile für die Beteiligten verbunden sind, ebenfalls möglich ist. Wenn man jedoch davon ausgeht, daß IBIS kein Entscheidungsmechanismus ist, sondern damit u.A. die Explizitmachung von Interessenlagen, die kooperative Erarbeitung Problemlösungsalternativen sowie deren argumentative Abwägung unterstützt werden sollen, so scheint ein erfolgreicher Einsatz auch in kontroverseren Domänen zumindest vorstellbar.

6 Literatur

Burgess Yakemovic, K.C. und E.J. Conklin (1990): Report on a Development Project Use of an Issue-Based Information System. in: Proceedings of the Conf. on Computer-Supported Cooperative Work (CSCW '90), S. 105–118, New York: ACM, 1990.

Carasik, R.P. und C.E. Grantham (1988): A Case Study of CSCW in a Dispersed Organization. in: CHI '88 Conference Proceedings , S. 61–66, New York: ACM, 1988.

Conklin, J. und M.L. Begeman (1988): gIBIS: A Hypertext Tool for Exploratory Policy Discussion. ACM Transactions on Office Information Systems 6(4), S. 303–331, 1988.

Fischer, G., R. McCall und A. Morch (1989): JANUS: Integrating Hypertext with a Knowledge-Based Design Environment. in: Hypertext '89 Proceedings, S. 105–117, New York: ACM, 1989.

Isenmann, S., W.D. Reuter und K.-P. Schulz (1991): HyperIBIS: ein Informationssystem zur Umweltplanung. in: Informatik für den Umweltschutz (6. Symposium), M. Hälker und A. Jaeschke (Hrsg.), S. 321–334, Berlin: Springer-Verlag, 1991.

Isenmann, S. (1993): How to Deal with Wicked Problems Using a New Type of Information System. in: Systems Science – Addressing Global Issues, F.A. Stowell, D. West and J.G. Howell (Hrsg.), S. 367--372, New York: Plenum Press, 1993.

Kunz, W. und H.W.J. Rittel (1970): Issues as Elements of Information Systems. Working Paper No. 131, Institute of Urban and Regional Development, University of California, Berkeley, California, 1970.

Lee, J. (1990): SIBYL: A Tool for Managing Group Decision Rationale. in: Proceedings of the Conf. on Computer-Supported Cooperative Work (CSCW '90) , S. 79–92, New York: ACM, 1990.

Ludwig, B. und H. Krcmar (1994): Verteiltes Problemlösen in Gruppen mit CONSUL. in: Einführung von CSCW-Systemen in Organisationen (Tagungsband der D-CSCW '94), S. 167–186, U. Hasenkamp (Hrsg.), Braunschweig, 1994.

MacLean, A., R.M. Young, V.M.E. Bellotti und T.P. Moran (1991): Questions, Options, and Criteria: Elements of Design Space Analysis. Human-Computer Interaction 6 (3/4), S. 201–250, 1991.

Rein, G.L. und C.A. Ellis (1991): rIBIS: A Real-time Group Hypertext System, in: Computer-Supported Cooperative Work and Groupware, S. Greenbeg (Hrsg.), S. 223--241, London: Academic Press, 1991.

Reuter, W.D. und H. Werner (1983): Thesen und Empfehlungen zur Anwendung von Argumentativen Informationssystemen. Working Paper A-83-1, Institut für Grundlagen der Planung, Stuttgart, 1983.

Rittel, H.W.J. (1976): Sachzwänge – Ausreden für Entscheidungsmüde? Skript einer Radiosendung des Deutschlandfunks vom 5. Dezember 1976. auch in: H. W. J. Rittel, Planen – Entwerfen – Design , S. 271–281, Stuttgart, 1992.

Schuler, W. und J.B. Smith (1990): Autor's Argumentation Assistant (AAA): A Hypertext-Based Authoring Tool for Argumentative Texts, in: Hypertext: Concepts, Systems and Applications. Proceedings of the First European Conference on Hypertext (ECHT '90) , N. Streitz, A. Rizk und J. André (Hrsg.), S. 137–151, Cambridge: Cambridge University Press, 1990.

Searle, J.R. (1969): Speech Acts , Cambridge: Cambridge University Press, 1969, (dt. Übers. von R. und R. Wiggershaus, Sprechakte , Frankfurt, 1971).

Smolensky, P., B. Fox, R. King und C. Lewis (1988): Computer-Aided Reasoned Discourse or, How to Argue with a Computer. in: Cognitive Science and its Applications for Human-Computer Interaction, R. Guindon (Hrsg.), S. 109–162, Hillsdale: Erlbaum, 1988.

Stefik, M., G. Foster, D.G. Bobrow, K. Kahn, S. Lanning und L. Suchman (1987): Beyond the Chalkboard: Computer Support for Collaboration and Problem Solving in Meetings. Communications of the ACM 30 (1), S. 32–47, 1987.

Streitz, N. et al. (1992): SEPIA: A Cooperative Hypermedia Authoring Environment. in: Proceedings of the Second European Conference on Hypertext (ECHT '92), S. 11–22, New York: ACM, 1992.

Toulmin, S. (1958): The Uses of Argument, Cambridge: Cambridge University Press, 1958.

Vogel, D.R. und J.F. Nunamaker (1990): Design and Assessment of a Group Decision Support System. in: Intellectual Teamwork—Social and Technological Foundations of Cooperative Work , J. Galegher, R. Kraut und C. Egido (Hrsg.), S. 511–528, Hillsdale: Erlbaum, 1990.

Winograd, T. (1987/88): A Language/Action Perspective on the Design of Cooperative Work. Human-Computer Interaction Vol. 3, No. 1 , S. 3–30, 1987/88.

Einsatz des World Wide Web zur Unterstützung asynchroner Zusammenarbeit in Softwareentwicklungsprojekten

Yvonne Dittrich, Joachim Heybrock, Stefan Knickel,
Annika Löffler, Peter von Savigny

1. Softwareentwicklung und Kooperation
  1.1 Evolutionäre Softwareentwicklung als kooperative Arbeit an und mittels Dokumenten
  1.2 Kooperative Softwareentwicklung, Hypertext und WWW
  1.3 Verwandte Arbeiten
2. Anforderungen an eine Kooperationsunterstützung in Softwareprojekten
  2.1 Aufbereitung der Dokumente
  2.2 Kooperative Arbeit an Dokumenten
  2.3 Koordination der Zusammenarbeit
3. Bausteine für eine Projektumgebung
  3.1 Bereitstellung von gemeinsamen Dokumenten auf dem WWW-Server
  3.2 Methodenspezifische Dokumentunterstützung: Themenmatrix für qualitative Interviews
  3.3 Unterstützung des Autor-Kritiker-Zyklus: Kommentarwesen
  3.4 Koordination des Prozesses: Anwesenheitsliste
  3.5 Diskussion
4. Ausblick
Danksagung
Literatur

Zusammenfassung

Gegenstand dieses Artikels ist die Unterstützung asynchroner Zusammenarbeit in Softwareentwicklungsprojekten. Dabei führen wir Arbeiten über das World Wide Web (WWW) als technisches Medium für CSCW einerseits und Einsatzmöglichkeiten von Hypertext bei der Softwareentwicklung andererseits zusammen. Softwareentwicklung ist durch großenteils zeitlich und räumlich verteilte kooperative Arbeit an und mit Hilfe von aufeinander bezogenen Dokumenten gekennzeichnet. Das WWW bietet als Grundvoraussetzungen für eine geeignete Unterstützung eine hypertextbasierte Darstellung und einen dezentralen, gleichzeitigen Zugriff auf die Dokumente. Erweiterte Möglichkeiten der Nutzung methodenspezifischer Dokumente und der Kommunikations- und Koordinationsunterstützung werden anhand von Bausteinen einer WWW-basierten Projektumgebung exemplarisch aufgezeigt. Darstellung von Dokumenten und Koordination der Arbeit an ihnen gehen dabei ineinander über.

1 Softwareentwicklung und Kooperation

Die Entwicklung von Software erfordert die Kooperation einer Vielzahl von Personen; sie findet innerhalb spezialisierter Teams statt und zwischen Vertretern unterschiedlicher Bereiche wie Entwicklermanagement, Entwicklerteams, Beratern, Systemtechnikern, Anwendermanagement, Anwendern, etc. Die Zusammenarbeit erfolgt in der Regel zeitlich und räumlich verteilt. Zur Koordination sind organisierte Zusammentreffen in Meetings, Reviews, Audits, etc. erforderlich, in denen explizite Auswertungen, Schulungen, Abstimmungen und Planungsvorgaben über Zusammenarbeit vorgenommen werden. Zusammenarbeit ist daneben in kleinen Teams mit Spezialaufgaben zu organisieren. Sowohl die Ergebnisse der Arbeit als auch ihre Koordinierung werden in Dokumenten vielfältigster Art festgehalten. Kritisch für die Zusammenarbeit in Projekten sind daher der Zugriff auf diese Dokumente, die Unterstützung gemeinsamen Arbeitens an diesen Dokumenten sowie Koordinationshilfen.

1.1 Evolutionäre Softwareentwicklung als kooperative Arbeit an und mittels Dokumenten

Für unsere Arbeit ist die Design-Sicht von Softwareentwicklung maßgeblich (Floyd 94a).. Es geht dabei nicht darum, eine Computeranwendung als aufeinanderfolgende Teilprodukte entlang einer intellektuellen *assembly line* zu entwickeln. Sondern neben der Qualität des fertigen Produkts steht der Prozeß der Entwicklung im Vordergrund: Das Zustandekommen eines gemeinsamen Verständnisses über die erwünschte Software und deren Einbettung in den Anwendungskontext ist für die Brauchbarkeit des fertigen Programmsystems ausschlaggebend. Der dazu notwendige gemeinsame Lernprozeß organisiert sich um die Erstellung, Kritik und Revision der aufeinander bezogenen Dokumente. Diese Dokumente sind so nicht (nur) zur Festschreibung der Ergebnisse wichtig, sondern sind gemeinsame Arbeitsgegenstände und -mittel.

Methodenrahmen zur evolutionären Softwareentwicklung – wie STEPS (Floyd 94b) und objektorientierte Systementwicklung nach der Werkzeug-Material-Metapher (Gryczan/ Züllighoven 92), die sich durch ihre spezifischen Dokumenttypen auszeichnet – tragen dem in ihren Vorgehensmodellen explizit Rechnung. Analysedokumente, Entwürfe, Spezifikationen und die (prototypischen) Versionen des Systems werden als aufeinander bezogenene, miteinander verknüpfte Dokumente betrachtet, die parallel weiterentwickelt werden. Sie werden von der Projektgruppe, die sowohl aus (künftigen) Benutzern als auch aus Softwareentwicklern besteht, arbeitsteilig und kooperativ entwickelt. Im Werkzeug-Material-Ansatz werden in Analyse und Entwurf z.B. Szenarien zur Beschreibung der gegenwärtigen Arbeitspraxis und Systemvisionen der gewünschten Softwareunterstützung entwickelt, die sich aufeinander beziehen und auf ein Glossar verweisen, in dem Fachbegriffe erläutert werden.

1.2 Kooperative Softwareentwicklung, Hypertext und WWW

Softwareentwicklung kann so unter zwei unterschiedlichen Blickwinkeln betrachtet werden. Zum einen kann das aus unterschiedlichen Dokumenten bestehende, arbeitsteilig erstellte

Produkt im Fokus stehen (Produktsicht), auf der anderen Seite steht der arbeitsteilige Prozeß im Vordergrund, der sich in den verschiedenen Dokumenten niederschlägt (Prozeßsicht). CSCW-Unterstützung für evolutionäre und partizipative Systementwicklung sollte sowohl die Erstellung und Verwaltung der Produkte, als auch die situative Planung und Koordination des Prozesses umfassen.

Hypertext ist dabei für die Darstellung der verschiedenen Dokumente und ihrer Beziehungen untereinander besonders geeignet: Die Dokumente, die im Laufe eines Projekts entwickelt werden, stellen einen großen Korpus an Informationen dar, der sich aus vielen aufeinander bezogenen Teilen zusammensetzt. Dabei ist für den einzelnen Beteiligten jeweils nur ein relativ kleiner Teil der Informationen relevant[30].

Mit der WWW-Technologie steht eine technische Infrastruktur zur Verfügung, die eine hypertextbasierte Darstellung der Dokumente und ihrer Bezüge erlaubt und einen einfachen Zugriff auf sie anbietet. In verschiedenen Projekten haben wir die anfallenden Dokumente über WWW-Server zugänglich gemacht. In diesem Artikel werten wir aufgrund unserer Erfahrungen aus, inwieweit sich die WWW-Technologie zur Unterstützung kooperativer Arbeit an und mittels Dokumenten eignet. Dabei stellen wir die anhand unserer Projekte ermittelten Anforderungen sowie Teilumsetzungen und deren Auswertung zur Diskussion.

1.3 Verwandte Arbeiten

Unter den Veröffentlichungen zum Thema rechnergestützter Koordination und Kooperation haben uns folgende Arbeiten maßgeblich dabei geholfen, den eigenen Standpunkt zu formulieren und die Form der zu unterstützenden Zusammenarbeit zu klären:

Die in der GMD durchgeführten Projekte BSCW (Bentley et al. 95) und CoopWWW (Appelt 96) befassen sich mit der Nutzung des WWW zur Unterstützung von Zusammenarbeit. Dort wird generell auf jede Art von gemeinsamer Dokumenterstellung abgezielt; Musterbeispiel ist die Erstellung eines gemeinsamen Konferenz-Papiers. Daneben sehen diese Arbeiten auch weitgehende Formen von technisch vermittelter *synchroner* Zusammenarbeit vor. Im Gegensatz dazu geht es in unserem Ansatz um methodisch strukturierte Arbeit an spezifischen, inhaltlich stark aufeinander bezogenen Dokumenten, die hypertextbasiert dargestellt und

[30] Die drei "goldenen Regeln" für Hypertext nach (Shneiderman 89) sind also erfüllt. Zur weiteren Diskussion siehe (Ziv/Osterweil 95).

erschlossen werden können. Die *synchrone* Zusammenarbeit bleibt hierbei im wesentlichen auf face-to-face meetings beschränkt[31].

Die Unterstützung von Softwareentwicklung unter Einsatz von Hypertext findet häufig mit einer ablaufsteuernden Zielsetzung statt. Unser Ansatz legt demgegenüber Wert darauf, dem Anwender keinen Ablauf vorzuschreiben, sondern ihn als Experten bei der Erledigung seiner Aufgaben zu unterstützen (Gryczan 95). Unser Schwerpunkt liegt hierbei nicht auf der Verwaltung von Dokumenten *aus allen Phasen* der Softwareentwicklung, sondern es stehen solche Dokumente im Vordergrund, die der Erarbeitung eines gemeinsamen Verständnisses der Arbeitspraxis im Anwendungsbereich und der anzustrebenden Softwareunterstützung dienen.

Von der Zielrichtung des ebenfalls bei uns im Arbeitsbereich vertretenen Prozeßmuster-Ansatzes (Gryczan et al. 96), der asynchrone Zusammenarbeit in Form der *sequentiellen* Weitergabe von sich *jeweils an einem Arbeitsplatz* befindlichen Materialien unterstützen will, unterscheidet sich unsere Ausrichtung auf das Verfügbarmachen von vernetzten Dokumenten zur asynchronen, aber auch *parallelen* Arbeit *in einem gemeinsamen Arbeitsbereich.*

2 Anforderungen an eine Kooperationsunterstützung in Softwareprojekten

Die im folgenden dargestellten Anforderungen beruhen auf Erfahrungen, die wir in Lehre-Projekten am Arbeitsbereich Softwaretechnik an der Universität Hamburg gesammelt haben. In mehreren Projekten zur Softwareentwicklung wurden zur Projektunterstützung WWW-Server installiert und die anfallenden Dokumente darüber zugänglich gemacht.[32] Die dabei gesammelten Erfahrungen flossen in Projekte ein, in denen die Entwicklung einer WWW-basierten Projektumgebung explizit Thema war.[33]

---

[31] Zum Vergleich von Interaktion in kleinen Teams über Video und face-to-face siehe (Isaacs/Tang 94).

[32] Besonders ist hier das Projekt KOALA im WS 94/95 (KOoperative Anwendungsentwicklung in ModuLA) nach STEPS zu erwähnen, das von Dr. Ingrid Wetzel geleitet wurde. Daraus sind die auch von ihr betreuten Studien- und Diplomarbeiten eines Teils der Autoren hervorgegangen. Daneben wurde das WWW als Projektinfrastruktur von den Softwaretechnik-Projekten von Dipl-Inform. Wolfgang Strunk 93/94 sowie 94/95 eingesetzt, die nach dem Werkzeug-Material-Ansatz vorgegangen sind.

[33] Nach der Einarbeitung im SS95 in das Thema „Hypermedia in der Softwaretechnik" wurde im WS 95/96 in einem gleichnamigen Projekt unter der Leitung von Peter v. Savigny vor allem das Kommentarwesen (s. 3.3) als Unterstützung für das Softwaretechnik-Projekt von Dr. Guido Gryczan und Dipl-Inform. Martina Wulf erarbeitet. Im Rahmen des Projektseminars „Softwareentwicklung und Sprache" unter Leitung von Prof. Christiane

Insgesamt wurde von den Beteiligten der Einsatz des WWW begrüßt. Durch die zentrale Dokumentenhaltung konnte die kooperative Arbeit an den Dokumenten räumlich und zeitlich entkoppelt werden. Die Aufbereitung der Dokumente als Hypertext hat die Bezüge der Dokumente für die Beteiligten leichter erfaßbar gemacht.

Gleichzeitig wurden die Grenzen des puren WWW bei der Unterstützung kooperativer Softwareentwicklung deutlich: Das WWW ist zur Präsentation von Informationen konzipiert. Deshalb fehlen Hilfen zur Dokumentenerstellung und Navigation, wie sie in anderen Hypertextsystemen inzwischen üblich sind. Der Zugriff auf Dokumente ist zwar plattformübergreifend möglich, das Einbinden neuer oder geänderter Dokumente wird jedoch nicht unterstützt.

Die in unseren Projekten deutlich gewordenen Anforderungen an eine Projektunterstützung auf Basis des WWW lassen sich verallgemeinern. Softwareprojekte brauchen, insbesondere weil sie auf der Arbeit an und mit Hilfe von Dokumenten basieren, neben produktbezogener Unterstützung der Dokumentenverwaltung und situativer Unterstützung von Kooperation, auch Möglichkeiten, beide Sichten aufeinander zu beziehen, indem sie die kooperative Arbeit an Dokumenten unterstützen.

2.1 Aufbereitung der Dokumente

Eine hypertextbasierte Darstellung von Softwareentwicklungsdokumenten sollte den softwareergonomischen Standards von Hypertexten entsprechen (Nielsen 93). Übersichtsdarstellungen zur Veranschaulichung von Beziehungen zwischen Dokumenten ermöglichen dem Benutzer eine Orientierung im Geflecht der Dokumente. Auch eine übersichtliche und einheitliche Gestaltung jedes einzelnen Dokuments, die den Benutzer erkennen läßt, wo er sich befindet und wie er dorthin gekommen ist, trägt zu einer guten Orientierung im Dokumentenraum bei. Die Klassifikation von Verweisen (Links) bezüglich verschiedener Dokumenttypen ist ein geeignetes Mittel, die Navigation und Orientierung im Hypertext zu vereinfachen. Diese ergonomischen Grundvoraussetzungen müssen auf Basis der WWW-Infrastruktur allerdings erst geschaffen werden. Gleiches gilt für ein Werkzeug zur Verwaltung von Links, das unabdingbar für die Aufrechterhaltung der Konsistenz der Beziehungsstrukturen ist. Die manuelle Pflege der Verweise auf Dokumentenebene reicht nicht aus.

Daneben sollten methodenspezifisch die Erstellung und Verknüpfung von Dokumenten unterstützt werden.[34] Zu jeder Methode gehören spezielle Darstellungsformen, die besondere An-

---

Floyd und Yvonne Dittrich wurde u.a. die Themenmatrix für die Auswertung von qualitativen Interviews (s. 3.2) entwickelt.

[34] Dies bezieht sich sowohl auf Softwareentwicklungsmethoden, wie auch auf Methoden, die

forderungen an den Aufbau und die Gestaltung der Dokumente stellen. So ist bei Dokumenten nach dem Werkzeug-Material-Ansatz der Bearbeitungszustand notwendig für die Orientierung bezüglich des Arbeitskontexts, da diese ständigen Änderungen unterliegen. Deshalb sollte er als Status des Dokuments dargestellt werden. Die Einhaltung solcher Normen kann durch Formulare, Musterdokumente oder spezielle Editoren gefördert werden. Eine methodenspezifische Unterstützung bei der Darstellung inhaltlicher Bezüge zwischen Dokumenten ermöglicht oft eine neue Qualität der Nutzung der Dokumente.

2.2 Kooperative Arbeit an Dokumenten

Durch das gemeinsame Arbeiten an den Entwicklungsdokumenten ergeben sich weitergehende Anforderungen. Auch hier fehlen wichtige Basisfunktionalitäten: Damit die zentralen Dokumente wirklich Arbeitsgegenstand sein können, sind Erleichterungen beim Erstellen der Dokumente und beim Transfer zwischen den verschiedenen Plattformen wesentliche Faktoren. Jedes Dokument sollte jedem Projektmitglied immer in der neuesten Version zur Verfügung stehen, wobei alte Versionen jederzeit rekapitulierbar bleiben sollten. Dadurch wird der Prozeß der Entscheidungsfindung dokumentiert, und einmal getroffene Entwurfsentscheidungen bleiben auch zu einem späteren Zeitpunkt nachvollziehbar. Deshalb ist der Einsatz einer Versionsverwaltung auch beim Umgang mit dem WWW unverzichtbar.

In jedem Softwareentwicklungsprojekt sind Reviews und Audits wichtige Bestandteile von Maßnahmen zur Qualitätssicherung. Dies trifft in besonderem Maße auch auf Softwareentwicklung nach der Werkzeug-Material-Metapher zu, da hier der Autor-Kritiker-Zyklus untrennbar mit dem Vorgehensmodell verbunden ist. Aus diesem Grund sollte eine dokumentbezogene Diskussion innerhalb des Projektes unterstützt werden.

2.3 Koordination der Zusammenarbeit

Das WWW eignet sich außerdem zum projektweiten Verfügbarmachen von *prozeß*bezogenen Dokumenten wie Projektplänen, einem Terminkalender oder Sitzungsprotokollen. Allerdings gilt auch hier: Änderungen müssen ohne großen Arbeitsaufwand vorgenommen werden können, um so die Aktualität der Dokumente zu gewährleisten.

Neben der Koordination des Entwicklungsprozesses ist auch die Kooperation der Projektmitglieder untereinander ein wichtiger Aspekt. Gerade bei dezentraler Arbeit ist die Kommunikation der Beteiligten von großer Bedeutung für eine produktive Zusammenarbeit. So hat sich gezeigt, daß eine Unterstützung zur situativen Absprache hilfreich ist.

---

im Rahmen begleitender Aktivitäten (z.B. Interviews) zum Einsatz kommen.

3 Bausteine für eine Projektumgebung

Anhand der im vorherigen Abschnitt herausgearbeiteten Anforderungen läßt sich eine grobe Vision für eine Projektumgebung auf Basis des WWW skizzieren: Diese sollte als Basis einen auch ergonomischen Anforderungen entsprechenden Umgang mit Dokumenten ermöglichen. Damit wird eine komfortable Nutzung von Werkzeugen möglich, die besondere Anforderungen von (evolutionärer) Softwareentwicklung hinsichtlich der Aufbereitung methodenspezifischer Dokumente sowie der Unterstützung des Autor-Kritiker-Zyklus umsetzen. Neben Hilfsmitteln zur Kooperation sollten auch Möglichkeiten zu Koordination und situativer Absprache integriert werden.

Aufgrund der im folgenden dargestellten Bausteine, die in verschiedenen Projekten und Projektseminaren entwickelt wurden, läßt sich der Aufwand, eine solche Projektumgebung auch umzusetzen, mit ihrem Nutzen in Beziehung setzen.

3.1 Bereitstellung von gemeinsamen Dokumenten auf dem WWW-Server

Ein grundlegendes ergonomisches Problem beim Verfügbarmachen von gemeinsamen Softwareentwicklungsdokumenten über das WWW stellt deren Bereitstellung auf einem WWW-Server dar. Dieser läuft typischerweise auf einer UNIX-Plattform, wohingegen die Dokumente zumeist auf MacIntosh oder PC in HTML erstellt werden. Dadurch müssen sie zunächst auf die entsprechende Serverplattform portiert werden, was für den Benutzer zusätzlichen Aufwand, u.U. auch eine Einführung in das entsprechende Betriebssystem mitsichzieht.

Um hier Abhilfe zu schaffen, wurde mit dem *Web(man)ager* ein Werkzeug geschaffen, das die Einstellung von beliebigen Dokumenten (HTML, GIF, MPEG o.ä.) auf den WWW-Server ermöglicht. Das Werkzeug läuft auf der Server-Plattform, die Bedienung erfolgt von beliebiger Plattform aus über den Browser. Als Oberfläche dient eine verzeichnisorientierte Darstellung der jeweils betrachteten Dokumentenebene. So lassen sich Dokumente hinzufügen, verändern, umbenennen und entfernen. Auch das rudimentäre Editieren von HTML-Dokumenten für kleinere Korrekturen ist über ein einfaches Eingabefeld innerhalb des Browsers möglich.

Alle Änderungen an den Dokumenten werden von einer unterliegenden Versionsverwaltung verarbeitet, so daß auch Informationen über Autor und Änderungszeitpunkte vorliegen. Auf eine detaillierte Auswertung dieser Informationen wird zur Zeit noch verzichtet, sie können jedoch in die HTML-Dokumente übernommen werden, um Änderungen nachvollziehbar zu machen.

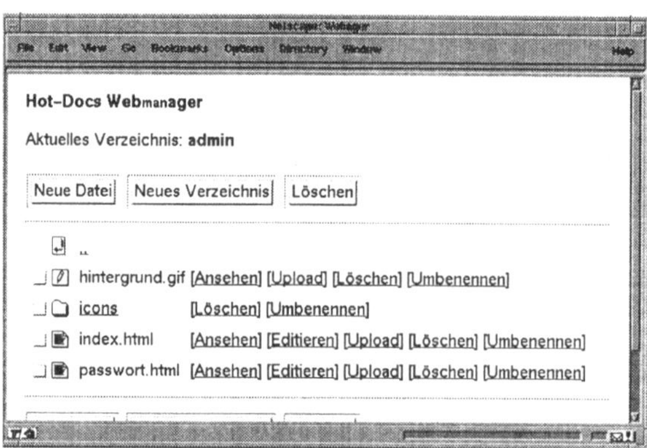

Abb. 1: Web(man)ager

Der *Web(man)ager* wird durch ein zugangsbeschränktes CGI-Skript realisiert, welches unterschiedliche Zugriffsberechtigungen für verschiedene Benutzergruppen ermöglicht. Dabei wird die seit Netscape-Version 2.0 vorhandene Upload-Funktionalität zur Übertragung der Dokumente genutzt (Nebel/Masinter 95).

Mit dem *Web(man)ager* konnte so ein komfortabler Umgang mit Dokumenten als Grundvoraussetzung für deren gemeinsame Bearbeitung im WWW geschaffen werden.

3.2 Methodenspezifische Dokumentunterstützung: Themenmatrix für qualitative Interviews

Ein Beispiel für die Unterstützung des gemeinsamen Erarbeitens methodenspezifischer Dokumente wurde anhand der Auswertung qualitativer Interviews entwickelt. Teilstrukturierte qualitative Interviews können sowohl zur Anforderungsermittlung als auch zur Auswertung von Prototypen herangezogen werden (Lamnek 89).

Ihre Auswertung ist sehr dokumentenintensiv: In der Transkription eines Interviews werden Abschnitte zu bestimmten interessierenden Themen identifiziert. Aus diesen Themenverläufen werden Interpretationen des Interviews bzgl. der verschiedenen Themen entwickelt. Normalerweise werden mehrere Interviews parallel durchgeführt. Aus den themenbezogenen Interpretationen der einzelnen Interviews werden dann in einem zweiten Schritt zusammenfassende oder vergleichende Interpretationen herausgearbeitet. Welches Thema in welchem Interview vorkommt, wird auch in der traditionellen Auswertung zur Übersicht in einer Themenmatrix festgehalten. Die Durchführung der Interviews geschieht meist arbeitsteilig.

Bei der Auswertung sind Autor-Kritiker-Zyklen notwendig, um individuelle Voreingenommenheiten (*biases)* zu relativieren.

Im Kontext eines Projektseminars wurden die Auswertungsdokumente zu einem Set von Interviews über einen Server zur gemeinsamen Er- und Bearbeitung zur Verfügung gestellt. Um einen Zugang zu den verschiedenen Auswertungssichten zu erhalten, wurde eine Themenmatrix als Hypertextdokument entwickelt:

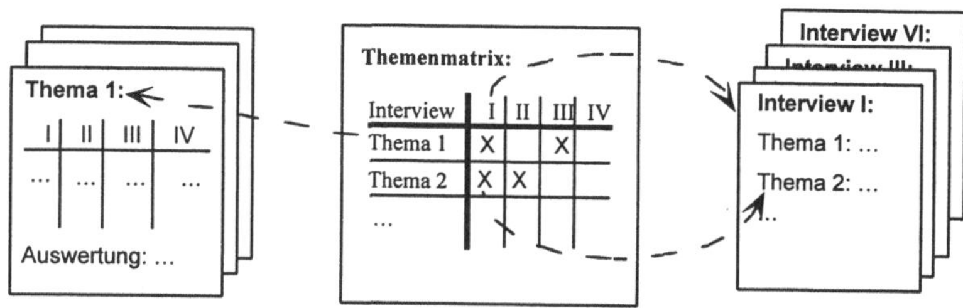

Abb. 2: Themenmatrix

Die Überschriften der Interview-Dimension sind als Links auf die interviewbezogenen Auswertungen realisiert. Die einzelnen Einträge verweisen auf die Teile daraus, die zu einem bestimmten Thema geschrieben wurden. Die Themenüberschriften stellen Links auf dynamisch erzeugte Dokumente dar. Darin werden die Interpretationen bzgl. eines Themas aus den interviewbezogenen Auswertungen zusammengestellt. Im Anschluß an diese Gegenüberstellung kann eine zusammenfassende Auswertung zu diesem Thema eingefügt werden, die dann statisch erhalten bleibt.

Die Themenmatrix entwickelte sich im Laufe der Interview-Auswertung von einer Übersichtsdarstellung zu einem zentralen Einstiegspunkt zu den verschiedenen interviewbezogenen Dokumenten. Darüberhinaus wurde sie zu einem wichtigen Mittel sowohl zur Dokumentation des Bearbeitungszustandes als auch zur Organisation der zugehörigen Dokumente.

3.3 Unterstützung des Autor-Kritiker-Zyklus: Kommentarwesen

In Softwareentwicklungsprojekten wird immer wieder der Bedarf für eine Unterstützung des Autor-Kritiker-Zyklus deutlich. In unseren Lehreprojekten erstellen verschiedene Kleingruppen Szenarien, Glossareinträge und Systemvisionen zu den von ihnen bearbeiteten Teilen des Anwendungsbereichs und stellen sie über einen WWW-Server der ganzen Projektgruppe zur Verfügung. Zu diesen Dokumenten ergeben sich regelmäßig zahlreiche Verständnisfragen, inhaltliche und formulierungsbezogene Kritik sowie Abstimmungsbedarfe zwischen den

Kleingruppen. Plenarsitzungen erwiesen sich als ungeeigneter Ort, um einen Austausch auf einem solchen Detailniveau stattfinden zu lassen.

Um dennoch die Kritik den Autoren zur Verfügung zu stellen – und damit den Nutzen der projektweiten Verfügbarkeit der Entwicklungsdokumente zu steigern – wurden folgende Anforderungen an eine dokument(abschnitts)bezogene, asynchrone Kommentierungsmöglichkeit, entwickelt und umgesetzt:

- Kommentare sollten beim Lesen eines Entwicklungsdokuments vom Browser aus abgegeben und an das Dokument angeheftet werden können.
- Mehrere Kommentare zu einem Dokument sollten in einem Kommentardokument zusammengefaßt und über einen Rückverweis wiederum mit dem Dokument verbunden sein.
- Zusätzlich besteht die Notwendigkeit einer schnellen Übersicht über die mit Kommentaren versehenen Dokumente im Sinne einer Neuigkeiten-Seite. Diese sollte nach Kategorien von Dokumenten gegliedert sein und einfachen Zugriff auf Kommentare und kommentierte Dokumente bieten.

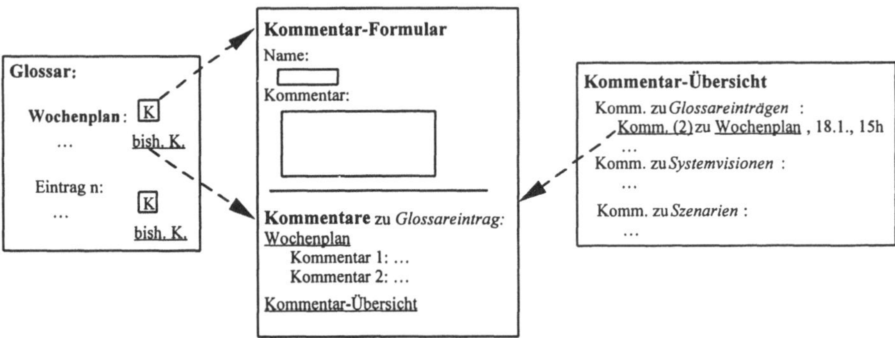

Abb. 3: Dokumente und deren Beziehungen im Kommentarwesen

Über einen Kommentieren[K]-Button im Dokument kann ein Kommentar-Formular aufgerufen werden, mit dem der Kommentar erstellt, ein Eintrag in der Übersicht erzeugt oder aktualisiert sowie die benötigten Links gesetzt werden. Soweit vorhanden werden auch die bisherigen Kommentare zu dem betroffenen Dokument angezeigt. Die nach Dokumentkategorien gegliederte Kommentar-Übersicht enthält pro kommentiertem Dokument einen Eintrag mit Links auf Dokument und Kommentare, mit der Anzahl der bisherigen Kommentare sowie Datum und Uhrzeit des letzten Kommentars. So sind eine aktuelle Übersicht und ein bequemer Zugriff auf Kommentare und dazugehörige Dokumente gewährleistet.

Die umfangreichen CGI-Skripte, mit denen dieses Werkzeug realisiert wurde, wurden so entworfen, daß die Konfiguration mit Hilfe von Formularen projektspezifisch angepaßt werden kann.

Bemerkenswerte Auswirkungen hatte die chronologische Auflistung der Kommentare zu einem Dokument. Dadurch, daß auch die Autoren die Kommentierungsmöglichkeit zur Beantwortung der abgegebenen Kommentare nutzten, ergab sich eine dokumentbezogene Historie der Kommunikation zwischen Projektmitgliedern.

3.4 Koordination des Prozesses: Anwesenheitsliste

In Softwareprojekten wird es zum Koordinationsproblem, daß Projektmitglieder zu unterschiedlichen Zeiten, vor allem aber in verschiedenen Räumen arbeiten. Um hier eine Möglichkeit zur situativen Absprache zu bieten, wurde eine computergestütze Anwesenheitsliste geschaffen. Darin wird zusammengestellt, welches Projektmitglied an welchem Rechner in welchem Raum sitzt.

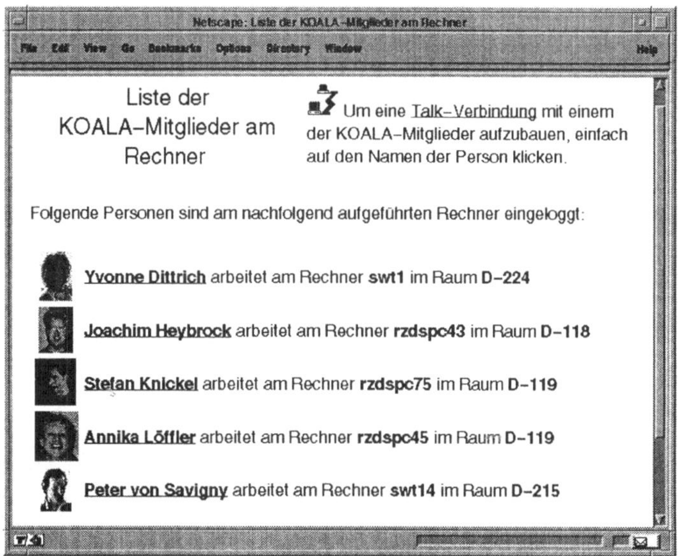

Abb. 4: Anwesenheitsliste über den WWW-Server

Die Information, wo Projektmitglieder arbeiten, ermöglicht es, bei Fragen oder Klärungsbedarf auch den entsprechenden Ansprechpartner aus dem Projekt zu finden. Neben der persönlichen Rücksprache kann aber auch das UNIX-Programm "talk" verwendet werden. Mittels dieses Programmes ist eine synchrone Kommunikation über eine Rechnerverbindung möglich, die zur schnellen Klärung von kurzen Fragen genutzt werden kann. Das Programm "talk" wird durch einen Mausklick auf den Namen des Projektmitgliedes, mit dem man eine Verbindung aufnehmen will, gestartet. Daraufhin wird das entsprechende Projektmitglied über den Verbindungswunsch informiert, und kann diesen annehmen oder ablehnen.

Im WWW wird die Anwesenheitsliste nur zugänglich gemacht. Ihre Daten werden über An- und Abmeldung im Unix-Cluster bereitgestellt. Eine plattformübergreifende, auf dem WWW basierende Alternative zu "talk" ist mit bisherigen Techniken weitaus aufwendiger zu realisieren.

3.5 Diskussion

Die oben beschriebenen Bausteine setzen unsere Anforderungen an eine Projektumgebung auf Basis des WWW beispielhaft um. Aufgrund unserer Erfahrung mit Implementation und zum Teil auch mit dem Einsatz der Bausteine lassen sich bezüglich der Umsetzbarkeit und des Nutzens einer solchen Projektumgebung einige Aussagen begründen:

Für die Einführung von notwendigen Basisfunktionen beim Umgang mit Dokumenten im Kontext des WWW stellt der *Web(man)ager* ein Beispiel dar. Durch die Verwendung einer Versionsverwaltung und eine Verbesserung der Ergonomie baut er die notwendige Infrastruktur auf, um komfortabel gemeinsame, verteilte Arbeit auf einem Dokumentenraum zu ermöglichen. Die Verwendung einer Versionsverwaltung ist aus anderen Kontexten wohl bekannt, an dieser Stelle ermöglicht sie mit dem WWW als Front-End ein plattformübergreifendes Arbeiten. In unserem Kontext ist eine eigene Entwicklung auch deshalb gerechtfertigt, weil damit einerseits der Overhead eines allgemeinen Tools vermieden wird. Andererseits kann die Funktionalität auf spezielle Bedürfnisse zugeschnitten werden, und der *Web(man)ager* ist mit anderen selbstentwickelten Werkzeugen zur Softwareentwicklung leicht zu integrieren.

Anhand der Realisierung der Themenmatrix wird deutlich, daß die Aufbereitung methodenspezifischer Dokumente als Hypertexte – auch für Methoden aus dem sozialwissenschaftlichen Bereich, die flankierend in Softwareprojekten eingesetzt werden – mit relativ geringem Aufwand nutzbringend möglich ist. An diesem Beispiel ist außerdem erkennbar, daß durch die hypertextbasierte Darstellung produktbezogene Dokumente auch prozeßbezogenen Charakter annehmen können: Die Themenmatrix übernahm eine koordinierende Funktion im

Prozeß der Erarbeitung der Auswertung. Die Realisierung von virtuellen (dynamisch erzeugten) Dokumenten macht darüberhinaus deutlich, welche unterschiedliche Sichten und Zugänge sich auf einen bestehenden Dokumentenraum erzeugen lassen.

Ähnlich kreative Änderungen der Nutzung von auf der Hypertextidee aufbauenden Funktionalitäten wurden anhand des Einsatzes des Kommentarwesens beobachtet: Es wurde – neben der Kommentierung von Dokumenten – zu asynchroner, unmoderierter Kommunikation über ein Dokument benutzt und stellte darüber hinaus eine Historie dieser Kommunikation zur Verfügung. Eine Steuerung der Fragestellung durch Moderation, wie sie beim Einsatz von Newsgroups oder Konferenzsystemen[35] oft notwendig ist, wurde nicht benötigt.

In beiden Fällen ging der tatsächliche Einsatz über vorher intendierte Funktionalität hinaus. Gerade in diesen neuen Qualitäten der Nutzung von hypertextbasierter Darstellung und von daran anknüpfender Funktionalität lag der über die zentrale Dokumentenhaltung hinausgehende Nutzen der Beispiele. Unserer Ansicht nach stellen solche neuen Qualitäten der Nutzung – obwohl bisher noch wenig untersucht – ein zentrales Motiv beim Einsatz von Hypertext und Hypermedia in der Softwareentwicklung dar.

Die rechnergestützte Anwesenheitsliste wurde von den Studierenden in unseren Projekten intensiv benutzt. Die Realisierung einer plattformübergreifender Unterstützung für situative Absprache ist mit den bisherigen Techniken auf Basis des WWW nur mit großem Aufwand möglich. Hier könnten sich durch Java neue Möglichkeiten ergeben.

Durch die geschilderten Erweiterungen wurde exemplarisch aufgezeigt, wie aus dem WWW als reinem Präsentationsmedium ein Medium geschaffen werden kann, mit dem sowohl Dokumentenverwaltung als auch kooperative Arbeit an gemeinsamen Dokumenten unterstützt werden kann. Im folgenden möchten wir kurz skizzieren, welche Entwicklungsmöglichkeiten und Forschungsbedarfe wir in Hinblick auf die Unterstützung von Softwareentwicklung sehen.

4 Ausblick

Die im letzten Abschnitt beschriebenen Bausteine zeigen auf, daß eine Nutzung des WWW als technische Infrastruktur für eine plattformübergreifende Projektumgebung für kooperative Softwareentwicklung möglich ist. Vor dem Hintergrund der in Abschnitt 2 vorgestellten Anforderungen sind jedoch noch Erweiterungen wünschenswert, um ein komfortables Arbeiten an gemeinsamen Dokumenten zu unterstützen.

---

35 Vgl. (Hurwitz/Mallery 95).

So ist über die Handhabbarkeit von Dokumenten hinaus die Transparenz des Dokumentenraums im WWW ein problematischer Aspekt. Übersichtsnetze und andere bekannte Formen von graphischen Darstellungen der Beziehungen zwischen Dokumenten ermöglichen neue, globalere Perspektiven auf den Dokumentenraum. Typisierte Links sind Hilfmittel für die Anwender, Beziehungen zwischen eigenen Dokumenten zu klassifizieren und Beziehungen zwischen fremden Dokumenten nachzuvollziehen. Übersichtsnetze und typisierte Links sollten in eine Orientierungsmetapher eingebettet werden, um die Nutzung einer solchen Umgebung zu erleichtern. Diese Hilfsmittel können sowohl allgemein als auch methodenspezifisch eingesetzt werden.

Die gemeinsame Arbeit an Dokumenten kann gleichfalls noch weiter unterstützt werden: So könnten Meta-Informationen über das Dokument nicht nur in Anmerkungen zur Verfügung gestellt werden (z.B. wurde das Kommentarwesen auch dazu verwendet). Wie im BCSW-System (Bentley et al. 95) könnten sie auch in Form von Dokumentzuständen schon auf Übersichtsebene veranschaulicht werden. Mittels solcher Kennzeichnung könnten die Änderungen mehrerer Autoren an demselben Dokument koordiniert werden. Hierbei sind wiederum allgemeine, methodenspezifische und sogar projektspezifische Ausprägungen denkbar: So könnten z.B. Bearbeitungszustände mitangezeigt werden, die entsprechend projektinterner Konventionen definierbar sind.

Für die Koordination und Dokumentation des Prozesses sind neben der impliziten Unterstützung durch die Darstellung der Dokumente und ihrer Zusammenhänge auch explizit prozeßbezogene Dokumente und Werkzeuge denkbar. Protokolle, Terminpläne und Aufgabenlisten könnten in Form von Hypertext sowohl zueinander als auch zu Dokumenten in Beziehung gesetzt werden, die sich auf das zu entwickelnde Programm beziehen. Dabei ist es wichtig zu sehen, daß Bezüge zwischen prozeßbezogenen und produktbezogenen Dokumenten einen anderen Charakter als Bezüge innerhalb der jeweiligen Kategorien haben.

Die schon jetzt erkennbare, durch das neue Medium bedingte Veränderung im Umgang mit Dokumenten sollte weiter verfolgt werden. Die Wechselwirkungen zwischen Dargestelltem, Medium der Darstellung und Verwendung des Dargestellten könnten gerade auch im Softwareentwicklungsbereich zu qualitativen Veränderungen der Rolle von Dokumenten führen.

5 Danksagung

Insbesondere möchten wir uns bei Dr. Ingrid Wetzel bedanken, die durch die Betreuung der Studien- und Diplomarbeiten von Joachim Heybrock, Stefan Knickel und Annika Löffler und durch intensive Diskussionen mit zur Entstehung dieses Artikels beigetragen hat. Prof. Dr. Christiane Floyd danken wir für ihre konstruktive Kritik.

; Literatur

ıppelt, W. (1996): CoopWWW - Interoperable Tools for Cooperation Support using the Vorld-Wide Web. GMD, St. Augustin 1996.

ƚentley, R. et al. (1995): Supporting Collaborative Information Sharing with the World Wide Veb. The BSCW Shared Workspace System. Fourth International World Wide Web :onference, Boston 1995.

'loyd, Chr. (1994a): Software-Engineering – und dann. Informatik-Spektrum (1994) 17:29-7.

'loyd, Chr. (1994b): Evolutionäre Systementwicklung und Wandel von Organisationen. ;MD-Spiegel (3/1994), 36-40.

;ryczan, G. (1995): Situierte Koordination computergestützter Arbeit durch Prozeßmuster.)issertation, FB Informatik, Hamburg 1995.

;ryczan, G.; Züllighoven, H. (1992): Objektorientierte Software-Entwicklung in einem ƚanken-Projekt. Informatik-Spektrum 9/92.

;ryczan, G. et al. (1996): Prozeßmuster für die situierte Koordination kooperativer Arbeit. ƚeitrag zu dieser D-CSCW'96-Konferenz, Hamburg 1996.

Iurwitz, R.; Mallery, J.C. (1995): The Open Meeting: A Web-Based System for Confe-encing and Collaboration. In: Fourth International World Wide Web Conference. Boston 995.

saacs, E.; Tang, J. (1994): What video can and cannot do for collaboration: a case study. Aultimedia Systems 2: 63-73, 1994.

.amnek, S. (1989): Qualitative Sozialforschung. Band 2: Methoden und Techniken. Psycho-ogie Verlags-Union, München 1989.

Iebel, E.; Masinter, L. (1995): Form-based File Upload in HTML. RFC 1867. Xerox Cor-oration, November 1995.

Ieubert, S.; Oberweis, A. (1992): Einsatzmöglichkeiten von Hypertext beim Software :ngineering und Knowledge Engineering. In: Cordes, R.; Streitz, N.: Hypertext und Hyper-nedia. 1992.

Iielsen, J. (1993): Hypertext and Hypermedia. Academic Press, San Diego, CA 1993.

hneiderman, Ben (1989): Reflections on authoring, editing, and managing hypertext. In: ƚarett, ed.: The Society of Text. MIT Press, Cambridge, MA 1989.

:iv, H.; Osterweil, L. (1995): Research Issues in the Intersection of Hypertext and Software)evelopment Environments. 1995.

Teil V

CSCW-Werkzeuge

Entwurf eines Gruppeneditors: Erfahrungen mit einem optimistischen Ansatz

Matthias Ressel, Andreas Mailänder

1. Einleitung
2. Koordinationsproblem
3. Entwurf eine Gruppeneditors
4. Interaktionsmodellierung
   4.1. Interpretation nebenläufiger Operationen
5. Allgemeine Methode zur Koordination nebenläufiger Operationen
   5.1. Korrektheit
6. Gruppen-Undo
   6.1. Gruppen-Undo durch Transformation
   6.2. Ordnungsproblem bei Gruppen-Undo
7. Mehrdeutigkeiten
8. Gruppeneditor „Joint Emacs"
9. Einsatz von Joint Emacs
10. Erfahrungen beim Einsatz von Joint Emacs
11. Verwandte Forschungsarbeiten
12. Ergebnisse
Literatur

Zusammenfassung

Bei vielen Aufgaben ist es wünschenswert, daß mehrere Personen ein gemeinsames Dokument gleichzeitig editieren. Gewahrsein, Koordination der nebenläufigen Aktionen und Gruppen-Undo sind wichtige Aspekte beim Entwurf von Groupware, die solche kooperative Tätigkeiten unterstützen soll. Eine geeignete Modellierung paralleler Benutzerinteraktion ist hierzu unerläßlich. Wir schlagen einen neuen optimistischen Ansatz vor, der auf einem mehrdimensionalen, gitterartigen Interaktionsmodell und der Transformation nebenläufiger Aktionen beruht. Er eignet sich damit vor allem für räumlich verteilte Zusammenarbeit. Die Umsetzung des Ansatzes in einem prototypischen Gruppentexteditor und die dabei gewonnenen Erfahrungen werden vorgestellt und diskutiert.

1 Einleitung

Bei vielen Aufgaben wie dem gemeinsamen Verfassen einer E-Mail oder eines Konferenzartikels ist es wünschenswert, daß mehrere Personen ein Dokument gleichzeitig editieren können. Beim Entwurf eines Gruppeneditors, der solche Tätigkeiten unterstützt, sind mehrere wichtige Aspekte zu berücksichtigen. *Gewahrsein* (engl. *awareness*) bezeichnet das Wissen, das jeder Teilnehmer von den Aktionen der anderen Teilnehmer und deren Auswirkungen auf den Anwendungszustand hat (Dourish/Belotti 1992). Gegenseitiges Gewahrsein ist eine notwendige Voraussetzung für jegliche kooperative Arbeit, insbesondere wenn diese über Raum und Zeit verteilt erfolgt. Kooperation ist meist mit *nebenläufigen Aktionen* verbunden, da die beteiligten Personen nicht aufeinander warten wollen bzw. nicht die Zeit dazu haben. Die Wahl der richtigen Methode, um solche nebenläufigen Aktionen miteinander zu *koordinieren*, stellt ein entscheidendes Designproblem dar, dessen Lösung zusätzlich von Faktoren wie dem Grad des Gewahrseins, der Autonomie der Benutzer und dem Grad der Flexibilität abhängt. Ein weiterer wichtiger Aspekt ist ein *Undo-Mechanismus*, eine Funktionalität, die von Benutzern erwartet und berechtigterweise gefordert wird; dies um so mehr bei Gruppeneditoren, als dort die Möglichkeit, unerwünschte Operationen rückgängig zu machen, die Angst mindert, durch Unachtsamkeit Beiträge anderer Autoren zu „beschädigen". Gruppen-Undo ist allerdings ein nichttriviales Problem, für das bisher keine allgemein anwendbare Lösung gefunden wurde (Abowd/Dix 1992, Prakash/Knister 1994).

Ziel dieses Beitrags ist es, zu zeigen, daß es möglich ist, einen Gruppeneditor zu bauen, der es Benutzern erlaubt, nebeneinander lokale Kopien eines Dokument zu editieren, ohne deren Konsistenz zu verletzen, der Gewahrsein unterstützt und der Undo-Funktionalität anbietet.

2 Koordinationsproblem

Das abschließende Editieren eines Konferenzbeitrags stellt ein typische Beispiel für eine kooperative Tätigkeit dar. Sie zeichnet sich u. a. dadurch aus, daß mehrere Autoren i. d. R. an verschiedenen Orten und u. U. zu verschiedenen Zeiten zusammenarbeiten und die Tätigkeit innerhalb einer vorgegebenen Zeit zu erledigen ist. Außerdem erwarten die Autoren eine gewisse Autonomie: Der individuelle Umgang mit dem Dokument sollte möglichst wenig durch die Aktionen der anderen eingeschränkt sein.

Das Koordinationsproblem besteht darin, zu entscheiden, wie die Zugriffe auf das Dokument aufeinander abgestimmt werden. Im Hinblick auf den Einsatz von Groupware zur Unterstützung des kooperativen Editierens lassen sich folgende Unterprobleme formulieren: Wie wird die Aufgabe aufgeteilt und wie werden die Teile den Kooperationspartnern zugewiesen? Wie erfolgt die Benachrichtigung untereinander, wann und welche Änderungen ausgeführt wurden? Wie kann die Aufgabe in kürzerer Zeit erledigt werden? Wie kann die Autonomie der Teilnehmer gewahrt bleiben? Welche Systemarchitektur sollte für das Groupware-System gewählt werden?

Für das Koordinationsproblem – gleichgültig, ob mit oder ohne Rechnerunterstützung – existieren drei grundsätzliche Lösungsansätze: Sequentialisierung, Partitionierung und Kopieren.

Bei auf *Sequentialisierung* basierenden Methoden erhält reihum jeder Autor das Dokument zur Bearbeitung. Änderungen können sich somit auf Korrekturen, Modifikationen und Kommentare vorhergehender Bearbeitungen beziehen. Üblicherweise erfolgt dieser Vorgang in mehreren Zyklen, so daß jeder Autor das Dokument mehrmals erhält. Der Hauptnachteil von Sequentialisierung besteht darin, daß der Vorgang keinerlei Parallelität ausnutzt und damit sehr viel Zeit erfordert.

Bei auf *Partitionierung* beruhenden Methoden wird jedem Autor ein bestimmter Teil des Dokuments zugewiesen. Im Vergleich zur Sequentialisierung ist paralleles Arbeiten möglich. Der Hauptnachteil von Partitionierung besteht darin, daß ein Autor nur die ihm zugewiesenen Abschnitte des Dokumentes bearbeiten darf, es aber z. B. nicht möglich ist, Schreibfehler in anderen Abschnitten zu korrigieren.

Bei auf *Kopieren* beruhenden Methoden erhält jeder Autor eine individuelle Kopie des Dokuments und kann somit ohne Einschränkungen das ganze Dokument editieren. Der Hauptnachteil von Kopien besteht darin, daß durch fehlendes Gewahrsein widersprüchliche Änderungen vorgenommen werden und Korrekturen redundant erfolgen. Außerdem entsteht die Notwendigkeit, die entstandenen Kopien in eine gemeinsame Version überzuführen.

3 Entwurf eine Gruppeneditors

Wie bei jeder Groupware muß auch beim Entwurf eines Gruppeneditors zum kooperativen Schreiben entschieden werden, was für ein Lösungsansatz für das Koordinationsproblem gewählt wird (Greenberg/Marwood 1994).

Aus der Sicht eines Implementierers (Programmierers) besteht die einfachste Lösung darin, eine *zentralisierte* Architektur zu wählen, in der die Anwendungsdaten von einem zentralen Prozeß verwaltet werden, der mit den einzelnen Teilnehmerprozessen kommuniziert. Sequentialisierung kann hierbei sehr einfach, z. B. über die exklusive Vergabe von Berechtigungs-Tokens (Floor Control) durch den zentralen Koordinationsprozeß, erzielt werden. Partitionierung läßt sich sehr einfach durch dynamisches Sperren bestimmter Dokumentabschnitte erreichen. Inkonsistente Anwendungszustände kann es daher nicht geben. Die oben geschilderten Nachteile von Sequentialisierung und Partitionierung werden durch den Einsatz vernetzter Computer – etwa durch die beschleunigte Kommunikation – abgemildert. Die zentralisierte Architektur erfordert aber weiterhin, daß jede Benutzeroperation zum zentralen Prozeß übermittelt werden muß, bevor weitere Operationen folgen dürfen. Wenn die Laufzeiten hoch sind, kann dies zu einer erheblichen Einbuße beim Antwortverhalten führen: Die Benutzer werden gezwungen, zwischen aufeinanderfolgenden Operationen zu warten. In graphischen Editoren ist dieses Problem weniger gravierend, da Operationen in aller Regel in ausreichendem Abstand voneinander ausgeführt werden (weniger als eine Operation pro Sekunde). Wenn die Eingabe hierbei wegen Laufzeitverzögerungen z. B. für mehrere Zehntelsekunden gesperrt werden muß, bekommt dies ein Benutzer kaum mit. In Texteditoren jedoch, in denen Eingabeaktionen von sechs und mehr Tastendrücken in der Sekunde üblich sind, sind schon kleinste Verzögerungen zwischen Eingabe und Anzeige auf dem Bildschirm unannehmbar.

Aus der Sicht eines Benutzers erscheint eine *replizierte* Architektur erfolgversprechender, bei der alle wesentlichen Anwendungsdaten bei jedem Teilnehmer in einer Kopie vorhanden sind und lokal bearbeitet werden. Der Zugriff erfolgt damit einfach und schnell. Die sich notwendigerweise ergebenden nebenläufigen Benutzeroperationen werden durch ein sogenanntes *optimistisches* Koordinationsverfahren kombiniert. Bei einem solchen optimistischen Ansatz werden Benutzeroperationen lokal unmittelbar ausgeführt; der individuelle Arbeitsfluß wird nicht vom Übertragungsverhalten des Kommunikationsnetzes beeinflußt. Operationen anderer Benutzer werden so bald wie möglich ausgeführt, und zwar derart, daß sich trotz der unterschiedlichen Ausführungsreihenfolgen bei allen Benutzern ein identischer Endzustand des Dokuments einstellt. Auch Gewahrsein wird auf diese Weise ausreichend unterstützt.

Da die benutzerorientierten, software-ergonomischen Kriterien für uns im Vordergrund stehen, haben wir uns dafür entschieden, zum Entwurf unseres Gruppeneditors eine replizierte Architektur zu verwenden und hierfür ein geeignetes optimistisches Verfahren für paralleles Texteditieren zu entwickeln.

4 Interaktionsmodellierung

Sowohl für die Koordination nebenläufiger Aktionen und für Gruppen-Undo als auch zur nachträglichen Information über vergangene Aktionen ist es notwendig, ein geeignetes Modell der Interaktion aufzubauen. Im Kontext des kooperativen Editieren muß dieses Modell berücksichtigen, daß zwar jeder Benutzer eigene Operationen sequentiell erzeugt, daß aber die Operationen verschiedener Benutzer nebenläufig erfolgen können.

Bei Einbenutzerprogrammen sind sequentielle Interaktionen typisch, die als lineare Historie repräsentiert werden können. Auch bei Groupware könnten nebenläufige Benutzeraktionen prinzipiell – für alle Teilnehmer identisch – sequentiell geordnet werden. Die hierzu erforderlichen Verfahren für verteilten Architekturen sind aber zeitaufwendig und ungeeignet für Benutzungsschnittstellen von Editoren, die unmittelbares Feedback erfordern (Ellis/Gibbs 1989).

Wir haben daher ein neuartiges Interaktionsmodell entwickelt, das strukturell in ein mehrdimensionales Gitternetz eingebettet ist. Darin entspricht jeder Gitterpunkt einem Anwendungszustand und jeder mit einem Label markierte Pfeil einer Benutzeraktion. Genauer gelten folgende Beziehungen:

Pfeil	Benutzeraktion
Richtung	Teilnehmer
Ausgangspunkt	Anwendungszustand vor Ausführung
Zielpunkt	Anwendungszustand nach Ausführung
Label	Auszuführende Operation
Gitterpunktkoordinaten	Anzahl ausgeführter Operationen

Beispiel 1: Abb. 1 zeigt ein Interaktionsmodell für zwei Benutzer, A und B. Aktionen von Benutzer A sind durch nach rechts weisende Pfeile dargestellt, die hier mit den Operationen o_{11} bis o_{15} markiert sind; analog Aktionen von Benutzer B durch nach oben weisende Pfeile, hier markiert mit den Operationen o_{21} bis o_{23}. Der Pfeil für die dritte Eingabe von Benutzer B, die Operation o_{23}, startet z.B. im Gitterpunkt (1,2), da die Eingabe in einem Anwendungszustand erfolgte, in dem *eine* Operation von Benutzer A und *zwei* von Benutzer B ausgeführt waren. Das Paar o_{11} und o_{21} oder das Paar o_{13} und o_{23} stellen Beispiele für nebenläufige Operationen dar.

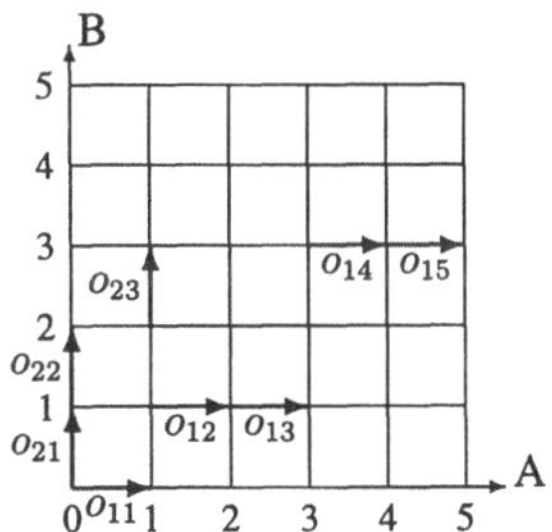

Abbildung 1: Interaktionsmodell für nebenläufige Operationen

4.1 Interpretation nebenläufiger Operationen

Da üblicherweise nur die Anwendung einzelner Operationen auf einen Anwendungszustand definiert ist, müssen nebenläufige Operation zunächst sequentialisiert werden, bevor sie bei einem Benutzer ausgeführt werden können. Dies hat zur Folge, daß höchstens ein Element einer Menge von nebenläufigen Operationen in dem Zustand ausgeführt werden kann, in dem die Eingabe stattgefunden hat, die restlichen Elemente müssen in einem anderen Zustand ausgeführt werden. Falls die nebenläufigen Operationen aber ohne jegliche Modifikation sequentialisiert werden, treten unerwartete Resultate auf.

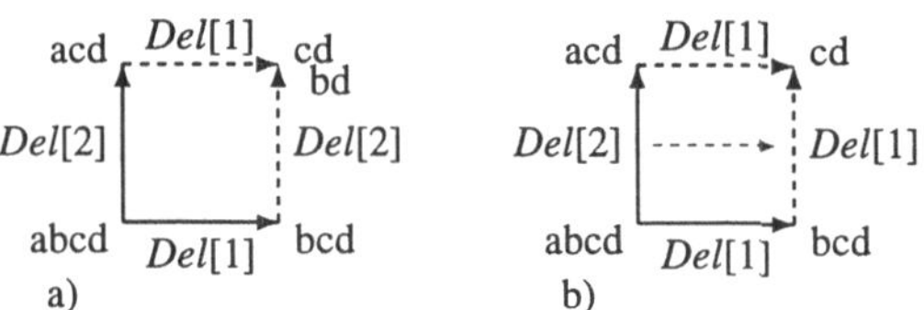

Abbildung 2: a) Falsche und b) korrigierte Sequentialisierung (Beispiel 2)

Beispiel 2: In Abb. 2a stellen die durchgängig gezeichneten Pfeile zwei nebenläufige Benutzereingaben dar: Benutzer A löscht das erste Zeichen (*Del*[1]), Benutzer B im selben Zustand das zweite Zeichen (*Del*[2]). Nur eine der beiden Operation kann im gegebenen Zustand – einem Textpuffer mit dem Inhalt *abcd* – ausgeführt werden. Wird zunächst *Del*[1] von Benutzer A ausgeführt, muß *Del*[2] von Benutzer B zwangsläufig im Zustand *bcd* ausgeführt werden; dies würde jedoch einen völlig unerwarteten Endzustand von *bd* ergeben (keiner der beiden Benutzer hatte die Absicht, den Buchstaben *c* zu löschen). Umgekehrt führt die Ausführung von *Del*[1] nach *Del*[2] – mit Zwischenzustand *acd* – zum erwarteten Ergebnis *cd*.

Glücklicherweise gibt es eine einfache Lösung dieses Problems: Falls die Operation *Del*[2] von Benutzer A als zweite ausgeführt werden sollte, ist zu berücksichtigen, daß zuvor ein Zeichen gelöscht wurde und hierdurch alle rechts davon gelegenen Positionen um eine Position nach links verschoben wurden. Deshalb sollte eigentlich die modifizierte Operation *Del*[1] ausgeführt werden. Auf diese Weise wird erreicht, daß beide Ausführungsreihenfolgen zum selben erwarteten Ergebnis führen (vgl. Abb. 2b; die notwendige Modifikation von *Del*[2] ist durch einen dünnen Pfeil im Inneren des Transformationsquadrates angedeutet).

Für die grundlegenden Operationen eines Texteditors, dem Löschen und Einfügen von Zeichen oder Zeichenketten, lassen sich die erforderlichen Transformationen leicht angeben. Die allgemeine Regel für Einzelzeichen lautet folgendermaßen: Die Lösch- bzw. Einfügeposition einer Operation ist um eins nach rechts zu verschieben, falls zuvor links davon ein Zeichen eingefügt worden ist; sie muß um eins nach links verschoben werden, falls zuvor links davon ein Zeichen gelöscht worden ist. Allgemeiner lassen sich solche Transformationsregeln auch für komplexere Operationen auf Zeichenketten definieren (Ressel 1995).

Häufig führen beliebige Ausführungsreihenfolgen bestimmter Operationen auch ohne Modifikation zum selben Ergebnis, wir sprechen dann von unabhängigen Operationen. Diese operieren typischerweise auf verschiedenen voneinander unabhängigen Objekten, oder sie modifizieren verschiedene voneinander unabhängige Aspekte eines Objekts.

In manchen Fällen können verschiedene Transformationen sinnvoll sein; eine eindeutige Interpretation nebenläufiger Operationen gibt es dann im Grunde nicht. Da ein optimistischer Algorithmus die Transformationen bei jedem Teilnehmer ohne Kommunikation mit den anderen Teilnehmern ausführt, muß gewährleistet sein, daß jeder Teilnehmerprozeß dieselbe Interpretation wählt.

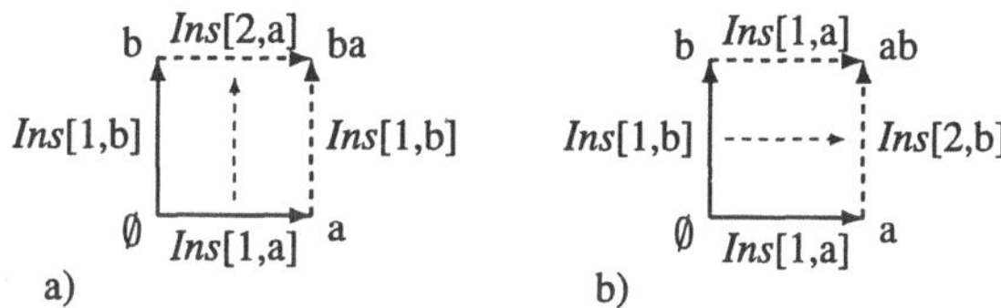

Abbildung 3: Mehrdeutigkeit bei Einfügeoperationen an derselben Position (Beispiel 3)

Beispiel 3:Von den beiden nebenläufigen Operationen *Ins*[1,*a*] und *Ins*[1,*b*], kann entweder die eine oder die andere nach rechts verschoben werden, falls sie als zweite ausgeführt wird. Die eine Alternative führt zum Endzustand *ba*, die andere zu *ab* (s. Abb. 3a–b, ∅ bezeichnet einen leeren Textpuffer). Durch die Vergabe einfacher, numerischer Benutzerprioritäten kann nun bestimmt werden, daß z. B. bei niedrigerer Priorität von Benutzer A Version a) gewählt – hier also seine Operation modifiziert – und bei höherer Priorität Version b) gewählt wird.

5 Allgemeine Methode zur Koordination nebenläufiger Operationen

Die bisherigen Beispiele berücksichtigten nur einfache Paare nebenläufiger Operationen. Die Interpretation komplexerer Mengen nebenläufiger Operation erfolgt mit Hilfe des Interaktionsmodells wie folgt. Jede Benutzeraktion wird zunächst am Gitterpunkt, der dem Anwendungszustand entspricht, eingefügt (vgl. Abb. 1). Falls darüber hinaus bereits weitere Operationen ausgeführt worden sind, muß die Benutzeraktion in den aktuellen Zustand transformiert werden. Abhängig von der Anzahl bereits ausgeführter nebenläufiger Operationen, kann dies ebenso viele Transformationsschritte erfordern. Eventuell für die Transformation benötigte, im Interaktionsmodell aber noch fehlende Operationen, können durch rekursive Anwendung weiterer Transformationsschritte berechnet werden. Durch diesen Transformationsprozeß wird schließlich ein *erweitertes Interaktionsmodell* aufgebaut. Jedem Weg durch dieses gitterartige Modell entspricht eine gültige Ausführungsreihenfolge von Benutzeraktionen.

Beispiel 4: Abb. 4a zeigt das erweiterte Interaktionsmodell, nachdem alle möglichen Transformationen auf die Menge der in Abb. 1 dargestellten Benutzeraktionen ausgeführt wurden (Labels wurden hier der Übersichtlichkeit wegen weggelassen). Alle Pfeile mit Ausnahme der jeweils untersten jeder Spalte und der jeweils am weitesten links stehenden jeder Zeile sind das Ergebnis eines Transformationsschrittes. Abb. 4b zeigt eine mögliche Ausführungsfolge. Sie beginnt mit der Ausführung einer untransformierten Originaloperation von Benutzer A, gefolgt von zwei transformierten Operationen von Benutzer B usw.

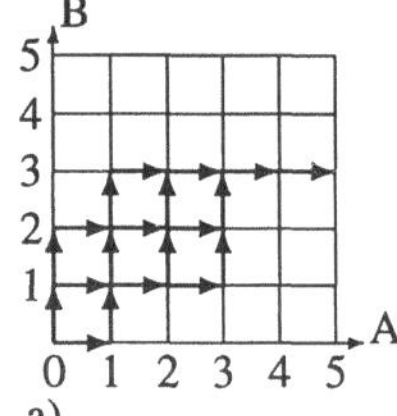

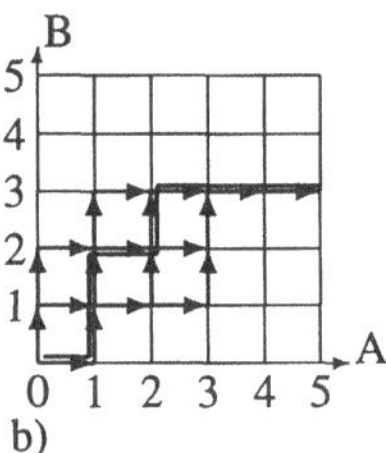

Abbildung 4: a) Erweitertes Interaktionsmodell, b) Beispiel einer gültigen Ausführungsfolge

Bei drei Teilnehmern nimmt das resultierende Gittermodell eine räumliche Struktur, bei n Teilnehmern eine n-dimensionale Struktur an. Das erweiterte Interaktionsmodell von zwei einzelnen, nebenläufigen Operationen hat – wie gesehen – die Form eines Quadrates, jenes von drei die Form eines Würfels usw.

5.1 Korrektheit

Es stellt sich die Frage, ob verschiedene Pfade durch das erweiterte Interaktionsmodell und damit verschiedenen Ausführungsreihenfolgen auf denselben Anwendungszustand führen. Falls dies nicht der Fall wäre, würden die Teilnehmer bei dem vorgestellten optimistischen Koordinationsverfahren nach einiger Zeit divergierende Anwendungszustände haben.

Tatsächlich konnten wir beweisen, daß es für die Korrektheit im Falle von zwei Teilnehmern ausreicht, daß die Transformation jedes Paares von Benutzeraktionen eindeutig definiert ist und daß die Ausführung der beiden resultierenden Operationssequenzen denselben Effekt auf den Anwendungszustand ausüben (Ressel/Nitsche-Ruhland/Gunzenhäuser 1996). Im Falle von mehr als zwei Teilnehmern konnten wir eine weitere Bedingung identifizieren, mit deren Hilfe die Korrektheit auch hier bewiesen werden kann. Diese zusätzliche Bedingung stellt sicher, daß alle im Interaktionsmodell enthaltenden – eventuell auf verschiedenen Wegen zu berechnenden – Labels eindeutig sind.

6 Gruppen-Undo

Ein mit der Koordination nebenläufiger Operationen verwandtes Problem ist Gruppen-Undo. Ein oder mehrere Operationen zu stornieren, ist eine wichtige Benutzerintention, die jeder Editor unterstützten sollte (Abowd/Dix 1992). In Groupware werden zwei Arten von Undo unterschieden: lokales Gruppen-Undo und globales Gruppen-Undo. Globales Gruppen-Undo kehrt den Effekt der von der Anwendung zuletzt ausgeführten Operation um, unabhängig davon, wer diese veranlaßt hatte. Lokales Gruppen-Undo hat dagegen nur Auswirkungen auf eigene Operationen, i. d. R. also die letzte eigene Eingabe. Eine allgemeine Methode, um Operationen zu stornieren, nach denen bereits weitere Operationen ausgeführt wurden, wird selektives Undo genannt. Lokales Gruppen-Undo ist somit ein Spezialfall von selektivem Undo, da andere Benutzer nach der letzten eigenen Eingabe bereits weitere Operationen ausgeführt haben können. Im Gegensatz zum allgemeineren selektiven Undo bezieht sich lokales Gruppen-Undo aber immer nur auf die letzte noch nicht stornierte eigene Eingabe oder Operation. Bei Gruppeneditoren, bei denen alle Teilnehmer unabhängig voneinander ihren eigene Einfügeposition besitzen, sollte lokales Gruppen-Undo angeboten werden.

Die meisten bekannten Undo-Verfahren setzen voraus, daß sich die Applikation bei der Ausführung des Undo im selben Zustand befindet, in den die zu stornierende Operation führte. Andernfalls wäre es z.B. nicht möglich, die inverse Operation auf den Anwendungszustand anzuwenden, um die Effekte rückgängig zu machen.

Beispiel 5: Eine Operation *Ins*[2,*a*] kann mittels einer Operation *Del*[2] rückgängig gemacht werden. Angenommen jedoch, zwischenzeitlich wäre eine Operation *Ins*[2,*H*] ausgeführt worden, dann würde *Del*[2] ohne Transformation das falsche Zeichen löschen, nämlich den Buchstaben *H* anstatt *a* wie gewünscht. Um das richtige Zeichen zu löschen, muß *Del*[2] unter Berücksichtigung der Einfügeoperation in *Del*[3] transformiert werden.

6.1 Gruppen-Undo durch Transformation

Wie Beispiel 5 zeigt, läßt sich das Problem des lokalen Gruppen-Undo auf Transformationen zurückführen. Um eine Benutzereingabe rückgängig zu machen, wird im geeigneten Zustand die inverse Operation erzeugt und mit Hilfe des Interaktionsmodells in den momentanen Anwendungszustand transformiert und dort zur Ausführung gebracht.

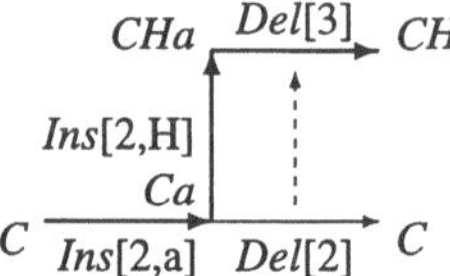

Abbildung 5: Lokales Gruppen-Undo mittels Transformation

Beispiel 6: Abb. 5 zeigt das zu Beispiel 5 gehörige Interaktionsmodell. Die inverse Operation *Del*[2] wird im unmittelbar auf die zu stornierende Operation *Ins*[2,*a*] folgenden Anwendungszustand eingefügt. Eine Transformation dieser Löschoperation in den aktuellen Zustand – Textpufferinhalt *CHa* nach zwischenzeitlicher Ausführung von *Ins*[2,*H*] – ergibt die korrekte Operation *Del*[3].

6.2 Ordnungsproblem bei Gruppen-Undo

Beim Stornieren mehrere Löschoperationen ist – ohne besondere Maßnahmen – häufig ein unangenehmer Effekt anzutreffen, der durch folgendes Beispiel illustriert wird.

Beispiel 7: Ausgehend von einem Textpuffer mit Inhalt *ab* löscht Benutzer A das Zeichen *a* und Benutzer B daraufhin das Zeichen *b*. In diesem Zustand – mit leerem Textpuffer – stornieren beide jeweils ihre eigene Löschoperation. Wie in Abb. 6 dargestellt, ergibt sich hierdurch ein Interaktionsmodell, in dem zwei Undelete-Operationen mit identischer Einfügeposition gegeneinander transformiert werden müssen. Prinzipiell können Undelete-Operationen (also das Stornieren von Löschoperationen) wie Einfügeoperationen behandelt werden. In diesem Fall würden also die Prioritäten der beiden Benutzer hinzugezogen. Angenommen Benutzer A hat die niedrigere Priorität, dann würde der Positionsparameter seiner Operation um eins erhöht werden. Die resultierende Operation *UnDel*[2,a] ergäbe dann den Textpufferinhalt *ba* – im Widerspruch zum Ausgangsinhalt und im Gegensatz zu den Benutzererwartungen.

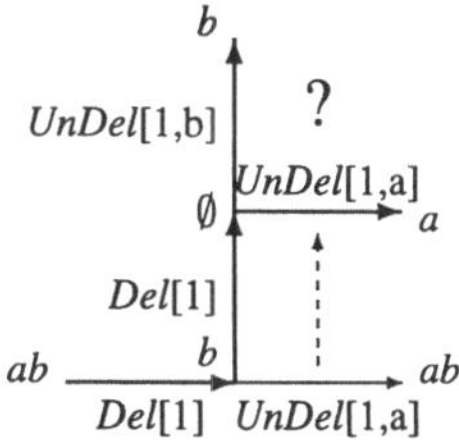

Abbildung 6: Ordnungsproblem bei Gruppen-Undo

Eine Änderung der Benutzerprioritäten nützt nichts, da sich dann eine andere Sequenz von Löschoperationen gefolgt von entsprechenden Undelete-Operationen finden läßt, die zu einem gleichermaßen unerwarteten Resultat führt. Unser Lösungsansatz besteht darin, nach einer inhärenten räumlichen Ordnungsbeziehung der beteiligten Undelete-Operationen zu suchen. Tatsächlich kann die hierzu nötige Information aus dem bereits vorhandenen Interaktionsmodell herausgelesen werden (hier z. B.: *UnDel*[1,a] links von *UnDel*[1,b]).

7 Mehrdeutigkeiten

Bereits oben haben wir bemerkt, daß es für Paare von nebenläufigen Benutzeraktionen durchaus verschiedene sinnvolle Interpretationen und damit Transformationen geben kann. Unser Ansatz geht auf diese Mehrdeutigkeiten dadurch explizit ein, daß er es ermöglicht, mehrere auf bestimmte Paare von Benutzeraktionen anwendbare Transformationsregeln zu definieren. In solchen Fällen wird normalerweise eine vordefinierte Standardregel zur Transformation ausgewählt. Es ist dann nicht erforderlich, daß das Computersystem die Bearbeitung unterbricht, um zwischen Benutzern oder zwischen Benutzer und Computer einen Dialog anzustoßen, welche Transformationsregel auszuwählen ist. Die betroffenen Benutzer werden allerdings informiert und es wird ihnen ermöglicht, nachträglich eine andere Alternative auszuwählen. In letzterem Fall werden die unerwünschten Operationen storniert und die gewünschten Alternativoperationen nachträglich ausgeführt.

8 Gruppeneditor „Joint Emacs"

Um unseren Ansatz zur Koordination nebenläufiger Benutzeraktionen und für Gruppen-Undo zu testen, haben wir einen prototypischen Gruppentexteditor *Joint Emacs* (s. Abb. 7) entworfen und implementiert. Er basiert auf dem im UNIX-Bereich weit verbreiteten Texteditor Emacs (Stallman 1981) und erleichtert den damit erfahrenen Benutzern den Übergang von einem Einbenutzer- auf einen Mehrbenutzereditor.

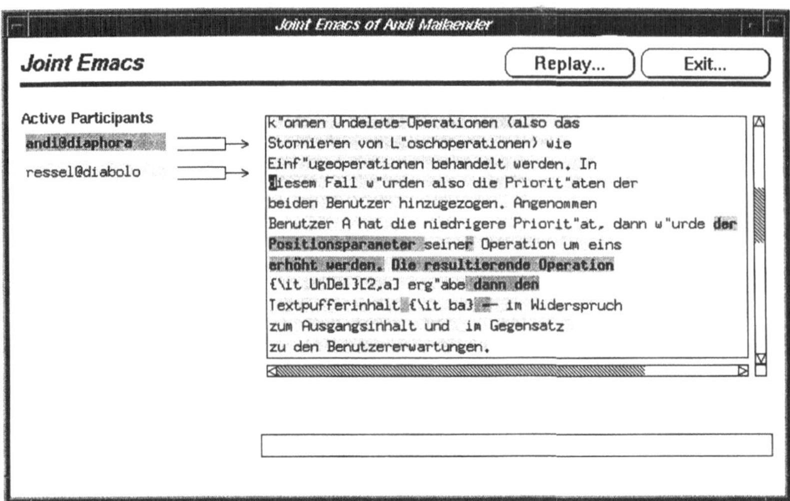

Abbildung 7: Benutzungsoberfläche des Gruppeneditors Joint Emacs

Über die Funktionalität von Emacs hinaus speichert *Joint Emacs* zu jedem Text den zugehörigen Autor. Zur Unterstützung des Gewahrseins wird diese Information durch farbliche Kennzeichnung oder – bei Monochrom-Bildschirmen – durch unterschiedliche Schriftarten visualisiert.

Joint Emacs stellt einen Historie-Mechanismus ähnlich dem GINA Interaction Recorder (Berlage/Spenke 1992) zur Verfügung, mit dem es möglich ist, vergangene Zustände wiederherzustellen bzw den Fortgang des Editierprozesses nachträglich dynamisch anzuzeigen. Der Inhalt des Textpuffers und das aktuelle Interaktionsmodell können darüber hinaus jederzeit zusammen abgespeichert und später erneut geladen werden. Eine Inspektion vergangener Zustände ist also auch sitzungsübergreifend möglich.

Zu Analysezwecken kann die Gitterstruktur des Interaktionsmodells visualisiert werden, um etwa nach Interaktionsmustern zu suchen. Abb. 8 zeigt das Interaktionsgitter einer Sitzung zweier Teilnehmer, in der das Textsystem WORD diskutiert wurde. In einer kontroversen Phase der Diskussion kam es zu etlichen überlappenden Benutzereingaben, was an dem Schachbrettmuster erkennbar ist, das durch die notwendig gewordenen Transformationsschritte gebildet wird (vgl. den hervorgehobenen Bereich in Abb. 8).

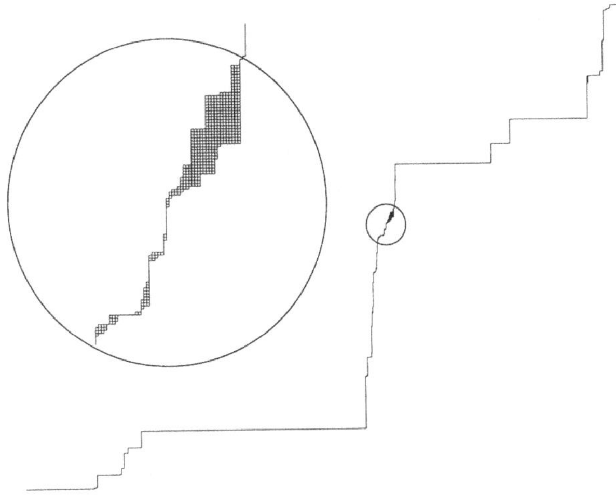

Abbildung 8: Struktur eines Interaktionsmodells mit einer typischen Dialogstruktur und Regionen überlappender Kommunikation

9 Einsatz von Joint Emacs

Typische Sitzungen mit Joint Emacs bestehen aus zwei bis drei Teilnehmern. Sitzungen mit bis zu sechs realen Teilnehmern liefen bereits erfolgreich. Die implementierungsbedingte Obergrenze beträgt zur Zeit neun Teilnehmer.

Joint Emacs ist experimentell insofern, als er vor allem zeigen soll, daß unser Ansatz zum einen technisch realisierbar ist und zum anderen kooperatives Editieren prinzipiell unterstützen kann. So fehlt etliches an Funktionalität – Verwaltung mehrerer Puffer, Fenster usw. –, was für ein ausgereiftes Groupware-Produkt notwendig wäre.

Trotz des experimentellen Charakters wird *Joint Emacs* inzwischen tagtäglich als Kommunikationsmedium – in Ergänzung zu persönlicher Kommunikation, E-Mail und Telefon – zwischen räumlich getrennten Mitarbeitern genutzt. Im Vergleich zu persönlicher Kommunikation und Telefon bietet Joint Emacs den Vorteil, auch asynchrone, permanente Kommunikation zu unterstützen: Der Empfänger einer Information muß nicht anwesend sein und kann den Inhalt seines Editors auch zu einem späteren Zeitpunkt lesen. Im Vergleich zu E-Mail oder einem Anrufbeantworter hat Joint Emacs den Vorteil, daß eine Mitteilung auch nachträglich noch modifiziert werden kann. So kann eine Information, falls sie für den Empfänger nicht mehr relevant ist, gelöscht werden. Darüber hinaus bietet die Möglichkeit, uneingeschränkt eigene und fremde Beiträge zu editieren, neuartige Interaktionsmöglichkeiten. Es ist z. B. möglich, daß ein Teilnehmer Text eintippt, ein zweiter diesen unmittelbar umbricht und ein dritter parallel dazu die Schreibfehler korrigiert. Bei vergleichbaren dezidierten Kommunikationsanwendungen wie *talk* oder *irc* (Internet Relay Chat) ist so etwas nicht möglich.

Eine interessante, neuartige Anwendung von Joint Emacs besteht darin, kooperativ E-Mail-Nachrichten zu schreiben und als Gruppe zu versenden. Letzteres wird dadurch erreicht, daß eine solche Gruppen-E-Mail mehrere Absenderadressen enthält, was u. a. zur Folge hat, daß eine Antwort auf eine solche E-Mail an alle Absender geschickt wird. Letzteres sollte nicht mit einer sogenannten Gruppen-Antwort (*group reply*) verwechselt werden, bei der die Antwort an einen einzelnen Absender und alle ursprünglichen Adressaten verschickt wird. Bei der Erstellung der E-Mail können, wie beim Einsatz als Kommunikationsmedium beschrieben, vielfältige, vor allem parallele Interaktionsmöglichkeiten genutzt werden. Es ist nicht nötig, eine E-Mail zur Fertigstellung zeitaufwendig mehrmals im Kreis zu schicken. E-Mails, auf deren Inhalt mehrere Leute Einfluß nehmen wollen, können auf diese Weise sehr rasch und elegant erstellt und versendet werden. Da es sich beim Versenden der Gruppen-E-Mail um eine nicht stornierbare Operation handelt, ist die Entscheidung, diese Operation auszulösen, zwischen den Teilnehmern abzusprechen. Dies kann entweder durch Abstimmung über einen Audio-Kanal erfolgen oder über ein integrierten Votierungsmechanismus ausgehandelt werden (Herrmann 1994).

10 Erfahrungen beim Einsatz von Joint Emacs

Der Gruppeneditor Joint Emacs zeigte in der Anfangsphase Akzeptanzprobleme, da er im Vergleich zu herkömmlichen Einbenutzereditoren relativ langsam im Feedback und Bildschirmneuaufbau war, was jedoch nicht auf den verwendeten Koordinationsalgorithmus, sondern auf eine ineffiziente, prototypische Implementierung der Editorfunktionen zurückzuführen war. Die hierdurch bei den Benutzern hervorgerufenen Vorurteile gegen einen Gruppeneditor konnten durch eine effizientere Implementierung ausgeräumt werden.

Besonders beim Einsatz als Kommunikationsmedium vermißten die Benutzer eine Benachrichtigung, wenn Kommunikationspartner etwas Neues eingefügt hatten. Aus diesem Grund wurde ein animiertes Piktogramm eingeführt, das sich in einem solchen Fall in einen geöffneten Mund verwandelt. Optional ertönt dazu über Lautsprecher ein durch die Benutzer spezifizierbares Signal.

Einige Benutzer von Joint Emacs hatten wenig Erfahrung mit der Bedienung von Emacs. Die replizierte Architektur erleichterte es, ihre lokale Benutzungsschnittstelle entsprechend ihren Wünschen anzupassen.

In frühen Versionen des Editors traten beim gemeinsamen Editieren einige unvorhergesehene Probleme auf. Wenn die Cursor zweier Teilnehmer sich an identischen Positionen befanden und einer dieser Teilnehmer Text eintippte, wurden beide Cursor entsprechend nach rechts gerückt, befanden sich also weiterhin an identischen Positionen; gaben beide gleichzeitig Text ein, wurden diese Texte miteinander vermischt. Der Koordinationsalgorithmus arbeitete korrekt insofern, als alle Kopien des Editors dasselbe Resultat anzeigten. Wir erkannten, daß in einem solchen Fall nicht alle Cursor mitbewegt werden dürfen. Vielmehr ist hierzu die Priorität der beteiligten Benutzer zu berücksichtigen, wobei eine niedrigere Priorität z. B. bedeutet, daß der Cursor dieses Benutzers mitverschoben werden soll.

Hierdurch trat allerdings ein anderes störendes Problem auf: Manchen Benutzern war es nicht mehr möglich, ganz am Ende des Textpuffers etwas einzugeben, falls dort bereits ein anderer Teilnehmer Text einfügte – eine sehr häufige Situation beim Einsatz von Joint Emacs als Kommunikationsmedium. Tatsächlich war es nach obigem Verfahren einem Teilnehmer mit höherer Priorität nicht möglich, seinen Cursor an dem Cursor des Teilnehmers mit niedrigerer Priorität „vorbeizuschieben". Deshalb wurden *dynamische* Benutzerprioritäten eingeführt, die explizit durch Benutzeraktionen geändert werden können. Springen mit dem Cursor ans Ende des Textes erniedrigt die Priorität z. B. derart, daß der Cursor bei weiteren Einfügeoperationen – bis zur nächsten Prioritätsänderung – am Ende bleibt.

Unsere Erfahrungen zeigen, daß die geringen Einschränkungen, die unser Gruppeneditor den Benutzern beim kooperativen Editieren auferlegt, zu einer größeren Flexibilität der sozialen Interaktion – auch über zeitliche und räumliche Distanzen hinweg – führt. Immer wieder entdecken Benutzer neue produktive Möglichkeiten des Zusammenarbeitens, wie etwa oben beim Einsatz des Editors als Kommunikationsmedium und als Gruppen-E-Mail-Editor beschrieben.

11 Verwandte Forschungsarbeiten

Operationstransformationen wurden zum ersten Mal im dOPT-Algorithmus (distributed OPeration Transformations) zur Koordination nebenläufiger Operationen in verteilten Umgebungen verwendet (Ellis/Gibbs 1989). Dieser Algorithmus produziert allerdings nur dann konsistente Kopien, wenn ein Teilnehmer höchstens jeweils eine Eingabe parallel zu Eingaben anderer Teilnehmer macht. Für allgemeinere Fälle konnte die Korrektheit nicht nachgewiesen werden. Da wir im Gegensatz zum einfachen linearen Interaktionsmodells des dOPT-Algorithmus ein mehrdimensionales Interaktionsgitter verwenden, konnten wir die Korrektheit unseres Ansatzes nachweisen. Besonders für Texteditieren ist dies von großer

Bedeutung, da dort selbst kleinste Inkonsistenzen zwischen verschiedenen Textpuffern nicht toleriert werden können.

In GINA (Berlage/Genau 1993) werden nebenläufige Operationen als Historiebaum modelliert. Das Kombinieren nebenläufiger Operationen erfolgt durch Verschieben der Äste. Um Inkonsistenzen zu vermeiden, muß dies bei jedem Teilnehmer in gleicher, eindeutiger Weise erfolgen. Hierzu werden u. U. zusätzliche Undo-Operationen notwendig, um einen bereits erfolgten Umbau eines Baumes rückgängig zu machen. Dieser Ansatz setzt zudem voraus, daß Operationen nicht modifiziert werden müssen, bevor sie in einem anderen Anwendungszustand ausgeführt werden. Er ist daher für Texteditoren, wo Einfüge- und Löschoperationen angepaßt werden müssen, weniger geeignet.

Eine starke Verwandtschaft zu unserem Ansatz weist der Transformationsansatz von Prakash/Knister (1994) zur Implementierung von Gruppen-Undo auf. Das von ihnen hierzu eingesetzte Transponieren von Operationen in der linearen Historie kann als äquivalent dazu angesehen werden, in unserem erweiterten Interaktionsmodell eine alternative Ausführungsreihenfolge auszuwählen. Nebenläufige Operationen können bei ihnen aber nicht modelliert werden. Ihr Verfahren setzt einen sequentiell geordneten Eingabestrom voraus, der durch einen zentral verwalteten Sperrmechanismus erzielt wird. Prakash und Knister beschreiben auch einen weiteren Lösungsansatz für das Ordnungsproblem bei Gruppen-Undo: Dabei werden Zeiger auf Einfüge- und Löschpositionen verwaltet, die bei *jeder* Einfüge- oder Löschoperation entsprechend mitverschoben werden. Unser Ansatz hat den Vorteil, daß solche Positionsanpassungen nur durchgeführt werden müssen, wenn tatsächlich eine Undo-Operation ausgeführt wird.

12 Ergebnisse

Wir haben einen neuartigen transformationsorientierten Lösungsansatz zur optimistischen Koordination von nebenläufigen Benutzeraktionen in Groupware entwickelt, der auf einem mehrdimensionalen, gitterartigen Interaktionsmodell basiert. Diese Methode wurde beim Bau des prototypischen Gruppentexteditors „Joint Emacs“ verwendet. Durch ausgiebige Tests mit Benutzern wurde der Editor ständig verbessert und wird inzwischen u. a. als innovatives Kommunikationsmedium und zum gemeinsamen Verfassen und Versenden von E-Mail in der täglichen Arbeit erfolgreich eingesetzt. Es zeigte sich, daß es möglich ist, einen funktionsfähigen Gruppeneditor zu entwickeln, der es räumlich verteilten Benutzern erlaubt, gemeinsam ein Textdokument zu bearbeiten, der die Benutzer möglichst wenig einschränkt oder behindert, von Netzverzögerungen unabhängige, kurze Antwortzeiten garantiert, Gewahrsein –

auch über Sitzungsgrenzen hinweg – unterstützt, konsistente, erwartungskonforme Ergebnisse liefert und Gruppen-Undo-Funktionalität bietet.

13 Literatur

Abowd, Gregory D.; Dix, Alan J. (1992): Giving Undo Attention. In: Interacting with Computers, Vol. 4 (1992) Nr. 3, S. 317–342.

Berlage, Thomas; Genau, Andreas (1993): A Framework for Shared Applications with a Replicated Architecture. In: Proceedings of the UIST '93. ACM Press, New York 1993, S. 249–257.

Berlage, Thomas; Spenke, Michael (1992): The GINA Interaction Recorder. In: Engineering for Human-Computer Interaction. Hrsg.: Larson, J., Unger, C. North-Holland, Amsterdam u. a. 1992, S. 69-78.

Dourish, Paul; Bellotti, Victoria (1992): Awareness and Coordination in Shared Workspaces. In: Proceedings of the CSCW '92. Hrsg.: Turner, Jon, Kraut, Robert. ACM Press, New York 1992. S. 107–114.

Ellis, Clarence A.; Gibbs, Simon J. (1989): Concurrency control in groupware systems. In Proceedings of the ACM SIGMOD '89 Conference on the Management of Data. ACM Press, New York 1989, S. 399–407.

Greenberg, Saul; Marwood, David (1994): Real Time Groupware as a Distributed System: Concurrency Control and its Effect on the interface. In: Proceedings of the CSCW '94. Hrsg.: Furuta, Richard, Christine Neuwirth. ACM Press, New York 1994, S. 207–217.

Herrmann, Thomas (1994): Software-ergonomische Grundsätze für die Gestaltung von Groupware. In: Ergonomie & Informatik Nr. 23, März 1994, S. 7–12.

Prakash, Atul; Knister, Michael J. (1994): A Framework for Undoing Actions in Collaborative Systems. In: ACM Transactions on Computer-Human Interaction, Vol. 1 (1994) Nr. 4, S. 295–330.

Ressel, Matthias (1995): Kooperative Interaktionsunterstützung in Groupware. In Software-Ergonomie '95. Hrsg.: Böcker, Heinz-Dieter. Teubner, Stuttgart 1995, S. 311-329.

Ressel, Matthias; Nitsche-Ruhland, Doris; Gunzenhäuser, Rul (1996): An Integrating, Transformation-Oriented Approach to Concurrency Control and Undo in Group Editors. In: Proceedings of the CSCW '96 (in Vorbereitung).

Stallman, Richard M. (1981): EMACS, the Extensible, Customizable, Self-documenting Display Editor. ACM SIGOA Newsletter, Vol. 2 (1981) Nr. 1/2, S. 147–156.

CSCW in einer CORBA-basierten CA-Umgebung

Uwe von Lukas, Ute Dietrich

1 Motivation
2 Anforderungen an die Kooperationsunterstützung
3 Standardisierungen
  3.1 ODP
  3.2 Object Reference Model / CORBA
  3.3 T.120
  3.4 Bewertung
4 CSCW im Umfeld der Object Management Architecture
  4.1 CORBA-Dienste
  4.2 Ergänzende Dienste
5 Der TOBACO-Ansatz
  5.1 Umsetzung der Dienste
  5.2 Anwendungsszenario CAD
6 Zusammenfassung

Abstract

Computerunterstütztes kooperatives Arbeiten (CSCW) ist eines der wesentlichen Konzepte zur Parallelisierung des Produktentwicklungsprozesses. Mittelpunkt der Bestrebungen sind die Verkürzung der Produktentwicklungszeiten und die Verbesserung der Qualität von Erzeugnissen durch die Zusammenarbeit mehrerer spezialisierter Bearbeiter bereits zu einem sehr frühen Zeitpunkt.

Diese Form der Kooperation von, u.U. auch örtlich verteilten, Mitarbeitern eines Teams wird bislang nicht hinreichend unterstützt. Moderne CA-Architekturen zeichnen sich zwar heute durch eine weitgehende Modularität und Offenheit aus, stellen aber weder Funktionalität für eine einheitliche Kommunikation in einer heterogenen verteilten Systemumgebung noch für eine plattformübergreifende Kooperation im Sinne von Computerkonferenzen bereit. Ein offenes, einheitliches und herstellerunabhängiges Kommunikationsmodell bietet erst die Grundlage für die Realisierung offener Systemumgebungen mit integrierten CSCW-Anwendungen.

Ein allgemeines Konzept wurde von der Object Management Group standardisiert. Der Standard umfaßt die CORBA (Common Object Request Broker Architecture)-Spezifikation, welche eine objektorientierte Realisierung beliebiger verteilter Anwendungen in heterogenen Umgebungen erlaubt. Neben der bereits vollzogenen Standardisierung des ORB wurden und werden derzeit durch die OMG eine Reihe von allgemeingültigen Basisdiensten, den sogenannten Object Services, sowie optionale Dienste (Common Facilities) spezifiziert.

Im Rahmen dieses Beitrages soll ein auf CORBA basierendes Architekturkonzept vorgestellt werden, das eine kooperative Zusammenarbeit zwischen verschiedenen Bearbeitern und unterschiedlichen CA-Komponenten ermöglicht. Der Schwerpunkt liegt hierbei auf der Integration von Konferenzfunktionalität in ein CAD-Umfeld.

1 Motivation

Die heutigen Arbeitsweisen in der Produktentwicklung sind oftmals durch eine verstärkte Zusammenarbeit von Mitarbeitern sowohl innerbetrieblich als auch mit externen Partnern bzw. Zulieferern gekennzeichnet. Bekannte Kooperationszwänge sind die in vielen Bereichen gestiegene Komplexität der Produkte auf der einen und dem Bestreben nach kürzeren Produktentwicklungszyklen auf der anderen Seite. Weiterhin wird dieser Trend noch durch ein gestiegenes Outsourcing auf Unternehmensseite verstärkt. Die gewachsene Zusammenarbeit erfordert einen erhöhten Kommunikationsbedarf. Völlig neue Arbeitsformen und damit Anforderungen an Unterstützungswerkzeuge ergeben sich mit dem Einzug von Telearbeit in bisher konventionell organisierten Unternehmen.

In diesem Umfeld sind einerseits Werkzeuge für die Realisierung neuer CSCW-Anwendungen bereitzustellen. Andererseits sollen kommerziell verfügbare CA-Applikationen aus Gründen des Investitionsschutzes, nachträglich um CSCW-Funktionalität erweitert werden. Darüber hinaus besteht in vielen Unternehmen der Wunsch nach einer Integration verschiedener CA-Module, auch unterschiedlicher Hersteller, in ein Gesamtsystem [DK95]. Diese Wunschvorstellung beschreibt ihrem Wesen nach ein verteiltes, heterogenes System und läßt sich nur auf der Basis einer einheitlichen Architektur mit eindeutigen Schnittstellen realisieren.

Während die Forderung nach offenen, auf Standards beruhenden Entwicklungsplattformen in vielen Normungsgremien ihren Niederschlag bereits gefunden hat ([ISO95a],[OMG95a]), fehlten diese für die Realisierung von objektorientierten CSCW-Applikationen bislang. Vorherrschend sind hier Insellösungen und Prototypen, die oftmals nur eine ungenügende Integration in bestehende Anwendungen aufweisen.

2 Anforderungen an die Kooperationsunterstützung

Das computerunterstützte kooperative Arbeiten muß einer Vielzahl verschiedenster Anforderungen gerecht werden. Maßgeblich bedingt werden sie durch die vielfältigen Sichten auf das Thema Kooperation. Allgemein lassen sich diese Anforderungen im CA-Umfeld in konstruktionstechnische, informationstechnische und organisatorische Aspekte gliedern.

Eine optimale Einführung von Techniken des kooperativen Arbeitens ist nur bei einer genauen Kenntnis der organisatorischen Gegebenheiten in konkreten Unternehmen möglich. Die Analyse muß sich dabei auf die Arbeitsteilung, beteiligte Abteilungen und den Informationsfluß beziehen und die Ausgangsbasis für eine maßgeschneiderte Lösung bilden.

Betrachtet man CSCW unter konstruktionstechnischen Gesichtspunkten, so ist es notwendig, die verschiedenen Phasen der Produktentwicklung und -fertigung zu untersuchen. In jeder Phase sind unterschiedliche Personengruppen mit verschiedenen Bearbeitungsaufgaben involviert, deren Zusammenarbeit mit speziellen Werkzeugen unterstützt werden kann. Über den Zeitraum der Produktentwicklung, angefangen von der Angebotserstellung bis hin zur Fertigung, kann zu bestimmten Zeitpunkten die gesamte Palette von Werkzeugen sinnvoll eingesetzt werden. Dazu zählen sowohl solche für die Unterstützung synchroner als auch asynchroner Kooperation. Unter synchronem CSCW wird in unserem Kontext die gemeinsame Bearbeitung von Aufgaben innerhalb eines Konferenzszenarios verstanden. Asynchrones CSCW beinhaltet hauptsächlich die Steuerung und Automatisierung des Informationsflusses zwischen beteiligten, parallel arbeitenden Teammitgliedern. Typische Beispiele hierfür sind Workflowmanagement-Systeme mit entsprechenden Funktionen u.a. zur automatischen Benachrichtigung über Bearbeitungszustände, die Vergabe von Rollen und Zugriffsrechten.

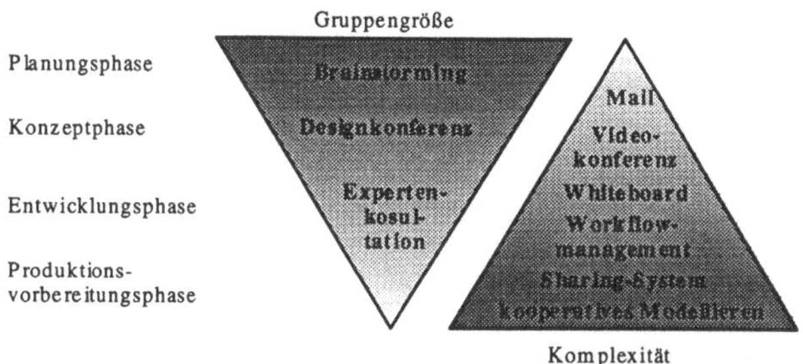

Abb. 1: Abhängigkeiten im Konstruktionsprozeß

Die Auswahl adäquater Werkzeuge kann u.a. in Abhängigkeit von der Gruppengröße und der konkreten Phase des Konstruktionsprozesses erfolgen (siehe Abb. 1). In der ersten Phase sind eine große Anzahl von Mitarbeitern aus unterschiedlichen Bereichen in den Prozeß involviert. Als unterstützende Werkzeuge können hier Email, WWW oder, zur einfachen Abstimmung, ein Audio/Video-Konferenztool eingesetzt werden. Mit zunehmender Detaillierung und Spezialisierung der zu bearbeitenden Aufgabe schrumpft die Gruppengröße, erhöht sich die Komplexität der Werkzeuge und steigen die zu berücksichtigenden Anforderungen. Die letzte Stufe ist hier die kooperative Modellierung, wo i.d.R. zwei bis drei Konstrukteure ein Modell im Rahmen einer CAD-Konferenz gemeinsam manipulieren.

Zu den informationstechnischen Aspekten zählen die speziellen Anforderungen an Hard- und Software. Betroffene Problemfelder sind hier insbesondere eine einheitliche, offene CSCW-Schnittstelle zur Realisierung der Kommunikation (Verbindungsaufbau, Synchronisation, Aktionsrechtverwaltung etc.) zwischen den Partnern, die Minimierung des im CAD-Bereich typischerweise hohen Datenaufkommens, die Einbindung von Audio- und Videoequipment sowie die Sicherung der Konsistenz der Daten. Die informationstechnischen Problemfelder können prinzipiell in allgemeine, vom Anwendungskontext unabhängige, sowie in applikationsspezifische Anforderungen unterteilt werden. Zu denen für jede CSCW-Applikation notwendigen Forderungen gehören u.a.:

- Integration in die gewohnte Systemumgebung
- offene, flexible Lösung
- Telepräsenz durch parallele Audio- und Videoverbindung sowie Telepointer
- Multipointfähigkeit
- individuelle Granularität von Rede-/Aktionsrechten,
- angemessenes Interaktionsverhalten.

Als CAD-spezifische Anforderungen lassen sich u.a. die folgenden einordnen:

- Unterstützung echter kooperativer Modellierdialoge
- Konferenzen zwischen heterogenen, auch herkömmlichen, nachträglich um CSCW-Funktionalität erweiterten CA-Applikationen
- Konsistenzsicherung von Produktmodelldaten
- unterschiedliche Kopplungsmodi sowie
- öffentliche und private Konstruktionsräume.

CSCW-Applikationen stellen eine Sonderform verteilter Systeme dar. Somit haben alle an offene, verteilte Systeme gestellten Anforderungen und die auf diesem Gebiet unternommenen Forschungsaktivitäten auch im CSCW-Kontext Relevanz.

Die Vielfalt der Anforderungen läßt flexibel anpaßbare, generische CSCW- Werkzeuge für die Erstellung unterschiedlicher kooperativer Applikationen sinnvoll erscheinen [DLM96]. Ziel dieser Dienste ist die Erstellung konfigurierbarer CSCW-Applikationen, um so den unterschiedlichen Ansprüchen über den gesamten Produktentwicklungszyklus gerecht werden zu können. Der Fokus unserer Arbeit liegt hier insbesondere auf der Bereitstellung von Werkzeugen für synchrones CSCW.

3 Standardisierungen

Im Umfeld des kooperativen Arbeitens auf der einen und dem davon untrennbaren Themengebiet der offenen, verteilten Systeme auf der anderen Seite existieren eine Reihe von Standardisierungsbestrebungen unterschiedlicher Organisationen. Alle diese Standards bzw. sich in der Normung befindlichen Bestrebungen aufzuführen und eingehend zu erläutern, würde den Rahmen dieser Arbeit sprengen. Aus diesem Grunde soll nur kurz auf die aus unserer Sicht wesentlichsten eingegangen werden und Standards wie OSF/DCE oder TINA-C unberücksichtigt bleiben.

3.1 ODP

Das Open Distributed Processing Referenzmodell (ODP-RM) der ISO [ISO95a,b] liefert ein generisches Modell für die Beschreibung verteilter Systeme. Durch die fünf bereitgestellten Sichtweisen (viewpoints) ist ein durchgängiger Einsatz des Modells in allen Stadien der Analyse und Spezifikation möglich. Es bildet auch die Grundlage für nationale und internationale Normungsbestrebungen auf dem Gebiet der verteilten Systeme. Innerhalb des Referenzmodells der ODP werden die folgenden Sichtweisen definiert: Die Unternehmenssicht fokusiert auf den Zweck, den Zuständigkeitsbereich und die Strategie eines verteilten Systems. Organisatorische Aspekte wie die Bildung von virtuellen Unternehmen oder der Einsatz von Diensten eines kommerziellen Anbieters stehen hier im Vordergrund. Die Informationssicht beschreibt die Semantik von Prozessen. Hierzu zählt die Modellierung des Workflows und der involvierten Dokumente in einer Domäne. Relevante CSCW-Aspekte auf dieser Ebene sind Zugriffsmechanismen und Replikationsstrategien für Dokumente. Die Verarbeitungssicht schaut in die abstrakten Prozesse und liefert eine funktionale Beschreibung auf Interface-Ebene. Die später folgende Charakterisierung von CSCW-Diensten erfolgt beispielhaft unter dieser Sichtweise. Die Engineeringsicht behandelt die Mechanismen und Funktionen, die nötig sind, um die Interaktion verteilter Objekte zu unterstützen. Modelle auf dieser Stufe lassen sich leicht in ausführbaren Code (z. B. C++) überführen. Die Technologiesicht dient der Abbildung auf unterstem, hardwarenahem Niveau. Diese Sicht und auch die Engineeringsicht gehen zu sehr ins Detail und sind im Rahmen einer allgemeinen Konzeption nicht von Interesse.

Für die Diskussion im CSCW-Bereich können die ODP-Konzepte einen Rahmen bilden, der eine Menge von Begriffen und Verfahren festlegt. Eine konkrete Spezifikation von CSCW-Diensten durch die ISO ist allerdings nicht zu erwarten.

3.2 Object Reference Model / CORBA

Eines der in unserem Rahmen wesentlichsten Konzepte wurde und wird von der Object Management Group spezifiziert. Das Ziel des 1990 gegründeten, herstellerübergreifenden Konsortiums ist die Bereitstellung einer geeigneten Architektur für die Verteilung und Zusammenarbeit von Softwarekomponenten in heterogenen Systemen. Die Spezifikation einer objektorientierten Architektur stellt die Konzeption und Realisierung zukünftiger Software auf eine gemeinsame, objektorientierte Basis und ermöglicht damit, Softwarekomponenten verschiedener Hersteller auf verschiedenen Plattformen miteinander zu koppeln. Auf diese Weise sind CA-Systeme in der Erscheinungsform verteilter Objekte denkbar, die über Rechnergrenzen hinweg miteinander kommunizieren können. Hierdurch wird ein wesentlich stärkerer Grad der Kopplung unterschiedlicher Module möglich, als er bislang realisierbar ist.

Die OMA enthält drei Hauptkomponenten, auf deren Basis Applikationen, sogenannte Application Objects, erstellt werden können.

Der **Object Request Broker** (ORB) [OMG95a] ist die Kernkomponente der OMA. Seine Spezifikation erfolgte in der Common Object Request Broker Architecture, die sowohl Mechanismen für die Verteilung der Objekte im Netz als auch für die transparente Kommunikation zwischen den Objekten auf der Basis einer einheitlichen Schnittstellenbeschreibung definiert. Zu seinen Aufgaben zählen u.a. das Lokalisieren und Aktivieren von Servern, die Identifikation von Objekten im Netz, die Kodierung von Parametern, die Realisierung von Ausnahmebehandlungen und der Versand von Nachrichten. Um die eindeutige Beschreibung von Objekten zu erreichen, stellt die CORBA-Spezifikation eine an C++ angelehnte Sprache, die Interface Definition Language (IDL), bereit.

Die **Object Services** [OMG95b] stellen allen Komponenten allgemeingültige Basisdienste zur Verfügung, die in unterschiedlichen Bereichen benutzt werden können. Diese sind in der Regel generisch und müssen verschiedensten Ansprüchen gerecht werden. Als Beispiele für solche Dienste sollen die im CSCW-Kontext relevanten Dienste unter Abschnitt 4 vorgestellt werden.

Die **Common Facilities** [OMG95c] stellen (Branchen-)spezifische Bausteine und höherwertige Dienste bereit, die jeweils eine applikationsunabhängige Funktion oder einen Marktsektor unterstützen. Zu den Common Facilities zählen u.a. User Interface, Agent Facility, Rule Management und Marktbereiche wie CIM, Simulation, Buchhaltung, Softwareentwicklung.

Die Erstellung OMA-basierender Applikationen erfolgt durch die Kombination dieser sog. Application Objects mit den applikationsnahen Komponenten der Common Facilities und den Basisdiensten, die durch die Object Services bereitgestellt werden.

Die OMG verfolgt einen ODP-konformen Ansatz in Bezug auf die Erzielung von Offenheit, Integration und Portabilität. Die in der CORBA 2.0-Spezifikation vorgesehene Festlegung der Interoperabilität von ORBs entspricht in vielen Dingen dem in der ODP-Traderfunktion beschriebenen Förderationskonzept, über welches mehrere verschiedene Trader miteinander kooperieren. Deutlich werden die Zusammenhänge zwischen beiden Normen auch durch die teilweise Übernahme von Spezifikationen vom einen in den anderen Standard. So wird die von der OMG spezifizierte IDL im ODP-Referenzmodell übernommen. Umgekehrt integriert die OMA die Traderspezifikation in ihre Common Object Services [PSW95].

3.3 T.120

Seitens der ISO und der International Telecommunication Union (ITU) wurde der Bedarf nach Standards auf dem Gebiet der Konferenzsysteme erkannt. Die Normung von Audio- und Videoströmen war hierzu lediglich der erste Schritt. Die jüngsten Aktivitäten in diese Richtung bestanden in der Veröffentlichung einer ersten Version der Serie T.120, die eine Reihe von Standards für audiovisuelle Konferenzsysteme beinhaltet [ITU95]. Damit steht nun u.a. eine einheitliche generische Konferenzverwaltung bereit und es können auch applikationsspezifische Daten zwischen Anwendungen im Rahmen einer Konferenz ausgetauscht werden. Beispiele hierfür sind Annotationen im Sinne einer Whiteboardanwendung oder auch Positionen eines Telepointers. Ein Vorteil des Ansatzes liegt darin, daß durch die Nutzung von sogenannten Multipoint Control Units (MCU) auch dann eine Mehrpunktverbindung aufgebaut werden kann, wenn die Arbeitsstation nur über eine Punkt-zu-Punkt Anbindung (beispielsweise über ISDN) verfügt. Terminals und MCUs werden in einer Baumstruktur vernetzt. Hierdurch wird die Grundlage für eine Kommunikationsinfrastruktur gegeben, die eine beliebige Anzahl von Konferenzpartnern unterstützt.

3.4 Bewertung

Die Normungsbestrebungen auf dem Gebiet der verteilten Systeme im allgemeinen und des kooperativen Arbeitens im speziellen sind durchaus positiv zu bewerten. Das ODP Referenzmodell steckt dabei den großen Rahmen ab und liefert Begriffe und Methoden zur konkreten Beschreibung verteilter Systeme. Die darauf aufbauende Architektur der OMG findet seitens der Industrie eine stark wachsende Beachtung. Problematischer gestaltet sich die Kombination von CORBA und T.120: Durch die asynchrone und unstrukturierte Kommunikation über die oben beschriebenen Schichten eignet sich T.120 nur bedingt für den Einsatz im Rahmen eines objektorientierten Systems. Zudem gibt es mit dem alternativen Kommunikationsdienst CORBA Überschneidungen bei der Spezifikation der Abbildung auf verschiedene Netze und Übertragungsprotokolle. Möglich ist hier eine CORBA-konforme Kapselung der von T.120 bereitgestellten Dienste. Die Kommunikation zwischen den Anwendungsobjekten und dem CSCW-Dienst kann dann über CORBA und die Kommunikation zwischen den Knoten über das T.120-Protokoll abgewickelt werden.

4 CSCW im Umfeld der Object Management Architecture

Als vielversprechende Plattform hat sich das von der Object Management Group verfolgte Konzept in vielen Forschungsaktivitäten etabliert. Sowohl das durch die OMA vorgegebene einheitliche Kommunikationsmodell als auch die Bereitstellung universeller Basisdienste und Facilities bieten eine leistungsfähige Grundlage für die Entwicklung offener objektorientierter Systeme, die auch die nachträgliche Integration externer Komponenten bzw. die Einbringung neuer, OMA-konformer Dienste komfortabel unterstützt. In der bisher vorliegenden Spezifikation ist allerdings keine direkte Unterstützung von CSCW-Anwendungen vorgesehen, daher müssen fehlende Werkzeuge in das Konzept integriert und als entsprechende Dienste angeboten werden.

4.1 CORBA-Dienste

Durch die OMG wurden bereits eine Reihe von CORBA-Diensten und Facilities vorgestellt, die eine Grundlage für die Entwicklung verteilter Systemumgebungen bilden. Für die Erstellung von Konferenzanwendungen sind hauptsächlich die folgenden Services relevant:

Der **Event Service** stellt Mechanismen für die Realisierung eines Multicast bereit. Dies ist eine wesentliche Voraussetzung für Konferenzen mit mehreren Teilnehmern. Der Event Notification Service dient der gezielten Benachrichtigung von Objekten hinsichtlich bestimmter Ereignisse und realisiert die Entkopplung der (direkten) Kommunikation zwischen Objekten. Dafür werden innerhalb des Dienstes zwei Rollen definiert: die Rolle des Lieferanten (*supplier*) und die Rolle des Verbrauchers (*consumer*). Lieferanten erzeugen Event-Daten, während Verbraucher diese behandeln können. Die Kommunikation zwischen Lieferanten und Verbrauchern erfolgt über den Austausch von Event-Daten auf der Basis von Standard-CORBA-Requests entweder in typisierter oder generischer Form.

Der **Transaction Service** besitzt bei der Standardisierung eine geringere Priorität als der oben beschriebene Event Service. Durch die Überschneidungen mit dem Gebiet der Datenbanken und der Kooperation mit den maßgeblichen Gremien, insbesondere der ODMG, sind hier noch zahlreiche Änderungen des vorliegenden Entwurfs zu erwarten. Die grundlegende Funktionalität wird davon allerdings nicht betroffen sein. Durch diesen Service soll ein möglichst breites Spektrum an Anwendungsgebieten und Modellen unterstützt werden. Dazu zählen flache und verschachtelte Transaktionen sowie domänenübergreifende Föderation von Transaktionsdiensten.

Ein **Replication Service** für die Erzeugung und Verwaltung von Objekt-Replikaten war von der OMG ursprünglich als eigenständiger Dienst geplant. Doch wird diese Funktionalität inzwischen eher als Bestandteil des ORB gesehen und dort vermutlich in spätere Versionen aufgenommen. Von besonderem Interesse ist hier die Semantik bei der Kopie von Verweisen, wobei unterschiedliche Alternativen vorhanden sein sollten. Ein weiterer Hauptaspekt liegt in der Konsistenzsicherung der verteilten Replikate.

Der **Concurrency Control Service** ermöglicht den simultanen Zugriff mehrerer Clients unter Wahrung der Konsistenz und Koheränz sämtlicher beteiligter Objekte. Dabei wird zwischen transaktionsbasierten und einem threadbasierten Locking-Mechanismus unterschieden. Beide Modelle sollen unterstützt und in einem System parallel verwendet werden können.

Zusätzlich sind eine Reihe von weiteren Diensten einsetzbar, die aber aufgrund ihrer eher untergeordneten Funktion nicht explizit aufgeführt werden sollen. Zu diesen gehören u.a. Dienste zum Erzeugen und Löschen sowie zur Migration von Objekten.

4.2 Ergänzende Dienste

Um CORBA-konforme CSCW-Applikationen erstellen zu können, müssen zusätzliche, im Standard bislang nicht vorgesehene Dienste bereitgestellt werden. Diese müssen Funktionalitäten für eine Gruppenkommunikation, für die Bearbeitung von Streams und die Konferenzverwaltung beinhalten.

Die Standardisierung eines Dienstes für die **Gruppenkommunikation,** wie er beispielsweise in [ISI93] beschrieben wurde, ist ein wichtiger Schritt für die Implementierung CORBA-basierter, kooperativer Anwendungen. Ein solcher Dienst wird benötigt, wenn mehr als zwei Teilnehmer an einer Konferenz beteiligt sind. Unter einer Objektgruppe soll dabei eine Sammlung von kooperierenden Objekten gleichen Typs verstanden werden. Diese Gruppe sollte sich nach außen wie ein einzelnes Objekt präsentieren. Eine Folge von Nachrichten, die an die Gruppe gerichtet werden, erreicht alle Gruppenmitglieder stets in derselben Reihenfolge. Diese Isochronität ist die erste Voraussetzung für die notwendige Konsistenz innerhalb der Projektgruppe. Eine derartige Gruppenkommunikation ist nicht nur im Rahmen des kooperativen Arbeitens sinnvoll, sondern kann auch zur Steigerung der Fehlertoleranz eingesetzt werden. In unserem Kontext soll jedoch davon ausgegangen werden, daß die parallel existierenden Instanzen an unterschiedlichen Orten aktiv sind und über eine Benutzungsoberfläche mit einem Nutzer in Verbindung stehen. Sollen nun Aktionen, die durch einen Nutzer initiiert wurden, an allen Standorten gespiegelt werden, so wird ein Funktionsaufruf an die Objektgruppe abgesetzt. Solch ein Multicast erleichtert und beschleunigt die Verbreitung von Nachrichten an zahlreiche Teilnehmer. Ein weiteres Merkmal der Gruppenkommunikation ist die dynamische Mitgliedschaft. Objekte können sich jederzeit bei der Gruppe an- oder abmelden. Auf diese Weise können auch Teilnehmer, die zu Beginn einer Konferenz nicht eingebunden sind, später integriert werden. Optimalerweise erfolgt dies durch eine Benachrichtigung des Basic Object Adapters. Er muß über die Aufnahme und das Ausscheiden von Objekten informiert werden, um eine aktuelle Liste der involvierten Gruppenmitglieder halten zu können.

Für die Umsetzung von Gruppenkommunikation sind folgende Alternativen denkbar :

- Die Gruppe wird durch ein ausgezeichnetes Gruppen-Objekt repräsentiert, das alle Aufrufe weiterleitet. Dieser Ansatz stempelt die eigentlichen Gruppenmitglieder zu zweitklassigen Objekten, da nur das Gruppen-Objekt nach außen in Erscheinung tritt und beim Broker registriert werden kann. Zudem ist dieser Ansatz recht fehlerträchtig, da beim Ausfall des vermittelnden Objekts die gesamte Kommunikation scheitert. Auch Performance-Nachteile sind bei einem solchen Ansatz zu erwarten.
- Spezielle Anpassungen an der Client-Bibliothek könnten die Verteilung übernehmen. Dabei wird der Multicast über sequentielle Punkt-zu-Punkt-Verbindungen simuliert oder ein eigenes Multicast-Protokoll eingesetzt, das dann parallel zum herkömmlichen Kommunikationsmechanismus im ORB arbeitet.
- Eine eingeschränkte Gruppenunterstützung ist basierend auf dem generischen Event-Service realisierbar. Die fehlende Typisierung bei diesem Ansatz steht dabei allerdings im Widerspruch zu dem sonst streng typisierten Ansatz der OMA.

Die Integration von **Streams** in die OMA ist eine wichtige Voraussetzung für die Einbindung von Audio und Video im CSCW-Umfeld. Diese sollten einen flexiblen Mechanismus bieten, generische Datenströme zwischen definierten Endpunkten bereitzustellen. Streams erlauben es, multimediale Kommunikationsströme direkt in die Anwendung zu integrieren. Bislang erfolgt die Nutzung von Audio- und Videoapplikationen in der Regel getrennt von der CORBA-basierten Anwendung. Neben Attributen und Operationen sollte dieser spezielle Zugriffsmechanismus von der Schnittstelle bereitgestellt werden. Somit ist die aktuelle Mächtigkeit der IDL nicht ausreichend. Es wird notwendig, ein neues syntaktisches Konstrukt zu definieren. Neben dem Typ des Streams sollten dabei weitere Parameter übergeben werden können. Hierzu zählen insbesondere Anforderungen an Quality of Service (QoS) und Prioritätswerte. Anwendungen in Echtzeit, wie sie bei einer Konferenzschaltung gegeben sind, stellen dabei besondere Anforderungen, die vom Kommunikationsdienst erfüllt werden müssen. Andere, parallel übertragene Daten, sollten dann mit untergeordneter Priorität behandelt werden.

Die optimale Realisierung sowohl der Streams als auch der Gruppenkommunikation bedingen auch Erweiterungen bzw. Anpassungen des ORB und ggf. der IDL [OMG96].

Als ein Dienst, der direkt dem Entwickler von CSCW-Applikationen angeboten werden soll, wird hier eine **Konferenz-Unterstützung** beschrieben. Im Gegensatz zu Streams und der

Gruppenunterstützung ist die hier vorgestellte Funktionalität näher bei der Anwendung positioniert und besitzt nicht deren Generalität und Universalität. Somit läßt sich dieser Dienst auf der Ebene der Common Facilities ansiedeln. Die Konferenzverwaltung stellt durch eine komfortable Schnittstelle all die Funktionalität zur Verfügung, die anwendungsunabhängig zusammengefaßt werden kann. Dabei greift sie auf die beiden zuvor beschriebenen Dienste zu und verleiht ihnen Semantik. Unter der Konferenz-Unterstützung wird die folgende Funktionalität bereitgestellt:

- die Verwaltung von Nutzern und verwendeten Applikationen im Rahmen der Konferenz
- die Verwaltung von Aktionsrecht-Tokens
- Telepointer- und Annotationsoverlays
- Speicherung des Konferenzzustands für später hinzukommende Teilnehmer
- Dateiübertragung an mehrere Benutzer
- ein generischer Dienst zur Kopplung der Anwendungen

Dem letzten Punkt kommt dabei eine besondere Bedeutung zu. Dieser Dienst muß für jede Anwendung speziell angepaßt werden und beschreibt dann ein applikationsbezogenes Protokoll, das die eigentliche Grundlage für die Kommunikation und Koordination festlegt. Es bestimmt den Grad der Kopplung und die Granularität bei der Kooperation zwischen den Systemen.

5 Der TOBACO-Ansatz

Das im ZGDV Rostock bearbeitete Projekt TOBACO (Tool Based Cooperation) verfolgt die Bereitstellung von Basisdiensten für das kooperative Arbeiten [DLM95]. Dabei wird auf die objektorientierte Architektur der OMG und die bereits beschriebenen Dienste aufgesetzt. Eine Einbindung von monolithischen Systemen ist über Wrapper möglich. Es wird bislang von einem vollständig replizierten Ansatz ausgegangen: zwei komplette Instanzen einer Anwendung werden im Rahmen einer Konferenz gekoppelt.

Die entstehenden Werkzeuge sollen für zwei Anwendungsfälle genutzt werden können:

1. Die Implementierung von neuen CSCW-fähigen Applikationen.
2. Die nachträgliche Erweiterung bestehender Applikationen um Funktionalität des kooperativen Arbeitens.

Typischerweise ist der Leistungsumfang in Bezug auf das kooperative Arbeiten bei der zweiten Variante eingeschränkt. Durch die mangelnde Offenheit und fehlende Schnittstellen heutiger Systeme kann nur eine Teilmenge von Funktionen in einer Konferenz genutzt werden.

Die Konzeption der Dienste verfolgt einen universellen Ansatz und ist nicht auf ein spezielles Anwendungsgebiet beschränkt. Bisherige Arbeiten konzentrieren sich jedoch auf den CAD-Bereich. Das Konzept basiert auf der unter 4 dargestellten Aufteilung in Services, Common Facilities und benutzerdefinierten Objekten. Eine Konferenzanwendung entsteht dann wiederum durch die geeignete Kombination aus Objekten aller drei Klassen.

Im obigen Abschnitt wurden prinzipielle Anmerkungen zur Unterstützung des kooperativen Arbeitens mit CORBA gemacht. Der folgende Abschnitt konkretisiert die Aussagen, geht auf die gewählte Implementierung ein und detailliert den Leistungsumfang der Dienste.

5.1 Umsetzung der Dienste

In unserem Kontext wird die Realisierung einer Gruppenkommunikation auf der Basis des bereits spezifizierten Event-Service der OMG vorgenommen. Dieser Weg ist bislang die einzige Möglichkeit, eine standardkonforme Gruppenunterstützung bereitzustellen. Dabei können allerdings die folgenden Anforderungen an einen idealen Group Service nicht realisiert weden:

- Eine Objektgruppe sollte für den Nutzer transparent sein, die Kommunikation erfolgt also nicht über einen expliziten Kanal (Event Channel), sondern über die normale Nutzung eines entfernten Objekts.
- Es sollten Mechanismen definiert werden können, die regeln, wie sich die Objektgruppe bei Anfragen verhält. Mögliche Alternativen sind hier die Abgabe einer einzigen Antwort, die Bildung eines Mittelwerts, oder die Rückgabe aller Antworten in Form einer Sequenz. Bei der Rückgabe einer einzigen Antwort sind ebenfalls verschiedene Ansätze denkbar. Diese können sich auf Reaktionsgeschwindigkeit, Entfernung oder die explizite Auswahl eines Objektes (u.a. aufgrund entsprechender Qualitätsparameter) beziehen.
- Es sollen unterschiedliche Protokolle für die Ordnung von Nachrichten bereitstehen. Typische Beispiele sind ungeordneter, kausal oder total geordneter Multicast. Der Event Service in seiner vorliegenden Form unterstützt nur einfachen Multicast.

Diese Nachteile werden allerdings bewußt zugunsten der Konformität mit den bislang standardisierten Komponenten in Kauf genommen. Hierfür wurde ein Event-Service implementiert, der die Basis für die Kommunikation zwischen den angeschlossenen Teilnehmern bildet. Ein Kanal ist dabei stets für eine bestimmte Klasse von Ereignissen zuständig. Die Kopplung von Instanzen einer Konferenzanwendung erfolgt durch mehrere parallele Kanäle (siehe Abb. 3).

Der im vorangegangenen Abschnitt beschriebene Stream-Service ist bislang noch nicht realisiert. Solange es von der OMG noch kein Konzept für die Unterstützung von kontinuierlichen Datenströmen gibt, erscheint eine Implementierung nicht sehr sinnvoll. Der für eine Konferenz unbedingt notwendige Audiokanal (und evtl. ein zusätzlicher Videokanal) wird durch externe Konferenzwerkzeuge bereitgestellt. Hier kommen die entsprechenden Standards aus dem Bereich der Telekommunikation zum Tragen. Eine Integration von Audio, Video und Applikationskopplung zu einer einheitlichen Dienstgruppe ist wünschenswert, allerdings bislang noch nicht möglich.

Die Umsetzung der Konferenzverwaltung erfolgt in Anlehnung an T.120, da sich etliche der Anforderungen an einen solchen Dienst dort wiederfinden. Die Funktionen werden durch sogenannte Application Protocol Entities bereitgestellt, die auf einen speziellen Multipoint Communication Service aufsetzen. Diese APEs bilden eine applikationsabhängige Gruppierung von CSCW-Funktionen. Der MCU-gestützte Multicast wird in unserer Architektur durch die Kommunikation auf der Basis von Objektgruppen ersetzt. Diese Vorgehensweise erleichtert auch eine zukünftige Kopplung von CORBA-basierten Konferenzen und T.120-konformen Systemen. Somit wurde die Architektur von T.120 weitgehend übernommen, jedoch objektorientiert gegliedert und mit CORBA als Kommunikationsschicht implementiert.

5.2 Anwendungsszenario CAD

Als erstes Anwendungsgebiet wurde der CA-Sektor ausgewählt. Hier konnte schon auf Erfahrung in der Implementierung eines kooperativen geometrischen Modellierers [DL95] zurückgegriffen werden. In TOBACO werden die Arbeiten auf diesem Gebiet weitergeführt – es wird allerdings eine komplett objektorientierte, CORBA-konforme Architektur verwendet. Das prototypische System umfaßt dabei die folgenden Komponenten: Geometriekern, User Interface und Finite State Machine. Diese bilden eine Instanz eines Einzelplatzsystems und werden im folgenden unter CAD zusammengefaßt. Die Separierung von Interaktion und interner Struktur, wie sie durch eine Finite State Machine gegeben ist, erleichtert sowohl das Abfangen und Einbringen von Ereignissen als auch die Konsistenzsicherung während der Konferenz. Zum kooperativen Arbeiten werden zusätzlich eine Konferenzunterstützung mit Telepointer und generischen Funktionen zur Verwaltung von Konferenzen genutzt. Weiterhin existiert ein CA-spezifisches Objekt zur Kopplung der Instanzen. Die zugehörige Klasse wurde in Form eines Applikationsprotokolls für den Bereich der geometrischen Modellierung spezifiziert, das die Spiegelung von Nutzeraktionen auf einem mittleren Granularitätsgrad erlaubt. Dabei werden nicht alle Teilschritte bei der Erzeugung oder Modifikation eines Körpers übertragen, sondern lediglich die komplette Aktion. Beispielsweise resultiert die Erzeugung einer Kugel unter Eingabe von 3D-Koordinaten für den Mittelpunkt und einer Angabe für den Radius in einem Kommando `make_sphere(origin, rad)`.

Die folgenden IDL-Fragmente beschreiben zwei Objekte: den generischen CSCW-Teil des Applikationsprotokolls (Application Protocol Entity) und eine davon abgeleitete Beschreibung einer Applikationskopplung für den Bereich CAD. Beide nutzen (evtl. unterschiedliche) Event-Channels zur Kommunikation mit entfernten Instanzen.

```
interface APE {
      readonly attribute ConfInfo info;
      void join_conference(in UserID user);
      void leave_conference(in UserID user);
};
interface CAD : APE {
      Body make_sphere(in Coord origin, in long radius);
      Body make_cuboid(in Coord origin, in long a, in long b , in long c);
      void lock_body(in Body b);
      void delete_body(in Body b);
};
```

In den Implementierungsklassen dieser Dienste muß intern eine Umsetzung des synchronen Protokolls auf die asynchronen Arbeitsweise des Event Channels erfolgen.

Nutzt man verschiedene CA-Systeme mit demselben Geometriekern, ermöglicht das auf diesen Kern abgestimmte Protokoll mit Einschränkungen auch die Konferenz unterschiedlicher Systeme. Dabei können Eigenentwicklungen auch mit kommerziellen Komponenten kombiniert werden. Problematisch ist auch hier wieder die Einschränkung des Leistungsumfangs: kommerzielle Systeme haben eine sehr umfassende Modellierfunktionalität, wie sie bei eigenen Prototypen nie erreicht werden kann. Allerdings läßt sich die CSCW-Funktionalität im Prototyp wesentlich umfassender integrieren, da man dort den Zugriff auf alle internen Daten und Ereignisse hat. Abbildung 2 zeigt eine Konstellation mit drei Systemalternativen: Host A beherbergt ein kommerzielles CORBA-basiertes System, dessen Schnittstellen nicht vollständig offengelegt sind. Auf Host B läuft ein prototypischer Modellierer, auf dessen Funktionalität man komplett zugreifen kann. Host C benutzt ein kommerzielles CA-Systemen, das über einen Wrapper angebunden ist. Der ORB dient als Kommunikationsbus, auf den die CSCW-Dienste in der oben beschriebenen Weise aufsetzen. Der Dienst für die Gruppenkommunikation und Teile der Konferenzverwaltung sind dabei zu einer CSCW-Komponente zusammengefaßt, die auf jedem der an einer Sitzung beteiligten Knoten instantiiert sein muß.

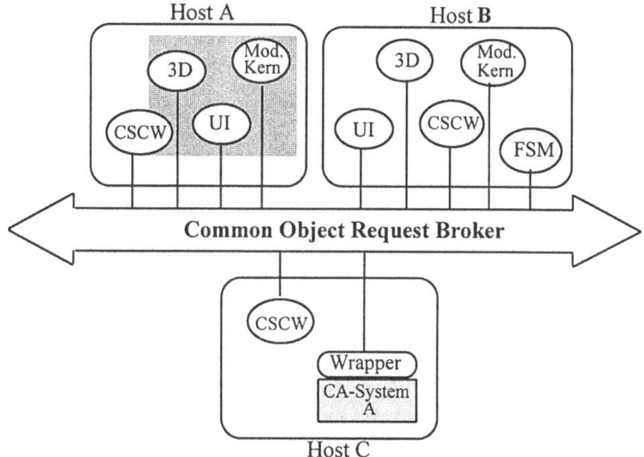

Abb. 2: TOBACO-basierte CA-Konferenz

Abbildung 3 verdeutlicht den Aufbau einer Konferenz unter Nutzung von TOBACO-Diensten.

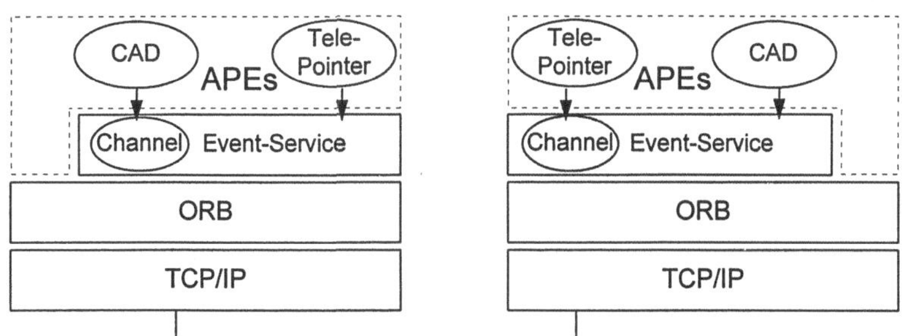

Abb. 3: Umsetzung der Objektgruppen im Schichtenmodell

Die Gruppenkommunikation soll anhand des Telepointer-APE kurz erläutert werden: Logisch betrachtet bilden die APE-Instanzen auf den unterschiedlichen Knoten eine Objektgruppe. Faktisch wird die Kommunikation über ein einziges zugehöriges Channel-Objekt umgesetzt, welches seinerseits über den ORB mit den angeschlossenen Telepointer-Objekten kommuniziert.

Eine alternative Implementierung unter Nutzung des durch T.120 spezifizierte Protokoll für die Multicast-Kommunikation ist geplant. Auf diese Weise erhält man eine voll standardkonforme Lösung. Weitere zukünftige Arbeiten umfassen die Bereitstellung unterschiedlicher

Mechanismen zur Aktionsrechtvergabe und feinkörnigere Lockingstrategien für konkurrierend bearbeitete Objekte. Zudem ist eine Übertragung der Werkzeuge auf andere Anwendungsgebiete vorgesehen.

6 Zusammenfassung

Die Realisisierung unternehmsinterner und -übergreifender Kommunikation in allen Phasen der Produktentwicklung ist heute ein wesentlicher Faktor für die Wettbewerbsfähigkeit von Unternehmen. Hinzu kommen neue Trends in der Arbeitsorganisation, die mehr und mehr die Telearbeit auch vom heimischen Rechner bzw. entsprechenden Telearbeitszentren favorisieren. Diese Entwicklung fördert den Bedarf nach flexiblen CSCW-Werkzeugen für die Kommunikationsunterstützung. Dabei haben sich die Probleme, die durch die Heterogenität von Hard- und Software verursacht werden, als eine der größten Hürden bei der Erarbeitung umfassender Lösungen herausgestellt. Dieses Problem trifft insbesondere auf den CA-Sektor zu. Hier sind neue Konzepte notwendig, die eine Integration bestehender und neuer Architekturen in ein Gesamtsystem ermöglichen.

Der aufgezeigte Ansatz orientiert sich an den zukünftigen internationalen Standards der ISO/ITU und der OMG und versucht auf diese Weise zur Lösung der aufgezeigten Problematik beizutragen. Um CORBA-konforme Werkzeuge bereitstellen zu können, müssen entsprechende Dienste entwickelt werden, die bislang innerhalb der Normierung nicht hinreichend berücksichtigt sind. Ein großer Teil der Anwendungen kann zur Zeit daher nur mit neuen, eigenentwickelten Lösungen umgesetzt werden. Die in TOBACO konzipierten Dienste können dabei aufgrund ihres universellen Charakters auch auf andere Anwendungsgebiete übertragen werden.

Eine vollständige Nutzung solcher Dienste erfordert idealerweise eine neue Generation von modularen, netzübergreifend verteilten CA-Systemen, die aus beliebig miteinander kombinierbaren CA-Modulen bestehen. Diese Vorgehensweise ermöglicht die Einbeziehung vorgefertigter Komponenten und Dienste und ist somit ein wichtiger Schritt in Richtung elektronischer Märkte. Offen bleiben hier allerdings Fragen nach der Granularität und Beherrschbarkeit hochgradig verteilter Systeme sowie die rechtlichen Aspekte, die durch den Einsatz dienstorientierter Softwarekomponenten entstehen.

Literatur

[DK95] U. Dietrich, B. Kehrer: Integration und Kooperation - Stand und Perspektiven. it+ti 5/95

[DL95] U. Dietrich, U. v. Lukas: Kooperatives Arbeiten in einer offenen heterogenen Umgebung, in CA-Integration in Theorie und Praxis, Springer 1995

[DLM95] U. Dietrich, U. v. Lukas und I. Morche: Rechnergestützes kooperatives Arbeiten im CAD-Umfeld, Computer Graphik Topics 6/95 Vol. 7

[DLM96] U. Dietrich, U. v. Lukas und I. Morche: Kooperatives Modellieren auf der Basis von standardisierten Diensten. Tagungsband CAD '96. Informatik Xpress, März 1996.

[ESS96] K.P. Eckert, P. Schoo und G. Schürmann: Open Distributed Processing Platforms for support of telecommunication applications and their management. In Proceedings of the IFIP/IEEE International Conference on Distributed Platforms - Industrial Stream/Poster Session (Dresden, Feb. 1996), pp. 236-240.

[FL96] K. Farooqui und L. Logrippo: Group Communication Models. To be published in Computer Communications Journal, 1996.

[ISI93] ISIS Distributed Systems, Inc.: Object Groups: A response to the ORB 2.0 RFI. OMG Document 93-04-11, Apr. 1993.

[ISO95a] ISO/ITU: Basic Reference Model of Open Distributed Processing Part 1: Overview. International Standard 10746-1, ITU-T Recommendation X.901, 1995.

[ISO95b] ISO/ITU: Basic Reference Model of Open Distributed Processing Part 2: Descriptive Model. Intern. Standard 10746-2. ITU-T Recommendation X.902, 1995.

[ITU95] ITU Study Group 8: Initial Draft of T.120: Data Protocols for Multimedia Conferencing, Oct. 1995.

[NPC95] G. Nilsson, F. Dupuy und M. Chapman: An overview of the Telecommunication Information Networking Architecture. In Proceedings of the TINA'95 Conference (Melbourne, Feb. 1995).

[OMG95a] Object Management Group: The Common Object Request Broker: Architecture and Specification (Revision 2.0). Framingham MA, July 1995.

[OMG95b] Object Management Group: Common Object Services Specifications, volume 1. Framingham MA, March 1995.

[OMG95c] Object Management Group: Common Facilities Specifications (Revision 4.0). Framingham MA, Jan. 1995.

[OMG96] OMG Telecommunications SIG. Streams and QoS: a White Paper. Feb. 1996.

[PSW95] C.Popien, G. Schürmann und K.-H.Weiß: Verteilte Verarbeitung in Offenen Systemen. B.G. Teubner 1995.

[TRM94] J. Trevor, T. Rodden und J. Mariani: The Use of Adapters to Support Cooperative Sharing. In Proceedings of the Conference on Computer Supported Cooperative Work (Oct. 1994), pp. 219-230.

Integration von CSCW-Anwendungen zur Unterstützung von Telekooperationen

Walter Augsburger, Heiko Ludwig, Klaus Schwab, Marcus Wittke

1 Einführung in die Problemstellung
2 CSCW-Unterstützung einer Telekooperation
  2.1 Szenario einer Telekooperation
  2.2 CSCW-Unterstützung der Telekooperation „Budgetplanung“
3 Anforderungen an ein Integrationsmodell
  3.1 Kontext und Teilnehmer
  3.2 Berücksichtigung von Reihenfolge- bzw. Wartebeziehungen zwischen Kooperationen
  3.3 Bearbeitung gemeinsamer Daten in unterschiedlichen Kooperationen
4 Das PlanKo-Integrationsmodell
  4.1 Basiskooperation, komplexe Kooperation und Kooperationsgemeinschaft
  4.2 Rechtesysteme von Kooperationsgemeinschaft und Kooperationen
  4.3 Zugang von Teilnehmern zu komplexen Kooperationen und Basiskooperationen
  4.4 Ablaufsynchronisation von Basiskooperationen
  4.5 Kooperatives Objektrepository
  4.6 Integration von Basiskooperationen in komplexe Kooperationen
5 Überblick über die Benutzung von PlanKo-Coop
6 Verwandte Arbeiten
7 Stand der Entwicklung und Ausblick
8 Literatur

Zusammenfassung

Die Unterstützung einer Telekooperation durch CSCW-Anwendungen unterschiedlichen Typs erfordert ein übergreifendes, integratives Konzept. Um mehrere verschiedene CSCW-Anwendungen innerhalb einer Telekooperation effizient nutzen zu können, müssen die Teilnehmerverwaltung, Reihenfolgebeziehungen zwischen Elementen unterschiedlicher CSCW-Anwendungen und der Zugang zu gemeinsam genutzten Informationen in ein offenes Kooperationsmanagementsystem (KMS) integriert werden. In diesem Beitrag wird aufgezeigt, welche Anforderungen hieraus an KMS resultieren. Wir stellen ein Modell vor, mit dem die Integration verschiedener CSCW-Anwendungen beschrieben werden kann. Es bildet die Basis für das an der Universität Bamberg entwickelte Kooperationsmanagementsystem PlanKo-Coop[36].

1 Einführung in die Problemstellung

Ein Einsatzgebiet für Telekooperationswerkzeuge, das in letzter Zeit zunehmend an Bedeutung gewinnt, ist die Unterstützung räumlich verteilt ablaufender Geschäftsprozesse. Die mei-

---

[36] PlanKo steht für Planen in Kooperationen, Coop bezeichnet die Teilkomponente für das Kooperationsmanagement.

sten der derzeit verfügbaren CSCW-Systeme sind dabei weitgehend auf die Unterstützung jeweils einer speziellen Kooperationsform spezialisiert. Eine Kooperationsform wird in diesem Zusammenhang als ein abstraktes Schema aufgefaßt, mit dem eine Menge von Kooperationen beschrieben werden kann. Workflow-Management-Systeme (WMS) etwa, die auf prozeßorientierten Koordinationsmodellen beruhen, eignen sich insbesondere für vorstrukturierbare, wohldefinierte, häufig wiederkehrende Vorgänge (Schwab 96). Für Telekooperationen, in denen eine gemeinsame Entscheidungsfindung im Vordergrund steht, bieten WMS jedoch keine geeignete Unterstützung. Hier sind eher Systeme aus dem Bereich des Group Decision Support oder Negotiation Support geeignet (Jablonski 95). Viele Geschäftsprozesse, die in Form einer Telekooperation durchgeführt werden sollen, lassen sich jedoch nicht eindeutig einer bestimmten Kooperationsform zuordnen und somit durch ein einzelnes CSCW-System unterstützen. So führt etwa der alleinige Einsatz von WMS bei der kooperativen Abwicklung eines Geschäftsprozesses schnell zur Kritik durch die Anwender, da damit die informellen Aspekte der Arbeit und die gemeinsame Problemlösung nicht in ausreichendem Maße berücksichtigt werden können (Ellis/Wainer 94, Antunes/Guimaraes 95).

Wenn daher ein telekooperativer Geschäftsprozeß durch mehrere unterschiedliche CSCW-Anwendungen unterstützt werden soll, wird eine Integration dieser CSCW-Anwendungen notwendig. Die Notwendigkeit der Integration verschiedener CSCW-Systeme ist bereits seit längerem bekannt (Wilson 1988) und kann mit organisationstheoretischen Überlegungen begründet werden (siehe etwa Antunes/Guimaraes (1995)). Diese Integration von CSCW-Anwendungen ist das Ziel des KMS PlanKo-Coop, das seit 1995 an der Universität Bamberg entwickelt wird (Ludwig/Schwab/Wittke 95). Wichtig dafür ist, zuerst die Anforderungen für ein integriertes KMS zu untersuchen. Dazu wird in Abschnitt 2 das Szenario einer Telekooperation und die Unterstützung durch unterschiedliche CSCW-Systeme vorgestellt. In Abschnitt 3 werden aus Benutzersicht die Anforderungen an ein Integrationskonzept formuliert. Anschließend wird das im Projekt PlanKo entwickelte Modell zur Integration verschiedener Kooperationen vorgestellt. Dieses Modell bildet die Basis für das KMS PlanKo-Coop. Anschließend wird auf verwandte Forschungsarbeiten eingegangen und es werden Ansätze zur Erweiterung des Modells diskutiert.

2 CSCW-Unterstützung einer Telekooperation

Um das Einsatzgebiet von KMS aufzuzeigen, wird die Unterstützung eines räumlich verteilt ablaufenden Geschäftsprozesses durch mehrere CSCW-Anwendungssysteme vorgestellt.

2.1 Szenario einer Telekooperation

Ein Beispiel für einen telekooperativen Geschäftsprozeß stellt die jährliche Budgetplanung für Marketingmaßnahmen in einem Konzern dar. Hierin sind die Mitglieder der Geschäftsleitung, der Controlling- und Marketingabteilung eingebunden. Die Planung beginnt mit der Aufstellung eines Budgetplangerüsts in Form eines Maßnahmenkatalogs durch den Controller. Die jeweiligen Werbebudgets müssen von zwei regionalen Marketingmanagern in den Maßnahmenkatalog eingetragen werden. Die beiden regionalen Marketingmanager und der Controller arbeiten an unterschiedlichen Standorten des Unternehmens. Nachdem der Controller von den Marketingmanagern die jeweiligen Budgetvorschläge eingeholt hat, konsolidiert er die Budgetvorschläge. Anschließend diskutiert er gemeinsam mit den beiden regionalen Marketingmanagern über mögliche Einsparungen und Verlagerungen des Werbebudgets. Sobald eine Einigung erzielt wird, informiert der Controller den leitenden Marketingmanager. Dieser wiederum informiert die Geschäftsleitung über die voraussichtliche Höhe des Werbebudgets und stößt daraufhin kurzfristig zu der Diskussionsrunde hinzu. Gemeinsam mit dem Controller und den beiden regionalen Marketingmanagern wird dann endgültig das gesamte Werbebudget und dessen Aufteilung auf Marketingmaßnahmen festgelegt. Abschließend werden alle Mitglieder der Geschäftsleitung über das Ergebnis der Budgetdiskussion informiert.

2.2 CSCW-Unterstützung der Telekooperation „Budgetplanung“

Die Telekooperation „Budgetplanung“ kann durch mehrere unterschiedliche CSCW-Systeme unterstützt werden. Die Aufstellung des Budgets kann mit Hilfe eines WMS abgewickelt werden. Ein Gruppenentscheidungsunterstützungssystem (GDSS) vereinfacht die Diskussion und Entscheidung über die endgültige Höhe und Verteilung des Werbebudgets. Die Budgetdiskussion wird in zwei Phasen durchgeführt. In der ersten Phase werden die Einsparmaßnahmen diskutiert. In der zweiten Phase wird über die Aufteilung des Werbebudgets entschieden. Alle Mitglieder der Geschäftsleitung können per E-Mail über den aktuellen Stand der Diskussion informiert werden. Die Benachrichtigung per E-Mail kann dabei durch das WMS angestoßen werden. Für die Präsentation des Werbebudgets vor der Geschäftsleitung bietet ein Konferenzsystem geeignete Unterstützung. Abbildung 1 gibt die Ablaufsicht auf die drei verschiedenen CSCW-Anwendungen, die in der Telekooperation „Budgetplanung“ miteinander interagieren, wieder. Die Pfeile zwischen den Aktivitäten im Workflow bzw. zu der Gruppenentscheidungssitzung und der Konferenz symbolisieren Reihenfolge- bzw. Wartebeziehungen. Beziehungen zwischen unterschiedlichen Kooperationsformen sind durch unterbrochene Linien gekennzeichnet. Dieses Szenario veranschaulicht, daß auch nur mäßig komplexe Kooperationen meist nicht mit Groupware-Systemen für eine Kooperationsform adäquat unterstützt werden können.

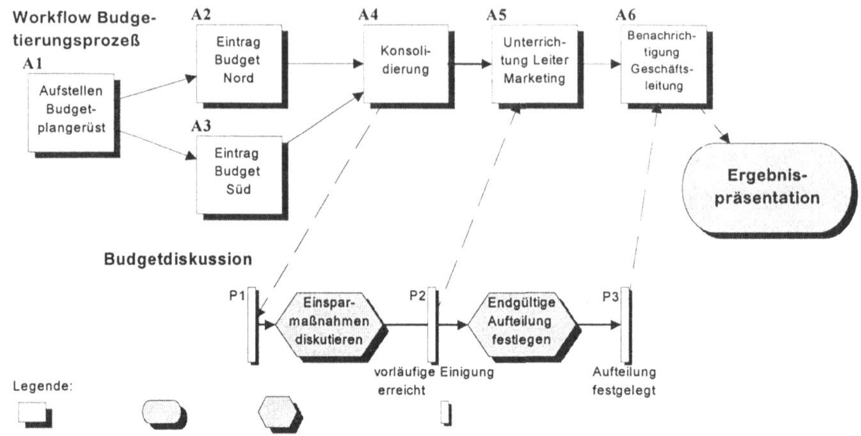

Abbildung 1: Ablaufsicht auf die Telekooperation "Budgetplanung"

3 Anforderungen an ein Integrationsmodell

Wesentliche Anforderungen an ein Modell zur Integration verschiedener CSCW-Anwendungen werden bereits aus dem obigen Beispiel ersichtlich.

3.1 Kontext und Teilnehmer

Zusammenhängende Telekooperationen, die durch einzelne CSCW-Systeme abgewickelt werden, müssen zu einer übergreifenden Kooperation zusammengefaßt werden können, da sie aus Sicht der Anwender eine zusammengehörige Aufgabe darstellen. Dies hat einerseits die Notwendigkeit einer gemeinsamen Verwaltung der Teilnehmer und ihrer Rollen in einer zusammenhängenden Kooperation zur Folge. Andererseits muß der gemeinsame Kontext auch auf der Nutzeroberfläche den einzelnen Teilnehmer präsentiert werden. Die Teilnahme an CSCW-Anwendungen und die Rechte der Teilnehmer müssen aus Sicht der übergeordneten Kooperation definiert werden können. Beispielsweise muß festgelegt werden können, daß der Initiator des Workflows gleichzeitig auch die Budgetdiskussion leiten soll.

3.2 Berücksichtigung von Reihenfolge- bzw. Wartebeziehungen zwischen Kooperationen

Der Ablauf der einzelnen Kooperationen muß synchronisiert werden. Dazu müssen Reihenfolge- und Wartebeziehungen zwischen den einzelnen Kooperationen beachtet werden. Hier ist es nicht ausreichend, nur auf die Beendigung oder den Start einer Kooperation zu warten. In diesem Falle könnte ein konventionelles WMS die Ablaufsteuerung übernehmen. Kooperative Anwendungen, wie etwa die Budgetdiskussion, können langfristig andauern und besitzen völlig unterschiedliche interne Zwischenzustände. Im Beispiel nimmt die Budgetdiskussion den Zustand „vorläufige Einigung erreicht" an. Nach Eintritt dieses Zustands soll im Workflow die Aktion A5 „Unterrichtung Leiter Marketing" gestartet werden. Die Ablaufsteuerung des WMS muß hier nicht nur auf die Beendigung der Aktionen A3 und A4 warten, sondern zusätzlich auf Eintreten dieses Zustandes in der Budgetdiskussion.

Andere CSCW-Systeme, wie Gruppeneditoren, besitzen wiederum völlig unterschiedliche interne Zustände, die für eine Ablaufsteuerung relevant werden können (Teege 93). All diese Zwischenzustände müssen für die Ablaufsynchronisation verfügbar gemacht werden.

3.3 Bearbeitung gemeinsamer Daten in unterschiedlichen Kooperationen

Der Zugriff auf Datenobjekte, die von unterschiedlichen Kooperationen gemeinsam genutzt werden, muß geregelt werden. Dabei ist die Abgrenzung von Teilnehmeraktivitäten durch konventionelle Datenbanktransaktionen sicherlich unbefriedigend, da vielleicht im Rahmen der GDSS-Sitzungen unterschiedliche Vorschläge als vorläufige Werte für Objekte erzeugt werden, auf die aber aus einer anderen Kooperationsform schon im Verlauf der Diskussion zugriffen werden soll. Ein Konsistenzsicherungsmechanismus für Daten, der den Wertfindungsmechanismus im Rahmen von Teamarbeit unterstützt, muß dies ermöglichen.

4 Das PlanKo-Integrationsmodell

Nachdem die wichtigsten Anforderungen bekannt sind, kann das im Projekt PlanKo entwikkelte Modell zur Integration verschiedener Kooperationsformen vorgestellt werden. Es wird nachfolgend als *Integrationsmodell* bezeichnet. Das Modell ermöglicht die Verknüpfung von CSCW-Anwendungen zu Telekooperationen sowie die Zuordnung von einzelnen Akteuren und Kooperationsgegenständen zu Telekooperationen und CSCW-Anwendungen. Darüber hinaus können Ablaufabhängigkeiten zwischen Aktivitäten, die innerhalb unterschiedlicher CSCW-Anwendungen stattfinden, definiert werden. Die Prozeßsicht tritt dagegen bei diesem Modell in den Hintergrund.

4.1 Basiskooperation, komplexe Kooperation und Kooperationsgemeinschaft

Um die Zuordnung von einzelnen CSCW-Anwendungen zu einem übergeordneten Geschäftsprozeß, der in Form einer Telekooperation abgewickelt wird, beschreiben zu können, werden im PlanKo-Integrationsmodell die Modellkonstrukte *Basiskooperation, komplexe Kooperation* und *Kooperationsgemeinschaft* eingeführt. CSCW-Anwendungen bzw. Kooperationen, die durch ein einzelnes CSCW-System direkt unterstützt werden, heißen Basiskooperationen. Im Beispiel sind dies der Workflow, die Gruppenentscheidungssitzung und die abschließende Ergebnispräsentation. Der in Form einer Telekooperation abgewickelte Geschäftsprozeß, innerhalb dessen die einzelnen Basiskooperationen stattfinden, wird als komplexe Kooperation bezeichnet. Jede Basiskooperation gehört zu genau einer komplexen Kooperation. Eine komplexe Kooperation wird durch ihre Teilnehmer, ihre Basiskooperationen, die gemeinsamen Kooperationsgegenstände, die Menge der zwischen den Basiskooperationen definierten Abhängigkeiten, ihre Zugangsform und durch ein Rechtesystem konstituiert. Weiterhin ist die Zuordnung von Teilnehmern der komplexen Kooperation und Kooperationsgegenständen zu Basiskooperationen relevant.

Den äußeren Rahmen bildet die sogenannte Kooperationsgemeinschaft. Sie umfaßt alle Akteure, die an komplexen Kooperationen teilnehmen können, die komplexen Kooperationen selbst und ein eigenes Rechtesystem. Dieses Rechtesystem legt die Befugnisse der einzelnen Akteure bezüglich der Verwaltung der Kooperationsgemeinschaft und der komplexen Kooperationen fest. Im Beispiel könnten alle Mitarbeiter des Unternehmens eine Kooperationsgemeinschaft bilden. Abbildung 2 zeigt Abhängigkeiten zwischen Basiskooperationen, komplexen Kooperationen und der Kooperationsgemeinschaft bezüglich der Teilnehmer, Rechte und Kooperationsgegenstände.

4.2 Rechtesysteme von Kooperationsgemeinschaft und Kooperationen

Im Rechtesystem einer Kooperationsgemeinschaft kann für einzelne Akteure festgelegt werden, ob sie komplexe Kooperationen neu initiieren bzw. löschen, Teilnehmer zur Kooperationsgemeinschaft hinzufügen oder ihr eigenes Rechtesystem abändern können. Auf der Ebene der komplexen Kooperationen kann für die Teilnehmer bestimmt werden, ob sie weitere Basiskooperationen, Kooperationsgegenstände und Teilnehmer hinzufügen bzw. löschen und die aktuellen Rechteeinstellungen abändern können. Durch diese beiden Rechtesysteme wird die Voraussetzung geschaffen, die betrieblichen Strukturen der Aufbauorganisation in einer Kooperationsgemeinschaft bzw. Kooperation abzubilden.

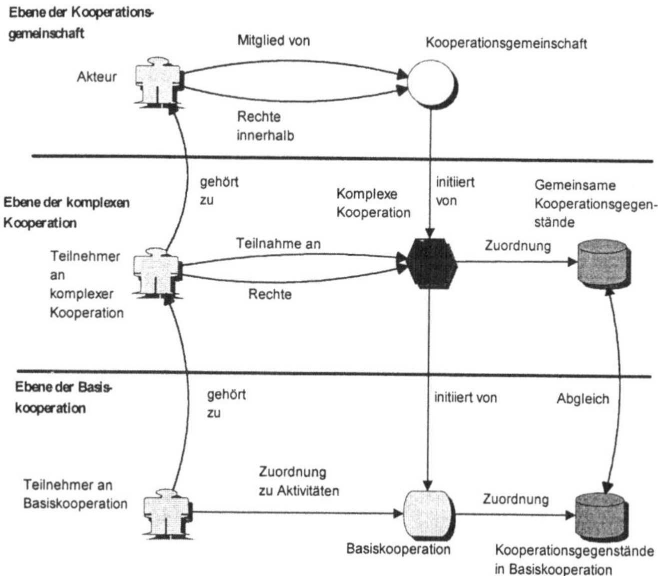

Abbildung 2: Komponenten und Beziehungen im PlanKo-Integrationsmodell

4.3 Zugang von Teilnehmern zu komplexen Kooperationen und Basiskooperationen

Prinzipiell wird die Initiierung von komplexen Kooperationen durch Mitglieder der Kooperationsgemeinschaft über die beiden beschriebenen Rechtesysteme festgelegt. Weiterhin muß die Möglichkeit bestehen, den Zugang weiterer Akteure zu bestehenden Kooperationen zu regeln. Hierfür sind drei verschiedene Zugangsregelungen im PlanKo-Integrationsmodell vorgesehen, die von den aktuellen Teilnehmern einer Kooperation festgelegt werden: Bei offenem Zugang können sich jederzeit neue Akteure selbst als Teilnehmer in die Kooperation "einklinken" bzw. von einem Kooperationsteilnehmer hinzugefügt werden. Bei geschlossenem Zugang ist keinem weiteren Teilnehmer mehr der Zugang erlaubt. Halboffener Zugang bedeutet, daß ein spezieller Aufnahmemechanismus implementiert ist: Ein Kooperationsteilnehmer lädt hierbei einen neuen Akteur als Teilnehmer ein, der die Einladung bestätigen muß, um in die Kooperation eintreten zu können. Dies sind nur drei mögliche Zugangsformen, die bei Bedarf ergänzt werden können. Jede Basiskooperation, die in PlanKo integriert werden soll, muß ähnliche Zugangsmechanismen bereitstellen. Weiterhin muß sie einen Mechanismus zur Übernahme von Kooperationsteilnehmern aus der übergeordneten komplexen Kooperation bereitstellen.

4.4 Ablaufsynchronisation von Basiskooperationen

Zum Zwecke der Ablaufsynchronisation von Basiskooperationen ist ein ereignisbasierter Synchronisationsmechanismus vorgesehen. Mit ihm können Wartebeziehungen zwischen Teilaktivitäten verschiedener Basiskooperationen formuliert werden. Im Beispiel soll mit dem Start von Aktion A5 von seiten des WMS solange gewartet werden, bis ein bestimmter Zustand der Budgetdiskussion erreicht wird („vorläufige Einigung erreicht"). Erst dann kann die Aktion A5 beginnen.

Wartebeziehungen zwischen Basiskooperationen werden dabei nicht statisch auf Schemaebene der einzelnen Kooperationen modelliert, sondern dynamisch zur Ablaufzeit festgelegt. Eine Modellierung auf Schemaebene würde erfordern, daß jede Kooperationsform Modellkonstrukte bereitstellt, um Wartebeziehungen zu anderen Kooperationsformen darstellen und vorweg formulieren zu können. Dies ist jedoch relativ aufwendig und nicht bei allen Kooperationsformen anwendbar. Bei den meisten synchron arbeitenden Systemen, etwa Gruppeneditoren, wird der Ablauf nicht im voraus modelliert. Dies ist lediglich für asynchron arbeitende CSCW-Systeme, etwa WMS, typisch. Daher ist der flexiblere Mechanismus, Warteabhängigkeiten zwischen existierenden Basiskooperationen - auf Instanzebene sozusagen - zu formulieren, vorzuziehen.

Ausgangspunkt der ereignisbasierten Synchronisation von Basiskooperationen ist die Überlegung, daß jede Kooperation gewisse interne Zustände besitzt, die für die Ablaufsteuerung genutzt werden können. Das Erreichen eines Zustandes innerhalb einer Basiskooperation wird zu diesem Zweck mit der Auslösung von Ereignissen verbunden, auf deren Eintreten andere Basiskooperationen warten können. Eine Basiskooperation tritt hier als Produzent von Ereignissen auf.

In der nachfolgenden Tabelle sind für den Workflow „Budgetplanung" und die Gruppenentscheidungssitzung einige Zustände und die bei Erreichen ausgelösten Ereignisse angegeben. Ereignisse werden in der Form *(ereignisname, attribut1, attribut2, ...)* notiert:

Basiskooperation	Zustand	Ausgelöstes Ereignis
Workflow „Budgetplanung"	„in Abwicklung"	(„workflow_gestartet")
Workflow „Budgetplanung"	„Aktion A1 in Bearbeitung"	(„aktion_gestartet", A1)
Workflow „Budgetplanung"	„Aktion A4 erledigt"	(„aktion_beendet", A4)
Gruppenentscheidungssitzung „Budgetdiskussion"	„Einsparmaßnahmen diskutieren"	(„gruppenentscheidungs-sitzung_gestartet")
Gruppenentscheidungssitzung „Budgetdiskussion"	„endgültige Aufteilung des Budgets festgelegen"	(„vorläufige_einigung-_erreicht")

Um auf diese Ereignisse warten zu können, muß jede Basiskooperation eine Menge von Synchronisationspunkten (Wartepunkten) anbieten, zu denen sie aktuell noch warten kann. Wartepunkte sind Zustandsübergänge einer Basiskooperation, deren Eintritt vom System selbst verzögert werden kann. Mögliche Wartepunkte des Workflows sind der Start von Aktionen bzw. der Start des Workflows selbst. Wartepunkte der Gruppendiskussion sind ihr Start bzw. der Übergang zwischen der ersten Phase "Einsparmaßnahmen diskutieren" und der zweiten Phase "endgültige Aufteilung des Budgets festlegen". Die Beendigung einer Aktion im Workflow stellt keinen Wartepunkt dar, denn dieser Zustandsübergang wird vom jeweiligen Bearbeiter der Aktion bestimmt. Eine Verzögerung durch das WMS ist deshalb nicht möglich.

Eine Wartebeziehung zwischen zwei Basiskooperationen A und B wird aus Sicht der wartenden Basiskooperation A durch Angabe eines gültigen Wartepunkts, zu dem die Basiskooperation A selbst warten kann, und durch Festlegung eines von der Basiskooperation B ausgelösten Ereignisses, auf das A warten soll, definiert. In Abbildung 3 sind alle Wartepunkte des Beispiels formuliert.

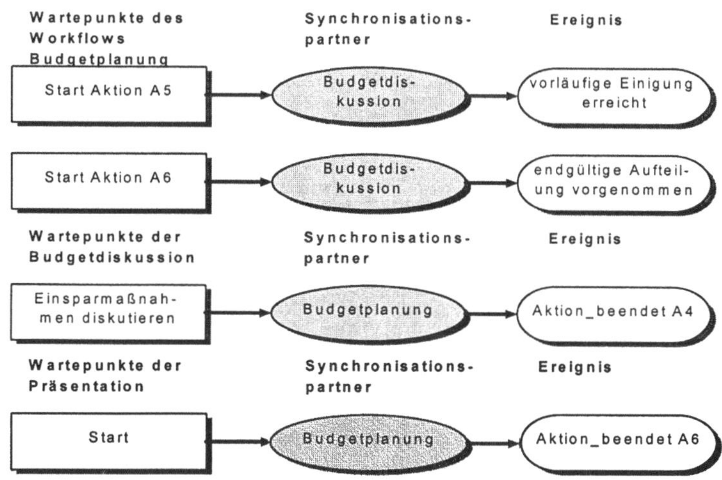

Abbildung 3: Wartepunkte von Basiskooperationen

Bei der Definition von Wartebeziehungen sind zwei Konsistenzbedingungen einzuhalten. Zunächst muß sichergestellt werden, daß zwischen Basiskooperationen keine Deadlocks durch gegenseitige Wartebeziehungen entstehen können. Weiterhin ist zu beachten, daß sich die Menge der Wartepunkte, der Synchronisationspartner und ihrer Ereignisse im Zeitablauf ändern kann. Sobald die Aktion A1 gestartet wird, ist der Wartepunkt „Start Aktion A1“ für eine Synchronisation nicht mehr nutzbar. Ebenso ist eine Basiskooperation nach ihrer

Beendigung nicht mehr als Synchronisationspartner verfügbar. Entsprechendes gilt für Ereignisse, die bereits ausgelöst wurden. Auf sie kann nicht mehr gewartet werden. Deshalb muß die Ermittlung von Wartepunkten, Synchronisationspartnern und Ereignissen stets unter Beachtung des aktuellen Zustands der Basiskooperationen erfolgen.

Kooperatives Objektrepository

Die dritte Integrationsproblematik von Basiskooperationen neben Teilnehmerzugang und Ablaufsynchronisation ist die Bearbeitung gemeinsamer Objekte. Dazu ist einerseits ein allgemeiner Wertfindungsmechanismus für gemeinsam bearbeitete Objekte notwendig, andererseits müssen auch die Mitwirkungsrechte der Teilnehmer aus den einzelnen Kooperationswerkzeugen in das Repository migrieren. Der Wertfindungsmechanismus des PlanKo-Integrationsmodells besteht aus den Operationen Alternativengenerierung und Alternativenauswahl. Zu jedem Objekt wird hinterlegt, wer einem Wert für das Objekt zustimmen muß. Stimmen alle Entscheider für eine Alternative, so wird der Wert der Alternative zum Wert des Objekts. Die Entscheidungs-, Alternativengenerierungs- und Leserechte von Teilnehmern werden mit den Alternativen zu einem kooperativen Objektkontext zusammengefaßt (vgl. Ludwig (1995)).

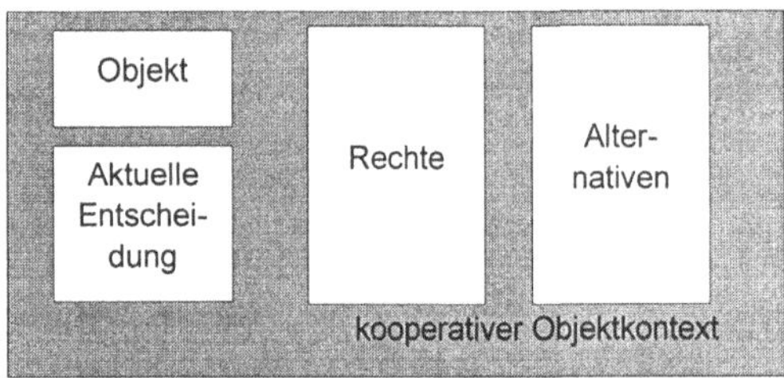

Abbildung 4: Kooperativer Objektkontext eines gemeinsam bearbeiteten Objekts

Jede der einzelnen Alternativen ist wiederum ein Objekt, auf das der Wertfindungsmechanismus angewendet werden kann. Somit können auch hierarchische Entscheidungsprozesse unterstützt werden, bei denen zuerst innerhalb einer Arbeitsgruppe eine Lösung erarbeitet wird, die zu einem späteren Zeitpunkt außerhalb der Gruppe als Vorschlag für ein Problem auftritt. Die Autonomie und Abgeschlossenheit einer Arbeitsgruppe artikuliert sich in den Leserechten, die sie an Außenstehende vergibt. Als Schnittstelle zu den Anwendungen der Basiskooperationen ergeben sich die folgenden Operatoren: `koop_Kontext_erzeugen`, `Alternative_generieren`, `Recht_generieren`, `Alternative_zustim-`

`men` und `Objekt_lesen`. Wird auf gemeinsame Objekte nur mit Hilfe dieser Schicht - der Cooperative Context Control (CCC) - zugegriffen, sichert sie die Konsistenz der Objekte im Rahmen der Semantik kooperativer Objektbearbeitung. Die Datenhaltung selbst kann mit einem beliebigen geeigneten Datenhaltungssystem erfolgen.

Integration von Basiskooperationen in komplexe Kooperationen

Um in das KMS integriert werden zu können, müssen Basiskooperationen entsprechende Schnittstellen zu den oben beschriebenen Komponenten der Teilnehmer- und Zugangsverwaltung, zum Mechanismus der Ablaufsynchronsation und zur Zugriffsverwaltung auf Kooperationsgegenstände bereitstellen. Diese Schnittstellen bilden die sogenannte Außensicht einer Basiskooperation. Nur diese ist für die Integration in eine komplexe Kooperation von Interesse. Zur Innensicht zählt die eigentliche Funktionalität einer Kooperation, also die der jeweiligen CSCW-Anwendung.

Neben der Integration von CSCW-Applikationen ist für einen praktischen Einsatz auch die Integration von Standardapplikationen von Interesse. Dies kann ohne Erweiterung des Konzepts über die üblichen Mechanismen erfolgen, die die einzelnen CSCW-Applikationen bereitstellen. So kann etwa eine Textverarbeitung aus einem Workflow heraus aufgerufen werden.

Überblick über die Benutzung von PlanKo-Coop

Im folgenden wird kurz vorgestellt, wie sich das auf dem oben vorgestellten Modell basierende KMS PlanKo-Coop dem Anwender präsentiert. Die Verwaltung und Definition von Basiskooperationen, komplexen Kooperationen, der entsprechenden Rechte und Abhängigkeiten wird über eine einheitliche Schnittstelle, den Cooperation Manager vorgenommen. Abbildung 5 zeigt die graphische Nutzeroberfläche des Cooperation Managers. Eine Telekooperation wird hier durch drei Polygone symbolisiert. Segemente des äußeren Polygons entsprechen Kooperationsteilnehmern und Segmente des mittleren Polygons den einzelnen CSCW-Applikationen. Das innere Polygon wird von den gemeinsam genutzten Kooperationsgegenständen gebildet. Durch einfache Drag- und Drop-Operationen können neue Teilnehmer, Basiskooperationen und Kooperationsgegenstände zu einer komplexen Kooperation hinzugefügt und Basiskooperationen aktiviert werden. Über Auswahlmenues können die entsprechenden Rechte der komplexen Kooperation konfiguriert werden.

Das Modell wurde in eine geometrische Metapher umgesetzt, um zum einen möglichst leicht erlernbaren Zugriff auf die Funktionen des Cooperation Managers zu gewährleisten. Zum anderen soll die Metapher ein „kooperationsförderndes Klima" schaffen. Hieraus resultiert z.B. die Anforderung an die Metapher, keine hierarchischen Koordinationsstrukturen darzustellen oder zu suggerieren (Postert 1995).

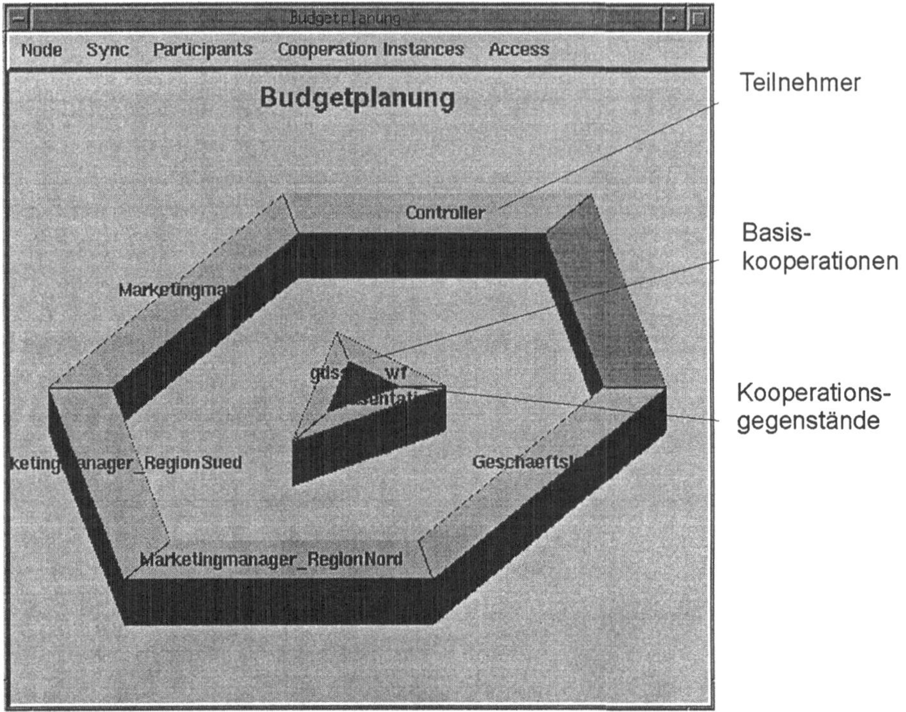

Abbildung 5: Repräsentation der Kooperation „Budgetplanung" mit Polygonen für Teilnehmer (a), Basiskooperationen (b) und Kooperationsgegenständen (c).

Für Basiskooperationen existieren jeweils zwei verschiedene Sichten im Cooperation Manager: Die *Außensicht* enthält alle Schnittstellen, die notwendig sind, um eine Basiskooperation in eine komplexe Kooperation zu integrieren. Hinter der Innensicht verbirgt sich die eigentliche Funktionalität der jeweiligen Basiskooperation. Abbildung 6 zeigt die Außensicht der Basiskooperation „Budgetplanung". Mit Hilfe der Außensicht können Teilnehmer, Kooperationsgegenstände für die Basiskooperation und Abhängigkeiten zu anderen Basiskooperationen festgelegt werden. Durch die Trennung in Innen- und Außensicht wird den Benutzern die Einbindung von unterschiedlichen CSCW-Anwendungen erleichtert, da das Hinzufügen von Teilnehmern, Kooperationsgegenständen, etc. jeweils über für alle CSCW-Anwendungen identische Funktionen erfolgen kann. Wäre die Trennung nicht vorgenommen worden, müßten diese Funktionen jeweils in die Oberflächen der jeweiligen CSCW-Applikationen integriert werden, was einen nicht unerheblichen Aufwand bedeuten kann.

Als CSCW-Anwendungssysteme, mit deren Hilfe Basiskooperationen unterstützt werden können, sind derzeit zwei WMS – PlanKo-WMS und PlanKo-WMS2 –, ein Gruppenentscheidungssystem – PlanKo-GDSS –, ein Diskussionstool – PlanKo-Chat – und ein Präsentationswerkzeug – PlanKo-Explainer – implementiert.

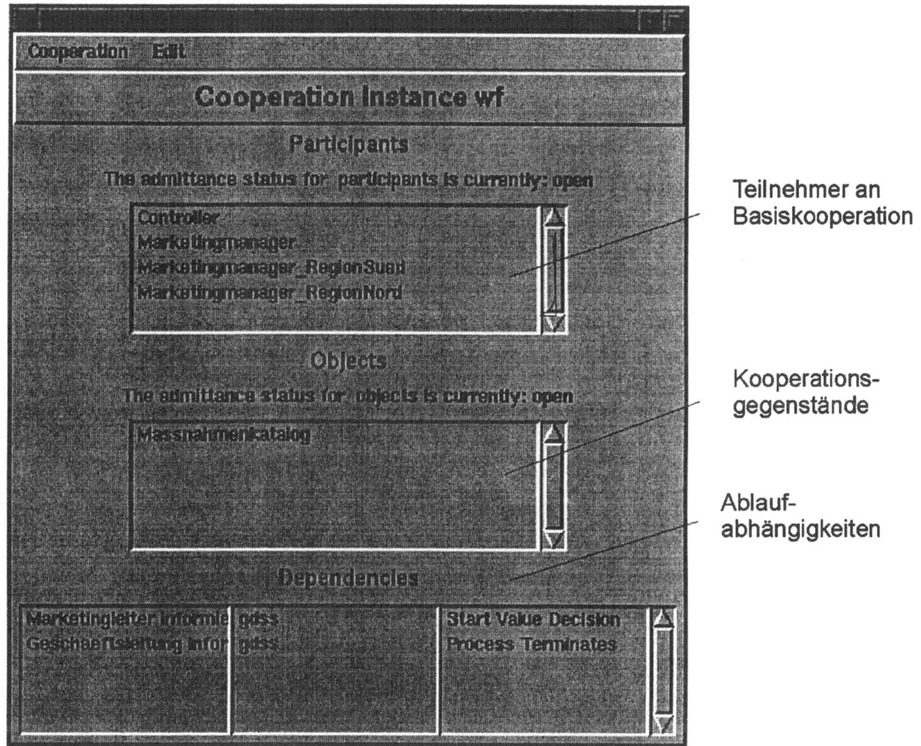

Abbildung 6: Außensicht der Basiskooperation „Budgetplanung“

6 Verwandte Arbeiten

Die Aufgabe, CSCW-Anwendungen flexibler zu gestalten, wird zur Zeit von vielen Forschergruppen angegangen. Viele Ansätze beschränken sich jedoch darauf, bestehende CSCW-Systeme zu erweitern bzw. eine im voraus beschränkte Anzahl von CSCW-Anwendungen zu integrieren (Antunes/Guimaraes 1995, Heinl et al 1996). Integrierte CSCW-Umgebungen, wie etwa TeamRooms (Roseman/Greenberg 1996) oder DIVA (Sohlenkamp/Chwelos 1994) stellen zwar eine einheitliche Teilnehmerverwaltung, ein einheitliches Notifikationssystem und mehrere CSCW-Anwendungen zur Verfügung, bieten aber keine Funktionalität zur Integration der CSCW-Anwendungen selbst, also zur Ablaufsynchronisation und für den Zugriff auf gemeinsame Kooperationsgegenstände aus unterschiedlichen CSCW-Anwendungen. Dies unterscheidet das KMS PlanKo-Coop von den uns bekannten, vergleichbaren Ansätzen.

7 Stand der Entwicklung und Ausblick

Im vorliegenden Beitrag wurden wichtige Anforderungen - vor allem bezüglich des Teilnehmerzugangs, der Abhängigkeiten von verschiedenen Kooperationen und des gemeinsamen Datenzugriffs - an die Integration unterschiedlicher Kooperationsformen definiert und das PlanKo-Integrationskonzept als Lösung vorgestellt. Dieser Beitrag konzentriert sich dabei auf die grundlegenden Konzepte des Integrationsmodells. Detailliertere Informationen zur Softwarearchitektur und zum ersten Prototyp, in dem dieses Integrationskonzept verwirklicht wird, finden sich bei (Ludwig/Schwab 1996, Wittke 1995 und Ludwig/Schwab/Wittke 1995). Auf dieser Basis können unterschiedliche Groupware-Systeme entwickelt werden, die zusammen in einer Telekooperation genutzt werden können.

Aber es stehen noch weitere Fragestellungen zur Klärung an: Wie kann Fehler- und Ausnahmebehandlung in miteinander verwobenen Kooperationen effizient durchgeführt werden? Wie können Gesamtkooperationen in Teile geteilt oder miteinander vereinigt werden? Wie können heterogene, bereits existierende CSCW-Applikationen in PlanKo ohne großen Aufwand integriert werden? Dies soll in nächster Zukunft untersucht werden. Um Aussagen bezüglich der Praxistauglichkeit des hier vorgelegten Konzepts machen zu können, muß das PlanKo-Kooperationsmanagementsystem in Zukunft empirisch evaluiert werden. Dies ist nur dann erreichbar, wenn das PlanKo-System Testanwendern mit vertretbarem Aufwand zur Verfügung gestellt werden kann. Daher wird zur Zeit geprüft, inwieweit Teile des Systems auf Basis des World Wide Web reimplementiert werden können.

8 Literatur

Antunes P. u. Guimaraes N. et al.(1995): Beyond Formal Processes: Augmenting Workflow with Group Interaction Techniques, S. 1-9. In: Proceedings of the COOCS'95, ACM-Press, New York, 1995.

Ellis C. A. u. Wainer J. (1994): Goal-based Models of Collaboration. In: Collaborative Computing, 1(1), S. 61-86, 1994.

Heinl P., Schuster H. u. Stein K. (1996): Behandlung von Ad-hoc-Workflows im MOBILE-Workflow-Modell. In: ITG-Fachbericht 137, STAK'96, VDE-Verlag GmbH, Berlin, 1996.

Jablonski S. (1995): On the Complementary of Workflow Management and Business Process Modeling. In: ACM SIGOIS Bulletin, 16(1), S. 33-38, 1995.

Ludwig H., Schwab K. u. Wittke M. (1995): Integration of Different Cooperation Techniques for Corporate Planning. In: Y. Sundblad, K. Tollmar, T. Reignier (Hrsg.): ECSCW'95 Conference Supplement, S. 61-62, Stockholm, 1995.

Ludwig H. (1995): Accessibility of Versions as Means of Handling Large Interdependent Object Spaces in Corporate Planning Environments. Arbeitsbericht TR-1995-2 des Lehrstuhls für Büro- und Verwaltungsautomation, URL: http://www.buva.sowi.uni-bamberg.de/files/paper/, Universität Bamberg, 1995.

Ludwig H., Schwab K. et al (1996): Unterstützung von Telekooperationen durch das PlanKo-Kooperationsmanagementsystem. In: S. Uellner (Hrsg.): Computer Supported Cooperative Workf in großen Unternehmungen. Tagungsband zum Workshop der GI-Fachgruppe 5.5.1 in Darmstadt vom 9.-10. Mai 1996, Darmstadt.

Malone T. u. Crowston K. (1994): The Interdisciplinary Study of Coordination. In: ACM Computing Surveys, 26(1), S. 87-119, 1994.

Postert A. (1995): Konzept und prototypische Implementierung einer GUI-Metapher für eine Umgebung integrierter CSCW-Anwendungen. Diplomarbeit, Universität Bamberg, 1995.

Roseman M. und Greenberg S. (1996): TeamRooms: Network Places for Collaboration, eingereicht für CSCW'96.

Schwab K. (1996): Koordinationsmodelle und Softwarearchitekturen als Basis für die Auswahl und Spezialisierung von Workflow Management Systemen. In: G. Vossen, J. Becker (Hrsg.): Geschäftsprozeßmodellierung und Workflow Management - Modelle, Methoden und Werkzeuge, S. 295-318, Bonn, Thomson Publishing, 1996.

Sohlenkamp M. u. Chwelos G. (1994): Integrating Communication, Cooperation, and Awareness: The DIVA Virtual Office Environment. In: Proceedings of the CSCW'94, S. 331-343, ACM-Press, New York, 1994.

Teege G. u. Borghoff M. (1993): Combining Asynchronous and Synchronous Collaborative Systems. In: M.J. Smith and G. Salvendy, (Hrsg.): Proc. of 5th Int. Conf. on Human-Computer Interaction, S. 516-521, Orlando, FL, August 1993. Amsterdam, London, New York, Tokyo. Elsevier Science Publ. B.V..

Wittke M. (1995): Ein Prototyp für integrierte CSCW-Systeme. In: R. Gunzenhäuser et al. (Hrsg): Festschrift zum 60. Geburtstag von Walter Augsburger, Bamberger Beitrag zur Wirtschaftsinformatik 32/1995, Bamberg.

Teil VI

UNTERSTÜTZUNG VON GESCHÄFTSPROZESSEN

Identifikation, Klassifikation und Unterstützung semi-strukturierter Prozesse in prozeßorientierten Telekooperationssystemen

Wolfgang Deiters, Thomas Herrmann, Thorsten Löffeler, Rüdiger Striemer

1 Einleitung
2 Klassifikation und Operationalisierung semi-strukturierter Prozesse
2.1 Ein Klassifikationsschema für semi-strukturierte Prozesse
2.2 Identifikation und Einordnung semi-strukturierter Prozesse anhand der Prozeßbeschreibung
2.3 Ansätze für die Unterstützung semi-strukturierter Prozesse in prozeßorientierten Telekooperationssystemen
3 Ausblick: Semi-strukturierte Anwendungen von Telekooperations medien
Literatur

Zusammenfassung

Workflow-Management-Systeme werden zukünftig eine steigende Bedeutungfür die Telekooperation erlangen. Somit stellt sich die Frage, inwieweit solche Systeme den Anforderungen interpersoneller, verteilter Prozesse gerecht werden. Die Erfahrung zeigt, daß Workflow-Management-Systeme vorzugsweise stark strukturierte Prozesse unterstützen.

Der vorliegende Beitrag motiviert die Notwendigkeit der Behandlung semi-strukturierter Prozesse und stellt eine Methodik zur Identifikation, Klassifikation und zur Unterstützung solcher Prozesse vor.

1 Einleitung

Bei den Bemühungen um eine koordinierte Gestaltung von Arbeitsabläufen ist in der vergangenen Forschungsdiskussion zunehmendes Augenmerk auf eine prozeßorientierte Gestaltung gelegt worden. Bei einer solchen Betrachtung werden die Arbeitsabläufe ausgehend von dem den Ablauf auslösenden Input (häufig ein Kundenwunsch - etwa das Einreichen eines Antrages) bis hin zu einem durch den Input ausgelösten Ereignis (etwa die positive oder negative Beantwortung des Antrages durch einen Bescheid) koordiniert sowie die Kommunikation der an den Abläufen beteiligten Personen optimiert. Eine Organisation von solchen Geschäftsprozessen erfolgt i.d.R. durch eine Beschreibung (Modellierung), eine Analyse und Optimierung sowie durch eine informationstechnische Unterstützung der Geschäftsprozesse (etwa durch Workflow-Management-Systeme oder durch andere CSCW-Systeme).

Workflow-Management-Systeme und Telekooperationssysteme haben eine Schnittmenge. Dies ist immer dann der Fall, wenn bei der informationstechnischen Unterstützung von Geschäftsprozessen eine Kooperation von räumlich verteilt arbeitenden Personen und dezentral organisierten Organisationseinheiten bzw. Partnern stattfindet (etwa in der Zulieferindustrie). In solchen Fällen ist eine Ergänzung des telekooperativen Workflow-Management-Systems durch andere, eher "klassische" Telekooperationsmedien sinnvoll, wie z.B. Videokonferenzsysteme oder Shared-Screen-Applications. Die Nutzung solcher Telekooperationsmedien hat wiederum teilweise Prozeßcharakter, wenn etwa bei Videokonferenzen die Abfolge der Redebeiträge zu steuern ist. Somit sind zwei wesentliche Gründe genannt, wegen derer die Erfahrungen mit der Beschreibung und Unterstützung von Geschäftsprozessen in den Kontext der Telekooperation gestellt werden sollten.

Im Rahmen der wissenschaftlichen Diskussion um die Frage nach der geeigneten Art der Beschreibung und Organisation von Geschäftsprozessen sind unterschiedliche Charakteristika von Geschäftsprozessen herausgearbeitet worden. So gibt es Typen von Prozessen - häufig als stark strukturierte Prozesse bezeichnet - bei denen eine klar definierte Aufgabenfolge von eindeutig identifizierbaren Personen bzw. Personen mit eindeutig identifizierbaren Aufgabenprofilen nach einer fest vorgegebenen Art und Weise abgearbeitet werden. Als typischer Vertreter dieser Form von Geschäftsprozessen wird häufig die Schadensfallbearbeitung in einer Versicherung bezeichnet. Bei anderen Prozessen lassen sich häufig nicht alle Aufgaben a priori identifizieren, die Zuordnung der Bearbeiter oder die Reihenfolge der durchzuführenden Aufgaben wechselt, etc.[37] Gerade solche semi-strukturierten Prozesse finden häufig in Szenarien statt, in denen Telekooperationssysteme zum Einsatz kommen (etwa bei der Vorbereitung, Durchführung und Nachbereitung einer Projektbesprechung unter Nutzung eines Videokonferenzsystems).

Bei einer Unterstützung solcher Prozesse zeigen die entwickelten prozeßorientierten IT-Systeme (z.B. Workflow-Management-Systeme) Schwächen. Typische semi-strukturierte Prozesse, bei denen sich Probleme zeigen, die mit herkömmlichen Techniken und Problemen nur schwer bzw. gar nicht behandelt werden können, zeigen sich in den folgenden Beispielen.

1. Ein Projektbericht soll durch eine räumlich verteilt organisierte Gruppe erstellt werden. Hierbei ist nicht vorgegeben, auf welchen Grundlagen der Bericht basieren soll. Die Gruppe organisiert sich hierbei selbst, lediglich ein Moderator ist vorgegeben.

2. Im Rahmen einer Antragsbearbeitung erfolgt in unregelmäßigen und nicht spezifizierten Abständen eine informelle Anfrage durch die antragsbearbeitende Person an räumlich entfernte Mitarbeiter.

3. Ein Mitarbeiter, der über eine gewisse Qualifikation verfügt, um einen bestimmten Prozeß durchzuführen, erkrankt oder geht in Urlaub. Prozesse müssen von nun an von

---

37 Zur Frage der Klassifikation von Geschäftsprozessen siehe Abschnitt 2.

anderen örtlich verteilt arbeitenden Personen übernommen werden, die aber nach situationsabhängigen Bedingungen (Qualifikation, Belastung,..) nur einen Teil der anstehenden Schritte ausführen sollen.

Im folgenden soll die Frage der Unterstützung semi-strukturierter Prozesse in prozeßorientierten Telekooperationssystemen behandelt werden. Zunächst soll im Abschnitt 2.1 auf einem abstrakten Niveau eine genauere Charakterisierung und Klassifizierung von semi-strukturierten Prozessen (im Gegensatz zu stark-strukturierten und unstrukturierten Prozessen) gegeben werden. Diese Klassifizierung soll methoden- und werkzeugneutral entwickelt werden. Im darauffolgenden Abschnitt 2.2 sollen dann Merkmale zum Erkennen semi-strukturierter Geschäftsprozesse herausgearbeitet werden. Diese Merkmalsmenge ist methoden- bzw. sprachspezifisch zu entwickeln. Um eine möglichst große Zahl existierender Ansätze zu berücksichtigen, wird ein verbreitetes Metamodell als Grundlage gewählt. Im darauffolgenden Abschnitt 2.3 werden für die identifizierten Klassen semi-strukturierter Prozesse Lösungsmuster angedeutet. Solche Lösungsmuster können nicht unabhängig von konkreten Werkzeugen entwickelt werden. Im vorliegenden Papier beziehen sich die vorgestellten Lösungsmuster auf den FUNSOFT-Ansatz zum Management von Geschäftsprozessen. In einem abschließenden Kapitel werden als Ausblick einige semi-strukturierte Telekooperationsszenarien gegeben, auf die in weiteren Arbeiten die vorgestellten Konzepte angewendet werden sollen.

2 Klassifikation und Operationalisierung semi-strukturierter Prozesse

Die Umsetzung semi-strukturierter Prozesse im Rahmen prozeßorientierter Telekooperationssysteme erfordert zunächst eine Auseinandersetzung mit dem Begriff der Strukturiertheit von Prozessen. Das Ziel der dann nachfolgenden Betrachtungen ist die Entwicklung eines Rahmenmodells für die Abbildung semi-strukturierter (Teil-)prozesse im Rahmen von prozeßorientierten Telekooperationssystemen wie Workflow-Management-Systemen. Eine solche Abbildung kann nicht für jeden denkbaren semi-strukturierten Prozeß erfolgen, sondern muß aus Gründen der Komplexitätsreduktion auf der Basis von vorher definierten Klassen von Prozessen erfolgen. Eine solche Klassifikation wird im folgenden vorgeschlagen.

2.1 Ein Klassifikationsschema für semi-strukturierte Prozesse

In der Literatur finden sich eine Reihe von Ansätzen für die Klassifikation von Arbeitsprozessen. Picot & Reichwald unterscheiden verschiedene Aufgabentypen nach den Ausprägungen der Merkmale Problemstellung/Komplexität, Informationsbedarf, Kooperationspartner und Lösungsweg (Picot/Reichwald 1987). Die vier Merkmale stehen jedoch nicht orthogonal zueinander, sondern dienen lediglich als Beschreibungsmerkmale für drei Aufgabentypen Einzelfall, sachbezogener Fall und Routinefall. Diese Typologie wird von Picot & Rohrbach auf Prozeß- und Aufgabetypologien erweitert, wobei zwischen einmaligen Prozessen, Regelprozessen und Routineprozessen unterschieden wird (Picot/Rohrbach 1995, vgl. dazu auch Krcmar/Zerbe 1996). Die Charakterisierung der Prozeßtypen ist dabei analog zu der Charakterisierung der Aufgabentypen.

Kirn & Unland bezeichnen die drei oben angegebenen Aufgabentypen als unstrukturierte, semi-strukturierte und strukturierte[38] Bürovorgänge und unterscheiden diese jeweils noch einmal hinsichtlich ihrer Komplexität (Kirn/Unland 1994). Nastansky & Hilpert unterteilen semi-strukturierte Vorgänge weiter in offene Teambearbeitung, kontrollierte Teambearbeitung und ad-hoc-Modifikationen (Nastansky/Hilpert 1994), wobei diese Unterteilung abhängig von der im GroupFlow-System (Hilpert 1993) angebotenen Lösung ist.

Im folgenden sollen die allgemein als prozeßcharakterisierend erkannten Merkmale Informationsbasis, Kooperationspartner und Lösungsweg näher betrachtet werden, um eine Klassifikation zu ermöglichen. Als ein wesentliches Kriterium für die Abbildung von Prozessen in prozeßorientierte Kooperationssysteme wollen wir die Planbarkeit dieser Merkmale begreifen. Unter dem Begriff der Planbarkeit soll die grundsätzliche Möglichkeit verstanden werden, bestimmte Merkmale eines Prozesses a priori, also vor der Ausführung, festzulegen[39]. Bezieht man die Planbarkeit auf die drei angegebenen Merkmale, ergeben sich zunächst acht Klassen von Prozessen (Bild 1).

Die Klasse 0 beinhaltet solche Prozesse, die hinsichtlich der Kooperationspartner, der Informationsbasis und des Lösungsweges planbar sind. Diese Klasse von Prozessen soll als stark strukturiert bezeichnet und somit im folgenden nicht weiter betrachtet werden. Die in Klasse 7 zusammengefaßten Prozesse sind bezüglich aller drei Merkmale nicht planbar. Diese sollen als unstrukturierte Prozesse bezeichnet werden, die ebenfalls nicht Objekt der nachfolgenden Betrachtungen sind.

---

[38] Im folgenden werden wir im Sinne einer eindeutigen Abgrenzung strukturierte Prozesse als stark strukturiert bezeichnen.

[39] Der Übergang von der Unplanbarkeit zur Planbarkeit muß zunächst grundsätzlich als ein Kontinuum begriffen werden. Eine formalere Definition der Planbarkeit (und damit der Übergang zu der dargestellten zweiwertigen Skala) muß anhand der im Anwendungsfall zugrundeliegenden Prozeßbeschreibungssprache erfolgen. Siehe dazu auch den Abschnitt 2.2 dieses Papiers.

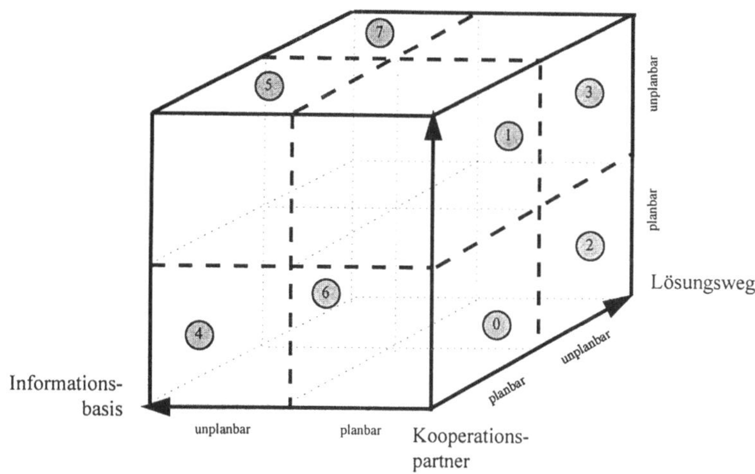

Bild 1: Klassifikation von Prozessen nach der Planbarkeit von Kooperationspartnern, Informationsbasis und Lösungsweg

Nachdem die Abgrenzung der stark bzw. unstrukturierten Prozesse erfolgt ist, sollen im folgenden die Klassen der semi-strukturierten Prozesse hinsichtlich einer Umsetzbarkeit durch prozeßorientierte Kooperationssysteme näher untersucht werden. Von Interesse ist dabei eine weitere Differenzierung des Attributes unplanbar. Merkmale von Prozessen können a priori zum einen deshalb unplanbar sein, weil sie zwar bekannt, aber wechselnd sind. So könnte die Grundmenge der in Frage kommenden Kooperationspartner für einen Prozeß durchaus festliegen, welche Personen jedoch konkret involviert sind, kann von Fall zu Fall unterschiedlich sein.

Zum anderen können Prozeßmerkmale unplanbar sein, weil sie grundsätzlich unbekannt sind. Ist der Lösungsweg eines bestimmten Teilprozesses beispielsweise noch niemals durchlaufen worden oder schlicht im Vorhinein nicht bekannt, kann auch keine Menge von Alternativ-Lösungswegen angegeben werden. Die verbliebenen sechs Klassen semi-strukturierter Prozesse sind daher hinsichtlich der Art der Unplanbarkeit bestimmter Merkmale zu untersuchen.

Eine Reihe der auf diese Weise entstehenden 18 Unterklassen (Tabelle 1) können auf jeweils eine Lösungsklasse für semi-strukturierte Prozesse innerhalb prozeßorientierter Telekooperationssysteme abgebildet werden (vgl. Abschnitt 2.3), eine vollständige Bearbeitung ist Gegenstand aktueller Forschungsarbeiten. Das dargestellte Klassifikationsschema erleichtert einerseits die Identifikation von semi-strukturierten Prozessen durch die abgrenzende Definition von stark bzw. unstrukturierten Prozessen und erlaubt andererseits die Einordnung bestimmter

(Teil-)prozesse in Lösungsklassen. Für die Phase der Prozeßmodellierung ist das Erkennen semi-strukturierter Prozesse als Grundlage für eine Einordnung in das Klassifikationsschema von Bedeutung. Dieser Punkt soll im folgenden behandelt werden.

Klasse	Unter-klasse	Planbare Merkmale	Unplanbare Merkmale
1	a	Lösungsweg planbar Informationsbasis planbar	Kooperationspartner wechselnd
	b		Kooperationsbedarf unbekannt
2	a	Kooperationspartner planbar Informationsbasis planbar	Lösungsweg wechselnd
	b		Lösungsweg unbekannt
3	a	Informationsbasis planbar	Lösungsweg wechselnd Kooperationspartner wechselnd
	b		Lösungsweg wechselnd Kooperationspartner unbekannt
	c		Lösungsweg unbekannt Kooperationspartner wechselnd
	d		Lösungsweg unbekannt Kooperationspartner unbekannt
4	a	Lösungsweg planbar Kooperationspartner planbar	Informationsbasis wechselnd
	b		Informationsbasis unbekannt
5	a	Lösungsweg planbar	Informationsbasis wechselnd Kooperationspartner wechselnd
	b		Informationsbasis wechselnd Kooperationspartner unbekannt
	c		Informationsbasis unbekannt Kooperationspartner wechselnd
	d		Informationsbasis unbekannt Kooperationspartner unbekannt
6	a	Kooperationspartner planbar	Informationsbasis wechselnd Lösungsweg wechselnd
	b		Informationsbasis wechselnd Lösungsweg unbekannt
	c		Informationsbasis unbekannt Lösungsweg wechselnd
	d		Informationsbasis unbekannt Lösungsweg unbekannt

Tabelle 1: Unterklassen semi-strukturierter Prozesse nach der Art der Unplanbarkeit bestimmter Prozeßmerkmale

2.2 Identifikation und Einordnung semi-strukturierter Prozesse anhand der Prozeßbeschreibung

Im vorangangenen Abschnitt wurde ein Schema zur Klassifikation semi-strukturierter Prozesse als Grundlage für eine spätere Unterstützung in prozeßorientierten Telekooperationssystemen entwickelt. Das Erkennen von semi-strukturierten Prozessen liegt dabei zeitlich vor der Klassifizierung und ist in die Phase der Modellierung von Prozessen einzuordnen. Während der Modellierungsphase werden Prozesse mit Hilfe einer spezifischen Prozeßbeschreibungssprache abgebildet. Das Erkennen semi-strukturierter Prozesse ist damit spezifisch für diese Prozeßbeschreibungssprache zu unterstützen. Um eine möglichst große Zahl derzeit verfügbarer Prozeßbeschreibungssprachen zu behandeln, wird im folgenden das Metamodell der Workflow Management Coalition (WFMC 1994, WFMC 1996) (Bild 2) verwendet. Das Metamodell zeigt die für eine Prozeßmodellierung relevanten Entitätstypen und die Relationen zwischen diesen.

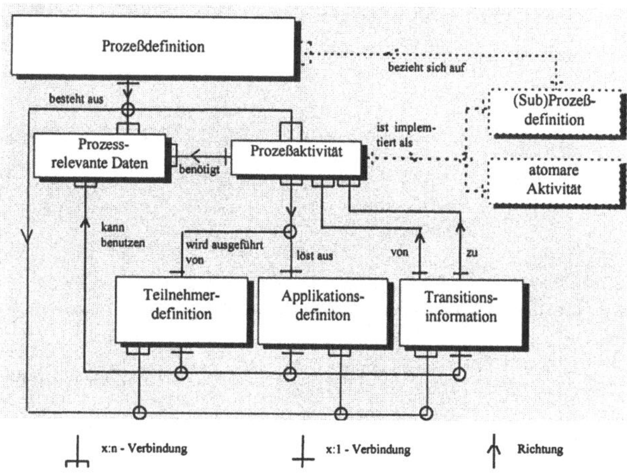

Bild 2: Das Metamodell der Workflow Management Coalition

Um eine Beziehung zwischen der Klassifikation (vgl. Abschnitt 2.1) und dem Metamodell herstellen zu können, müssen zunächst die Prozeßmerkmale mit den Entitäten und Relationen des Metamodells in Beziehung gesetzt werden:

- Das Prozeßmerkmal *Kooperationspartner* wird im Metamodell durch die Entität *Teilnehmerdefinition* und den auf diese Entität definierten Relationen repräsentiert.
- Die *Informationsbasis* korrespondiert mit der Entität *prozeß-relevante Daten* und deren Relationen.
- Das Prozeßmerkmal *Lösungsweg* wird im Metamodell durch die Entitäten *Prozeßaktivität* (damit auch die Entitäten *(Sub)Prozeßdefinition* und *atomare Aktivität*) und *Transitionsinformation* und deren Relationen dargestellt. In Abhängigkeit von dem Granularitätsgrad der Prozeßbeschreibung muß dem Prozeßmerkmal *Lösungsweg* noch die Entität *Applikationsdefinition* zugeordnet werden.

Während der Modellierung von Prozessen entstehen Situationen, in denen bestimmte Entitäten des Prozeßmodells a priori nicht eindeutig oder nicht ausreichend definiert werden können. In diesen Fällen liegt Unplanbarkeit vor. Nicht eindeutige Definiertheit bedeutet dabei, daß eine Relation zwischen zwei Entitäten zwar existiert und festlegbar, aber für die Ausführung des Prozesses nicht operational ist. Beispielsweise kann festgelegt werden, daß grundsätzlich bestimmte Personen für die Durchführung einer Aktivität in Frage kommen, wer im konkreten Fall die Aktivität übernimmt, ist jedoch nicht festgelegt. Es handelt sich demnach um unplanbare, da wechselnde Zusammenhänge.

Wenn im Gegensatz dazu bestimmte Entitäten und/oder Relationen bei der Abbildung eines Prozesses definiert werden, da diese a priori unbekannt sind, liegt eine nicht ausreichende Definiertheit vor. Diese korrespondiert mit der Aussage „unplanbar, da unbekannt".

Mit Hilfe der Betrachtung der Definiertheit von Entitäten und Relationen im Prozeßmodell können somit semi-strukturierte Prozesse erkannt und in eine Klasse von semi-strukturierten Prozessen eingeordnet werden (Tabelle 2).

(1)	(2)		(3)		(4)	(5)	(6)	(7)		(8)		(9)	./.		
n.a.	n.e.	n.a.	n.e.	n.a.	n.a.	n.a.	n.a.	n.e.	n.a.	n.e.	n.a.	n.a.		Definiertheit	
1b	3a	3b	3a	3b	3b	3b	3d	5a	5b	5a	5b	5b	1a	nicht eindeutig	Relation "wird
1b	3c	3d	3c	3d	3d	3d	3d	5c	5d	5c	5d	5d	1b	nicht ausreichend	ausgeführt von"
	3c	3d	3c	3d	3d	3d	3d	5c	5d	5c	5d	5d	1b	nicht ausreichend	Teilnehmerdefinition (1)
			2a	2b	2b	2b	2b	6a	6b	6a	6b	6b	2a	nicht eindeutig	Relation "von" oder (2)
			2b	2b	2b	2b	2b	6c	6d	6c	6d	6d	2b	nicht ausreichend	Relation "zu"
					2b	2b	2b	6a	6b	6a	6b	6b	2a	nicht eindeutig	Relation (3)
					2b	2b	2b	6c	6d	6c	6d	6d	2b	nicht ausreichend	"löst aus"
						2b	2b	6c	6d	6c	6d	6d	2b	nicht ausreichend	Prozeßaktivität (4)
							2b	6c	6d	6c	6d	6d	2b	nicht ausreichend	(Sub)prozeßdefinition (5)
								6c	6d	6c	6d	6d	2b	nicht ausreichend	Transitionsinformation (6)
										4a	4b	4b	4a	nicht eindeutig	Relation (7)
										4b	4b	4b	4b	nicht ausreichend	"benötigt"
												4b	4a	nicht eindeutig	Relation (8)
												4b	4b	nicht ausreichend	"kann benutzen"
													4b	nicht ausreichend	Prozeßrelevante Daten (9)

Tabelle 2: Referenztabelle für das Erkennen semi-strukturierter Prozesse

Die in Abschnitt 1 vorgestellten Beispiele für semi-strukturierte Prozesse können somit während der Prozeßmodellierung folgendermaßen erkannt und klassifiziert werden:

- Beispiel 1: Bei diesem Beispiel kann lediglich die Teilnehmerdefinition eindeutig und ausreichend bestimmt werden. Da die räumlich verteilten Prozeßteilnehmer sich selbst organisieren, kann die Prozeßaktivität, die hier als Subprozeßdefinition implementiert sein muß, nicht ausreichend definiert werden. Weiterhin können die prozeß-relevanten Daten nicht bestimmt werden, da unbekannt ist, auf welchen Grundlagen der Bericht basieren soll. Es folgt also, daß es sich in diesem Beispiel um einen semi-strukturierten Prozeß der Klasse 6d handelt.

- Beispiel 2: Hier kann nicht bestimmt werden, unter welchen Umständen die Information vom räumlich entfernten benötigt wird, bzw. wann dieser die Anforderung der Information vornimmt. Die prozeßrelevanten Daten sind somit zwar a priori festlegbar, die Relation "kann benutzen" ist aber nicht eindeutig definierbar. Dieser Beispielprozeß ist somit in die Klasse 4a einzuordnen.

- Beispiel 3: Im letztem Beispiel kann die Teilnehmerdefinition ausreichend beschrieben werden, doch die Relation “führt aus” kann nicht eindeutig definiert werden, da a priori nicht definierbar ist, wann die im Normalfall für einen Prozeß verantwortliche Person erkrankt bzw. sich im Urlaub befindet. Es liegt also ein semi-strukturierter Prozeß der Klasse 1a vor.

Im folgenden wird aufgezeigt, wie die aus den unterschiedlichen Klassen semi-strukturierter Prozesse resultierenden Probleme bei der Umsetzung in prozeßorientierten Informationssystemen lösen lassen.

2.3 Ansätze für die Unterstützung semi-strukturierter Prozesse in prozeßorientierten Telekooperationssystemen

Anders als die Klassifikation ist die Unterstützung semi-strukturierter (Teil-)prozesse in prozeßorientierten Telekooperationssystemen (insbesondere Workflow-Management-Systemen) stets werkzeug-spezifisch zu betrachten. Eine Anzahl von verfügbaren Werkzeugen bietet bereits Unterstützung für bestimmte der skizzierten Problemfelder. Die unten vorgestellten Unterstützungsansätze werden anhand der Geschäftsprozeßmanagementumgebung CORMAN (Deiters/Gruhn/Weber 1994) umgesetzt, die Werkzeuge zur Modellierung, Analyse und Ausführung von Geschäftsprozeßmodellen zur Verfügung stellt, also im Gegensatz zu den meisten existierenden Werkzeugen einen ganzheitlichen Ansatz zum systematischen Management von Geschäftsprozessen verfolgt. Die Prozeßmodelle werden dabei mit Hilfe der Sprache FUNSOFT graphisch modelliert (Deiters/Gruhn/Striemer 1995).

Im folgenden werden die bei der Umsetzung verwendeten Lösungsmuster beschrieben. Zunächst werden die verschiedenen Lösungsmuster für die Klassen semi-strukturierter Prozesse betrachtet, für die nur ein einziges Merkmal für Semi-Strukturiertheit vorliegt. Aus der Kombination der unterschiedlichen Lösungsmuster für die Klassen mit nur einem Merkmal ergeben sich dann jeweils Lösungen für die Umsetzung der Klassen semi-strukturierter Prozesse mit mehreren Merkmalen. Dabei sind noch nicht alle Lösungen vollständig, werden aber sukzessive realisiert. Die Ansätze zur rechnerunterstützten Ausführung semi-strukturierter Prozesse lassen sich grob hinsichtlich ihrer Modellierbarkeit vor einer Ausführung unterscheiden. Deshalb werden zunächst die Lösungsmuster für unbekannte prozeßbeschreibende Attribute diskutiert, da diese a priori nicht modelliert werden können.

- **Lösungsmuster zur Klasse 2b**: Liegt ein Prozeß vor, bei dem der Lösungsweg nicht bestimmt werden kann, wie im Beispiel 1 beschrieben, so muß autorisierten Prozeßteilnehmern erlaubt werden, ausgezeichnete Teile des Prozeßmodells während der Ausführung zu ändern, bzw. neu anzulegen. Bei der Modellierung vor einer Ausführung wird festgelegt, welche Person(en) beim Eintritt bestimmter Ereignisse welche Teile des Prozeßmodells modifizieren dürfen. In FUNSOFT wird dies dadurch realisiert, daß ein spezieller Modifikationsauslösungsmechanismus eingeführt wird, der dann seinerseits erlaubt, daß autorisierte Prozeßteilnehmer Modifikationen am Prozeßmodell vornehmen dürfen. Zum Ausführungszeitpunkt werden bei der Aktivierung des Modifikationsauslösungsmechanismus die ausgezeichneten Teile des Prozeßmodells ohne Beeinträchtigung der restlichen Komponenten des Modells inaktiviert. Im Falle des Beispiel 1 folgt daraus, daß die Arbeitsgruppe die Vorgehensweise zur Erstellung des Projektberichts zum Ausführungszeitpunkt selbst modelliert.

- Mit Hilfe eines Aushandlungsprozesses (Herrmann/Just 1994) kann dabei eine für die Arbeitgruppe akzeptable Vorgehensweise unter den Gruppenmitgliedern abgestimmt werden. Der Aushandlungsprozeß selbst ist ebenfalls als FUNSOFT-Prozeßmodell realisiert, um eine flexible Anpassung an die Organisationsform der Gruppe zu gewährleisten.

- **Lösungsmuster zur Klasse 1b**: Im Hinblick auf unbekannte Kooperationspartner im semistrukturierten Prozeß ermöglicht dieses Konzept des "late-modelling" auch eine Zuweisung von Prozeßaktivitäten an unvorherbestimmte Prozeßteilnehmer, sowie die Definition neuer Prozeßteilnehmer.

- **Lösungsmuster zur Klasse 4b**: Für die Ermittlung der a priori unbekannten prozeßrelevanten Daten im Fall, daß die Informationsbasis unbekannt ist, wird die Anbindung von Werkzeugen zur Informationsermittlung, wie Expertensysteme, Helpdesk-Applikationen, Web-Browser, Kommunikationseinrichtungen, usw., vorgeschlagen. Die Kopplung des Prozeßmodells mit außerhalb des Prozesses liegenden Werkzeugen oder Prozessen erfolgt dabei in FUNSOFT über sogenannte externe Ereigniskanäle, die eine Kommunikation mit externen Werkzeugen auf Modell- und Applikations-ebene unterstützen. Darüber hinaus reduzieren sich die Probleme, die aus der unbekannten Informationsbasis folgen, wenn das ergonomische Gestaltungsprinzip der Informationsangemessenheit von Groupware beachtet wird (Herrmann 1994). Dem Benutzer müssen dafür Funktionen und Dialogmöglichkeiten zur Ergänzbarkeit, Referenzierbarkeit und Strukturierbarkeit von Informationen zur Verfügung gestellt werden. Können hingegen bei der Abbildung von Prozessen in Prozeßmodelle Relationen nicht eindeutig definiert werden, kann ein solcher Prozeß abgebildet werden, bei der Modellierung solcher Prozesse müssen aber die möglichen Alternativen beachtet werden.

- **Lösungsmuster zur Klasse 2a**: Dies gilt für den Fall, daß der Lösungsweg wechselt, also für einen (Teil-)Prozeß alternative Prozeßbeschreibungen existieren, aber unspezifiziert ist, unter welchen Umständen nach welcher Beschreibung der Prozeß durchgeführt werden muß. Den prozeßausführenden Personen muß dann eine Auswahlmöglichkeit zwischen alternativen Bearbeitungsformen zur Verfügung gestellt werden. Die Auswahl dieser Alternative muß hierbei wiederum aushandelbar sein.

- **Lösungsmuster zur Klasse 1a**: Weiterhin besteht die Möglichkeit, daß nicht bestimmt werden kann, welcher Prozeßteilnehmer zum Ausführungszeitpunkt eine Aktivität bearbeitet, die Kooperationspartner also wechseln, vgl. auch Beispiel 3. In FUNSOFT können einer Aktivität mehrere mögliche aktivitätsausführende Personen zugeordnet werden, die dann nach dem Pool-Prinzip zur Ausführung die Durchführung der Aktivität auswählen können. Hinsichtlich einer Ausnahmeregelung muß dieses Konzept um ein priorisiertes Angebot von Aktivitäten erweitert werden, so daß wie im Beispiel 3 ein Angebot der Aktivität an einen Stellvertreter erst dann erfolgt, wenn die für diese Aktivität priorisierte Person ausfällt. Sind für eine oder mehrere Aktivitäten mehrere Stellvertreter vorgesehen, muß auch hier in Abhängigkeit der Organisationsform eine Absprache in Form einer Aushandlung zwischen den Stellvertretern erfolgen.

- **Lösungsmuster zur Klasse 4a**: Wie im Beispiel 2 beschrieben können in nicht spezifizierbaren Fällen unterschiedliche prozeßrelevante Daten für die Durchführung einer Aktivität benötigt werden. Die Informationsbasis innerhalb dieses Prozesses kann also als wechselnd charakterisiert werden. Hierzu muß der aktivitätsausführenden Person die Möglichkeit zur Verfügung gestellt werden, die benötigten Daten anzufordern. Hierzu wird in FUNSOFT eine spezielle Aktivität eingeführt, die das Pull-Prinzip von Daten unterstützt. Auch hier muß das Gestaltungsprinzip der Informationsangemessenheit beachtet werden.

Die Lösungsmuster für die Klassen semi-strukturierter Prozesse mit mehreren Merkmalen (3a,3b,3c,3d,5a,5b,5c,5d,6a,6b,6c und 6d) ergeben sich prinzipiell aus den Kombinationen der Lösungsmuster der Klassen semi-strukturierter Prozesse mit nur einem Merkmal. Bei den Unterstützungen der semi-strukturierten Prozesse mit mehreren Merkmalen müssen lediglich Besonderheiten bei der Kombination beachtet werden, auf die hier nicht weiter eingegangen werden kann.

3 Ausblick: Semi-strukturierte Anwendungen von Telekooperations-medien

Die oben dargestellte Klassifizierung und Behandlung von semi-strukturierten Prozessen knüpft an Problemen an, wie sie für Modellierungsaufgaben im Bereich des Einsatzes von Workflow-Management-Systemen typisch sind. Da die Teilnehmenden über verschiedene

Orte verteilt sein können, geht es hier auch potentiell um Telekooperationsprobleme. Darüber hinaus kann man die Anwendung eines konkreten Telekommunikationsmediums[40] auch als eine Unteraufgabe ansehen (z.B. Durchführung einer Nachfrage via E-Mail), die im Rahmen der Erledigung einer übergeordneten Aufgabe (etwa Antragsbearbeitung, Erstellung eines Berichtes, Fehlerdiagnose und Fernwartung etc.) durchzuführen ist. Es wird deutlich, daß solche Unteraufgaben in sämtlichen Klassen von Prozessen (gemäß Bild 1) vorkommen können, also auch in weitgehend unstrukturierten Kooperationsvorgängen. Stellt man sich die Frage, wie solche Unteraufgaben optimal erledigt werden können, so wird auch auf dieser Ebene der konkreten Anwendung von Telekooperationsmedien deutlich, daß sie nur partiell planbar sind. Die Behandlung semi-strukturierter Prozesse ist also nicht nur für telekooperative Workflowunterstüzung speziell, sondern für sämtliche Facetten der Telekooperationsunterstützung allgemein relevant, was hier abschließend anhand einiger Beispiele plausibel gemacht wird.

Ein typischer Fall ergibt sich, wenn man bei einem konkreten Teilnehmer per E-mail um Unterstützung für ein bestimmtes Problem nachfragt und (trotz Nachfrage) keine Antwort erhält. Der weitere Lösungsweg ist dann unklar (Klasse 2b, Tabelle 1), weil man nicht weiß, ab wann man ohne Unterstützung des anderen Teilnehmers an der Problemlösung weiterarbeiten soll: Einerseits ergibt sich das Risiko terminlicher Engpässe, andererseits kann ein nachträglichlicher Hinweis des Angefragten offenbaren, daß die vorher erledigte Arbeit nicht sinnvoll war. Erfahrungsgemäß nutzt es auch nichts, wenn man solche Schwierigkeiten umgehen will, indem man in der entsprechenden E-Mail Deadlines angibt. Man kann für solche Situationen technische Unterstützung anbieten, indem man durch das System erkennen läßt, ob auf eine Mail eine Antwort eingegangen ist und unbeantwortete Mails regelmäßig zur Wiedervorlage kommen. Man kann auch versuchen, die betreffenden Teilnehmer auf organisatorische Regelungen zu verpflichten oder darauf hoffen, daß sich solche Schwierigkeiten künftig durch die Entwicklung entsprechender "Telekooperations-Etikette" reduzieren. Der gängige Weg besteht darin, daß man zu direkteren Kommunikationsmitteln (Telefon) greift, hierdurch kann jedoch auch beträchtlich Mehraufwand entstehen. Die Schwierigkeiten können z.B. zunehmen, wenn man mittels einer Verteilerliste mehrere Teilnehmer um Unterstützung oder Kommentare bittet. Selbst wenn man plant, daß man nur bis zu einem bestimmten Zeitpunkt auf Antworten wartet, bleibt eine Unsicherheit, ob man die Reaktion aller relevanten Teilnehmer abgewartet hat und über alle wichtigen Informationen verfügt (analog zur Klasse 5a, Tabelle 1).

---

[40] Die Bezeichnung "Telekooperationsmedium" wird hier verwendet, um verschiedene Systemtypen wie Groupware, Workflow-Management-Systeme, sowie Unterstützung von Informationsverteilung und Buchungsvorgängen (z.B. durch WWW) unter einem Oberbegriff zusammenzufassen.

Ein weiteres Beispiel ergibt sich bei der Nutzung gemeinsamer Datenbestände: Ein System wie Lotus Notes macht zwar auf Replikationskonflikte zwischen bestimmbaren Teilnehmern aufmerksam, es ist dann aber unklar, wie und auf welcher Informationsbasis dieser Konflikt gelöst wird (vergleichbar mit Klasse 6c oder 6d). Als Unterstützung sind Aushandlungsmechanismen vorstellbar sowie das Angebot zusätzlicher Informationsquellen und die Dokumentierbarkeit der Gründe für die Änderungen, die zu dem Replikationskonflikt geführt haben. Beim Joint-Editing hat man ein Problem einer ähnlichen Unterklasse (bzgl. Informationsbasis und Lösungsweg), wenn man sich etwa darauf einigen muß, wann die Arbeit an einem Dokument als abgeschlossen gelten kann.

Auch bei Videokonferenzen ist man mit Semi-Strukturiertheit konfrontiert, z.B. bei der Frage, in welcher Reihenfolge angemeldete Beiträge zu berücksichtigen sind. Bei Verständnisfragen oder kurzen Einwänden ist es nicht sinnvoll, wenn strikt die Reihenfolge der Anmeldung ausschlaggebend ist. Hier sollten die Lösungsstrategien wechseln können (s. Klasse 2a). Sinnvoll ist es, wenn die Teilnehmer die Art der intendierten Beiträge signalisieren können. Letztlich sollten die elektronisch implementierten Mechanismen die Selbstregulierungsfähigkeiten einer Diskussiongruppe jedoch nicht vereiteln, sondern helfen, sie zur Geltung zu bringen.

Anhand der Beispiele wird deutlich, daß bei der Telekooperation im allgemeinen verschiedene Strategien zum Umgang mit semi-strukturierten Prozessen möglich sind: Man kann mit Hilfe technischer Mittel eine Struktur erzwingen oder Tools anbieten, die den entstehenden Mehrbedarf an Kommunikation erleichtern; man kann organisatorische Vorschriften erlassen, auf die Entwicklung geeigneter Kooperationsetiquette hoffen oder die Vorzüge direkter Kommunikation in Anspruch nehmen. Das Angebot technischer Unterstützung sollte eine Synergie zwischen vorstrukturierenden Hilfestellungen einerseits und dem Improvisationsvermögen der Teilnehmenden andererseits ermöglichen. Dieser im Bereich des Workflow Managements immer deutlicher werdende Erfahrungsschatz läßt sich - wie anhand von Beispielen gezeigt wurde - auf ausgewählte Telekooperationssituationen übertragen. Es ist Aufgabe weiterer Forschung zu zeigen, ob diese Beobachtung auch allgemein für alle Arten von Telekooperationsprozessen zutrifft.

4 Literatur

Deiters, W. / Gruhn, V. / Striemer, R. (1995): Der FUNSOFT-Ansatz zum integrierten Geschäftsprozeßmanagement. In: Wirtschaftsinformatik, Heft 5, 1995, S. 459-466

Deiters, W. / Gruhn, V. / Weber, H. (1994): Software Process Evolution in MELMAC. In: The Impact of CASE on the Software Development Life Cycle, Singapore u.a., 1994

Herrmann, T. (1994): Grundsätze ergonomischer Gestalltung von Groupware. In: Hartmann, A. / Herrmann, T. / Rohde, M. / Wulf, V.: Menschengerechte Groupware - Software-ergonomische Gestaltung und partizipative Umsetzung, Stuttgart: Teubner, 1994

Hilpert, W. (1993): GroupFlow - Groupware Based Workflow Management. Technischer Bericht der Universität Paderborn, Juni 1993

Herrmann, T. / Just, K. (1994): Anpaßbarkeit und Aushandelbarkeit als Brücke von der Software-Ergonomie zur Organisationsentwicklung. In: Hasenkamp, U. (Hrsg.): Einführung von CSCW in Organisationen, Wiesbaden: Vieweg, 1994, S. 89-107

Kirn, S. / Unland, R. (1994): Workflow Management mit kooperative Softwaresystemen: State of the Art und Problemabriß. Technischer Bericht des Institutes für Wirtschaftsinformatik an der Westfälischen Wilhelms-Universität Münster, März 1994

Krcmar, H. / Zerbe, S. (1996): Negotiation enabled Workflow (NEW): Workflowsysteme zur Unterstützung flexibler Geschäftsprozesse. In: Becker, J. / Rosemann, M. (Hrsg.): Workshop Workflowmanagement - State-of-the-Art aus Sicht der Theorie und Praxis, Münster, 10. April 1996

Nastansky, L. / Hilpert, W. (1994): The GroupFlow System - A Scalable Approach to Workflow Management between Cooperation and Automation. Technischer Bericht der Universität Paderborn, Februar 1994

Picot, A. / Reichwald, R. (1987): Bürokommunikation: Leitsätze für Anwender. Hallbergmoos, 1987

Picot, A. / Rohrbach, P. (1995): Organisatorische Aspekte von Workflow-Management-Systemen. In: Information Management, Heft 1, 1995, S. 28-35

WFMC-Members (1994): Glossary - A Workflow Management Coalition Specification. Technischer Bericht der Workflow Management Coalition, November 1994

WFMC Work Group 1/B (1996): Interface 1: Process Definition Interchange. Technischer Bericht der Workflow Management Coalition, Februar 1996

Workflow Management between distributed organizations - the Wide Area GroupFlow Approach

Gerold Riempp, Ludwig Nastansky

1. Introduction
2. Basic concepts of Workflow Management between distributed organizations
   2.1. Three new dimensions
      2.1.1. Information Routing
      2.1.2. Communication Channel
      2.1.3. Organizational Integration
3. Architecture of the Wide Area GroupFlow System
   3.1. From conception to design
   3.2. Structure
4. Outlook
5. References

Summary

Concepts and solutions for workflow management today mostly focus on processes performed within single organizations. Yet the exchange of information between organizations is not integrated with the internal workflow management. To overcome the resulting inefficiencies and to enhance quality and response-time of external communication processes remains challenging. Therefore general conceptions for distributed workflow management are discussed in this paper. Additionally the Wide Area GroupFlow System for Groupware-based workflow management between distributed organizations is introduced.

1 Introduction

Communication and cooperation between different organizations is highly important in times of international business with short product lifecycles. Dynamic global markets call for organizational structures of distributed enterprises that are shaped like dynamic networks of persons and the information they want to exchange. One possible concept to react on the changing organizational needs arising from this development are virtual teams or corporations as referred to in (Hammer/Champy 1993, Moad 1994 or Clemons/Row 1992): Such virtual organizations may on the one hand embrace a short term arrangement in order to complete one particular, episodic task or on the other hand be based on a strategic partnership.

In order to reflect and to support those and other dynamic business forms efficiently new architecture concepts and technologies are necessary. Besides the required basic technological support of e.g. appropriate transfer media, general concepts for wide area-oriented, distributed workflow management and business processes design are required.

Today Groupware platforms already allow for the realization of internal workflow management as they support secured internal communication and information sharing on local area networks. For the external communication, electronic mail is already widespread besides the still dominant distribution of information on paper. Yet standard E-mail is only capable of transferring rather simple, mostly textual information between personal environments. This is not sufficient for the enabling of distributed workflow management where highly structured contents, routing logic and representation have to be handed over between shared workflow environments in different organizations. To achieve this exchange of information (not data) between these shared workflow environments in a powerful and flexible way, the concept of intelligent Message Objects was introduced in (Riempp/Nastansky 1996). Message objects build a specific class of network agents by combining content, logic and representation of workflow information for distributed workflow purposes. They thus build self-navigating information carriers that can be transferred by using different systems including routers or replication technology.

The Wide Area GroupFlow approach discussed in this paper is based on the GroupFlow System developed at the institute of Business Computing, University of Paderborn and then joined with PAVONE Information Systems GmbH, Paderborn in order to release GroupFlow as a commercially available workflow management software in early 1995.

The GroupFlow System, as it is described in (Nastansky/Hilpert 1994, 1995 and Nastansky/ Hilpert/ Riempp 1995), is a versatile workflow management platform supporting a wide range of workflow types from structured, predefined workflow to guided ad-hoc-workflow. The runtime system of GroupFlow is completely developed using the Groupware platform Lotus Notes with its Compound Documents in distributed databases synchronized by replication.

The Wide Area GroupFlow System is a further development of GroupFlow enabling additionally the connection of several „local area workflows“ between distributed organizations. It comprises basic concepts to describe the new challenges arising from distributed workflow management on the one hand and on the other hand includes extensions and new tools for the runtime and the tool layer of the existing GroupFlow and thus building the new Wide Area GroupFlow System.

In this article the conceptual background of Wide Area GroupFlow is discussed and the architecture concept as well as implementation aspects of the prototypes developed up to now are described.

The authors are convinced that the seamless integration of workflow processes across the borders of distributed organizations offers an enormous potential in enhancing quality, response-time and reliability of communication and information exchange processes. Yet most workflow management systems are focused on enabling workflow management in local area networks and there is a need for concepts as well as for practical solutions to enlarge the scope of workflow management using the possibilities of wide area networks.

2 Basic concepts of Workflow Management between distributed organizations

2.1 Three new dimensions

Workflow management within a single organization at one location has been subject of science, research and product development for a longer time. Thus various theoretical concepts and ready-to-use systems (as described in Erdl/Schönecker 1995, Weber/Karl 1994) are available, but they are all based on the following fundamental prerequisites:

- The persons and groups involved in the workflow process are known in advance. Their competencies, rights and addresses in the organizational network are known and mostly laid down in directory services (e.g. X.500) or similar structures.
- Legal and organizational aspects are under control of a single management and thus are known and can be influenced.
- Possible routing paths of workflows and storage locations of the information processed are known, too. Thereby it is possible to display the current status of a workflow process, for example to remind actors of tasks that are due or to perform statistic evaluations.
- Security aspects are under control of one single organization. Thus it can be described within the workflow system which actors in the workflow can read or change certain information and who is explicitly excluded from access.
- Technical aspects like hardware, operating systems and workflow management applications are mostly homogenous. The transfer rates in local area networks are mostly high.

As we enlarge the scope of workflow management and try to connect several internal processes across the borders of distributed organizations in the sense of a **Wide Area Workflow Management**, the prerequisites described above are no longer given.

To specify this new term more precisely, a definition of Wide Area Workflow Management in office work is given[41]:

---

[41] General definitions of workflow management are given by Hasenkamp/Syring (1993), Marshak (1992), Hollingsworth (1994) and others

> Workflow Management describes the analysis, modeling, use, control and optimization of computer-based support for structured, goal-driven information exchange and improvement processes between multiple agents in office work, including all necessary communication. Workflow Management Systems coordinate the participants in serial or parallel working order, route information to the next agent according to predefined rules or interactive control, provide all information necessary, control the punctual completion of tasks and are able to monitor the current status of workflow processes. In addition *Wide Area Workflow Management (WAWM)* aims at the support of processes that during runtime phase at least once cross the legal or geographical borders of two or more organizations and thus connect at least two processes internal to the organizations involved.

According to the prerequisites for internal workflow management described above, we can state the following for Wide Area Workflow Management:

- The persons participating in a workflow while it is processed in a partner organization are partially or completely unknown.
- Legal and organizational aspects in the partner organization cannot be influenced. Setting up workflow management is thus more difficult and needs much more coordination efforts.
- Routing paths and storage locations of external process parts are unknown. Tracking of processes or reminding of actors can only be realized if it is allowed by the partner organization.
- Security problems are more complex. Information leaving the own organization has to be actively filtered and hostile access to it is more likely.
- Hard- and software are heterogeneous and transfer rates are mostly low.

We face a variety of new challenges to be mastered in order to integrate workflow processes between distributed organizations in a seamless and sound manner. These new aspects can be summarized within three orthogonal Dimensions of Wide Area Workflow Management.

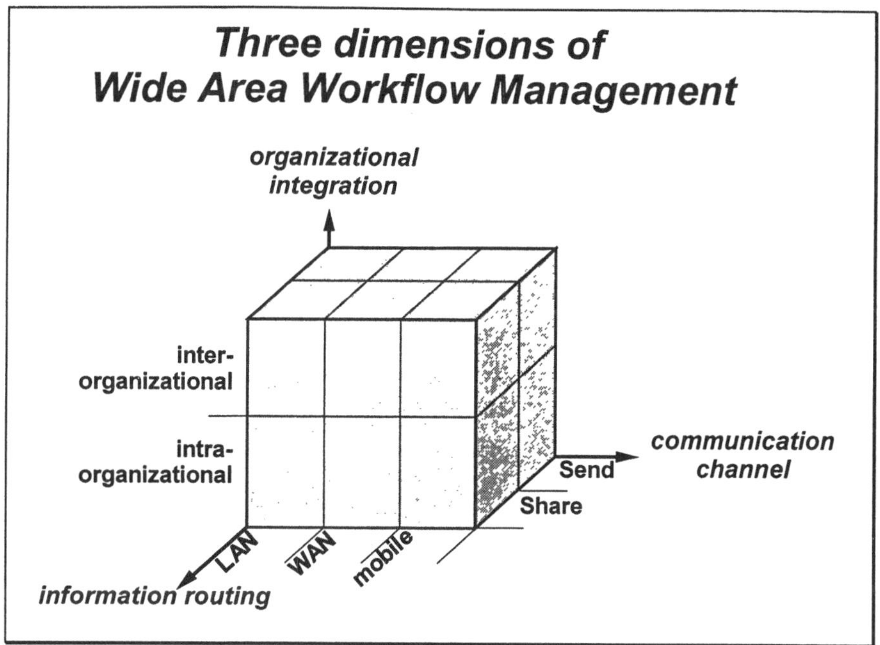

Fig. 1: Three dimensions of Wide Area Workflow Management

As indicated in Fig. 3, the three dimensions line out challenges and possible solutions for distributed workflow management in a cube that is divided into 12 segments. Each segment describes a certain constellation that requires special technical and organizational measures to enable a workflow connection between the partners involved. For example the case of a sales engineer requesting quotations provided in shared databases of project partners via notebook, modem and cellular phone while being at a construction site would be located in the upper right segment in the front row. Solutions provided for this case are likely to be applicable to similar situations and thus form a distinguished class within the general topic of Wide Area Workflow Management. The arrows at the axes indicate the direction of increasing complexity for the respective dimension.

2.1.1 Information Routing

Generally speaking, the access and transfer of information within a group of persons can be achieved in two different ways: All pieces of information can be routed from one person or group to another by sending messages (Send Model), or by giving access to common information bases (Share Model). In the paperbased office communication, we know the Send Model from letters or faxes and the Share Model from black boards or libraries.

2.1.1.1 Send Model

The Send Model bases on the routing of information from one point to the next in a store-and-forward manner. The use of electronic mail as one application of the Send model is already widespread. It is applicable for rather simple ad hoc routing situations and thus allows simple workflow actions that are easy to set up. For more complex workflow scenarios, E-mail based workflow lacks certain features. The most important are the absence of custom forms and fields for each single actor in the workflow and that the tracking of the current status of multiple workflows at a given time is to be regarded as practically impossible.

As a main advantage of the Send Model it is easy to enable workflows across distributed locations because of the widespread availability of E-mail. When using the Send Model for Wide Area Workflow Management, the information within the participating organizations remain completely separate and only defined information items are transferred. For loose cooperation, this is useful because no security or access control problems arise.

2.1.1.2 Share Model

Giving a group of persons access to a shared database environment is the basic principle of the Share Model. Information processed in standardized and often repeating workflows are best handled in such a shared database environment with adaptable access rights like reader, author, editor etc. Also open team tasks within self-managing workgroups, for example forming a non-regulated step within a predefined workflow, can be very well managed within shared document databases like they are offered by modern Groupware platforms. Each actor gets a personal view on the one, single information pool from his or her individual, customized perspective. Flexible reaction on problems and exceptions because of a larger group of actors regularly checking for pending tasks in a common work environment has proven to be one of the biggest advantages of the Share Model.

Individual forms for each actor, detailed tracking of several processes, fine graduations of access to information as well as splitting and joining of partial processes, among others, are much easier to handle within shared databases. The setup of a workflow system in a shared database environment though requires more efforts than the application of the Send Model.

The distribution of information across different locations can be realized by placing (partial) copies of the document databases at the involved sites and regularly synchronizing them by means of selective replication. This implicates a certain level of trust between the partners of a distributed workflow, because they work in a common „virtual" workflow sphere.

Send and Share Model are to be regarded as complementary. In combination they allow the enabling of structured but flexible workflow management across a wide spectrum ranging from singular, non-predictable ad hoc processes to rigidly structured standardized workflows. For practical work, the steps in between these two extremes are the most important: On the one hand giving ad hoc processes as much structure as possible through tracking and process pattern extraction and on the other hand the opening of rigidly structured workflows with controlled exceptions as well as „soft“ assignment of tasks to groups.

2.1.2 Communication Channel

The communication channels that are available for distributed workflow management include a much wider range than the use of LANs mostly found in known workflow management systems. The use of WAN carriers usually allows for much lower transfer rates and includes the danger of hostile access to information. Even more, these limitations are especially true for mobile connections via wireless communication systems. When planning a system for WAWM, in addition to the possible transfer rate during one session, the frequency of communication has to be regarded. Intensive cooperation will most likely implicate a high information exchange frequency and therefore justify a higher amount of setup costs for a stable and performant communication channel.

Distributed workflow management systems have to adapt to these limitations and requirements by choosing different channels according to the actual communication load or because of varying costs at different times of the day. In addition the encryption of information with reliable mechanisms like RSA is very important because information processed in workflows is mostly confidential. These strict security requirements make it dangerous to realize Wide Area Workflow Management using the World Wide Web (WWW) in its current technological state. The enormous growth of the WWW and different attempts to implement reliable security standards (e.g. PGP) indicate that this global network could become a powerful environment for distributed workflow management in the future.

As it is generally very important in workflow management systems to provide only and exactly the information needed by the performer of a certain task, this necessity for *Content Management* becomes even stronger when distributed workflow management has to be realized. Here the main reasons for *Content Management* are:

- Providing, filtering and assigning the information needed to perform a certain task within a workflow, including the access to related and the denial of access to restricted information.
- Realizing a reliable system of information protection against hostile access.

- Adjusting the work load according to the availability, transfer rates and costs of possible communication channels at different times as well as the communication frequency.

2.1.3 Organizational Integration

Processes supported by a workflow management system can be divided into two categories: Internal processes that are merely bound to the one organization where they are performed and are thus called ***intra**organizational*. In distinction from this, we will call processes that cross the organizational boundaries of an enterprise at least once *external* or ***inter**organizational*.

A brief look at the different organizational forms shows a wide range of possibilities to integrate different enterprises. Thus we want to define a simplified *Continuum of Organizational Integration* that helps us to distinguish different forms of cooperation and thus different requirements for distributed workflow management.

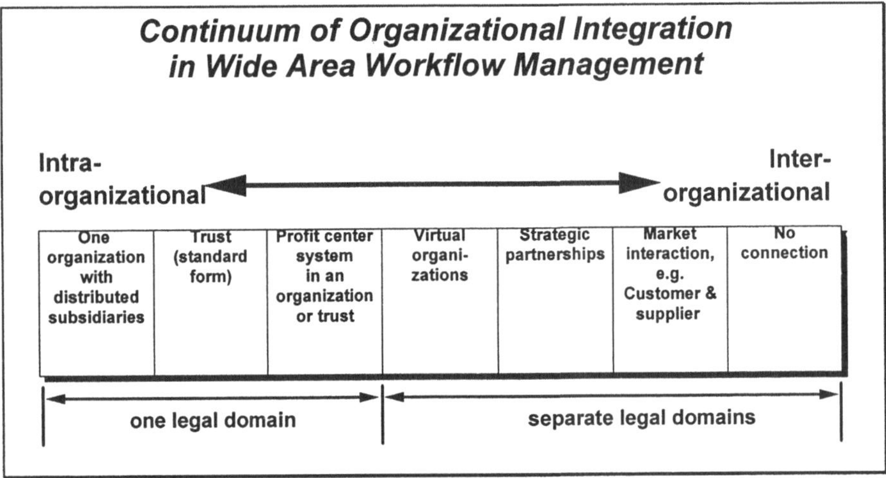

Fig. 2: Continuum of Organizational Integration

As a first approach towards a useful combination of the dimensions of organizational integration and information routing, the following statements can be given as rule of thumb:

- *Intra*organizational Wide Area Workflow Management will mostly be handled by using the Share Model because of its advantages stated in chapter 2.1.1.
- *Inter*organizational WAWM is best realized in application of the Send Model because of its simple setup and the remaining complete separation of internal workflow information.

As we will see in the following, these rules have exceptions in certain situations.

On the left side of Fig. 2 we find organizational forms under a single legal control. By using the *Share Model* a single workflow sphere across multiple locations is virtually formed. In case of a trust or a company organized according to the profit center system, we might also apply the Send Model. This is useful when different sub-units of an organization only cooperate loosely and with low frequency. Setting up one workflow sphere may then not be worth the costs. For a cooperation between legally autonomous organizations on the right side of Fig. 2, the *Send Model* will be the information routing approach to be chosen. In the case of a virtual organization or a very close strategic partnership there might also be the possibility to set up a common workflow structure using the *Share Model.* This is for example helpful for distributed product development teams with the members located in different organizations.

In addition to the *Continuum of Organizational Integration (*Fig. 2*)* we want to connect the dimensions of organizational integration with the one of the communication channel by using the distinction between *regularly connected* or *occasionally connected* distributed organizations in the following Fig. 3. These two extremes help to understand possible strategies even though in reality the frequency of communication will most likely vary in between.

Organizational integration	**Intra-organizational**		**Inter-organizational**	
Communication frequency	occasionally connected	regularly connected	occasionally connected	regularly connected
Location	mobile /static	static	mobile /static	static
Connection between	client / server	server / server	client / server	server / server
Security, autonomy	shared computing, identical access level as local team members, „virtual office", encryption	shared computing, partial access overlap, same access as one team, „virtual office", encryption	protected computing, complete autonomy, well-defined information items accessible, encryption	protected computing, complete autonomy, interface with fixed interchangeable information, encryption
Information routing	Share Model: adaptable selective replication model, exceptions: Message Objects	Share Model: predefined selective replication model, exceptions: Message Objects	Send Model: Message Objects, sporadic information push or pull	Send Model: Message Objects, mail-in databases
Sample scenario	sales force	subsidiaries	customer / supplier	strategic partners, virtual organizations
Visualization				

Fig. 3: Organizational integration and communication frequency in Wide Area Workflow Management

In Fig. 3 different strategies of implementing distributed workflow management are sketched according to the three dimensions of WAWM. In the case of *intra*organizational WAWM, the use of the Share Model is realized by implementing selective replication between the runtime applications of the internal workflow management systems. For *inter*organizational WAWM the possibilities range from a very loose and seldom contact with occasional connection realized with Message Objects between the workflow spheres of different organizations. When the frequency rises, it is useful to implement interfaces in form of gateway databases (so-called mail-in databases) that handle the internal and external routing of Message Objects between several internal workflows to be connected between the organizations.

3 Architecture of the Wide Area GroupFlow System

We now want to introduce the architecture concept chosen to realize the Wide Area GroupFlow System (WAGS). First it is explained, how the conceptional fundaments described in the preceding chapter have influenced the design of the system and secondary an introduction into its structure is given.

3.1 From conception to design

As stated in chapter 2.1.3, the degree of organizational integration determines the form of cooperation within or between organizations. In the case of intraorganizational WAWM, all persons involved are known in advance and a comparably high level of trust can be assumed. For the technical implementation, this means that information routing can be realized with the Share Model (see chapter 2.1.1.) in form of shared databases with controlled access for all actors in a workflow. Generally the WAGS stores all *internal* workflow information in shared databases of the underlying Groupware platform Lotus Notes. By the means of selective replication, these databases can be spread and synchronized between different locations of an organization and thus distributed workflow management can be enabled. To incorporate this distribution feature into the design of workflow types, synchronization points have to be included as special workflow tasks and filtering strategies have to assure that only necessary information items are transferred to the respective locations. In the WAGS, this is realized with the help of the Wide Area GroupFlow Modeler (see Fig. 4 and the following section).

The case of interorganizational WAWM is more challenging: a comparably low level of trust makes it impossible to share the same workflow information and specification between different organizations. Therefore the WAGS has to provide possibilities for an organization to publish certain workflow specifications (e.g. tasks) to external partners without giving direct access to the internal workflow management system. This is realized by inventing a directory service commonly shared between different organizations that is called External Directory.

A special, process-oriented addressing system was chosen for the External Directory: because the main focus is the flexible connection of workflows between distributed organizations, not persons and static hierarchies but externally available workflow tasks are published. Information about persons and their responsibilities change quickly and are mostly confidential. Telephone directories or organizational charts only represent hierarchical structures of persons, not describing their roles in the multitude of internal and external processes.

The actual workflow information are transferred with Message Objects (see Riempp/Nastansky 1996) that navigate according to task addresses stored in the External Directory. Thus the WAGS uses the Send Model for information routing to enable interorganizational WAWM.

The aspect of Content Management (see chapter 2.1.2.) is covered within the WAGS by actively filtering the information processed in the internal workflow management before they are send to external partners. For secure information transfer, RSA encryption is applied. To chose the appropriate communication channel according to a *least cost routing*, each partner can declare the communication channels he is connected to. Thus channels can be selected depending on work load, priority, transfer rates and costs.

3.2 Structure

The Wide Area GroupFlow System is designed following a layered structure necessary to distinguish the different parts of the framework and to show their interdependencies (Fig. 4).

Wide Area GroupFlow follows the concepts initially used to implement the GroupFlow System. As enabling environment, the Groupware platform Lotus Notes has been chosen that covers mostly all available hardware, operating system and LAN standards. The workflow repository layer consists of three applications realized in Lotus Notes that are capable of handling outgoing and incoming documents (Message Objects) used to connect distributed workflow parts. The workflow application layer combines the three parts of the repository in its consistent user interface and performs processing and routing of tasks. As it builds the runtime system of Wide Area GroupFlow, it initiates and controls external workflow parts automatically or interactively according to the process design chosen.

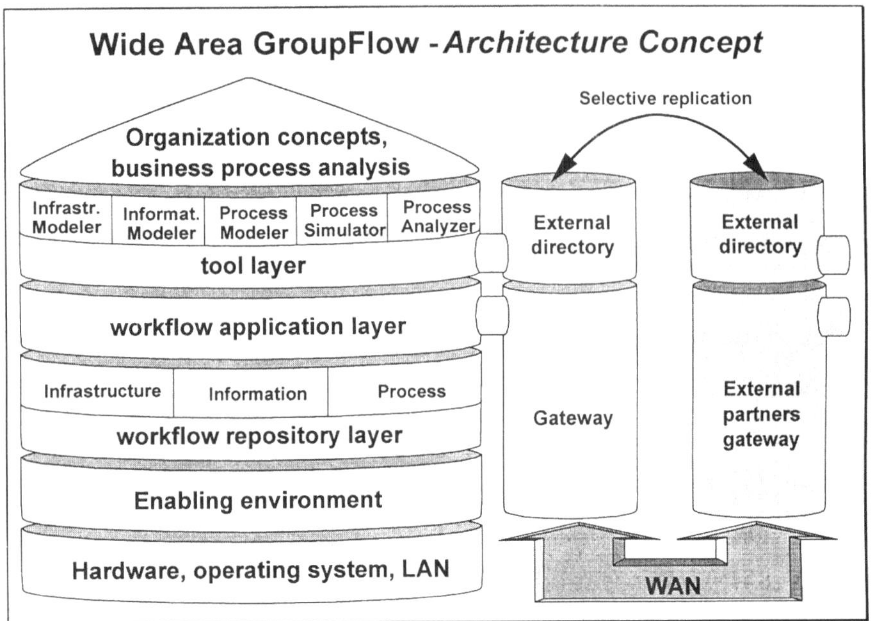

Fig. 4: Architecture Concept of the Wide Area GroupFlow System

The interactive graphical tools of the tool layer are used to configure the corresponding applications in the workflow repository. The central tool is the process modeling software, called *Wide Area GroupFlow Modeler*, that is used to design the workflow process with its consecutive task-and-arrow structure (as described in Nastansky/Hilpert/Riempp 1995). To enable distributed workflow management, new features like special nodes for outgoing and incoming tasks, synchronization nodes, filtering sets, hierarchical clustering for building process parts on different levels and a browser for the External Directory are included in the Wide Area GroupFlow Modeler.

For routing of outgoing as well as incoming E-mails or Message Objects and for replication purposes, the *Gateway* application was invented. It performs Content Management, tracking, reminding, routing, converting to foreign systems, communication channel selection as well as splitting and joining of all information objects that are transferred between distributed workflow parts. The *External Directory* contains global routing information (GRI) that are published to the respective partners via selective replication and is thus common to all partners participating in the Wide Area Workflow Management. The GRI consists of an abstract address and a functional description of the tasks performed under this address. It is mapped with the internal routing information (IRI) that describes the task, role and organizational unit responsible for performing this tasks. The IRI is used by the Gateway application to transfer incoming workflow information objects to the workflow application where the respective tasks are to be performed and is not public to external partners. The connection and synchronization between GRI and IRI are realized with the help of a special browser included in the Wide Area GroupFlow Modeler.

The distinction between external task address (GRI) and internal task address (IRI) was chosen for several reasons:

- Dynamic mapping of incoming Message Objects to workflows, tasks and thus persons.
- Publishing of distinguished sets of GRIs for each partner in order to adjust the amount and depth of workflow connection points visible from outside individually.
- No possibility of gaining knowledge about the internal structure or actual processes of an organization from outside because the GRI is completely abstract (e.g. PX130/55BD).

It is not likely that an organization would open its internal workflow repositories to external partners because of the highly confidential information about persons and processes stored here. Therefore internal and external workflow information are kept completely separate.

Once the addressing system between the involved organizations is set up in the External Directory, it allows an intuitive handling of external workflow connections during design and runtime phase: the laying out of a workflow type in the Wide Area GroupFlow Modeler normally starts with one or several internal tasks, symbolized by icons connected with arrows. To include a task performed at an external organization, a special kind of node is drawn. In order to assign a certain external task to this node, a browser is opened that reads the GRIs stored in the External Directory. The partner organizations are shown on the top level of a tree structure and below each partner organization, all available GRIs and their functional description are displayed in a hierarchical manner. A certain GRI is chosen by dragging it onto the respective node. In the following this node is displayed with the company logo of the organization that has published this task and the functional description below it. As a second step, a certain type of Message Object is selected and it is defined, which information from the internal workflow are of interest for the external organization and thus should be transferred into the Message Object (Content Management). When storing the workflow type into the workflow repository, all information necessary to enable the external workflow connection during runtime phase are automatically set.

External Directory and Gateway application are set aside from the core workflow management system (on the left side in Fig. 4) and normally exist only once per organization. This design was chosen to allow several workflow applications to be used separately in different parts of the organization and at the same time centralize all processing of external workflow interaction. Thus all tracking of distributed workflow management can be performed by evaluating the Gateway application with the Wide Area GroupFlow Analyzer. A more detailed look at the function of the Gateway application and the External Directory during the runtime-phase connection of workflow parts with the Wide Area GroupFlow System is given in the following Fig. 5.

External workflow connections can be initiated in two ways: predefined during design phase in the Wide Area GroupFlow Modeler as described above with automatic start at runtime when the actor in the preceding task finishes work, for example by clicking a „Next Task" button. Additionally an actor can decide at runtime to invoke an ad-hoc external workflow connection in form of an exception. In this case the actor is presented a browser to select the respective GRI of a partner organization. In a second step the actor interactively filters the internal workflow information for the external partner in the sense of Content Management.

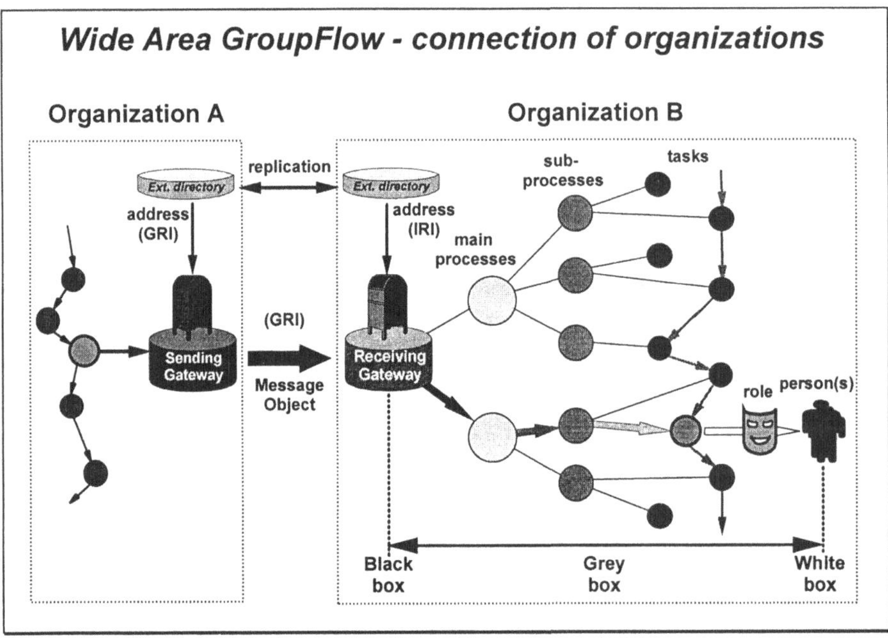

Fig. 5: Basic concept of connecting workflows between organizations with Wide Area GroupFlow.

In both cases of predefined or ad-hoc external workflow connections, the sending workflow application in organization A addresses a Message Object with the GRI of the receiving task in organization B and posts it to its Gateway application (Fig. 5). Here the GRI is checked with the External Directory to set the address of the receiving Gateway application in B (e.g. Lotus Notes mail address). Further certain tasks are performed like tracking, reminding and the deletion of confidential fields. Finally the Message Object is sent to the Gateway application in B using the communication channel(s) specified by B in the External Directory. The receiving Gateway application in B maps the GRI included in the Message Object with the IRI in the confidential part of the External Directory and sends it on to the workflow application where the task is actually performed. The response to A will be processed exactly vice versa.

According to the level of trust between the partner organizations participating in the Wide Area Workflow Management, the depth of the process hierarchy published to the partners is adjusted. In the case of a very loose contact, an organization will most likely only publish the address (GRI) of its Gateway application and thus is a „black box" for outside organizations. The Message Objects arrive with a processing wish like „please make an offer for your product XYZ" and are manually mapped with the workflow performing this task. The more trust exists between the partners, the more of the process hierarchy is published and can be addressed. This process hierarchy starts from main processes like „quotations" going down to single workflow tasks published to the partner with whom the workflow is shared („white box"). Each main process, sub-process or task is combined with a role. One or more persons, groups or departments are assigned to the role so that task - role - person(s) always build a unit. This structure allows for stable design and flexible job assignment during runtime phase.

The concept of a process hierarchy was chosen to reflect the process-orientation of workflow management. Tasks to be published with a GRI are aggregated into different levels in a bottom-up approach or can be planned top-down according to the organizations strategies and main competencies. The process hierarchy has analogies with the object orientation in programming: tasks are derived from object classes (main processes, sub-processes) and can inherit properties from them. Main processes, sub-processes and tasks can be stored in module libraries for re-use.

4 Outlook

The intention of this article was to discuss conceptions to structure the new requirements arising from Wide Area Workflow Management and to introduce the Wide Area GroupFlow System (WAGS) as a solution attempt on the basis of Groupware. Only a brief overview could be given due to the limited size of this article. More detailed reports about principles for the connection of distributed workflow parts and the introduction of the Wide Area GroupFlow Implementation Model will follow.

The prototypic implementation of the different parts of the WAGS is still going on. It is not intended to lead to a commercial product release but to illustrate possibilities and to provide a testing environment for distributed workflow management. A main focus of the further development is to integrate the conversion of exchanged workflow information to standard formats like X.400, SMTP, HTML, SGML or EDIFACT. This feature allows to connect *heterogeneous* distributed workflow management systems, especially including the use of the Internet as carrier and the WWW as front-end system. The opening to standard formats and thus other communication and groupware platforms is of high importance for practical implementations.

5 References

Clemons, E. K. and Row, M. C. (1992): Rosenbluth International Alliance: Information Technology and the Global Virtual Corporation. In: IEEE, USA, Vol. 1/92 (1992), pp. 678-685.

Davenport, T. H. (1993): Process Innovation. Reengineering Work through Information Technology. Harvard Business School Press, Boston 1993.

Erdl, G. and Schönecker, H. (1995): Geschäftsprozessmanagement - Vorgangssteuerungssysteme und integrierte Vorgangsbearbeitung, Ed.: B.BIT Consult, FBO, Baden-Baden 1995

Hammer, M: and Champy, J: (1993): Reengineering the Corporation, A Manifesto For Business Revolution. Harper Business, New York 1993.

Hasenkamp, U. and Syring, M. (1993): Konzepte und Einsatzmöglichkeiten von Workflow-Management-Systemen. In: Wirtschaftsinformatik WI' 93. Ed.: Kurbel, K., Physika Verlag, Hamburg 1993, pp. 105-120

Hilpert, W., Nastansky, L. and Riempp, G. (1995): Die Produktivität Groupware-basierter Anwendungen im Workflow Management. In: Proceedings of the CSCW and CAT. Ed.: Krcmar, H., University of Stuttgart-Hohenheim, Stuttgart 1995

Hollingsworth, D. (1994): Workflow Management Coalition - The Workflow Reference Model, Vers. 1.1., Workflow Management Coalition, 1994

Marshak, R. T. (1992): Requirements for Workflow. In: Office Computing Report, Seybold Group Boston, Vol. 15 (1992), No. 3, pp. 3-16.

Marshak, R. T. (1995): Pavone GroupFlow - Providing a Workflow Suite for Lotus Notes Environments. In: Workgroup Computing Report, Vol. 18, No. 11, Ed.: Seybold, P., Seybold Group, Boston 1995, pp. 1-23

Moad, J. (1994): Welcome To The Virtual IS Organization. In: Datamation, February 1, 1994, pp. 32-35.

Nastansky, L. and Hilpert, W. (1993): Critical Success Factors for Workflow Management as a Key Component in Banking Services. In: Proceedings of the WKWI Conference Nürnberg, Germany, October 7./8., 1993.

Nastansky, L. and Hilpert, W. (1994): The GroupFlow System: A Scaleable Approach to Workflow Management between Cooperation and Automation. In: Innovationen bei Rechen- und Kommunikationssystemen - Eine Herausforderung an die Informatik, Ed.: Wolfinger, B., Proceedings of the 24. GI anual conference during the 13th World Computer Congress IFIP '94, Springer, Berlin etc. 1994, pp. 473 - 479.

Nastansky, L. and Hilpert, W. (1995): Das GroupFlow System für Workflow-Management: Balance zwischen Struktur und Flexibilität. In: Business Computing, Juli 1995, No. 7, pp. 30-31

Riempp, G. and Nastansky, L. (1996): Workflow Management zwischen verteilten Groupware-basierten Büros (Wide Area OfficeFlow). In: Proceedings of „CSCW in großen Unternehmungen". Ed.: Uellner, St., Telekom AG, Darmstadt 1996, pp. 193-207

Weber, H. and Karl, R. (1994): Workflow Management - Groupware Computing, FhG-ISST, Dortmund 1994

Vom Workflow-Management-System zur Vorgangsbearbeitungsplattform mit integrierter Telekooperation

Georg Schneider, Astrid Scheller-Houy, Jean Schweitzer

1 Workflow-Management und multimediale Telekooperation
1.1 Unterscheidungsmerkmale für multimediale Telekonferenzen
1.2 Arten der Integration
1.3 Integrationskonzept
1.4 Checkliste
2 Realisierung
3 Bewertung und Ausblick
4 Literatur

Zusammenfassung

Workflow-Management-Systeme garantieren eine hohe Qualität bei der Ausführung von Geschäftsvorfällen und bei der Bereitstellung von Dienstleistungen. Weiterhin sind sie ein Mittel, um effizient Telearbeitsplätze einzurichten und zu unterstützen. Ein Kritikpunkt an den bestehenden Systemen ist jedoch die mangelnde Flexibilität. Synchrone kooperative Gruppenarbeit, z.B. durch Telekonferenzen, werden nicht berücksichtigt. In diesem Papier werden Konzepte vorgestellt, die beschreiben, wie die Fähigkeiten und Einsatzmöglichkeiten der bestehenden Systeme erweitert werden können, hin zu einer integrierten Vorgangsbearbeitungsplattform, die flexibel auf die Problemstellung in einem Unternehmen oder einer Behörde angepaßt werden kann. Wir werden unsere Vorgehensweise durch Beispiele aus verschiedenen Szenarien verdeutlichen. Die hierin beschriebenen Konzepte basieren auf unseren Arbeiten im DeTeBerkom Verbundprojekt WoTel.

1 Workflow-Management und multimediale Telekooperation

Workflow-Management-Systeme unterstützen bisher nahezu ausschließlich asynchrone Vorgangsketten. Sie gehen davon aus, daß die zu bewältigenden Arbeiten in einzelne Schritte zerlegbar sind, so daß jeder dieser Arbeitsschritte mit den Resultaten der vorangehenden Aktivitäten und den Kenntnissen des aktuellen Sachbearbeiters zu erledigen ist. Weiterhin wird davon ausgegangen, daß bisher keine Fehler in der Ausführung der Arbeitsschritte gemacht wurden. Diese Annahmen sind jedoch für die täglichen Arbeitsabläufe nur mit Einschränkungen zutreffend. Die heutigen Systeme berücksichtigen ebenfalls nicht die Tatsache, daß sogar wohlstrukturierte Probleme Teile beinhalten, bei denen sich Arbeitsschritte gegenseitig stark beeinflussen, da sie naturgemäß verzahnt, nebenläufig oder informell sind (siehe auch [AbSa94], [ScLu95], [ABFFMW96], [GHS95]). Diese Prozesse konnten bisher nicht durch Workflow-Management-Systeme erfaßt und unterstützt werden. Die Integration multimedialer Telekooperationssysteme kann diese Lücke schließen helfen, da sie es erlauben in Teams zu arbeiten. Es wird unmittelbar an der speziellen Fragestellung zusammengearbeitet, direkt vom Desktop, ohne den Arbeitsplatz zu verlassen. Diese Arbeitsweise nennen wir synchrone Telekooperation. Weiterhin erlaubt die Integration von multimedialen Konferenzen (kurz: MM-Konferenzen) in Workflow-Management-Systeme, Vorgesetzte, andere Workflow Teilnehmer oder den Hard- und Software Support zu kontaktieren, ohne langwierige Arbeitsunterbrechungen zu riskieren.

Ein zusätzlicher Vorteil der MM-Konferenzen ist die weitergehende Reduktion von Medienbrüchen, die unvermeidbar entstehen, wenn ein Workflow Teilnehmer seinen Platz verläßt, um an einem „konventionellen" Meeting teilzunehmen.

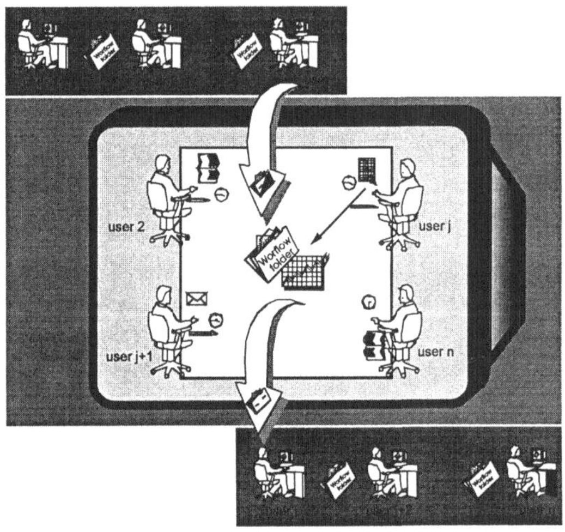

Abb. 1: Integration von Workflow und synchroner Telekooperation

Abb. 1 zeigt, wie eine MM-Konferenz in einen Workflow integriert wird. Folgendes Beispiel soll den Vorgang verdeutlichen. „user j" muß sich mit einigen Kollegen und Vorgesetzten über eine Vorgehensweise besprechen, bei der stets die neusten Auslegungen, bzw. unternehmensinterne Richtlinien zu berücksichtigen sind. Er initiiert eine MM-Konferenz mit „user 2", „user j+1" und „user n". Sie können das aktuelle Problem unmittelbar durch audio-visuelle Kommunikation bearbeiten. Sofern sie die Berechtigung haben, können sie dabei die zugehörigen Dokumente gleich verändern. Dies verhindert unnötige Arbeiten, wie Schreiben von Notizen und späteres Eintippen in den Computer. Weiterhin können Hilfsmittel wie Grafiken, Tabellen oder andere Dokumente hinzugenommen werden. Diese Kooperationskonferenz hilft ebenfalls, kosten- und zeitintensive Wartezeiten zu vermeiden. Die Antwortzeiten sind deutlich schneller als beim Informationsaustausch via Email. Nach der Konferenz wird das erarbeitete Resultat dem Workflow-Management-System übergeben und der Workflow wird fortgesetzt. Zusätzlich verdeutlicht dieses Beispiel, daß Konferenzteilnehmer nicht unbedingt Workflow Teilnehmer sein müssen („user j+1" in Abb. 1).

1.1 Unterscheidungsmerkmale für multimediale Telekonferenzen

In diesem Abschnitt werden wir MM-Konferenzen vor dem Workflow-Management Hintergrund betrachten. Im Folgenden unterscheiden wir zwischen Prozeßaktivitäten und Konferenzaktivitäten. Dadurch schaffen wir einen Formalismus, um später MM-Konferenzen hinsichtlich ihrer Integration in Workflow-Management-Systeme und hinsichtlich der Arbeitsweise in den Konferenzen und den damit verbundenen Auswirkungen auf den Workflow zu charakterisieren.

Prozeßaktivität [WfMC94]:

„Ein logischer Schritt oder die Beschreibung eines Arbeitsteils, der zur Vollendung eines Prozesses beiträgt. Eine Prozeßaktivität kann eine manuelle Prozeßaktivität und/oder eine automatische Workflow-Prozeßaktivität sein."

Im Gegensatz dazu wird eine Aktivität, die in einer MM-Konferenz ausgeführt wird, als Konferenzaktivität bezeichnet. Naturgemäß arbeiten hierbei mehrere Personen zusammen.

Eine Beschränkung auf 1:1 Relation zwischen Prozeß- und Konferenzaktivität ist nicht notwendig, 1:n Beziehungen sind gleichfalls möglich.

Ist jede Konferenzaktivität eine Prozeßaktivität (1:1 Relation), handelt es sich bei der Konferenz um einen (Sub-)Workflow (Abb. 2., linke Seite).

Bei 1:n Relationen ist die Konferenz aus Sicht des Workflows ein einzelne Prozeßaktivität, während der mehrere Konferenzaktivitäten, die jedoch für den Workflow unsichtbar sind, ausgeführt werden. Eine Prozeßaktivität stößt somit mehrere Konferenzaktivitäten an (Abb2., rechte Seite).

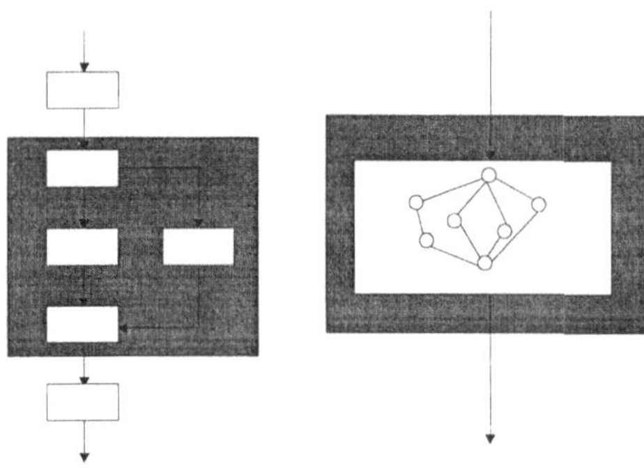

Abb. 2: 1:1 versus 1:n Relation

Diese Vorüberlegungen helfen uns bei der Unterscheidung von MM-Konferenzen in Bezug auf folgende Kriterien:

- Modellierungszeitpunkt
- Koordination der Konferenz

1.1.1 Modellierungszeitpunkt

Betrachtet man den Zeitpunkt, zu dem das Auftreten einer Konferenz in einem Arbeitsablauf modelliert wird, kann man zwei Zeitpunkte unterscheiden:

Konferenzen, die bereits zum Entwicklungszeitpunkt des Workflows vorgesehen sind, werden als **geplante Konferenzen** bezeichnet. Sie sind in die Vorgangsbearbeitung fest integriert.

Im Gegensatz dazu stehen **ad-hoc Konferenzen**, bei denen nicht vorhersehbar ist, wann sie stattfinden. Dies kann z.B. auf Grund eines unvorhersehbaren Problems geschehen. Das Aufrufen einer Konferenz hängt hierbei von der aktuellen Situation ab, die erst zum Ablaufzeitpunkt bekannt ist. Zum Entwicklungszeitpunkt sind keine Informationen über diese Konferenz verfügbar.

1.1.2 Koordination der Konferenz

Ein weiteres Unterscheidungskriterium ist wie, bzw. von wem die Konferenz geleitet, bzw. koordiniert wird [RSVW94]. Wird die Konferenz vom Workflow-Management-System geleitet, sprechen wir von **statischen Konferenzen**, leitet ein Teilnehmer die Konferenz, von **dynamischen Konferenzen**.

Bei statischen Konferenzen ist der Konferenzverlauf detailliert beschrieben und kann daher durch einen Workflow modelliert werden [Jabl94]. Die Konferenzaktivitäten stehen fest, folglich hat die Konferenz eine relativ starre, unflexible oder statische Struktur (1:1 Relation). Sämtliche Konferenzaktivitäten sind dem Workflow-Management-System bekannt. Als Konsequenz ergibt sich, daß das System die Konferenz unterbrechen und an diesem Punkt wieder aufrufen kann.

Die Ausführung der dynamischen Konferenzen (1:n Relation) ist hingegen frei und erlegt den Teilnehmern keine Einschränkungen hinsichtlich der Ausführung und Organisation der Konferenz auf. Die Koordination ist allein ihnen überlassen. Dadurch soll sich die volle Dynamik und Kreativität der Gruppenarbeit entfalten können. Der Konferenzinhalt wird durch das Konferenzthema und eine Agenda beschrieben. Das Workflow-System kann die Konferenz nicht unterbrechen und an diesem Punkt wieder aufrufen. Der relativ restriktive, konventionelle Workflow-Mechanismus wird hierbei aufgeweicht, um kooperatives Arbeiten in der Gruppe besser zu unterstützen. Da die Konferenzteilnehmer oftmals die Möglichkeit haben wollen, in auftretenden Situationen flexibel zu reagieren, d.h. Konferenzaktivitäten hinzuzufügen, zu löschen, oder zu vertagen, wird die Agenda als eine dynamische „To-do" Liste angesehen, die zu bearbeiten ist.

1.2 Arten der Integration

Im folgenden Abschnitt werden die Integrationsarten beschrieben und in einigen Beispielen verdeutlicht.

Zuerst werden wir die Integrationsarten der geplanten Konferenzen beschreiben, dann die der ad-hoc Konferenzen (siehe Abb. 3). Kombinationen zwischen den verschiedenen Extremen sind ebenfalls möglich, auf sie wird hier jedoch nicht weiter eingegangen.

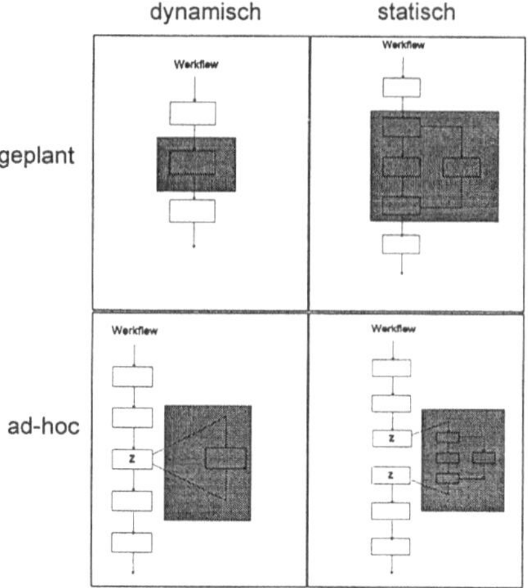

Abb. 3: Mögliche Konferenztypen

1.2.1 Dynamische geplante Konferenzen

Das Stattfinden einer Konferenz dieses Typs ist im Workflow bereits zum Modellierungszeitpunkt vorgesehen. Die zu bearbeitenden Inhalte werden als Konferenzaktivitäten vor, bzw. während der Konferenz ermittelt.

Ein Beispiel für diesen Konferenztyp ist ein Antrag beim deutschen Umweltministerium. Nach einigen Routinearbeiten, wie der Kontrolle der beigefügten Anlagen und der Vergabe eines Aktenzeichens, stimmen die betroffenen Abteilungsleiter die weitere Verfahrensweise in einer Konferenz ab. Diese Konferenz würde auf Grund ihres informellen Charakters eher als „Meeting" bezeichnet werden.

Während der Konferenz wird nach einer kurzen Einführung der Antrag geprüft und über die zukünftige Verfahrensweise entschieden. Falls Unklarheiten bestehen, werden weitere Mitarbeiter befragt und zur Konferenz hinzugezogen. Als Resultat der Konferenz wird in die passenden (Sub-) Workflows verzweigt. Die Vorgehensweise in der Konferenz kann mit konventionellen Workflow-Methoden kaum unterstützt werden, da die Konferenz einen stark informellen Charakter hat. Hier wäre eine fest vorgeschriebene Vorgehensweise zu starr. Aus diesem Grund führen wir eine Checkliste ein, die als Agenda für die Sitzung dient. Die verschiedenen Konferenzaktivitäten sind hierin festgehalten, die Konferenzkoordination bleibt jedoch den Teilnehmern überlassen.

1.2.2 Statische geplante Konferenzen

Statische geplante Konferenzen sind komplett als Teil eines Workflows modelliert, sie sind ebenfalls (Sub-)Workflows. Das Workflow-Management-System benutzt die besondere Ressource MM-Konferenz um diesen Subworkflow auszuführen. Die Konferenzausführung wird vom Workflow-Management-System geleitet und protokolliert.

Ein Beispiel für diesen Konferenztyp ist eine Anhörung, nach der entschieden wird, in welche Richtung sich der Workflow verzweigen soll. Zuerst legen verschiedene Mitarbeiter ihre Standpunkte dar, danach wird von einem Abteilungsleiter ein Urteil über das weitere Verfahren gefällt. Diese Entscheidung muß begründet und von einem weiteren Abteilungsleiter autorisiert werden.

Wie das Beispiel zeigt, sind die Aktivitäten und deren Reihenfolge vorgegeben. Somit kann die Konferenz als Workflow modelliert werden, der dann ebenfalls die ordnungsgemäße Ausführung der Konferenzaktivitäten garantiert.

1.2.3 Dynamische ad-hoc Konferenzen

Ad-hoc Konferenzen sind nicht vorhersehbar und können deshalb zum Modellierungszeitpunkt im Workflow nicht berücksichtigt werden. Situationen in denen sie auftreten sind alltägliche Probleme, wie Softwareprobleme oder Rückfragen bei Vorgesetzten.

In dem Fall, daß bei Aktivität „z“ (siehe Abb. 3, linke untere Ecke) ein Problem auftaucht, kann es durch eine Konferenz unmittelbar behoben werden. Danach wird die Arbeit an „z“ fortgesetzt.

1.2.4 Statische ad-hoc Konferenzen

Statische ad-hoc Konferenzen sind von Anfang an ebenfalls nicht Teil des Workflows. Im Gegensatz zu dynamischen ad-hoc Konferenzen beschreiben sie jedoch eine Standardsituation in der die Konferenzteilnehmer einem bestimmten Prozedere unterliegen.

Beispiele hierfür sind Kompensationsreaktionen. Eine Prozeßaktivität wurde fehlerhaft ausgeführt. Dies wird in einem späteren Arbeitsschritt von einem anderen Workflow-Teilnehmer bemerkt. Normalerweise besitzt er nicht die Zugriffsrechte, um die entsprechenden Änderungen vorzunehmen. In einer Konferenz mit dem vorherigen Bearbeiter könnte dieser Fehler nmittelbar und ohne Wartezeiten behoben werden. Die Aktivität „z“ (siehe Abb. 3, rechte ntere Ecke) wird unterbrochen und eine MM-Konferenz mit dem betroffenen Bearbeiter inberufen. Gemeinsam wird der Fehler korrigiert. Eine gemeinsam verfaßte Notiz protoolliert die Änderung. Danach wird der Workflow wie vorhergesehen mit der Aktivität „z“ ɔrtgesetzt.

ɔa diese Vorgehensweise wohlstrukturiert ist, kann sie als Workflow modelliert werden. In er entsprechenden Situation wählen die Bearbeiter den passenden Unterstützungs-Workflow us, der sie dann durch die Konferenz führt und die Ergebnisse festhält. Folglich koordiniert as System die Konferenz. Durch diese Vorgehensweise wird zusätzlich die hohe Ausıhrungsqualität durch das Workflow-Management-System garantiert.

.3 Integrationskonzept

.bb. 4 zeigt das Integrationskonzept zwischen Workflow-Management-System und MM-.onferenzen.

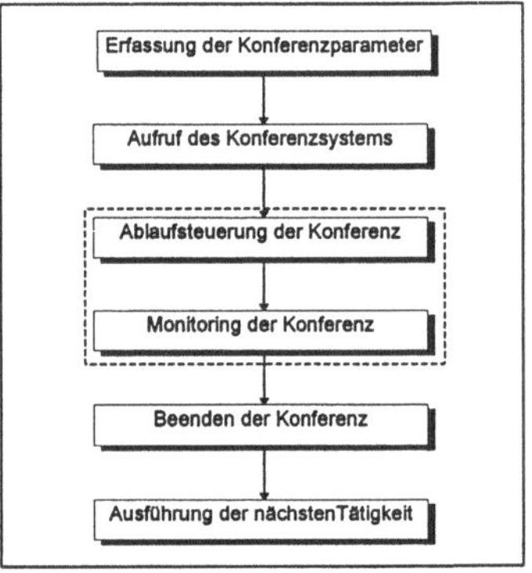

Abb. 4: Integrationskonzept

.3.1 Erfassung der Konferenzparameter

ɔie Konferenzparameter enthalten die für das Zustandekommen einer Konferenz notwendigen ɔaten. Weitergehende Informationen können aber ebenfalls berücksichtigt und an das .onferenzsystem übergeben werden. Im einzelnen sind das:

- Konferenztermin: Der Zeitpunkt, an dem die Konferenz stattfindet. Dieser Zeitpunkt muß spätestens feststehen, wenn die Konferenz aufgerufen werden soll. Für ad-hoc Konferenzen wird dieser Zeitpunkt normalerweise „sofort" sein.
- Konferenzteilnehmer: Die Teilnehmer, die zur Konferenz eingeladen werden.
- Konferenzleiter: Der Leiter der Konferenz, sofern es einen gibt und er bereits feststeht.
- Konferenzthema: Was in der Konferenz behandelt wird.
- Konferenzagenda: Die Agenda enthält die Konferenztätigkeiten. Sie sollte zur Konferenzunterstützung stets vorliegen, um die Teilnehmer über die anstehenden Tätigkeiten zu informieren. Sie sollte zu diesem Zweck auch dann vorliegen, wenn ein Workflow die Konferenz leitet.
- Tätigkeitsverantwortlicher: Äquivalent zu den Workflow-Aktivitäten wird für jede Konferenztätigkeit ebenfalls ein Verantwortlicher ernannt.
- Konferenzunterlagen: Die Konferenzunterlagen sind die Dokumente, die während der Konferenz verteilt werden.

Diese Parameter können in obligatorische und optionale Parameter unterteilt werden. Obligatorische Parameter, wie Termin und Teilnehmer sind notwendig, um eine MM-Konferenz zu initiieren. Optionale Parameter sind nicht unbedingt notwendig, um eine Konferenz zu starten, tragen aber zu einem erfolgreichen Konferenzergebnis bei. Sie übergeben weiterführende Informationen an das Konferenzsystem, bzw. die Teilnehmer. Wenn beispielsweise Konferenzleiter, Konferenzthema und die Konferenzagenda bereits vor der Konferenz bekannt sind, können sich die Teilnehmer besser vorbereiten, so daß die gemeinsame Arbeit effektiver ausgeführt werden kann.

Weiterhin benutzen wir die äquivalente Konzepte zu denen des Workflow-Management bewußt auch für MM-Konferenzen, z.B. den Tätigkeitsverantwortlichen. Dadurch ermöglichen wir einheitliche Protokoll- und Auswertungsmöglichkeiten für den gesamten Workflow.

1.3.2 Aufruf des Konferenzsystems

Die Konferenzparameter werden benutzt, um die Konferenz zu initiieren. Das System eröffnet die Konferenz, lädt die Teilnehmer ein und verteilt die Anwendungen.

1.3.3 Ablaufsteuerung der Konferenz

Die Ablaufsteuerung hängt vom Konferenztyp ab. Statische Konferenzen werden von einem Workflow gesteuert. Ist eine Aktivität beendet, wird die nächste automatisch aufgerufen. Dynamische Konferenzen werden von den Teilnehmern selbst gesteuert. Zu deren Unterstützung wird die Checkliste benutzt. Sie enthält unter anderem die Agenda und wird in einem späteren Abschnitt detailliert beschrieben.

1.3.4 Konferenz Monitoring

Das Monitoring statischer Konferenzen wird vom Workflow-Management-System übernommen, da alle Konferenzaktivitäten Workflow-Aktivitäten sind. Für dynamische Konferenzen wird die Checkliste zur Unterstützung dieser Aufgabe benutzt.

1.3.5 Beenden der Konferenz

Statische Konferenzen können automatisch die Konferenz nach Ausführung der letzten Tätigkeit beenden. Dynamische Konferenzen werden manuell durch Übereinkunft der Teilnehmer beendet, nachdem die Konferenzaktivitäten bearbeitet wurden.

1.3.6 Ausführung der nächsten Tätigkeit

Die Auswahl der nächsten Tätigkeit nach einer MM-Konferenz wird vom Resultat dieser Konferenz beeinflußt. Wurden alle Aktivitäten erfolgreich bearbeitet und wurden die Ergebnisse protokolliert, kann eine Entscheidung durch Evaluieren der Resultate getroffen werden. Bei statischen Konferenzen übernimmt diese Aufgabe das Workflow-Management-System. Bei dynamischen Konferenzen müssen die Resultate dem Workflow-System in einer Form übergeben werden, so daß es sie interpretieren kann. Zu diesem Zweck dient ebenfalls die Checkliste. Mit ihrer Hilfe werden die benötigten Informationen und Konferenzergebnisse festgehalten.

1.4 Checkliste

Die Checkliste ist ein zusätzliches Dokument, das in der MM-Konferenz verteilt wird. Für statische Konferenzen dient sie ausschließlich als Informationsquelle für die Konferenzteilnehmer.

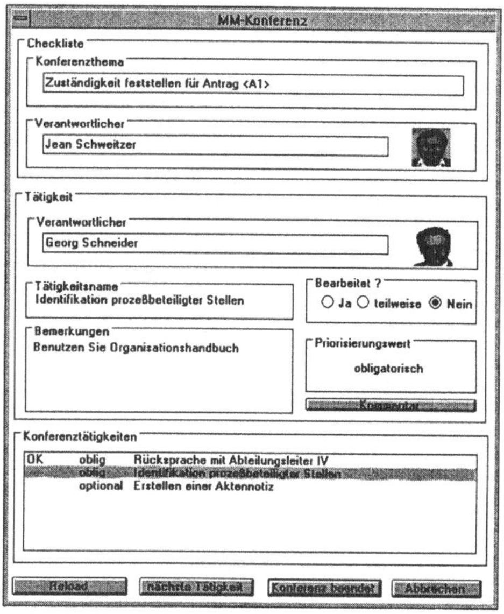

Abb. 5: Checkliste

Bei dynamischen Konferenzen dient die Checkliste zur Unterstützung der Ablaufsteuerung und zum Monitoring der Konferenz. Sie enthält die Konferenzaktivitäten, ähnlich einer „To-do-Liste“ und kann während der Konferenz dynamisch geändert (erweitert/gekürzt) werden. Zur Bearbeitung wird eine Tätigkeit im unteren Fenster ausgewählt (siehe Abb. 5). Es wird weiterhin zwischen obligatorischen, optionalen und verschiebbaren Tätigkeiten unterschieden, um den Konferenzteilnehmern eine flexiblere Arbeitsweise während der Konferenz zu ermöglichen. Tätigkeiten, die nicht unbedingt für einen Konferenzerfolg notwendig sind, wie ein Protokoll zu schreiben, können in einigen Fällen beispielsweise verschoben oder weggelassen werden. Mit Hilfe der Checkliste werden ebenfalls die Konferenzergebnisse festgehalten. Es können Kommentare zu einzelnen Tätigkeiten angelegt und ein Bearbeitungsstatus spezifiziert werden. Dieser Status sagt aus, zu welchem Grad die Konferenzaktivitäten bearbeitet sind. Der Grund hierfür ist, daß das Workflow-System keinen Einblick in die Arbeit während der Konferenz hat. Wird die Konferenz vertagt, erfahren die Teilnehmer durch diesen Status, welche Aktivitäten bereits abgeschlossen sind und welche noch behandelt werden müssen. Weiterhin kann dem Workflow-Management-System dadurch mitgeteilt werden, was in der Konferenz behandelt wurde.

Der „Checklistenverantwortliche" wird als Konferenzleiter angesehen und koordiniert die Konferenz.

2 Realisierung

Während des DeTeBerkom Verbundprojektes WoTel wurde ein erster Demonstrator realisiert, der den Aufruf einer MM-Konferenz (MMC/GroupX) als Workflow-Aktivität des Workflow-Management-Systems WorkParty zeigt. Das Workflow-Management-System und das multimediale Konferenzsystem laufen auf unterschiedlichen, miteinander vernetzten Rechnern (PCs und Workstations). Die benötigte Hardware sind PCs als Workflow-Clients, eine Workstation als Workflow-Server und Konferenz-Clients und -Server (beides Workstations).

Der Demonstrator zeigt die integrierte Umgebung. Aus einem Workflow wird eine Konferenz als Workflow-Prozeßaktivität initiiert, die Konferenzteilnehmer werden eingeladen und die zu bearbeitenden Dokumente werden verteilt. Nach der kooperativen Bearbeitung in der Konferenz werden die Dokumente dem Workflow-Management-System zur weiteren Vorgangsbearbeitung zugeführt, und der Workflow wird fortgesetzt.

3 Bewertung und Ausblick

Wir haben Konzepte und Werkzeuge entwickelt, die die Integration von synchronem kooperativem Arbeiten durch multimediale Konferenzen und asynchronem Arbeiten durch Workflow-Management-Systeme ermöglichen. Die grundlegenden Arbeiten für diese Integration sind realisiert. Durch das Einführen von dynamischen und ad-hoc Elementen ist eine Flexibilisierung der Arbeitsabläufe und eine stärkere Orientierung an den Benutzerbedürfnissen möglich. Einige Fragen wurden bisher jedoch ausgeklammert oder nur kurz gestreift.

In der Zukunft streben wir eine höhere Systemintegration an, dabei soll eine weitergehende Unterstützung der MM-Konferenzen erreicht werden, beispielsweise durch Nutzung von bereits im Workflow-Management-System vorhandenem Wissen über Arbeitsabläufe und Benutzer.

Die Vorbereitung von MM-Konferenzen ist ein Kernpunkt für eine erfolgreiche Konferenz [BKLS95].

In [Schn85] sind die verschiedenen Einflüsse auf die Arbeit von Kleingruppen näher beschrieben. So unterstützt beispielsweise eine ausführliche Aufgabenbeschreibung die Gruppenarbeit. Aus diesem Grund werden wir den Bereich der Konferenzvorbereitung verbessern, beispielsweise durch zeitgerechtes Versenden einer Zusammenfassung oder Tagesordnung. Ebenfalls in diesen Bereich fällt der Bereich der Ressourcenplanung für die Konferenzen. Es müssen sowohl Termin, als auch passende Teilnehmer gefunden werden. Eine Lösung für den ersten Teil kann durch die Integration von Terminvereinbarungssystemen erreicht werden, für den letzteren Teil können psychologische Untersuchungen über Teamzusammensetzung hinzugezogen werden, um Effizienz und Qualität der Teamarbeit zu verbessern.

Den Bereichen des Monitoring, der Ablaufsteuereung für dynamische Konferenzen und des Erfassens der Konferenzergebnisse werden wir uns ebenfalls zuwenden. Eine Möglichkeit zur automatischen Evaluierung der Konferenzergebnisse soll gleichfalls geschaffen werden.

Schließlich werden wir MM-Konferenzen ebenfalls in heterogene Workflow-Umgebungen mit unterschiedlichen Workflow-Management-Systemen integrieren, um zu erreichen, daß über eine Schnittstelle nicht nur workflow-spezifische Daten, sondern auch konferenzspezifische Daten übermittelt werden [SMDSS96]. Somit wären dann beispielsweise Rückfragen zu Vorgängen über Systemgrenzen hinweg möglich. In diesem Bereich arbeiten wir bereits mit dem Projekt POLIVEST [POLI95] zusammen.

4 Literatur

[ABFFMW96] Adametz, H., Barthel, B., Faustman, G., Fleischer, J., Messer, B., Wikarski, D., Konzepte flexibler Workflow-Management-Systeme , in: Sandkuhl, K., Weber, H., (Hrsg.), Tagungsband GI-Workshop CSCW in Organisationen: Telekooperationssysteme in dezentralen Organisationen, Fraunhofer-Gesellschaft, February 1996

[AbSa94] Abbott, K. R., Sarin, S. K., Experiences with Workflow Management: Issues for the Next Generation, in: Furuta, S., Neuwirth, C., (Hrsg.), Proceedings of the CSCW'94 Transcending Boundaries, Chapel Hill, North Carolina, S. 113-120, ACM-Press, New-York, 1994

[BKLS95] Barent, V., Krcmar, H., Lewe, H., Schwabe, G., Improving Continuous Improvement with CATeam: Lessons from a longitudinal case study, in: Proceedings of the 28th Hawaii International Conference on System Sciences, 1995

[GHS95] Galler, J., Hagemeyer, J., Scheer, A.-W., ContAct: Ein Koordinationssystem für verteilte Modellierungsaktivitäten, in: Augsburger, W., Ludwig, H., Schwab, K., (Hrsg.), Koordinationsmethoden und -werkzeuge bei der computergestützten kooperativen Arbeit, Bamberger Beiträge zur Wirtschaftsinformatik Nr. 30/1995, Otto-Friedrich-Universität Bamberg, Bamberg, 1995

[Jabl94] Jablonski, S., MOBILE: A Modular Workflow Model and Architecture, in: Proceedings of the Fourth International Conference on Dynamic Modelling and Information Systems, Noordwijkerhout, The Netherlands, 1994

[POLI95] POLIVEST: Vorgangsbearbeitung unter Einbeziehung synchroner Telekooperation, interner Projektbericht SNI/Siemens AG, No. 2, März 1995

[RSVW94] Reinhard, W., Schweitzer, J., Völksen, G., Weber, M., CSCW Tools: Concepts and Architectures, in: IEEE „Computer", May 1994, Vol. 27, No.5

[ScLu95] Schwab, K., Ludwig, H., Ein ereignisbasierter Ansatz zur Integration von Workflow-Management-Systemen mit Groupware-Werkzeugen, in: Augsburger, W., Ludwig, H., Schwab, K., (Hrsg.), Koordinationsmethoden und -werkzeuge bei der computergestützten kooperativen Arbeit, Bamberger Beiträge zur Wirtschaftsinformatik Nr. 30/1995, Otto-Friedrich-Universität Bamberg, Bamberg, 1995

[SMDSS96] Schneider, G., Maus, H., Dietel, C., Scheller-Houy, A., Schweitzer, J., Concepts for a flexibilisation of workflow management systems with respect to task adaptable solutions, in: Proceeding of the AAAI Workshop: AI in Business, Portland, August 96, in Vorbereitung

[Schn85] Schneider, H.-D. Kleingruppenforschung, in: Studienskripten zur Soziologie, Teubner, Stuttgart, 1985

[WfMC94] Worklow Management Coalition, Glossary, November 1994, (http://www.aiai.ed.ac.uk:80/WfMC/glossary.html)

[Wote95] Integrations- und Implementierungskonzepte Geschäftsprozeß, Workflow-Management, MM Telekooperation, DeTeBerkom, DeTeBerkom Verbundprojekt WoTel, interner Report, November 1995

Personenverzeichnis

PROF. DR. WALTER AUGSBURGER
Lehrstuhl für Wirtschaftsinformatik
Feldkirchenstr. 21, 96945 Bamberg
E-Mail: augsburger@buva.sowi.uni-bamberg.de

DR. UDO BÄR,
IBM Deutschland Informationssysteme GmbH,
European Networking Center, 69115 Heidelberg
E-Mail: baer@bajor.heidelbg.ibm.com

PROF. DR. ANDREAS BARTH
OFFIS, Forschungsbereich 2, Kommunikationssysteme,
Escherweg 2, 26121 Oldenburg
E-Mail: Barth@OFFIS.uni-oldenburg.de

DR. MARTIN BEVER
IBM Deutschland Informationssysteme GmbH,
European Networking Center, 69115 Heidelberg

ANDREAS BÖHM
Deutsche Telekom AG, Technologiezentrum,
Am Kavalleriesand 3, 64295 Darmstadt
E-Mail: boehm@fz.telekom.de

DR. MICHAEL BOTTLINGER
CUTEC Institut,
Leibnitzstr. 21-23, 38678 Clausthal-Zellerfeld

WERNER BRETTREICH-TEICHMANN M.A.
Fraunhofer-Institut für Arbeitswirtschaft
und Organisation,
Nobelstr. 12, 70569 Stuttgart

WOLFGANG DEITERS
Fraunhofer ISST, 44207 Dortmund
E-Mail: deiters@do.isst.fhg.de

UTE DIETRICH
Zentrum für Graphische Datenverarbeitung e.V.,
Joachim-Jungius-Str. 9, 18059 Rostock
E-Mail: ute@rostock.zgdv.de

YVONNE DITTRICH
Universität Hamburg, FB Informatik, SWT,
Vogt-Kölln-Str. 30, 22257 Hamburg
E-Mail: dittrich@informatik.uni-hamburg.de

DR. ANDREAS ENGEL
Universität Koblenz, Forschungsstelle für
Verwaltungsinformatik, 56075 Koblenz

DR. ELGAR FLEISCH
Universität St. Gallen,
Institut für Wirtschaftsinformatik (IWI-HSG),
Dufourstr. 50, CH-9000 St. Gallen
E-Mail: elgar.fleisch@iwi.unisg.ch

LUDWIN FUCHS
GMD - Forschungszentrum Informationstechnik,
Schloß Birlinghoven, 53754 Sankt Augustin
E-Mail: ludwin.fuchs@gmd.de

ANDREAS GENAU
GMD - Forschungszentrum Informationstechnik,
Schloß Birlinghoven, 53754 Sankt Augustin
E-Mail: genau@gmd.de

DR. ROBERT GOECKE
BPU - Betriebswirtschaftliche Projektgruppe für
Unternehmensentwicklung GmbH,
Franz-Joseph-Str. 35, 80801 München
E-Mail: 100344.1362@compuserve.com

KARIN GRÄSLUND
Universität Hohenheim, Lehrstuhl für
Wirtschaftsinformatik, 70593 Stuttgart,
E-Mail: kgraeslu@uni-hohenheim.de

DR. GUIDO GRYCZAN
Universität Hamburg, FB Informatik, SWT,
Vogt-Kölln-Str. 30, 22257 Hamburg
E-Mail: gryczan@informatik.uni-hamburg.de

PROF. DR. THOMAS HERRMANN
Uni Dortmund, FB Informatik,Informatik und Gesellschaft
44221 Dortmund
E-Mail: herrmann@iug.informatik.uni-dortmund.de

JOACHIM HEYBROCK
Universität Hamburg, FB Informatik, SWT,
Vogt-Kölln-Str. 30, 22257 Hamburg
E-Mail: 1heybroc@informatik.uni-hamburg.de

SEVERIN ISENMANN
FAW Ulm, Postfach 2060, 89010 Ulm
E-Mail: isenmann@faw.uni-ulm.de

PROF. DR. PETER JENSCH
OFFIS, Forschungsbereich 2, Kommunikationssysteme,
Escherweg 2, 26121 Oldenburg

PROF. DR. HEINO KAACK
Universität Koblenz, Forschungsstelle für
Verwaltungsinformatik, 56075 Koblenz

HELGE KAHLER
Universität Bonn, Institut für Informatik III,
Römerstr. 164, 53117 Bonn
E-Mail: kahler@cs.uni-bonn.de

STEFAN KNICKEL
Universität Hamburg, FB Informatik, SWT,
Vogt-Kölln-Str. 30, 22257 Hamburg
E-Mail: 1knickel@informatik.uni-hamburg.de

THOMAS KNOPIK
GMD-IPSI,
Doliwostr. 15, 64293 Darmstadt

PROF. DR. HELMUT KRCMAR
Universität Hohenheim,
Lehrstuhl für Wirtschaftsinformatik,
70593 Stuttgart,
E-mail: krcmar@uni-hohenheim.de

THORSTEN LÖFFELER
Fraunhofer ISST, 44207 Dortmund

ANNIKA LÖFFLER
Universität Hamburg, FB Informatik, SWT,
Vogt-Kölln-Str. 30, 22257 Hamburg
E-Mail: 1loeffle@informatik.uni-hamburg.de

HEIKO LUDWIG
Lehrstuhl für Wirtschaftsinformatik
Feldkirchenstr. 21, 96945 Bamberg
E-Mail: ludwig@buva.sowi.uni-bamberg.de

UWE VON LUKAS
Zentrum für Graphische Datenverarbeitung e.V.,
Joachim-Jungius-Str. 9, 18059 Rostock
E-Mail: uvl@rostock.zgdv.de

ANDREAS MAILÄNDER
Universität Stuttgart, Institut für Informatik (IfI),
Breitwiesenstr. 20-22, 70565 Stuttgart
E-Mail: mailaend@informatik.uni-stuttgart.de

KATHRIN MÖSLEIN
Techn. Universität München, Lehrstuhl für Allgemeine und Industrielle Betriebswirtschaftslehre(AIB),
Leopoldstr. 139, 80804 München
E-Mail: moeslein@aib.wiso.tu-muenchen.de

PROF. DR. LUDWIG NASTANSKY
Universität Paderborn, Wirtschaftsinformatik 2,
Warburgerstr. 100, 33098 Paderborn
E-Mail: nastansl@notes.uni-paderborn.de

PROF. DR. ERICH NEUHOLD
GMD-IPSI,
Doliwostr. 15, 64293 Darmstadt

WOLFGANG OBERNDORFER
Deutsche Telekom AG, Technologiezentrum,
Am Kavalleriesand 3, 64295 Darmstadt
E-Mail: oberndorfer@fz.telekom.de

UTA PANKOKE-BABATZ
GMD - Forschungszentrum Informationstechnik GmbH,
Schloß Birlinghoven, 53754 Sankt Augustin
E-Mail: pankoke@gmd.de

ANDREAS PFEIFER
Universität Bonn, Institut für Informatik III,
Römerstr. 164, 53117 Bonn
E-Mail: pfeifer@cs.uni-bonn.de

PROF. DR. DR. H.C. RALF REICHWALD
Technische Universität München, Lehrstuhl für Allgemeine und Industrielle Betriebswirtschaftslehre (AIB),
Leopoldstr. 139, 80804 München
E-Mail: rr@aib.wiso.tu-muenchen.de

MATTHIAS RESSEL
Universität Stuttgart, Institut für Informatik (IfI),
Breitwiesenstr. 20-22, 70565 Stuttgart
E-Mail: ressel@informatik.uni-stuttgart.de

PROF. DR. WOLF D. REUTER
Universität Stuttgart, Institut für Grundlagen der Planung (IGP),
Keplerstr. 11, 70174 Stuttgart
E-Mail: wra@sokrates.architektur.uni-stuttgart.de

GEROLD RIEMPP
Universität Paderborn, Wirtschaftsinformatik 2,
Warburgerstr. 100, 33098 Paderborn
E-Mail: griempp@notes.uni-paderborn.de

PETER VON SAVIGNY
Universität Hamburg, FB Informatik SWT,
Vogt-Kölln-Str. 30, 22527 Hamburg
E-Mail: savigny@informatik.uni-hamburg.de

ASTRID SCHELLER-HOUY
SIEMENS AG, Zentrale Forschung und Entwicklung
OTTO - HAHN - RING 6, 81730 MÜNCHEN

LOTHAR SCHMITT
Betriebswirtschaftliches Institut für Organisation und Automation,
Universität Köln, Universitätsstr. 45, 50931 Köln

ROLAND SCHMITZ
Deutsche Telekom AG, Technologiezentrum,
Am Kavalleriesand 3, 64295 Darmstadt
E-Mail: schmitz@fz.telekom.de

GEORG SCHNEIDER
Deutsches Forschungszentrum für Künstliche Intelligenz GmbH,
Stuhlsatzenhausweg 3, 66123 Saarbrücken
E-Mail: Georg.Schneider@dfki.uni-sb.de

DR. UWE SCHNEIDEWIND
Universität St. Gallen,
Institut für Wirtschaft und Ökologie (IWÖ-HSG),
Tigerbergstr. 2, CH-9000 St. Gallen
E-Mail: uwe.schneidewind@iwo.unisg.ch

DR. KLAUS SCHWAB
Lehrstuhl für Wirtschaftsinformatik
Feldkirchenstr. 21, 96945 Bamberg
E-Mail: schwab@buva.sowi.uni-bamberg.de

DR. GERHARD SCHWABE
Universität Hohenheim (510 h), Lehrstuhl für Wirtschafts-informatik, 70593 Stuttgart
E-Mail: schwabe@uni-hohenheim.de

DR. JEAN SCHWEITZER
SIEMENS AG, Zentrale Forschung und Entwicklung,
Otto - Hahn - Ring 6, 81730 München
E-Mail: schweitzer@dfki.uni-sb.de

PROF. DR. DIETRICH SEIBT
Betriebswirtschaftliches Institut für Organisation und Automation,
Universität Köln, Universitätsstr. 45, 50931 Köln

MARKUS SOHLENKAMP
GMD - Forschungszentrum Informationstechnik,
Schloß Birlinghoven, 53754 Sankt Augustin
E-Mail: sohlenkamp@gmd.de

RÜDIGER STRIEMER
Fraunhofer ISST, 44207 Dortmund
E-Mail: striemer@do.isst.fhg.de

ANJA SYRI
GMD - Forschungszentrum Informationstechnik GmbH,
Schloß Birlinghoven, 53754 Sankt Augustin
E-Mail: syri@gmd.de

STEFAN UELLNER
Deutsche Telekom AG, Technologiezentrum,
Am Kavalleriesand 3, 64295 Darmstadt
E-Mail: uellner@fz.telekom.de

MARCUS WITTKE
Lehrstuhl für Wirtschaftsinformatik
Feldkirchenstr. 21, 96945 Bamberg
E-Mail: wittke@acm.org

MARTINA WULF
Universität Hamburg, FB Informatik SWT,
Vogt-Kölln-Str. 30, 22527 Hamburg
E-Mail: wulf@informatik.uni-hamburg.de

DR.VOLKER WULF
Universität Bonn, Institut für Informatik III,
Römerstr. 164, 53117 Bonn
E-Mail: wulf@cs.uni-bonn.de

PROF. DR. HEINZ ZÜLLIGHOVEN
Universität Hamburg, FB Informatik, SWT,
Vogt-Kölln-Str. 30, 22257 Hamburg
E-Mail: zuelligh@informatik.uni-hamburg.de